古文書與臺灣史研究
──陳哲三教授榮退論文集

陳哲三 著

文史哲學集成
文史哲出版社印行

國家圖書館出版品預行編目資料

古文書與臺灣史研究 / 陳哲三著. -- 初版 --
臺北市：文史哲, 民 97.12
頁；　公分. --（文史哲學集成；563）
含參考書目
ISBN 978-957-549-834-4（平裝）

1.古文書 2.臺灣史 3.文集

733.7307　　98000237

文史哲學集成 563

古文書與臺灣史研究

陳哲三教授榮退論文集

著　者：陳　哲　三
出版者：文　史　哲　出　版　社
http:// www.lapen.com.tw
e-mail：lapen@ms74.hinet.net
登記證字號：行政院新聞局版臺業字五三三七號
發行人：彭　正　雄
發行所：文　史　哲　出　版　社
印刷者：文　史　哲　出　版　社
臺北市羅斯福路一段七十二巷四號
郵政劃撥帳號：一六一八〇一七五
電話886-2-23511028・傳真886-2-23965656

定價新臺幣五六〇元

二〇〇九年（民九十八）一月初版

ISBN 978-957-549-834-4　00563

黃　序

好友陳哲三教授現年六十五歲，預定於明（2009）年二月一日屆齡退休。陳教授在逢甲大學服務三十餘寒暑，歷任歷史科教學研究會召集人、出版組主任、《逢甲大學校史》修纂主持人、歷史教學組主任，現任歷史與文物管理研究所所長，對逢甲大學的教學、研究與行政服務，均有重要的貢獻。

陳哲三教授是一位治學嚴謹、學養豐富、處事圓融的學者。陳教授早年雖以研究中國現代史爲主（特別是鄒魯相關的研究），但在研究之餘，同時關注鄉土歷史，在撰成《竹山鹿谷發達史》、《台灣史論初集》兩書，奠定台灣史研究的基礎之後，不到二十年已陸續總纂《集集鎮志》、《竹山鎮志》、《南投農田水利會會志》，以及《南投縣志》等數種大部頭的志書；並運用手中的古文書完成二、三十篇有關南投開發史，以及清代台灣史的學術論文，素有「南投史專家」的美譽。本書《古文書與台灣史研究 ── 陳哲三教授榮退論文集》收錄的十三篇論文，就是此二、三十篇論文的精華選輯。

本書第一、二兩篇，分別論述古文書在台灣史研究的重要性，以及古文書對草屯地區歷史研究之貢獻，可視爲本書的總論。第三～十一篇，分別探討台灣建省之際的清賦事業及其與南投縣之關係、清代台灣烏溪流域的移墾與水圳修築、清代南投縣境的水圳開鑿官府與民間所扮演的角色、清代台灣地方行政中的「保」與「堡」、清代草屯地區的開發、清代草屯地區的水利、從鬮書看清代草屯的社會經濟，以及清代草屯地區的拓墾與漢番互動等，是有關清代南投開發，特別是草屯地區開發的專題論文，其探討主題包括水利、地價、開發史、地方行政、社會經濟、漢番互動等，可視爲本書的分論。第十二、十三兩篇，分別探討清代草屯的找洗契及其相關問題，以及清季清丈與日治初期土地調查對台灣民間契字演變之影響，係用古文書研究古文書本身之規律與演變。整體而言，本書十三篇論文環環相扣，有古文書研究的總論，有古文書研究的分論，也有對古文書本身的研究，故本書實可視爲台灣古文書研究的經典之作。

本書各篇論文先後發表於《逢甲人文社會學報》。秀政承該學報編輯委員會之邀，多次擔任陳教授論文的審查人，得以先睹爲快。同時，亦分別就各篇論文的探討主題、組織架構、參考資料，以及行文等提出淺見，以供陳教授修正的參考。就此淵源而言，本書的出版，秀政亦深感與有榮焉。

陳哲三教授出身竹山農村，保有農家子弟的樸實作風。本書各篇論文引用古文書，考證詳實，逐字逐句反覆推敲，以追求歷史真相，正是此種樸實作風的具體表現。茲值本書出版之際，特遵陳教授之囑，草此短文，以爲推荐。是爲序。

中興大學歷史學系教授

黃秀政　謹識

2008 年 12 月 31 日

古文書與台灣史研究

——陳哲三教授榮退論文集

目　　次

導　論

關於我爲什麼研究台灣史，在我的《台灣史論初集》序中已有說明，不贅。在此，我想說一下，我爲什麼用古文書進行台灣史的研究。

爲什麼用古文書作台灣史研究，可以從二方面說明。一個是古文書研究的歷史，一個是我是在什麼機緣下接觸到古文書。先說明前者。

台灣古文書的研究歷史，有三個親緣，一是台灣本身的，一是從日本來的，一是從中國來的。三方面相激相盪，掀起波瀾，自然成爲風潮，終使古文書研究成爲顯學。

台灣的傳統起始於日治時期的大調查，不論是慣習調查、或是土地調查，都收集了許多古文書。總數近三千件。這些在戰後重新出版，提供研究上的方便。

日本人在 20 世紀初一方面在台灣進行調查，一方面在中國華北地區農村作調查。收集到許多古文書。日本研究古文書的學者中以仁井田陞最爲知名。

中國人對契約的研究有很久遠的歷史，近代學人王國維即是極有成績的一位。清末對民間法律慣行的調查留下極爲珍貴的資料。三十年代最有成就的研究者是傅衣凌，其傳人則是楊國楨。

台灣的研究，顯然受到三方面的影響，而最主要的則是日本。因爲中國不稱古文書，而稱契約或歷史文書，只有日本人稱古文書，並有專書行世。如佐藤進一〈古文書學入門〉。（法政大學，

1997 初版，2003 新裝版）

台灣現代收藏古文書，開風氣之先的是王世慶。他收到的《台灣公私藏古文書影本》十二大冊，近六千件。至於收古文書最多的機關，首推中央研究院台灣史研究所，有兩萬兩千多件，其次的國史館台灣文獻館，有一萬六千多件。逢甲大學近年來也收藏了四百餘件。

古文書爲什麼吸引史學界的目光？古文書爲什麼重要?在其他史料幾乎都已用盡之後，大量古文書出土，當然被視如珍寶。古文書的價值，王世慶在〈台灣地區古文書之調查研究〉中認爲可用以：

研究地方開發史

研究土地制度史

研究社會經濟史

研究財稅、金融、物價

研究法制史

研究民族學

其他如代書制度，簽署、押印、指紋、城市發展等。

張傳璽在《歷史契約會編考釋》〈導言〉中說：

> 中國契約學的任務首先是研究中國契約自身發展的歷史及其規律。進而研究與之直接有關的中國社會史、民法史、商業史、財政賦稅史、土地制度史、階級關係史、宗法制度史等。此外，契約在政治史、民族關係史、宗教史、民俗史、語言學史、文學史、文字學史上的史料價值及其反映的重要問題，也要研究。

可見從古文書可以研究的領域，幾乎已大到人類生活的全部。這就是古文書迷人之處。

其次談我是在什麼機緣下用古文書作歷史研究。民國 82 年，我在逢甲休假一年。這一年我參加台灣省文獻委員會的文物採購，也加入南投民俗文物學會。在文獻會跟著各種專家到處跑，看最多的是佛像，其他有家具、刺繡、銀器、愛國獎券....等等。民俗文物學會則有各種不同的民俗文物的收藏家，其中最令我感到興趣的是古文書。也因爲休假對南投文化中心的展覽比較常去參觀。因緣際會認識董俊環先生。他是永濟義渡創辦人董榮華的後裔，手中藏有許多永濟義渡的古文書。董先生慷慨的提供給我拍照。後來在劉銘傳清賦及竹山媽祖廟的文章中用了不少。

另一機緣是民國 85 年東海大學歷史系碩士班學生曾敏怡找我寫草屯的論文，我建議伊另找一位用古文書研究著有成績的老師，結果伊的論文由溫振華教授和我指導。當時我知道台灣省文獻會藏有草屯古文書，要曾同學到文獻會看，我自己也請文獻會主委謝嘉梁先生送我乙份南投縣的古文書照片。謝主委對學者研究一向鼎力支持。但因爲拍照要時間，照片寄到，曾同學已完成論文通過口試畢業了。我自己住草屯，對草屯也有很多歷史問題想弄清楚，所以投入草屯的研究。照片是 3×5 公分，看的時候戴上老花眼鏡，閉上一眼，透過手中放大鏡，慢慢看。再將要的摘抄下來。先從開發史作起，而最清楚的是從契約中看地名出現的時間先後。如此一篇一篇的寫下來，而且空間也有所擴大，竟寫了十幾篇。爲了讀者的方便，也爲了作爲階段變換的紀念，將十幾篇集結成書。

第一、二篇是直陳古文書在台灣史研究上之重要性，是總論性質。第三到十一篇則從不同角度切入運用古文書解決台灣史中之各個不同問題，屬分論性質。第十二、十三篇則用古文書以研究古文書本身之規律與演變。所以整本書可視爲古文書學的方法論。以下分別將十三篇論文略作說明。

第一篇〈古文書在台灣史研究的重要性－以「竹腳寮」、「阿拔泉」之地望的研究爲例〉，是用古文書解決一百年的錯誤和空白。竹腳寮從伊能嘉矩，安倍明義、劉枝萬、洪敏麟等都以爲它是濁水溪北岸今屬集集鎭的隘寮。但本文以古文書證其爲今竹山鎭之社寮，在濁水溪南岸。至於阿拔泉一地有阿拔泉社、阿拔泉山、阿拔泉溪、阿拔泉渡等及地名的阿拔泉。過去的研究是空白，本文以古文書考其地名阿拔泉即今竹山鎭清水溪東岸之泉州寮。

第二篇〈古文書對草屯地區歷史研究之貢獻〉，處理草屯地區之地名之指涉及其出現時間，有草鞋墩、舊社、舊社林、內木柵、北投街、南北投保等問題。其中最重要的發現爲舊社、舊社林，以古文書與族譜互證，找到其地點，並重建北投社在遷到北投番社內前之社址。

第三篇〈台灣建省之際的清賦事業及其與南投縣之關係〉，最重要的是用古文書建立劉銘傳清賦事業在南投縣境之實行情形。並確定竹山鎭清水溪流域及名間鄉在當時之歸屬。前者爲史實之重建，後者則糾正過去認知之錯誤。本篇利用之古文書以永濟義渡古文書及埔里地區古文書爲多。

第四篇〈清代台灣烏溪流域的移墾與水圳修築〉、第五篇〈清代南投縣境的水圳開鑿官府與民間所扮演的角色〉，係修纂《南投農田水利會會志》之副產品。因爲長年對南投縣史之研究，當南投農田水利會要重修會志時，被聘爲顧問。但一段時間後，水利會意識到修會志是很專業的事，所以決定委請專家修志，而我當時正發表〈清代草屯的水利〉一文，洪會長遂決定委託我修志。修志中蒐集到不少檔案契約文書，有的是水利會藏的，有的是民間人士的收藏。在會志修畢後，陸續寫成這兩文。第四篇解決整個烏溪流域的移墾和水利建設。第五篇解決清代南投縣的官民兩方在水利所扮演的角色。在清代水利是人民自己的事，政府沒有預算，而人民為了生產增加，總是在土地開墾之後，進行水田化。也就是只要水源不成問題，水圳開鑿幾手與土地開墾同步進行。

第六篇〈清代台灣地方行政中「保」與「堡」考辨〉，清代地方行政，是「保」或是「堡」，相信困擾著台灣史學界，一旦臨文寫到「保」就會疑慮到底是「保」或「堡」。本文以方志和契約文書為史料，證實清代的「保」，用「保」字才正確。「堡」是一個錯字。這個錯在方志上是從柯培元《噶瑪蘭志畧》開始，在古文書上從劉銘傳清丈後所發丈單開始。但在整個清代官方頒給的戳記一直用「保」字。到日本人來，便完全用「堡」字。

從第七篇到十一篇的五篇，用草屯地區四百張契約文書處理草屯的開發史、地價、水利、社會經濟與漢番互動等。都有許多新發現，也重建若干新史實。

譬如第七篇〈清代草屯地區開發史－從北投社到草鞋墩街，以地名出現庄街形成為中心〉，從地名出現先後，知道草屯開發最早的是大吼山腳下一線，最早入墾的是簡姓。最晚入墾的是洪姓，他們開墾烏溪沿岸簡林李墾餘的石頭埔。但風水輪流轉，到水利開鑿水圳取水於烏溪，烏溪邊的土地是水頭，有充足的水灌溉；簡姓的土地是水尾，常常缺水。洪姓的土地收成超過其他姓氏，經濟地位提升，能夠從勞動中解放的人口也可能增加，人才輩出。而且洪姓在烏溪邊，可以向烏溪上游或跨過烏溪發展，發展潛力比較大。被擠壓在中間的姓氏，發展空間相對變小。

第八篇〈清代草屯地區的地價及其相關問題〉、第九篇〈清代草屯地區的水利〉，從這兩篇文章看到地價和水利關係十分密切。水利完善，有豐沛水量灌溉的土地，地價高，缺水，沒水利灌溉的土地地價低。草屯的水利在清乾隆年間已很完善。先是從隘寮溪取水，再從烏溪取水。先是北投社番漢人開鑿水圳，再後是漢人開鑿水圳。水利都控制在開鑿人手中，以收水租的方式維持運作。國家力量介入水利，那是日本人治台之後的事。

第十篇〈從鬮書看清代草屯的社會經濟〉，本文先談鬮書的形式，再談鬮書中的草屯之社會與經濟。社會中包含家庭人口，分家方式；經濟包含家中財產之種類與數量，從而看到一直到日治初期草屯仍然是在一個傳統社會經濟型態之下，工業只有農產加工業，如榨油、土壟、糖廍等。

第十一篇〈草屯地區清代的拓墾與漢番互動〉，從契約文書可看到只有「番」賣「漢」，不見「漢」賣「番」，也就是買賣不是交互的，它只有一個方向，好似河流的流動，從高處往低處流。而且這種契約在道光初年還有，之後就看不到。之後只看到「漢」與「漢」間的買賣。至於漢番關係，由於在乾隆十六年發生過驚天動地的內凹莊番殺兵民事件，所以之後的漢番關係是相對和諧的。雖有糾紛，都是經由司法程序得到解決。而且司法的公正，常能爲「番」主持正義。

最後二篇〈清代草屯的找洗契及其相關問題〉、〈清季清丈與日初土地調查對台灣民間契字演變之影響〉，前篇處理找洗契的問題，草屯和臺灣其他地方不完全一樣，草屯和原鄉也由沿用「鄉例」而漸離漸遠，發展出在地的方式。可見土著化（本土化）的社會嘉慶後，正在逐漸形成。後一篇是以劉銘傳的清丈和日治初期的土地調查看契約文書的變化。從此可知契約受歷史事件明顯的影響。因此，可以逆推從古文書看到歷史事件；也可以從契約內之歷史事件判定契約寫作的時間，以判其真僞。

這十三篇論文的小小貢獻，可以歸納爲三方面：

第一、在歷史研究方面，重建與糾正過去的若干錯誤。

第二、可作爲運用契約文書作歷史研究的範例。處理的歷史有水利的、地價的、社會經濟的、開發史的、漢番互動的及地方行政的等等。

第三、用契約文書研究契約本身的演變，在台灣可謂開風氣之先了。

以張傳璽、王世慶的標準，本書大致在幾方面做了初步的嘗試，然而未做的領域更多，也就是以古文書而言，其可研究的領域十分的寬廣，有志者何不踴躍跳進來。

古文書在台灣史研究的重要性
── 以「竹腳寮」、「阿拔泉」之地望的研究為例

壹、前　言

「竹腳寮」、「阿拔泉」不斷出現於康熙以下的台灣史志之中，但「竹腳寮」、「阿拔泉」的地望爲當今何地？或錯誤流傳，或不清楚。因此，實有釐清之必要，否則於此二詞相關之史實將無法明白。過去也有學者試圖加以釐清，但結果是治絲益棼，最近因得到黃文賢先生轉贈陳允洋先生所藏新出土古文書，終獲釐清。百年之謎，一旦解決，快何如之。

貳、史志中的「竹腳寮」與「阿拔泉」

在地方志中最先出現「竹腳寮」與「阿拔泉」二個名詞的似爲《諸羅縣志》。《諸羅縣志》比諸蔣毓英《台灣府志》，高拱乾《台灣府治》，資料更多更詳實。[1]在《諸羅縣志》中有：

1 周鍾瑄《諸羅縣志》台灣省文獻委員會（民國 82 年 2 月）卷一《封域志》，頁 17 有言「右山川所紀，較『郡志』加詳，亦多與『郡志』異。『郡志』据所傳聞，云其略而已。……茲卷或躬親游歷，或遣使繪圖，三復考訂，乃登

1.自牛相觸以上，路皆在山之西而遵海以北。其極於東者，內山峰巒不可數，錯置於道。東望可指者，虎尾之北，濃遮密蔭，望若翠屏，曰大武郡山，（山之西南有大武郡社）。東爲南投山（內社二溪，南爲南投，北爲北投）、阿拔泉山、竹腳寮山（內有林瓊埔，漢人耕作其中）、爲九十九尖，玉筍瑤參，排空無際。其下爲大吼山、茭荖山，又東北而爲水沙連內山，山南與玉山接，大不可極。[2]

2.阿拔泉溪，發源於阿里山。西北過竹腳寮山，爲阿拔泉渡，西合於虎尾。[3]

3.虎尾溪，發源水沙連內山。南出刺嘴（社名，以其番女皆鍼刺嘴吻也，方言赤嘴），過水沙連社，合貓丹、巒蠻（俱社名）之濁流（二水甚濁），西過牛相觸（山名），北分於東螺。又南匯阿拔泉之流爲西螺，過黃地崙（左右有渡）、布嶼禀（有渡），出白沙墩之北，至台仔挖（舊港名，港口原有浮嶼，內可泊船，近年嶼沒港湮，南風時人多於此捕魚）入於海。[4]

4.阿拔泉渡（在斗六門北五里）。[5]

5.斗六門以東如林瓊埔、竹腳寮各處，路可通雞籠山後諸社，不必盡由大甲；姦民趨利如鶩，雖欲限之，安得一一而限之！[6]

6.阿拔之源阿里山，虎尾之源水沙連。[7]

7.由斗六門山口東入，渡阿拔泉，又東入爲林瓊埔，亦曰二

記載。假而千秋百世陵谷依然，雖未敢謂毫髮無爽，亦庶幾得其大概云。」

2 周鍾瑄《諸羅縣志》卷一〈封域志〉，頁 8-9。

3 周鍾瑄《諸羅縣志》卷一〈封域志〉，頁 12。

4 周鍾瑄《諸羅縣志》卷一〈封域志〉，頁 12-13。

5 周鍾瑄《諸羅縣志》卷二〈規制志〉，頁 33。

6 周鍾瑄《諸羅縣志》卷七〈兵防志〉，頁 111。

7 周鍾瑄《諸羅縣志》卷十一〈藝文志〉，頁 265，阮蔡文《虎尾溪》。

重埔。土廣而饒，環以溪山，為水沙連及內山諸番出入之口，險阻可据，有路可通山後哆囉滿。[8]

自上述七條史料，可得「竹腳寮」、「阿拔泉」之認知為：大武郡山之東有阿拔泉山、竹腳寮山。竹腳寮山內有林瓊埔、竹腳寮，漢人耕作其中。林瓊埔又稱二重埔。阿拔泉溪，發源於阿里山，自東南向西北流過竹腳寮山，有阿拔泉渡，再西流與虎尾溪會合。虎尾溪發源於水沙連內山，西過牛相觸山，北分東螺溪，南匯阿拔泉溪成西螺溪，入海。由斗六門山口東入，經阿拔泉渡，渡過阿拔泉溪，東入就到林瓊埔。阿拔泉渡在斗六門北五里。從斗六門入林瓊埔、竹腳寮可通雞籠山後諸社，也可通山後哆囉滿。

從這些認知，阿拔泉溪是今之清水溪，可以無疑。阿拔泉渡距斗六門只五里，而且在清水溪下游，將與虎尾溪會合之處，則是在今林內與竹山鎮之間，而以竹山九十九崁道路直衝一線為近是，當然渡口不會固定，常隨溪流之變動而變動，大抵不離此一線之上下為是。林瓊埔為今日竹山市區，可以無疑。竹腳寮山內有林瓊埔，竹腳寮雖未言明在竹腳寮山中，但以名稱而論，竹腳寮在竹腳寮山中應無可疑。則今日竹山之大部在竹腳寮山之範圍中。竹腳寮之地點何在？不清楚。阿拔泉山在阿拔泉溪岸，但不知是東岸或西岸，但東岸下游是竹腳寮山，西岸下游是牛相觸山，則可能地點是在東岸或西岸之中上游。也許可能包括中上游之東西岸。

《諸羅縣志》成書於康熙五十六年（1717），五年後首任巡台御史黃叔璥來台，在所著《台海使槎錄》中有相關史料三條。

1.北路阿拔泉、虎尾溪，源同出水沙連；經牛相觸山口，二

---

8 周鍾瑄《諸羅縣志》卷十二〈雜記志〉，頁286。

水分流。阿拔泉極清，虎尾溪極濁，水性湍急，最爲深闊，西流二十餘里入地，伏流於海。[9]

2.阿里山乃總社名，內有大龜山之大龜佛社、霧山之干仔霧社、羅婆山之哴囉婆社、束髻山之沙米箕社、八童關之鹿堵社、溜籐山之阿拔泉社、朝天山之踏枋社、豬母嘮社（一作肚武勞）共八社；納餉者五社。盧麻產社今無番，皆民居；康熙五十六年，瘴癘死亡甚眾，遂徙居於阿拔泉社，附阿里山合徵者。[10]

3.水沙連社地處大湖之中，山上結廬而居，山下耕鑿而食。湖水縈帶，土番駕蟒甲以通往來，環湖皆山，層巒險阻。屬番二十餘社，各依山築居。山谷巉巖，路徑崎嶇；惟南北兩澗沿岸堪往來，外通斗六門。竹腳寮，乃各社總路隘口，通事築室以居焉。[11]

黃叔璥留下的史料，說阿拔泉溪出水沙連是錯的。但他還是提供一些新的訊息，如阿拔泉溪極清，虎尾溪極濁。這個就是後來極清者稱清水溪，極濁者稱濁水溪的緣由。又阿拔泉還是社名，此社爲阿里山八社之一，稱阿拔泉社，地點在溜籐山。阿拔泉社在康熙五十六年還接納因瘴癘遷徙的盧麻產社。盧麻產社原居地在今竹崎。[12]自阿拔泉社在清水溪東岸，可推阿拔泉山應在阿拔泉溪之東岸。自第三條史料可見竹腳寮在水沙連通斗六門的路上，竹腳寮是各社總路隘口，通事－水沙連通事居住在此。所謂「南北兩澗沿岸堪往來」就是入埔里之南港、北港，即溯濁水溪

9 黃叔璥《台海使槎錄》台灣省文獻委員會（民國 85 年 9 月）卷三〈赤崁筆談〉，頁 50。

10 黃叔璥《台海使槎錄》卷六〈番俗六考〉，頁 122。

11 黃叔璥《台海使槎錄》卷六〈番俗六考〉，頁 123。

12 安倍明義《台灣地名研究》（台北市）蕃語研究會（昭和 13 年 1 月 1 日），頁 227。本書另有 1987 年武陵出版社中譯本。

路及溯烏溪路也。竹腳寮在南港路上，即在濁水溪岸。因竹腳寮山在虎尾溪與阿拔泉溪間，即在今日之竹山鎮內，故竹腳寮在今日竹山鎮內濁水溪邊應無可疑。

雍正四年清兵征討水沙連社，巡台御史索琳向皇帝的奏報中有云：「臣於（雍正四年十一月）十八日選帶丁役十二名，自備行糧，亦從臣署起行，至二十六日入牛相觸番境，渡阿勃泉溪而抵竹腳寮，與道臣吳昌祚官兵會劄於虎尾溪陽。預令曾歷番地之社丁林三招引水沙連內決里社土官阿龍等十八名來歸，詢問路徑，又令社丁陳蒲同決里社順番先至北港蛤里難等社曉諭，能歸化者即免誅戮。」[13]自上文可知阿拔泉溪又作阿勃泉溪，竹腳寮確在斗六門至水沙連路上，而且在「虎尾溪陽」，溪陽則應在北岸，北岸則爲當今之名間鄉。但如在北岸又與文字敘述不合，因只說渡阿勃泉溪，未說又渡虎尾溪也，故可能是溪陰誤寫爲溪陽。而「溪陽」之說可能是後來安倍明義解竹腳寮爲隘寮之所本也。另外本文更證明竹腳寮之地位重要，有曾歷番地之社丁林三，又有社丁陳蒲，都能與水沙連內土官交通，不僅通南港，又通北港。此正可印證黃叔璥所言「竹腳寮，乃各社總路隘口，通事築室以居焉」。

乾隆八年的〈閩浙總督那揭帖〉[14]，可以證明竹腳寮在虎尾溪之南，即虎尾溪之陰。該文中有二處提到竹腳寮之位置。曰：「查竹腳寮在虎尾溪之南，屬諸邑管轄，已設有弁兵巡察稽查，無庸添設。」又云：「竹腳寮等處實屬虎尾溪以南，割還諸邑。水沙連社，交易辦餉，令彰邑通事于溪北地方建造交易。」自前

13 索琳《奏報剿撫生番以保民命事》載《台灣原住民史料彙編七》台灣省文獻委員會（民國 87 年 10 月），頁 46-49。

14 台灣銀行經濟研究室《台案彙錄丙集》第二冊（民國 52 年 11 月），頁 293-301。

段，明言竹腳寮在虎尾溪之南。自後段，知竹腳寮在虎尾溪以南，應割給諸羅縣。而竹腳寮所有辦理一切水沙連社的交易辦餉，則另外在溪北地方建造交易。也明白指出竹腳寮在虎尾溪之南。並且證實竹腳寮是水沙連社交易辦餉的地方，也就是水沙連通事居住的所在。

乾隆六年（1741）劉良璧修《重修福建台灣府志》有四條可供參考。一阿拔泉溪條云：「出阿里山，過竹腳寮山，為阿拔泉渡，西會虎尾溪入於海。」[15]一阿拔泉山云：「山麓之水發源阿里山，西北經竹腳寮山，西轉即為諸羅之阿拔泉渡。」[16]一竹腳寮山云：「內有埔，漢人耕種其中。」[17]另阿里山八社有「阿拔泉社」[18]四條史料與《諸羅縣志》大致相同，但阿拔泉山，竹腳寮山列在彰化縣，阿拔泉溪列在諸羅縣，此與日後清水溪流域為鯉魚頭港保屬諸羅縣（嘉義縣），濁水溪流域為水沙連保屬彰化縣正相吻合。當時彰化縣諸羅縣之分界在虎尾溪。[19]因此，阿拔泉山在阿拔泉溪之東岸可以確定，因為如果在西岸，則一定屬諸羅縣，但劉志將之列在彰化縣可知必在東岸無疑。

修於乾隆十一年（1746）范咸之《重修台灣府志》彰化縣有牛相觸山、阿拔泉山，竹腳寮山，諸羅縣有阿拔泉溪、虎尾溪。其文字與劉志相同，只在前面加在縣治方位及里數。如牛相觸山、阿拔泉山均在縣治（彰化）東南六十五里，[20]竹腳寮山，在縣治

15 劉良璧《重修福建台灣府志》台灣省文獻委員會（民國 82 年 6 月）卷三〈山川〉，頁 61。
16 劉良璧《重修福建台灣府志》卷三〈山川〉，頁 61。
17 同註 15。
18 劉良璧《重修福建台灣府志》卷五〈城池〉，頁 82。
19 劉良璧《重修福建台灣府志》卷三〈山川〉頁六一及卷四〈疆域〉，頁 70。
20 范咸《重修台灣府志》台灣省文獻委員會（民國 82 年 6 月）卷一〈封域〉，頁 23。

東七十里。[21]阿拔泉溪在縣治（嘉義）北三十里，虎尾溪在縣治北六十五里。此方位與里數僅供參考，不十分正確。如牛相觸山、阿拔泉山方位里數相同，則兩山應是一山，其實不然。又九十九峰也在縣治東七十里，[22]與竹腳寮山相同，則兩山應爲一山，其實不然。

乾隆二十五年（1760）余文儀《續修台灣府志》有阿拔泉溪[23]、虎尾溪[24]、竹腳寮山[25]、阿拔泉山[26]、濁水溪[27]、阿拔泉渡[28]其文字大致與前志相近，但亦有所改變。虎尾溪即後來之濁水溪，阿拔泉溪即後來之清水溪。又阿拔泉渡前志都列在諸羅縣中，余志則列在彰化縣，並在諸羅縣中註明「割歸彰邑」[29]

道光十二年（1832）周璽修《彰化縣志》有阿拔泉山[30]、阿拔泉溪[31]、虎尾溪、濁水溪。細讀志文其濁水溪顯爲虎尾溪之上游[32]、阿拔泉溪、虎尾溪文字與前志大致相同，阿拔泉山則有不同，其文如下：「在沙連界，阿里山發祖，山麓之水流與故虎尾溪會，舊有阿拔泉渡。」[33]此稱「故虎尾溪」，表示道光時已不

21 范咸《重修台灣府志》卷一〈封域〉，頁 24。
22 范咸《重修台灣府志》卷一〈封域〉，頁 25。
23 余文儀《續修台灣府志》台灣省文獻委員會（民國 82 年 6 月）卷一〈封域〉，頁 23。
24 同註 22。
25 余文儀《續修台灣府志》卷一〈封域〉，頁 25。
26 余文儀《續修台灣府志》卷一〈封域〉，頁 24。
27 余文儀《續修台灣府志》卷一〈封域〉，頁 26。
28 余文儀《續修台灣府志》卷二〈規制〉，頁 101。
29 同註 27。
30 周璽《彰化縣志》台灣省文獻委員會（民國 82 年 6 月）卷一〈封域志〉，頁 9。
31 周璽《彰化縣志》卷一〈封域志〉，頁 14。
32 周璽《彰化縣志》卷一〈封域志〉，頁 15。
33 余文儀《續修台灣府志》卷一〈封域〉，頁 9。

稱虎尾溪，可能該河段已稱濁水溪。又稱「舊有阿拔泉渡」，表示今無，在「津梁」附近只有濁水溪渡，集集渡，二八水渡。確無阿拔泉渡，爲什麼？廢了？爲什麼廢了？又《彰化縣志》已無竹腳寮山？爲什麼？因爲已經被開發完畢？被其他新地名取代了？

同治初年，戴萬生事件之後的《台灣府輿圖纂要》距今一百三十餘年，竹腳寮早無蹤跡，而阿拔泉還可見到，在彰化縣疆界之南界說「至阿拔泉山，與嘉義交界。」[34]在「山」之介紹中有「阿拔泉山」，云：「在水沙連保清水溪之間，山勢不甚高險。」[35]在「內外觸口山」云：「在阿拔泉山之下，離邑治六十餘里，爲邑治之外護也。」[36]又在「水」之介紹中有「阿拔泉溪」，云：「即清水溪，發源於阿拔泉山，在阿拔泉之北。由西南斜流，又繞至內觸口山之下，外觸口山之上，合於濁水溪。」[37]和阿拔泉溪有關的，還有阿拔泉山、阿拔泉溪，而且已經很清楚說阿拔泉溪就是清水溪，但所繪《彰化縣圖》之文字描述，阿拔泉溪和內觸口山的關係位置是錯誤的。也就是文字錯誤，圖也錯誤。但有一點可以確定，阿拔泉山是彰化縣嘉義縣的界山。也就是水沙連保和鯉魚頭保的界山。

光緒二十年（1894）倪贊元纂輯《雲林縣采訪冊》，其中再也看不到竹腳寮、阿拔泉，完全消失無蹤，倒是有清水溪、清水溪筏。清水溪條云：「在縣東二十餘里，發源內山。至鯉魚頭堡鯉魚尾溪入水沙連堡界，會頂林溪、田仔溪、過溪仔溪三溪之水，

34 臺灣銀行經濟研究室《台灣府輿圖纂要》台灣省文獻委員會（民國 85 年 9 月），頁 219。
35 《台灣府輿圖纂要》，頁 232。
36 同註 54。
37 《台灣府輿圖纂要》，頁 233。

由過溪仔口分支二，北入和溪厝圳，南入林內、九芎林、石榴班等陂。西行至牛相觸，引一水入溪洲堡同豐館圳；又一水入土庫平和厝圳，至於觸口與濁水溪匯爲清濁同流，彰雲兩邑數十堡陂圳皆賴焉。溪之左爲獅子山，右爲象鼻峰，論者以爲獅象守口云。」[38]清水溪筏云：「在縣治東二十里，爲沙連適斗六門要津。」[39]可見到光緒年間清水溪已完全取代阿拔泉溪，而早年的阿拔泉渡消失，現在在同一地點出現清水溪筏。此中似有原因。《台灣府輿圖纂要》有云：「台屬溪河，均自東首內山發源，而西出於海。彰屬自南至北溪河不一，大小亦不同，皆爲行人必由之路。故水勢稍緩而溪水較窄者，則用橋樑；水勢過急而溪面較寬者，則用渡船。…至各處水圳僅架一木就近渡人，以及春夏水漲或驟然大雨，隨時添駕橋樑，加增竹筏者，係頃刻之事，亦無一定之處，不及備載。」[40]同治初在水沙連保內有鼻子頭渡、南（湳）仔莊渡、溪洲莊渡、濁水溪渡、集集渡、二八水渡。而光緒二十年有濁水溪渡、溪洲仔渡，永濟義渡及清水溪筏。可見清水溪筏是因爲清水溪水量不大、不急，只是「春夏水漲或驟然大雨，隨時添架橋樑、加增竹筏者」，因爲只是臨時的，而且地點不一定，所以同治及其前一段時期「不及備載」。並不是真的廢了。

總結以上的論述，可以得到以下的認知。

1.竹腳寮山中有林瓊埔、竹腳寮，漢人耕作其中。自斗六門東入林瓊埔、竹腳寮可通埔里、後山，包括噶瑪蘭、哆囉滿。竹腳寮山南邊爲阿拔泉山，所以竹腳寮山應爲今日田子溪以南、清水溪流域以外的竹山鎮之總稱。「竹腳寮山」一辭到乾隆二十五

38 倪贊元《雲林縣采訪冊》台灣省文獻委員會（民國 82 年 6 月），頁 150。
39 倪贊元《雲林縣采訪冊》，頁 155。
40 《台灣府輿圖纂要》，頁 243-244。

年余志還寫到，但道光《彰化縣志》就沒有了。「竹腳寮」一辭消失的更早，乾隆初年劉志就只有竹腳寮山而無竹腳寮了。

2.竹腳寮在斗六門東入溯濁水溪而上到水沙連社的路上，還沒渡溪到集集之前而且應該在溪南。是一個交通番地很重要的地方，有通事住在那裡，是水沙連通事。竹腳寮的地點還應該在比較下游，因爲索琳稱它爲虎尾溪，而同時也有稱之爲水沙連河的。

3.阿拔泉，有阿拔泉溪、阿拔泉山、阿拔泉渡、阿拔泉社，溪、山是因社而命名。渡是因溪而生。阿拔泉社屬阿里山八社之一。但到乾隆十一年的范志阿里山八社中已無阿拔泉社。而多出盧麻產社、貓丹社、奇冷岸社。[41]余志相同。[42]阿拔泉社哪裡去了？但阿拔泉溪、阿拔泉山、阿拔泉渡繼續存在。阿拔泉渡在乾隆二十五年的余志說割給彰化縣。阿拔泉渡到道光修《彰化縣志》時已經不存在了。但到光緒時變成清水溪筏。到同治初年阿拔泉山還在，阿拔泉溪下註「即清水溪」，應該表示當時已經普遍稱呼清水溪了。「阿拔泉溪」是曹族語，「清水溪」是漢移民語，意味漢移民已完全掌控這個地區，一切都要要求漢化？到光緒年間碩果僅存的「阿拔泉山」也沒有了。但阿拔泉山既是彰、嘉二縣的界山，在清水溪東岸，可以無疑。

但到此仍有若干問題未能有滿意答案。

1.爲什麼竹腳寮山、竹腳寮消失的早？而阿拔泉山、阿拔泉溪消失的晚？

2.竹腳寮山的位置大致可以知道，竹腳寮的確切地點在哪裡？

3.阿拔泉溪就是清水溪，阿拔泉渡就是清水溪上斗六通竹山

41 范咸《重修台灣府志》卷二〈規制〉，頁 71。
42 余文儀《續修台灣府志》卷二〈規制〉，頁 81。

的筏渡，阿拔泉山大致可知其位置，但阿拔泉社曾在溜籐山外，還曾在哪裡？

參、學者研究成果之商榷

在相關研究方面，較早的是日人安倍明義，晚近的是林文龍。安倍明義是對竹腳寮的今地說了話，但我們不知道他的論述的依據是什麼。安倍明義原文爲：「隘寮（集集）原本稱爲『竹腳寮』，爲各社的總路隘口。」[43]也就是今日集集鎮的隘寮，就是康熙、雍正、乾隆的竹腳寮。這個說法爲後來的台灣學者所繼承，如劉枝萬在論南投縣境漢人之移住時即引黃叔璥《台海使槎錄》提到竹腳寮時即括號寫「集集隘寮」，並加論述說：「由此可見，集集鎮隘寮附近爲當時僅少（數）漢通事入山之隘口，從此沿濁水溪溯上，經日月潭，抵魚池鄉茅埔（五城），以此爲根據地，築寮與番貿易之情形。」[44]有清一代隘寮一直不是南港入埔里道上之一站，更遑論是各社總路隘口。藍鼎元的〈紀水沙連〉[45]、姚瑩的〈埔裏社紀略〉[46]、熊一本的〈條覆籌辦番社議〉[47]、徐宗幹

43 安倍明義《台灣地名研究》，頁 192。

44 劉枝萬《南投縣沿革志開發篇稿》南投縣文獻委員會（民國 47 年 1 月），頁 107。

45 藍鼎元〈紀水沙連〉載《東征集》台灣省文獻委員會（民國 86 年 6 月），頁 85-86。中有云：「自斗六門沿山入，過牛相觸，溯濁水溪之源，翌日可至水沙連內山。」

46 姚瑩《埔裏社紀略》載姚瑩《東槎紀略》台灣省文獻委員會（民國 85 年 9 月），頁 32-40。姚在文內說：「其入社之道有二：南路自水沙連沿觸口大溪東行，越獅子頭山至集集舖、廣城莊；…」意即及自竹山沿濁水溪東行。越獅頭山到集集。如此走一定要經過社寮。

47 熊一本〈條覆籌辦番社議〉載丁曰健《治台必告錄》台灣省文獻委員會，（民

的〈議水沙連六番地請設屯丁書〉[48]所記路線可以爲證。他們都是走濁水溪南岸的竹山鎮，而不是走濁水溪北岸的隘寮。

洪敏麟也繼承安倍明義之說，又引《諸羅縣志》〈兵防志〉，說其所言竹腳寮即爲今之隘寮[49]。又引夏之芳詩說「足證在康熙年間，此地爲入水沙連番境之總隘口。至乾隆四十八年（1783）前後，始開鑿草嶺以便聯絡南投街。」[50]

大家都相信安倍明義，都繼承其說，直到林文龍，才將懷疑寫成專文發表。林文龍在他〈清代嘉義縣轄鯉魚頭保的開發〉[51]文中，首先對安倍明義提出質疑，他認爲隘寮、竹腳寮「一在濁水溪北岸，一在清水溪西南岸，兩者之間，絕不能畫上等號。」

林文據《諸羅縣志》認爲竹腳寮應在阿拔泉溪的阿拔泉渡之上。所以只要找到阿拔泉渡的位置，竹腳寮就可迎刃而解。結果他找到一份嘉慶二十一年（1816）的杜賣契字。其中有「有自墾種莿竹、麻竹、桂竹一所，坐落阿拔泉，土名後溝坑樹林頭。」因爲立契人是木瓜潭莊蔡彪同胞侄蔡榮、蔡幸。所以林文就斷定阿拔泉「應在木瓜潭附近的清水溪畔」，並且肯定「是毫無問題」、所以隘寮是竹腳寮之說也就無法成立。林文又据《諸羅縣志》山川總圖，及雍正中葉《台灣輿圖》推斷竹腳寮山應爲鯉魚頭保山

國 86 年 6 月），頁 229-238。文有云：「查彰化縣東南六十里林圮埔起，二十五里集集埔，入山爲水沙連。」

48 徐宗幹〈議水沙連六番地請設屯丁書〉載丁曰健《治台必告錄》台灣省文獻委員會（民國 86 年 6 月），頁 272-281。徐在文內說：「聞嘉邑斗六門至水沙連入山之集集相近，於赴郡道路亦便，…即同該亟（史密）前往山口查看。」徐自斗六到竹山入集集，一定要經過社寮。

49 洪敏麟《台灣舊地名之沿革》第二冊（下）台灣省文獻委員會（民國 72 年 6 月），頁 507-508。

50 洪敏麟《台灣舊地名之沿革》第二冊（下），頁 508。

51 林文龍《清代嘉義轄鯉魚頭保的開發》載《台灣文獻》第四十五卷第一期（民國 83 年 3 月），頁 41-67。

區。

林文的論斷，只有竹腳寮不是隘寮一點是對的。其他說竹腳寮在清水溪上游，竹腳寮山應爲鯉魚頭保山區都錯了。鯉魚頭保山區是阿拔泉山，竹腳寮也不在清水溪畔，而在濁水溪南岸。

林文的錯誤在誤解蔡彪杜賣契字內阿拔泉之意涵。該契云「有自墾種莿竹、麻竹、桂竹一所，坐落阿拔泉，土名後溝坑樹林頭」，因爲蔡彪是木瓜潭人，所以林文將阿拔泉定位在木瓜潭。此犯了木瓜潭人之產業只能在木瓜潭之錯誤。[52]並且又犯了將阿拔泉只能解作阿拔泉渡的錯誤。前文論述已知阿拔泉含阿拔泉社、阿拔泉溪、阿拔泉山、阿拔泉渡。此四詞相關，但範圍大小不必完全相同。阿拔泉溪發源於阿里山，向西北流，溪東是阿拔泉山，流經竹腳寮山後與虎尾溪會合，會合前有阿拔泉渡。阿拔泉渡是斗六門東入到林瓊埔、水沙連必經的渡口。阿拔泉渡後來變成清水溪筏。

蔡彪的產業坐落阿拔泉，此阿拔泉應是阿拔泉社。林文忘了除阿拔泉渡外，尚有阿拔泉社。林文即將此阿拔泉解爲阿拔泉渡，此解顯然與上文所引《諸羅縣志》《台海使槎錄》相牴觸。因爲上引史料明確指出阿拔泉渡在牛相觸口距阿拔泉溪與虎尾溪會合處不遠。此阿拔泉不能解作阿拔泉山或阿拔泉溪，更非阿拔泉渡。只有解作阿拔泉社才合理可解。那麼阿拔泉社在哪裡？

---

52 有一張泉州寮嘉慶二十四年九月（1819）的同立合約字，立約人士林張氏、男水砂、婦許氏、孫選。其中提到產業有七筆，七筆中有三筆不在泉州寮。分別爲「又長房應份得木瓜潭番仔路竹林一所」「又長孫選應份得小棋買過林蔭園一段成爲娶妻之資」「一抽出木瓜潭番仔路竹林一所不在內。」另一件道光五年二月（1825）的杜賣盡根契，杜賣人是林選、林實，承買人是灣角潭庄的張天來。標的物是泉州寮庄灣仔底水田。灣角潭即木瓜潭。自此二契可證泉州寮與木瓜潭隔清水溪對望，往來交通並無困難，互相買賣置產也是平常事。

肆、古文書解開「竹腳寮」與「阿拔泉」之謎

黃叔璥在《台海使槎錄》說阿里山八社有溜籐山阿拔泉社。這個溜籐山在哪裡？應即今竹山鎮田子里之流籐坪。溜、流二字台音近似，籐字未變。其附近至今有地名番婆林。地當田子溪上游南岸，名「坪」即爲山上之平地，今有文田國小在焉。但阿拔泉社到乾隆初年就消失了。是滅社？還是遷離他處？遷離的可能性較大，因爲至今竹崎之東五公里有地名阿拔泉，屏東高樹村東北一公里半也有地名阿拔泉。[53]可能都是他們後來落腳居住的地方。他們最早居住的竹山，反而未留下阿拔泉地名。其實竹山原有阿拔泉地名，只是後來改掉了。前提到的蔡彪杜賣契字就有阿拔泉，另外明治戊戌年（1898，光緒二十四）曾藤立典契字也有阿拔泉。其契字有云：「立典契字人鯉魚頭保泉州寮庄曾藤有明典過張荖水田壹段，址在阿拔泉社，坐落土名本堡本庄後崁頂。」[54]本堡即鯉魚頭保，本庄即泉州寮庄。所以泉州寮就是阿拔泉社舊址。前面提到蔡彪的產業是不是也在泉州寮，不無可能。因爲有清水溪西岸的人到東岸購買產業的證據，而且是多數，不是少數。

泉州寮的命名，顯然是將阿拔泉的泉留下，變成漢式地名。猶如阿罩霧之變成霧峰。另外，泉州寮與溜籐坪的交通往來十分

53 陳正祥《台灣地名辭典》南天書局（民國 82 年 12 月），頁 187。
54 原契由台灣省文獻委員會典藏。

方便，[55]因爲二地同在田子溪以南，清水溪以北的區塊，只是一在田子溪南岸，一在清水溪東岸。

和阿拔泉相關的問題都解決了，剩下最後一個問題，竹腳寮不在清水溪上游山區，那麼在哪裡？

正確答案是在今日竹山鎭社寮。

直接證據是古文書。

一件乾隆三十年七月陳將立永杜賣絕契，[56]在契末「爲中人陳玉衡」下有一長方形朱印。印文如下：

正　給水沙連竹腳寮
堂
韓　庄族正陳玉珩記

此印之「正堂韓」即彰化知縣韓琮，他是直隸通州人，舉人

55 據劉耀南言早期泉州寮居民與流藤坪間也甚有往來。「都從泉州寮與不知春的茄苳坑，沿河谷而上，抵流藤坪的『不知春崎仔頭』，到流藤坪庄。」見劉耀南《竹山福興社區風土誌》竹山鎭福興社區發展協會（民國 89 年 3 月），頁 25。

56 原件由竹山社寮陳允洋先生收藏。

出身，乾隆二十九年到任，到三十三年三月。[57]這個中人，即今日之介紹人，陳玉衡當時之身分是「水沙連竹腳寮庄族正」。書寫爲陳玉衡，印文作陳玉珩。

又一件乾隆三十七年陳鎮立找洗田契[58]的契末「原中兄」下有長方形朱印。印文如下：

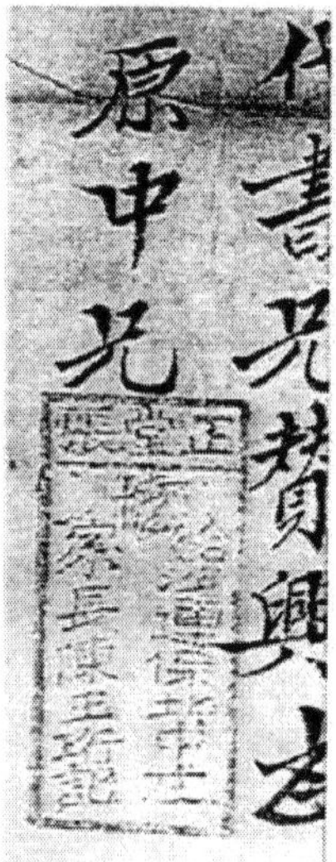

正堂韓
給沙連保北中庄
家長陳玉珩記

這個「正堂張」是彰化知縣張可傳，山東平定人，舉人出身，乾隆三十六年十月到任，四十年五月離任。[59]「原中兄」就是原來的中間人，是兄長輩。這個陳玉珩，就是七年前的陳玉珩，也做陳玉衡。而他的身分是「沙連保北中庄家長」，對照乾隆三十年的印文，可見沙連保就是水沙連保，也稱水沙連。竹腳寮庄改爲北中庄。族正變家長。

竹腳寮變北中庄，那麼北中庄又在哪裡？

57 周璽《彰化縣志》，頁 77-78。
58 原件由竹山社寮陳允洋先生收藏。
59 周璽《彰化縣志》，頁 78。

有一件同治七年四月的永杜賣契字，一開頭就寫「永杜賣契字人社寮北中庄張秋圍、張慶壽偕侄…」[60]北中庄在社寮。又建於乾隆年間的社寮開漳聖王廟也曾稱北中宮。[61]所以北中庄就是社寮。社寮就是竹腳寮。社寮至今有三個角頭，即北中、大公、過溪。可見北中之名留存至今。

竹腳寮是社寮，自《諸羅縣志》以下之相關文獻始可解讀，而其交通路線，行軍路線始可明白。靠新出土古文書之賜，終能解開數百年之謎。

黃叔璥《台海使槎錄》之言「竹腳寮，乃各社總路隘口，通事築室以居焉。」竹腳寮解作社寮，於是其他許多文獻便可與之印證。如雍正四年清兵征討水沙連之役會兵竹腳寮，由竹腳寮進兵，進兵之後還有把總帶兵八十名駐守竹腳寮營盤，征討結束，又令把總帶兵一百名，駐劄竹腳寮巡察。到雍正十一年正式設竹腳寮汛[62]。這個汛到同治初年就是社寮汛。[63]在《雲林縣採訪冊》中則稱沙連汛。[64]在乾隆至道光間或設或廢，文字無徵。[65]

《諸羅縣志》有言：「社中擇公所為舍，環堵編竹，敞其前，

60 吳淑慈《南投縣永濟義渡古文契書選》南投縣立文化中心（民國 85 年 6 月），頁 54。

61 林文龍《社寮三百年開發史》社寮文教基金會（民國 87 年），頁 121。

62 台灣銀行經濟研究室《清世宗實錄選輯》（民國 52 年 3 月），頁 43-44，雍正十一年秋八月己酉朔條。

63 《台灣府輿圖纂要》，頁 214。

64 倪贊元《雲林縣采訪冊》，頁 155，沙連堡內營汛有三：林圮埔汛、沙連汛、觸口汛。沙連汛下云：「在縣東南三十五里社寮街，亦屬嘉義營，外委員一員。」

65 周璽《彰化縣志》卷七〈兵防志〉〈陸路兵制〉，頁 197-198。建議在林圮埔增設一汛，在集集增一塘，庶與觸口汛相應援。可見當時林圮埔、社寮、集集均無汛無塘。

曰公廨，或名社寮，通事居之，以辦差遣。」[66]竹腳寮早有通事築室以居，逐漸演變成社寮，似爲事理之自然。乾隆二十六年（1761）曾君隨所立杜賣契文中有「又帶社寮後埔園一所」[67]之語，此「社寮」似指公廨，但也有地名的味道，至少是走向地名的過渡。

又看台北故宮典藏《乾隆中葉台灣輿圖》在今日竹山鎮濁水溪南岸，其地名自西而東分別爲：香員庄、水底寮、新社（通事陳馬生住）後埔仔庄。[68]這些地點香員庄即香員腳，水底寮沒有變，新社不見了，後埔庄沒有變。這個住了通事的新社應即爲社寮，地點在水底寮與後埔之間，正與今日社寮在水底寮與後埔之間相合。而住有通事正是自雍正以來的事。社寮開漳聖王廟有嘉慶郭百年事件要角水沙連社通事社丁首黃林旺之香火田碑，[69]黃林旺將廣大山野之租稅施給聖王廟以爲油香之資，並非偶然。再看《雲林縣采訪冊》之記社寮街云：「在縣東南三十五里，爲社寮等處交易總市，又爲往來南北暨埔裏社孔道。」[70]正可與一百七十年前黃叔璥之言「乃各社總路隘口」相呼應。

夏之芳的詩《台灣雜詠百首》之一云：「仄徑紆通斗六門，山牛遙觸壓荒村。晝開地險須重障，竹腳寮邊戍卒屯。」[71]這一位巡台御史是江蘇高郵人，雍正元年進士，六年任巡台御史兼學政。他顯然巡視到竹腳寮，他有註云：「斗六門去竹腳寮二十餘

66 同鍾瑄《諸羅縣志》，頁 159。

67 林文龍《社寮三百年開發史》，頁 56-57。

68 洪英聖《畫說乾隆台灣輿圖》行政院文化建設委員會中部辦公室（民國 88 年 8 月），頁 106。

69 陳江水《南投勝蹟》南投縣政府（民國 83 年 6 月），頁 229。

70 倪贊元《雲林縣采訪冊》，頁 146。

71 陳漢光《台灣詩錄》（上）台灣省文獻委員會（民國 73 年 6 月再版），頁 251。

里，為生番隘口，其地有牛相觸山。」[72]他來到竹腳寮正是吳昌祚征討水沙連番凱旋之後不久，還有把總帶兵駐劄巡察，所以才有「竹腳寮邊戍卒屯」的詩句。

伍、結　論

竹腳寮被當作隘寮，約有一百年。也就是錯了一百年。

阿拔泉社一直沒有人研究，也沒有人知道它在哪裡。

民國 85 年林文龍才對安倍明義的竹腳寮是隘寮的說法加以質疑，並建立竹腳寮在清水溪上游山區的新說。阿拔泉林文則認定在木瓜潭附近的清水溪畔。

我由史志的解讀對竹腳寮被當作隘寮有疑，被當作在清水溪上游山區也有疑。阿拔泉要先分辨是阿拔泉山、或阿拔泉溪、或阿拔泉渡、或阿拔泉社，才好說，因為山、溪、渡、社都不一致，二個古文書的阿拔泉應該是指阿拔泉社。林文的解釋是不周延的。

因為古文書的出土，提供了新史料，成為新證據，終於將紛擾錯誤一百年，甚或超過一百年的問題解決了。

林文中的蔡彪杜賣契字，只有「坐落阿拔泉，土名後溝坑樹林頭」這個「土名後溝坑樹林頭」太平常，到處有，木瓜潭庄後面確有後溝坑，泉州寮庄後面也有後溝坑。所以林文以蔡彪是木瓜潭人就把阿拔泉定位在木瓜潭是有問題的。至於曾藤立典契字是「址在阿拔泉社，坐落土名本堡本庄後崁頂」，是在阿拔泉社，土名在鯉魚頭保泉州寮庄。很清楚阿拔泉社在泉州寮庄。大約是

72 同註 67。

從溜藤山遷徙來的。所以，蔡彪契字中的標的物，可能也在泉州寮。

至於竹腳寮，從方志及雍正五年索琳的奏報都可以知道是在斗六東入渡過清水溪到再渡溪到集集之前的濁水溪南岸，浙閩總督那蘇圖更明白指出竹腳寮在虎尾溪之南。但因有竹腳寮是（虎尾溪北）隘寮的舊說，又有竹腳寮是在清水溪上游山區的新說，所以直到 921 地震社寮新出土古文書中出現乾隆三十年、三十七年二件陳玉珩印記，才看到竹腳寮庄變成北中庄的證據，由同治七年的古文書知道北中庄在社寮，又社寮開漳聖王廟又稱北中宮以及至今社寮仍有北中的地名，都證實北中庄就在社寮，也就是社寮就是竹腳寮。

古文書對史實之重新建立，由本文可知其重要。

附圖一

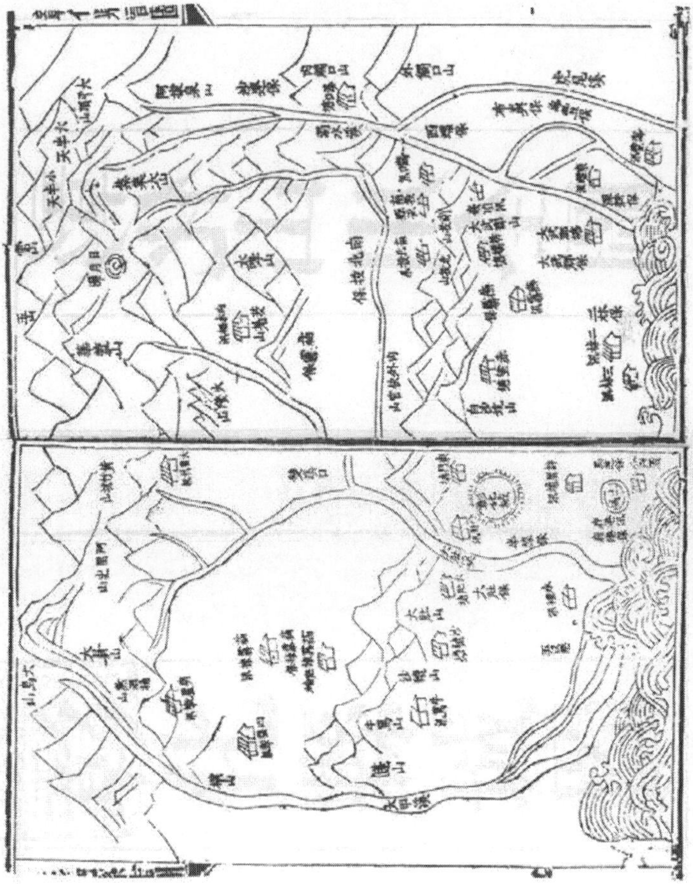

取自劉良璧《重修福建台灣府志》

附圖二

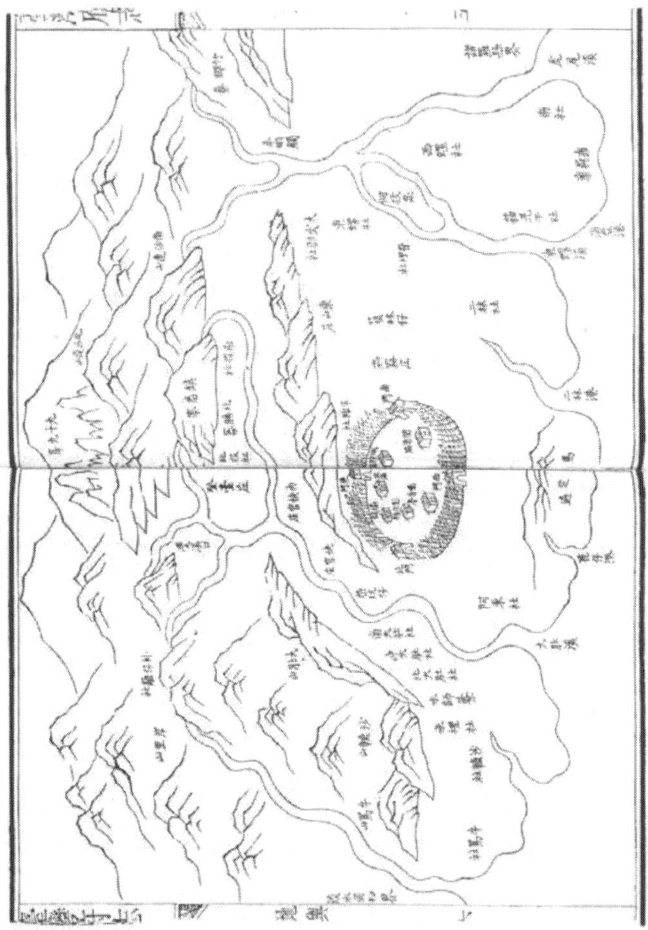

取自周璽《彰化縣志》

古文書對草屯地區歷史研究之貢獻

壹、前　言

歷史研究最怕文獻無徵。

草屯地區清代方志中的史料寥寥無幾，很難據以了解四百年來的草屯歷史。很幸運的，近三十年來，先有宮中檔、月摺檔[1]等之刊印，再有古文書之出土、蒐藏與刊布。其中尤以古文書之數量更爲龐大，台灣省文獻會所印《草屯地區古文書專輯》[2]，使草屯地區可以運用的古文書總數超過三百件。不論質或量，都遠遠超越過去任何形式的史料。於是草屯地區的歷史之神秘面紗得以一一揭開。

本文旨在借新出土的古文書探究草屯地區之歷史，同時也借以見證古文書在台灣史研究之價值，幸先進君子教正之。

貳、「草鞋墩」得名諸說

草屯地區地名起源存在諸多問題，因爲地名起源時間往往牽

1 國立故宮博物院自 1976 年以後編印有：《宮中檔康熙朝奏摺》、《宮中檔雍正朝奏摺》、《宮中檔乾隆朝奏摺》、《宮中檔光緒朝奏摺》、《清宮月摺檔台灣史料》、《清宮諭旨檔台灣史料》等。

2 謝嘉梁《草屯地區古文書專輯》台灣省文獻委員會，民國 88 年 6 月初版。

連移民入墾史實；某地之地望，往往即移民落腳之所在；地名包含之範圍，往往即移民開墾之範圍。所以地名於移民史及族群關係史關係十分重大。是以地名諸問題之釐清，正可以釐清移民開墾史與族群關係史。

「草鞋墩」，大正 9 年日人改名草屯。以後逐漸發展成爲草屯鎮。原來的草鞋墩成爲草屯街區之一部分。自日治後草屯取代清代之北投，成爲草屯地區行政、經濟、文化之中心。

「草鞋墩」地名起源，有「鄭成功說」、「鄭經說」、「劉國軒說」、「林爽文說」、「墾民說」、「挑夫說」[3]等。其中「林爽文說」認爲乾隆五十二年（1787）林爽文老家大里杙被清軍攻破後，林爽文率殘部南逃，路經草屯，在此地脫草鞋換草鞋，新舊草鞋堆積如山，因名草鞋墩。「墾民說」，認爲墾民進入南埔、土城、屯園，甚至双冬等地開墾，草鞋墩是入山口，也是休息站，在此脫換草鞋，草鞋堆積如山，故稱草鞋墩。「挑夫說」認爲自鹿港挑貨入埔裏社的挑夫，即所謂「鹿港担埔社」的挑夫，不論自鹿港到草屯，或自埔里到草屯都是一半路，而且草鞋也壞了，就在草屯休息，換草鞋，所以草屯草鞋堆積如山，故名草鞋墩。

「林爽文說」認爲林爽文率殘部經草屯，是錯誤的。根據「岸裡社番把守圖」[4]（附圖一），在赤土崎後「內山旱溝」之上（即東方）寫「賊走路」之南（右邊）接火焰山，又在火焰山之前（西方）寫「賊走路」。此「賊」即林爽文殘部。可見「賊」不曾到內木柵、北投社。既不曾經過，則在草屯脫換草鞋便是子虛烏有。而最大的不合邏輯是乾隆二十三年（1756），古文書便有「草鞋墩」地名（附圖二）。不必到乾隆五十二年林爽文殘部在此脫換

3 見洪敏麟《草屯鎮志》草屯鎮志編纂委員會，頁 92，民國 75 年 12 月。
4 見劉枝萬《南投縣革命志稿》南投縣文獻委員會，頁 18，民國 48 年 6 月。

草鞋[5]。

「墾民說」，當匏仔寮台地以西的平原開墾大致完成，墾民又向東進入匏仔寮台地以東，包括今日隘寮、南埔、土城、北勢湳、頂崁等地開墾。但匏仔寮以東地區的開墾，時間不可能早過乾隆二十三年。不能早過乾隆二十三年，「墾民說」便不能成立。不能成立的理由，是乾隆二十五年的番界圖，草屯地區正是在大虎山、草屯圖書館、牛屎崎一線，也是以「山根」爲界[6]。此線以東對漢移民是禁地。所以有大量墾民偷越入墾的可能性不大。從「內木柵匏仔寮莊」的名稱，可以推測在今日草屯圖書館附近可能有一木柵，用以限制漢番之出入。內木柵地區土地買賣現見第一件是乾隆四十四年北投社番將內木柵中埔承父物業的埔園賣給漢人，[7]可推知內木柵地區的開墾可能要到乾隆中晚期。至於坪林、双冬的入墾當然更晚。

「挑夫說」，認爲鹿港到埔裏社間挑貨往來的夫役，因爲草屯正在中間，入山出山都要在此休息脫換草鞋，草鞋堆積如山，故名草鞋墩。此說之能夠成立，必需能夠證明乾隆二十三年之前已有鹿港到埔裏社之交通往還。凡治台灣史的人都知道，進入埔裏社有南北二路，南路即自竹山（古稱水沙連）、社寮、集集、水里、魚池入埔裏社。北路即自草屯、國姓入埔裏社。自古以來，因爲南路易行，都走南路；北路難行，畏不敢走。也即姚瑩所言：

5 乾隆二十三年古文書有「草鞋墩」者二件，一件是九月，一件十二月，九月一件見《清代台灣大租調查書》上冊，頁 456-458；十二月一件見《草屯地區古文書專輯》，頁 265。林文龍有三文討論草鞋墩得名諸說，到三論才確定乾隆二十三年契約已有草鞋墩地名。見林文龍《台灣史蹟叢論》（下冊、風土篇）台中，國彰出版社，民國 76 年 9 月，頁 75-93。

6 〈台灣番界圖〉藏中央研究院歷史語言研究所。

7 〈北投社番新烏眉立杜賣盡根契〉見《草屯地區古文書專輯》，頁 235。

「自水沙連入，可兩日程；北路爲近，然常有兇番出沒，人不敢行，故多從水沙連入。」[8]這是道光二十年（1840）左右台灣道姚瑩的認知。上距西部平埔族人入埔裏社已逾十年。光緒十八年（1892）胡傳巡閱全台各處防營，五月十六日抵雲林縣（竹山），二十一日至埔裏廳，二十三日由小埔裏、三條崙、大坪頂至北港溪，二十五日過溪而北，至二飡埔、水長流、草崙、三隻寮，二十六日至頭櫃、二櫃、草排山、桂竹林，至大甲溪南岸的水底寮，二十七日至葫蘆墩（豐原），至台灣縣城（台中市），二十八日渡大肚溪至彰化縣。他在報告中提到「南番歸化久，出亦不滋事。北番萬霧等社，則時出殺人。」[9]他在水長流時，聞大坪生番出草，遂令點校兵速回營堡，以重防務。對國姓附近開發駐防情形，他寫道：

> 查自大坪頂西南至北港溪，折而北至桂竹林，計程七十餘里，皆崇山峻嶺，向無居民，亦無路以通行旅。棟字副營以三哨六隊開此路，分紮小營十，小堡八十餘處，每營或一隊或二隊，每堡或四人三人不等，皆為衛新墾而設也。該營尚有右哨四隊八隊分駐頂載頂、大溪灣等處，以衛腦丁。[10]

引文中「棟字副營」即林朝棟之棟軍。時林氏統領棟軍兼全台營務處。可證在清統治末期，林朝棟在大甲溪南岸到埔里國姓間駐軍，這一帶地方才開始有居民，有路可通行旅。

雖說是清治末期國姓、埔里、新社間有居民、有路可通，但

8 姚瑩《東槎紀略》〈埔里社紀略〉合肥黃山書社，頁 559，1990 年 1 月第一版第一次印刷。

9 胡傳《台灣稟啓存稿卷一》見《台灣紀錄兩種》下冊，台灣省文獻委員會，頁 9，民國 40 年 5 月 20 日初版。

10 胡傳《台灣稟啓存稿卷一》見《台灣紀錄兩種》下冊，頁 11。

其通行並不容易。這種情形在日本統治30年，即大正15年，仍然未變。埔里人陳春麟就說：

> 起初由烏溪逆流而上進入埔里非常艱辛，想當年（日大正15 年）我公學校六年級畢業旅行時，由埔里從早晨三點起，走到土城，已是晚上，可知彼時交通之不便。[11]

從上面的論述，在在證明自烏溪入埔之困難，所以挑夫之可以自鹿港擔埔社，最早只能在林朝棟駐軍之後，而以日治前期爲盛。那麼，上距乾隆二十三年，已遙遙一百五十年。「挑夫說」之不能成立，可以確定。

參、「舊社」、「舊社林」何處尋

北投社之「舊社」在哪裡？

北投社道光三年（1823）以後陸續遷居埔里，原社址在今北投舊街與新街之間，當地人稱「番社內」。番社內的南北兩邊有番子墓，可惜在吳敦義縣長時土地重劃都被剷平成爲農地了。

這個「番社內」的地點，其實是北投社的新社，在這之前他們住的地方叫「舊社」。也許遷移到北投的時間已經很久，「舊社」這個地名出現的不多，今天的人沒有人知道有「舊社」，更沒有人知道「舊社」在哪裡。

羅美娥曾試圖解謎，伊根據田野調查訪問與土地租佃契約內容，推估今日草屯鎮內至少存有二個稱爲「舊社」的地區，其一在「番社內」東方二公里的草鞋墩大埔洋，其二在「番社內」東

11 簡榮聰《南投縣鄉土史料》台灣省文獻委員會，頁 304，民國 82 年 6 月出版。

北方一公里附近的南勢仔。前者是古文書有「大埔洋舊社林」，後者是李威熊教授告訴南勢仔附近確實有「舊社」地名[12]。

這個推估正確嗎？請看下面的論述。

本文就是想就現有史料盡力把舊社在哪裡這一問題弄清楚。

現見「舊社」史料不多，先將所見，逐條列出。

乾隆四十一年陳施氏立杜賣契約有：「承夫分，應分歷掌熟園三甲三分，坐落舊社前溪洲乙坵，東至溝，西至車路，南至白宅園界，北至陳宅園界。」[13]

乾隆四十一年林月三等立合約字，有「共買陳添嬸施氏有課園二坵，坐在舊社前溪洲。」[14]

乾隆四十一年陳沈氏立杜賣契有：「承夫鬮分，應分歷熟園三甲三分，坐落舊社前溪洲。」[15]

乾隆四十二年北投社番盧文懷立盡找洗契，有「有承祖父鬮分遺業埔地一所，土名坐在南勢盡社林。」[16]此「盡社林」之「盡」字疑爲「舊」字之誤，即應是「坐在南勢舊社林」。

嘉慶十二年林水泉兄弟等同立鬮書，有「又舊社前園一甲六分，以爲長孫物業。」[17]

嘉慶十八年固立杜賣盡根契「有承父遺下鬮分應份水田一段，坐落大埔洋小地名舊社林南勢」[18]（附圖三）

---

12 羅美娥〈從契約文書看洪雅族北投社的土地流失問題〉，中台灣鄉土文化學術研討會宣讀論文，民國 89 年 9 月 14、15 日，台中市政府文化局主辦。

13 草屯林瑞君藏田契簿；林美容《草屯鎮鄉土社會史資料》〈契約〉台灣風物雜誌社，頁 17，1990 年 10 月。

14 草屯林瑞君藏田契簿；林美容前揭書，頁 20。

15 同註 14。

16 草屯林瑞君藏田契簿；林美容前揭書，頁 23。

17 草屯林瑞君藏田契簿；林美容前揭書，頁 34。

18 《草屯地區古文書專輯》，頁 71。

嘉慶二十年北投社番潘福生立胎借銀字有「有承父遺下一段水田，址在大埔洋，土名舊社林。」[19]

道光十年姚載、姚結兄弟同立洗找絕契字有「共買過陳君水田一段，址在大埔洋，土名舊社林。」[20]

明治 33 年（1900）林火（林鳳支）立繳典田契字有「承祖父水湖遺下水田壹段坐落大埔洋舊社林。」[21]

以上是古文書中所見之「舊社」，「舊社林」。下面再看族譜資料。

林墀，生於康熙四十年（1701），卒於乾隆四十六年（1781）葬在舊社林田邊。[22]

林公清，生於康熙三十九年（1700），卒於乾隆三十六年（1773），葬於崁仔頭腳。咸豐八年（1858）遷葬舊社林腳。妣葬舊社林，咸豐八年修理重建。[23]

林公喜，生於康熙四十五年（1706），卒於乾隆五十一年（1786），葬舊社林新開田尾。[24]

林滾，生於乾隆十一年（1746），卒於嘉慶十年（1805），葬舊庄林透崎田尾樣仔林，嘉慶十九年（1814）換葬[25]。這個「舊庄林」應是「舊社林」之誤。

除古文書及族譜資料外，在官文書中也有一條史料。

乾隆十六年發生內凹莊番殺兵民事件。在乾隆十九年（1754）

---

19 林美容前揭書，頁 40。
20 林美容前揭書，頁 54。
21 《草屯地區古文書專輯》，頁 98。
22 林美容《草屯鎮鄉土社會史資料》〈來台祖資料〉，頁 174。
23 林美容前揭書，頁 180。
24 同註 23。
25 林美容前揭書，頁 180-181。

閏四月十九日福州將軍新柱福建巡撫陳弘謀向皇帝的奏報，提到事件發生的原因時，有「又於雍正十三年簡經另佔該番土名舊社公共草地一塊，每年加租九十石。」[26]之語。

史料說些什麼？

古文書九條，「舊社前溪州」三條。「南勢舊社林」一條，「舊社林南勢」一條，「舊社前園」一條，「址在大埔洋，土名舊社林」二條，「大埔洋舊社林」一條。

從「舊社前溪州」，因爲不知其前後標準如何，因此無法判斷其東西南北的關係位置，只能斷舊社溪州兩個地點相鄰。

從「南勢舊社林」，可以判斷「舊社林」在「南勢」，「南勢」就是南邊，什麼的南邊？應是新社的南邊，也就是北投番社內的南邊。「舊社林南勢」則指舊社南邊，應即溪洲。

「址在大埔洋，土名舊社林」及「大埔洋舊社林」，很清楚的說明大埔洋就是舊社林。也就是舊社林就在大埔洋。所以只要能解開大埔洋的位置，一切可以迎刃而解。

族譜資料有一條就是解開千古之謎的鑰匙。

林盧，生於康熙四十九年（1710），卒於乾隆四十二年（1777）「金安葬北投大埔洋，即北投埔。」[27]這一條族譜資料，指出大埔洋就是北投埔。

到此，可以得結論是舊社、舊社林在北投埔，新社在北投番社內。上舉名詞關係位置如下：

26 〈福州將軍兼管閩海關事新柱、福建巡撫陳弘謀奏覆審理彰化縣兇番焚殺兵民摺〉，載梁志輝、鍾幼蘭主編《台灣原住民史料彙篇》七，台灣省文獻委員會，頁 275-280，民國 87 年 10 月。

27 林美容前揭書，頁 179。

如此則「舊社前溪州」、「南勢舊社林」、「舊社前園」、「舊社林南勢」都可正確知其位置。

再從族譜資料五條，有「舊社林田邊」、「舊社林腳」、「舊社林」、「舊社林新開田尾」、「舊社林透崎田尾樣仔林」。這五條資料都是「舊社林」、都不是「舊社」，可見「舊社」早已被佔用，或居住或成田。只有「舊社林」到乾隆五十一年還有「新開田尾」。

另外，從古文書資料和族譜資料，可以看到其關係人大都是林姓。古文書第一件買地的是林霸、林恪、林富。第二件是三人拈鬮踏分上述土地的合約字，第三件買地人是林霸、第四件買地人是林富、第五件是林水泉兄弟分家鬮書，第六件姓氏不詳，第七件銀主是王建興，第八件買田人王啓榜，第九件立繳典契字的是林火。可見六件姓林，二件姓王，一件不詳。至於族譜資料五條，全部姓林。而且全都是葬地。二種史料十四條，十一條和林姓有關，只二條不是，一條不詳。十四分之十一，是百分之七十八點六。可以說在林姓的分部範圍之內。以今日所了解，草屯四大姓，洪、李、林、簡，各佔據草屯的四個角落，林姓分布在月眉厝、北投埔一帶。而舊社、舊社林正是在北投埔。

又從「舊社」「舊社林」出現文件的時間，古文書最早是乾隆四十一年，最晚是明治 33 年。族譜資料最早是乾隆四十六年，最晚是咸豐八年。二種史料合看，最早是乾隆四十一年（1776），最晚是明治 33 年（1900）。這個最早年代，可視爲本年以前已有舊社新社之分，也就是北投社已搬到北投番社內。最晚年代，可說明到明治年間還知道那是舊社之地。但乾隆四十一年不是最早，上文所錄官文書是乾隆十九年文件，即 1754 年，文件中更提到雍正十三年（1735）已有「舊社公共草地」出贌簡經乙事。可見得，「舊社」在雍正十三年以前已存在，也就是在雍正十三年以前北投社已遷到北投番社內。而明治 33 年以後就沒人知道這一段史實，也就沒人知道北投社還有一個「舊社」了。

從上面列舉的史料，以及對史料的分析討論，可以得以下幾點結論。

第一，北投社後來在北投番社內的社址是新社。

第二，北投社的「舊社」及附近的「舊社林」在今天的北投埔，以前叫「大埔洋」。最早可能叫「舊社公共草地」。同治初《台灣府輿圖纂要》在南投保、北投保、貓羅保的坊里中有「北投埔社」[28]，可能是「舊社」的痕跡。

28 《台灣府輿圖纂要》台灣銀行經濟研究室，頁 226，民國 52 年 11 月。

第三、北投社何時自舊社遷到新社？這個時間在雍正十三年（1735）以前，也許要早到康熙二十年以前，因爲第一本、第二本《台灣府志》都沒有提到遷社之事。

第四，「舊社」之地本被簡經贌耕，但簡經欠租引起內凹莊番殺兵民事件，簡經杖一百流三千里，占墾舊社草地撥四十甲熟田交該社番眾公分管領。[29]

想來自此以後簡姓勢力退出，而林姓逐漸進入舊社北投埔之地，北投埔逐漸成爲林姓的田園，而且田頭田尾也成爲死後葬身之地。舊社邊的荒埔林地，到乾隆年間才開墾成田，所以古文書族譜資料都出現「舊社林」。

第五，《諸羅縣志》說：「番社歲久或以爲不利，則更擇地而立新社以居。」又說：「先時，舊社多棄置爲穢墟，近則以鬻之漢人。」[30]北投社爲什麼棄舊社立新社？其情形不可得其詳，但似可與《諸羅縣志》相互印證。

第六，羅美娥所論舊社位置，似都錯誤，可以不必多贅。

肆、「內木柵」「北投街」「南北投保」等問題

台北市的木柵因爲有動物園，很有名。草屯在清代有內木柵，現在的草屯人卻都不知道。

草屯的叫內木柵，爲什麼不像台北市只叫木柵就好？原來草

29 同註 26。
30 周鍾瑄《諸羅縣志》台灣銀行經濟研究室，卷八〈風俗志〉〈番俗〉〈雜俗〉頁 174，民國 51 年 12 月。

屯附近還有一個「外木柵」。在一件雍正五年巡台御史的奏報中有「仍於南投崎之外木柵及貓霧拺二處議各撥把總一員，帶兵一百名駐劄彈壓。」[31]此「南投崎」應即「南投崎社」，在同一文件中有「臣於十七日帶丁役出山，仍由竹腳寮渡虎尾溪下稍經南投崎社、北投崎社、貓羅社而至半線社。」[32]這個「南投崎社」即南投社。「北投崎社」即北投社。也就是在南投社附近有一個外木柵。因為南投社已有外木柵，所以在草屯，更近內山的木柵，便叫內木柵。

「內木柵」指哪裡？以往都將內木柵與土城（塗城）劃上等號。如劉枝萬在〈南投縣地名考〉中「內木柵」條即說：「後改稱土城，可能因水沙連問題日趨嚴重改築為土圍，故稱土城」[33]。又在所著《南投縣沿革志開發篇稿》中，凡提到內木柵，均在下面括號註「今土城」，或逕寫「土城」[34]。洪敏麟也在《台灣舊地名之沿革》說「土城」云：「道光年間立木柵，以制越境者，所謂『內木柵』當指其附近。」[35]又《草屯鎮志》也說：「土城地當山溪逼近，溯烏溪入內山地方交通要衝，清廷曾設防於此，稱內木柵。」[36]

但古文書所呈現的不合上面的說法。

---

31 〈巡台御史索琳奏報剿撫生番以保民命事〉載梁志輝、鍾幼蘭前揭書，頁46-49。

32 同註29。

33 劉枝萬〈南投縣地名考〉載《南投文獻叢輯》（一），南投縣文獻委員會，民國43年6月，頁5-42。

34 見劉枝萬《南投縣沿革志開發篇稿》南投縣文獻委員會，頁122、125、143、187等處。民國47年1月。

35 洪敏麟《台灣舊地名之沿革》第二冊（下），台灣省文獻委員會，頁450-451，民國73年6月。

36 洪敏麟《草屯鎮志》，頁125。

從上引雍正五年的文件，可推知內木柵在雍正五年以前已經出現，不是道光年間。下面古文書出現內木柵的年代也可證。古文書中有：內木柵中埔、內木柵大埔、內木柵南埔、內木柵滴西、內木柵隘寮腳、內木柵崁仔頂、內木柵匏仔寮莊、內木柵北勢湳。[37]也就是內木柵包括中埔、大埔、南埔、滴西、隘寮腳、崁仔頂、匏仔寮、北勢湳。而土城、屯園反而不在內木柵之內。所以應該是匏仔寮台地以東地區都是內木柵。或許可以推想在今牛屎崎、草屯鎮圖書館一線之某地曾有木柵之設以限制番漢之越禁。此一木柵相對於南投之外木柵稱內木柵，內木柵以東之地後來賤墾，即稱內木柵某地。

內木柵之古文書，最早一件為乾隆四十四年十一月（1779），最後一件是明治 34 年 12 月（1901），也即自 1779 年出現，連續使用到 1901 年，計達一百二十二年之久。以後不再出現於古文書，也漸被遺忘。算來，不使用時間也已有一百年。

順便一提，土（塗）城出現時間很晚。道光十年的《彰化縣志》在南北投保各莊名中，有內木柵、頂崁仔、匏仔寮、隘寮莊、南埔仔，就是沒有土城。[38]道光二十七年閩浙總督劉韻珂履勘水沙連六社番地，自南路入，自北路出，自國姓以外，他寫道：「五里為龜紫頭，十里為外國姓，五里為太平林，五里為賤屯園；由賤屯園南行五里為內木柵，又二里為北投。」[39]有平林、屯園、

37 內木柵中埔最早見於乾隆四十四年，內木柵大埔見於嘉慶十年，內木柵南埔見於道光九年，內木柵滴西見於道光二十三年，內木柵隘寮腳見於道光十四年，內木柵崁仔頂見於同治四年，內木柵匏仔寮莊見於咸豐十年，內木柵北勢湳見於道光七年。

38 周璽《彰化縣志》台灣銀行經濟研究室，卷二〈規制志〉，頁 46，民國 51 年 11 月。

39 劉韻珂〈奏勘番地疏〉載丁曰健《治台必告錄》上冊，頁 212-228，台灣銀行經濟研究室，民國 48 年 7 月。

內木柵、北投就是沒有土城。同治四年在丁曰健〈親赴彰化內山督軍剿滅全股踞逆摺〉中屢次提到「塗城」[40]。同治初年，戴案後之《台灣府輿圖纂要》在南北投保中有「土城仔」[41]。據此可推知同治時已有土城，其出現時間或可推到咸豐年間，但可能在道光之後。而且內木柵不是土城，內木柵範圍內不包含土城。

北投街是什麼時候出現？

在道光十年的《彰化縣志》〈南北投保各莊名〉中有新街、舊街。在〈社〉中有北投社。在「街市」中的「北投街」，說明：屬南北投保，分爲新、舊街。[42]到同治初年《台灣府輿圖纂要》有北投舊街，北投新街、北投番社[43]。上面的稱呼與今日之舊街、新街、番社內十分相近。現在要問的是舊街是什麼時候出現？以前的說法是「乾隆後半葉至嘉慶初葉間」[44]這個跨距有三四十年，太不精確。一件乾隆四十七年（1782）的土地買賣契約上，買方是「北投街泉利黃記觀」[45]（附圖四）。據此可知本年之前已有北投街，當是舊街，因爲如是新街，舊街又要更早。新街之出現時間，據大正 3 年之〈北投朝陽宮修序〉有「茲我北投之設有朝陽宮也，創自前清嘉慶二年間。」[46]可以推估當在乾隆末葉。因爲新街之出現，才有朝陽宮之由洪、林、李、簡四姓及紳董舖戶眾商共襄盛事，成此巍峨之廟宇。

---

40 見丁曰健《治台必告錄》，頁 477-491。

41 《台灣府輿圖纂要》，頁 227。

42 周璽《彰化縣志》卷二〈規制志〉，頁 40、46、51。

43 《台灣府輿圖纂要》，頁 227。

44 洪敏麟《草屯鎮志》第二篇開拓史，頁 149。

45 見〈北投社番余思成、連仔仝立賤永耕字〉，載《草屯地區古文書專輯》，頁 236。

46 見簡榮聰〈草屯鎮碑碣〉載《史聯雜誌》第二十期，頁 16-17，中華民國台灣史蹟研究中心，民國 81 年 6 月。

另外南北投保何時成立？何時分爲南投保、北投保？

過去認爲一開始就是南北投保所轄，又認爲光緒年間才分立爲南投保、北投保[47]。現在對南北投保成立的確切時間還不明，南投保、北投保分立的確切時間也還不明，但可以確定的是過去的說法都有商確餘地。

就今所知南投草屯地區，最早屬半線保，再屬貓羅保，三屬南北投保，四分立爲南投保、北投保。

在范咸《重修台灣府志》卷二〈規制〉〈坊里〉說彰化縣十保管一百一十莊，其第一個保即半線保，管下十一莊，有南北投莊。在十保中尙無貓羅保。[48]這是乾隆十二年（1747）以前的情形。再上查劉良璧《重修福建台灣府志》所記與范志同[49]。又可推知乾隆六年（1741）前已然如此。可確知南北投莊屬半線保，乾隆十二年以前不必有疑。

再看余文儀《續修台灣府志》，彰化縣舊十保，管一百一十莊，今新分及加增共一十六保，一百三十二莊[50]。但在所列保名只有十五保，少一保，少什麼？少貓羅保？或南北投保？似乎都不是，因爲志中也說登台莊、柳樹湳莊、快官莊、大好莊、貓羅新莊，「係半線保內」[51]。只有在卷二「規制」「公署」縣丞條

---

47 洪敏麟《草屯鎭志》第三篇開拓史，頁 174 云：「南投與草屯合稱南北投保，至光緒元年（1875）才各自獨立，分稱南投保與北投保。」

48 范咸《重修台灣府志》卷二〈規劃〉，頁 67，台灣銀行經濟研究室，民國 50 年 11 月。

49 劉良璧《重修福建台灣府志》卷五〈城池〉，頁 79，台灣銀行經濟研究室，民國 50 年 3 月。

50 余文儀《續修台灣府志》卷二〈規劃〉，頁 73，台灣銀行經濟研究室，民國 51 年 4 月。

51 同註 50。

說：「在貓羅保南投街，乾隆二十四年發帑新建。」[52]又在卷三「職官」「官秩」彰化縣縣丞下註「乾隆二十四年新設，劄駐貓羅保南投社」[53]。又在卷二「規劃」「街市」南投社街條說：「在貓羅保，距縣治二十五里。」[54]以上所引，可知余志所少的保即是貓羅保。而且南投、草屯地區之屬貓羅保在乾隆二十四年很確定，因為只要寫到南投縣丞之新設於乾隆二十四年，一定是在貓羅保。但余志也出現南北投保。在卷二「規劃」「水利」萬丹坑圳條云：「在南北投保東。」[55]這一條是唯一的一條，極可能是在付印之時最後一次整稿時加入的。理由如下。余志雖修於乾隆二十七年（1762），但自內容看，成書時間可能在二十九年底。這一點卷三「職官」是最好的證據。如余志中分巡台灣道之最末一位蔣允焄，就寫「乾隆二十九年十二月護任。」[56]又本書序刻於乾隆三十九年（1774），也有可能在刻印校閱時又加入二十九年以後之史事。[57]

所以自萬丹圳條，可推南北投保成立之時間當在乾隆二十四年以後，三十九年之前。而以二十八、二十九年最為可能。古文書似可加以印證。一件乾隆三十七年十二月的「永杜賣盡根契」

52 余文儀前揭書，頁 67。
53 余文儀《續修台灣府志》卷三〈職官〉，頁 169。
54 余文儀《續修台灣府志》卷二〈規劃〉，頁 89。
55 余文儀前揭書，頁 108。
56 余文儀前揭書，頁 127。
57 余志之前有閩浙總督鍾音序，序中有言：「甲午冬，屬序於予。」又有余文儀自序，時任福建巡撫，序中有：「予以乾隆庚辰來守茲郡，詢省舊聞，得康熙間觀察高公所為志及其後副使劉君補葺之書，而患其未備；乃參覈新舊諸志，於薄書餘晷，撏撦辟籍，博訪故老暨身所經履山川夷險之處，傳聞同異之由，心維手識，薈萃成編。」又云：「今復奉聖天子赫聲濯靈，建牙於榕陰荔圃之中，回首渤澥舊游，宛然如昨；而驚颷不扇，番社辟嬉麟集之儔，喁喁然酌醴而溯永風，予亦遂得藉是退食從容，手此一編，以溯洄於竹城、赤崁間也。爰是復加校閱，援剞劂氏，而誌其顛末如左。」

出現「南北投保山腳鎮北庄」[58]，可證乾隆三十七年以前已有南北投保。

至於南投保、北投保之分立，過去以爲是光緒元年。現在以古文書和方志互爲印證，知道時間更早。

自古文書所見，北投保最早出現於嘉慶五年[59]，但嘉慶十四、十五年也還出現南北投保。[60]所以此時的北投保可能只是簡稱。道光以後就只出現北投保，而看不到南北投保了。蓋在咸豐十年的知縣所頒戳記文云：「給北投保北投街總理莊文蔚戳記」[61]（如上圖）應可證此時已是南投保、北投保分立了。

古文書如此，方志則不然。《彰化縣志》成書於道光十年到十四年間，書中還是南北投保。[62]

另外可以確知的是同治初年的《台灣府輿圖纂要》，在南北投保下括號註「分南投保、北投保」。[63]據此可以確信最晚在同治初年已分南投保、北投保，而不必等到光緒元年。

總的結論是，南北投保分立時間可確信的是同治初年。

---

58 《草屯地區古文書專輯》，頁 268。

59 見〈林三源立杜賣盡根契〉載《草屯地區古文書專輯》，頁 237。

60 見〈許瑞等立杜賣盡根契〉契尾，載《草屯地區古文書專輯》，頁 111，及〈貓羅保番仔田庄張世助等立杜賣盡根契〉載《草屯地區古文書專輯》，頁 11。

61 見《草屯地區古文書專輯》，頁 81。

62 同註 38。

63 同註 28。

伍、結　論

近年大量古文書的出土刊印，提供了許多新史料，其質量勝過往昔千百倍。因此之故，過去以為正確的歷史，在新史料面前已經不正確；過去不明確的說法，今天變成很明確；過去不知道的史實，現在一個一個重新建立起來。由於草屯地區的古文書數量超過三百件，所以草屯地區的歷史面臨嚴肅的重新確認的過程。上面的討論只是重新確認的一部分。茲將本文總結如后。

「草鞋墩」地名起源，在乾隆二十三年的古文書作證下，確定與林爽文事件無關，與墾民入墾南埔無關，與鹿港擔埔社的挑夫無關。這三個理論可以排除在討論之外，使「草鞋墩」得名之研究縮小了範圍。

北投社的社址在北投里的番社內，無人不知曉，大家都以為有史以來北投社就在那裡。但古文書出現「舊社」、「舊社林」，沒人知道有「舊社」，更沒人知道「舊社」在哪裡。「舊社林」更不用說。也有人說芬園鄉、霧峰鄉都有「舊社」，草屯沒有。現在用古文書與族譜資料，以及官文書互證下確知「舊社」就在北投埔。而且北投社之自舊社遷新社可能要早到康熙二十年以前。這是一個歷史的重建，對草屯地區原住民北投社有了更多的了解。

「內木柵」過去把它和土城等同，古文書證明這個說法錯誤。匏仔寮台地，即草屯公園以東到屯園間都是內木柵。內木柵不包含土城、屯園。土城出現時間很晚，有文獻為證的是同治初年。這是古文書糾正了過去的錯誤。

「北投街」在古文書作證下，可知乾隆四十七年以前已出現。南北投保出現時間當在乾隆二十八、二十九年。在此之前草屯、南投屬貓羅保，再早則屬半線保。再早就是界外番地。至於南北投保分爲南投保、北投保的時間，過去都說是光緒元年，古文書在道光以後便稱北投保了。印證其他文獻，可以確定同治初年已然分立。這也糾正了過去的錯誤。

附圖一：岸裡社番把守圖

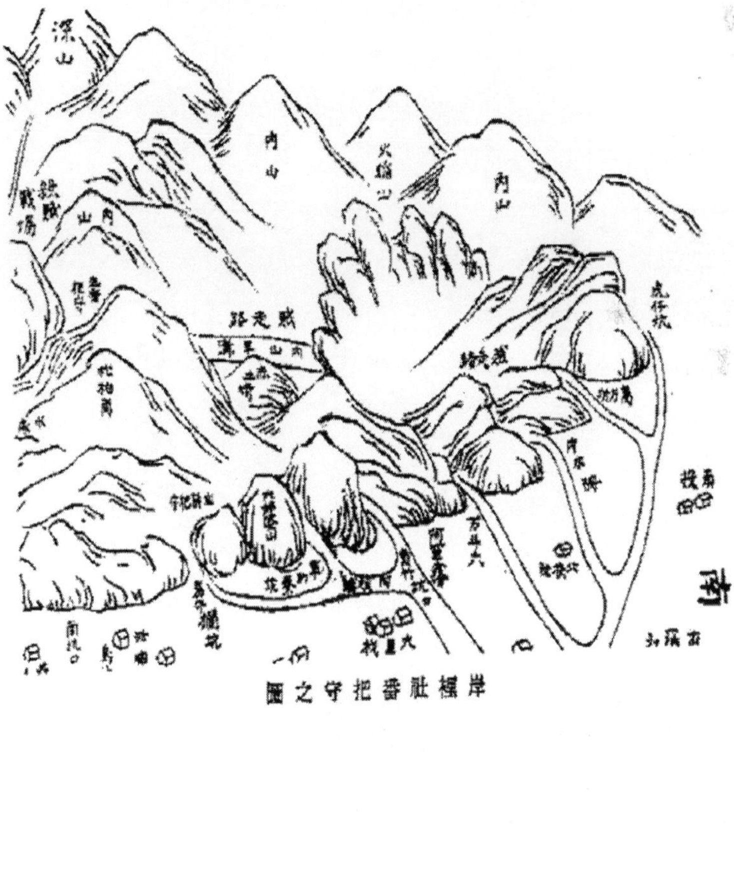

岸裡社番把守之圖

附圖二：「草鞋墩」

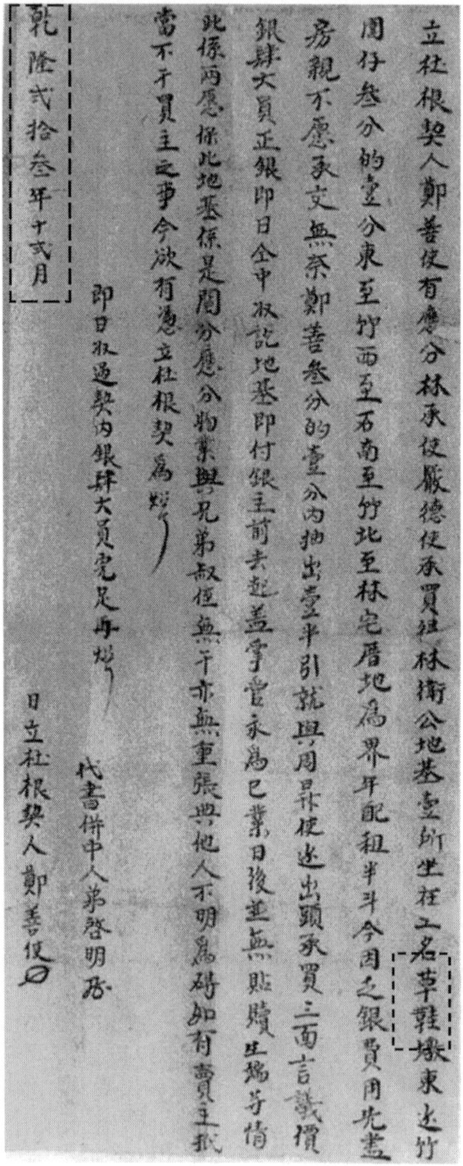

立杜根契人鄭善使有承分林承使厳德使承買社林衛公地基壹所坐在土名草鞋墩東迭竹
围仔叁分的壹分東至竹西至石南至竹北至林宅厝地爲界年配租半斗今因乏銀費用先盡
房親不愿承支無奈鄭善叁分的壹分內抽出壹半引就與周昇使送出頭承買三面言議價
銀肆大員正銀即日全中收訖地基即付銀主前去起盖掌管永爲己業日後並無貼贖生端等情
此係兩愿係此地基係是周分愿分物業與兄弟叔侄無干亦無重張典他人不明爲碍如有売主抵
當不干買主之事今欲有憑立杜根契爲炤

即日收過契內銀肆大員完足再炤

代書併中人弟啓明押

乾隆弍拾叁年十弍月　日立杜根契人鄭善使

附圖三：「舊社林南勢」

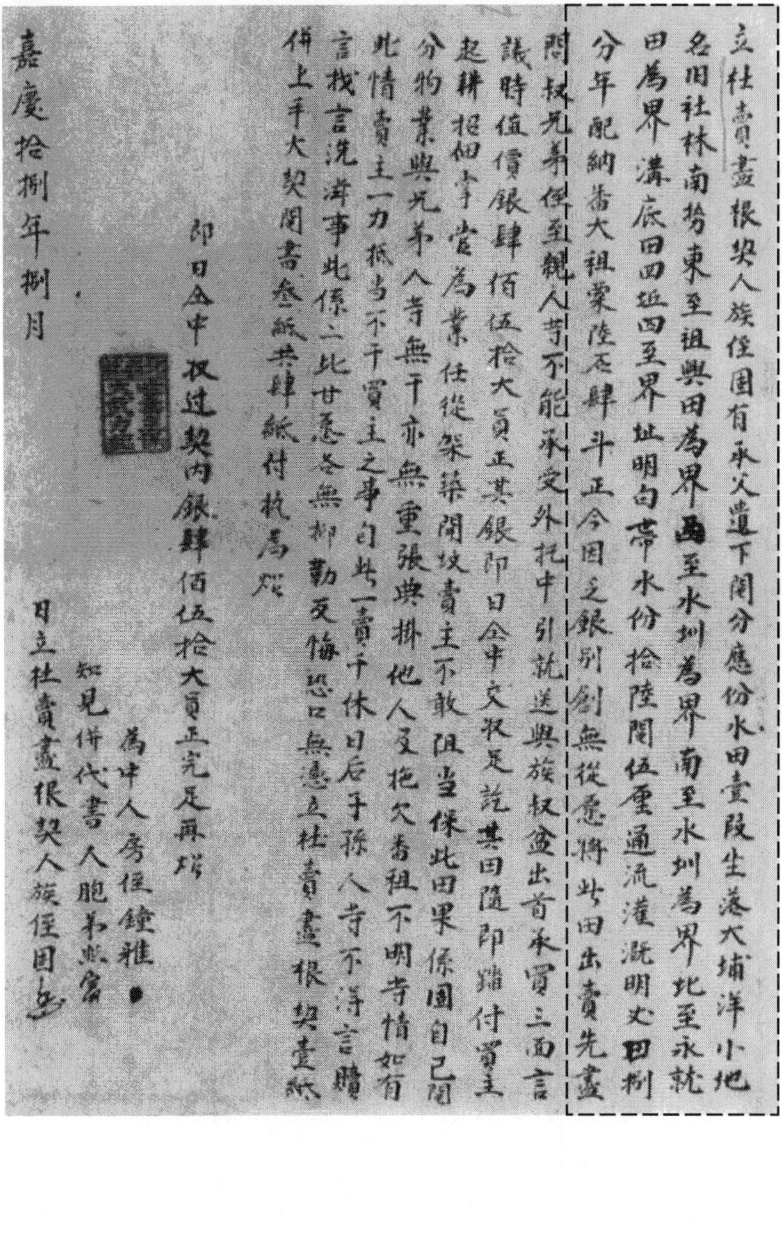

立杜賣盡根契人族侄圍有承父遺下閹分應份水田壹段坐落大埔洋小地
名旧社林南勢東至祖興田為界西至水圳為界南至水圳為界北至永就
田為界溝底田四址四至界址明白帶水份拾陸闆伍重通流灌溉明丈田捌
分年配納番大租粟陸石肆斗正今因乏銀別創無從意將此田出賣先盡
問叔兄弟侄至親人等不能承受外托中引就送與族叔盆出首承買三面言
議時值價銀肆佰伍拾大員正其銀即日仝中交收足訖其田隨即踏付買主
起耕招佃掌管為業任從架築開坡賣主不敢阻當保此田果係圍自己閹
分物業與兄弟人等無干亦無重張典掛他人及拖欠番租不明等情如有
此情賣主一力抵當不干買主之事自此一賣千休日后子孫人等不得言贖
言找言洗滋事此係二比甘愿各無抑勒反悔恐口無憑立杜賣盡根契壹紙
併上手大契閹書叁紙共肆紙付執為炤
即日仝中 收過契內銀肆佰伍拾大員正完足再炤
為中人 房侄 鍾雅
知見併代書人 胞弟 興富
嘉慶拾捌年捌月 日立杜賣盡根契人族侄 圍

附圖四：「北投街泉利黃記觀」

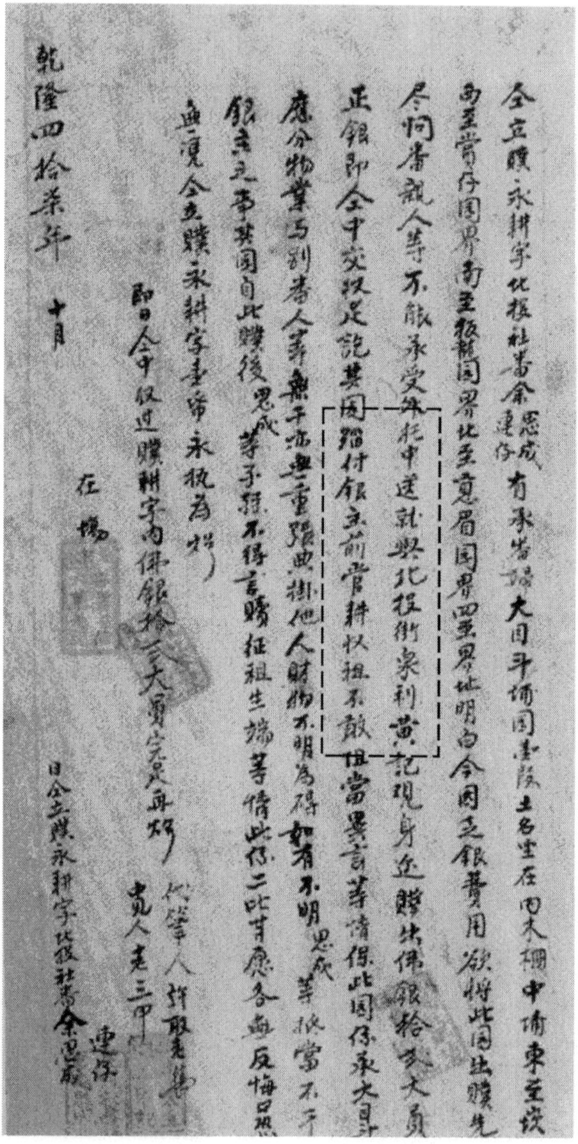
仝立賣永耕字北投社番余思成 連仔 有承管埔大目斗埔園壹段土名坐在田太棚中埔東至崁
西至當仔園界南至張稱園界北至意眉園界四至界址明白今因乏銀費用欲將此園出賣先
盡問番親人等不能承受外托中送就與北投街泉利黃記觀身邊賣出佛銀拾貳大員
正銀即仝中交收足訖其園隨付銀主前當耕收租不敢阻當異言等情保此園係承大目斗
應分物業與別番人等無干亦無重張典掛他人財物不明為碍如有不明思成等抵當不干
銀主之事其園自此賣後思成等子孫不得言贖找祖生端等情此係二比甘愿各無反悔口恐
無憑今立賣永耕字壹紙永執為炤
即日仝中收過賣耕字內佛銀拾貳大員完足再炤
代筆人 許眼老
見人 老三甲
在場
乾隆四拾柒年 十月 日仝立賣永耕字北投社番余思成 連仔

台灣建省之際的清賦事業及其與南投縣之關係

壹、臺灣建省

臺灣省即將走入歷史的另一個時期，回顧建省時之一鱗半爪，應非全無意義。尤其建省之際的種種變革，對南投縣曾有重大影響；在南投縣的中興新村四十餘年是實質的台灣省省會，在精省之後，也即將失去省會的功能，影響不可謂不大。因此，就建省與南投縣之關係寫成一文，略做分析，或可爲了解過去，展望未來之參考。

臺灣自古不隸中國版圖，康熙時施琅力主將將台灣收入版圖，中國朝議不決，還是康熙皇帝乾綱獨斷，臺灣才成爲福建省下之臺灣府。臺灣地位之重要，似漸被認識，故乾隆二年（1737）已經有「將臺灣府另分一省」[1]的主張。同治十三年（1874）牡丹社事件發生，沈葆楨在臺灣善後事宜中有「移福建巡撫駐臺」[2]的建議，中央的決定是「半歲駐臺」。這是臺灣建省的先聲。

1 轉引自尹章義〈臺灣建省應爲光緒十三年〉，載尹章義《台灣近代史論》自立晚報（民國 75 年 9 月），頁 164。

2 沈葆楨〈請移駐巡撫摺〉（同治十三年十一月十五日）載吳元炳輯《沈文肅公政書》文海出版印行（民國 52 年影印）（據光緒庚辰仲冬吳門節署刊本影印）卷五，頁 8-5。

光緒二年刑部侍郎袁保恒請改福建巡撫爲臺灣巡撫，俾常駐臺灣以經理全臺。當時的福建巡撫丁日昌則主張簡派重臣專爲督辦，於數年後改建一省。岑毓英任福建巡撫時更親勘彰化爲形勢建省之地。光緒十一年（1885），中法合約既成，內外臣工條陳海防及臺灣善後者十數起，左宗棠、李元度都請將福建巡撫改爲臺灣巡撫。[3]

光緒十一年九月初五日軍機大臣醇親王奕譞、北洋大臣李鴻章等聯銜奏請「將福建巡撫改爲臺灣巡撫，常川駐紮。」同日，慈禧太后懿旨「著將福建巡撫改爲臺灣巡撫」[4]，廷議並以台灣新創，百事待舉，非有文武兼備之臣，不足以資治理，即改任劉銘傳爲臺灣巡撫。[5]

劉銘傳因財賦、海防、撫番之考慮，認爲「台灣暫難改省」[6]要求建省須緩三、五年。並於十月二十七日復奏。但十二月十二日上諭「劉銘傳所稱從緩改設，著毋庸議。」[7]閩浙總督楊昌濬，臺灣巡撫劉銘傳不得不奉旨積極進行臺灣改設事宜。劉銘傳於十二年一月十九日接新頒巡撫關防。[8]閩浙總督楊昌濬曾於十二年二月渡臺視銘傳疾，並晤商改設行省一切事宜。四月，劉銘傳赴福州會總督，會商分省協款諸務。[9]十二年三月光緒皇帝諭「該督等

---

3 蕭正勝《劉銘傳與臺灣建設》嘉新水泥公司文化基金會研究論文第 261 種（民國 63 年），頁 25。

4 劉銘傳〈遵議臺灣建省事宜摺〉（光緒十二年六月十三日）載《劉壯肅公奏議》台灣省文獻委員會《臺灣歷史文獻叢刊》（民國 86 年）卷六〈建省略〉頁 279-284。《清德宗實錄選集》台灣省文獻委員會（民國 86 年），頁 207，光緒十一年九月初五日條。

5 羅剛《劉公銘傳年譜初稿》下冊正中書局（民國 72 年），頁 696。

6 劉銘傳〈台灣暫難改省摺〉（光緒十一年十月二十七日）載《劉壯肅公奏議》卷二〈謨議略〉，頁 115-157。

7 《清德宗實錄選輯》，頁 211-212，光緒十一年十二月十二日條。

8 羅剛前揭書，頁 744，光緒十二年正月十九日條。

9 劉銘傳〈陳請銷假到閩會商分省協款情形摺〉（光緒十二年五月初七日）載《劉壯肅公奏議》卷六〈建省略〉，頁 277-278。

會議臺灣改設各事宜，並著一併妥速議奏，毋稍遲延。」[10]在皇帝催促下，建省不能不緊鑼密鼓進行。

前述劉銘傳要求改省從緩，主要原因是台灣財賦不足，不能自立。他說：

> 臣前陳善後摺，以辦防、練兵、清賦、撫番為急圖。現既詔設臺灣巡撫必先漸撫生番，清除內患；擴疆拓墾，廣布耕民，方足自成一省。……
>
> 以臣度之，若認真招撫，示以恩威，五年之內，全臺生番，計可進行歸化。然後再籌分省，土地既廣，財富自充，庶可無勞內地。[11]

臺灣的歲出歲入是多少？全年不足多少？應如何解決？在光緒十二年五月初七日，〈陳情銷假到閩會商分省協款情形摺〉有言：

> 臺灣現在整頓海防、撫番、招墾、百廢待舉。經費支絀萬分。從前閩省歲資台餉六十萬，積欠三百餘萬之多。自上年五月至今，毫無協濟。臺用虧竭，中外昭然。全臺防軍，經臣奏定三十五營，練軍營三營，每年餉需，約須銀一百二十萬兩。加之養船、製造、員弁薪水，各官津貼，一切雜支，統需銀一百五十餘萬兩。……全臺歲入僅一百萬兩內外。……議由釐金項下每年協銀二十四萬兩，閩海關照舊協銀二十萬兩。……粵海、江海、浙海、九江、江漢五關，每年協銀三十六萬兩。[12]

光緒十二年五月二十六上諭准釐金、閩海關之四十四萬兩。

10 《清德宗實錄選輯》頁 213，光緒十二年三月二十四日條。
11 同註 6。
12 同註 9。

並自十二年起，二季先期撥給，以應急需。[13]可見財賦困難，是劉銘傳不願立即建省的最大原因。

光緒十二年六月十三日劉銘傳上〈遵旨奏議臺灣改設行省事宜奏摺〉[14]其中有：「查臺灣爲南洋門戶，七省藩籬，奉旨改設巡撫，外資控制，內杜覬覦，實爲保固海疆至計。」但改設行省，經費浩繁，購炮築臺、製機、設屯、添官、分治、招墾、建立省城衙署、壇廟、防軍，在在須款。所以他說：「現已奏明清理田賦，並隨地隨時力求整頓，變私爲公。」希望三、五年後，「以臺地之財，供臺地之用。他提出十六項改設行省事宜。其第一項是建議仿新疆例，名福建臺灣巡撫，庶可聯成一氣，內外相維。第七項應設藩司（布政使）一員綜核錢糧兵馬，整頓廳縣各官。第十項臺灣各縣，地輿太廣，亟須添官分治。這些請求都獲准行，所以臺灣巡撫改爲福建臺灣巡撫，其他各項也隨後施行。

光緒十三年八月十七日，依據前奏摺第十項上〈臺灣郡縣添改撤裁摺〉[15]建議在彰化橋孜圖建立省城，分彰化東北之境，設首府曰臺灣府，附郭首縣曰臺灣縣。將原有之臺灣府縣改爲臺南府，安平縣。嘉義之東，彰化之南，自濁水溪始，石圭溪止，添設一縣曰雲林縣。分新竹西南，添設一縣曰苗栗縣。合原有之彰化縣及埔裏社通判，四縣一廳，均隸臺灣府屬。鹿港同知撤裁。分淡水東北四保之地撥歸基隆廳管轄，將原設通判改爲撫民理番同知。後山水尾添設直隸州知州一員曰臺東直隸州，卑南廳舊治，改設直隸州同知，花蓮港添設直隸州判，常川駐紮。得到同意之後，新的州府縣在十四、十五年先後設立，開始執行職務。

13 《清德宗實錄選輯》，頁 215，光緒十二年五月二十六日條。
14 《劉壯肅公奏議》卷六〈建省略〉，頁 279-284。
15 《劉壯肅公奏議》卷六〈建省略〉，頁 284-287。

光緒十三年二月十六日，吏部奏准福建臺灣改設行省，添設布政司一缺。二十四日，以邵友濂爲福建臺灣布政使，但邵氏到秋審後才履任。[16]十四年正月二十一日，劉銘傳正式啓用銀質福建臺灣巡撫關防。十四年四月四日，楊昌濬也正式啓用閩浙總督兼管福建巡撫關防。[17]十四年四月九日，在劉銘傳會同楊昌濬專摺具奏台灣奉調委屬各缺情形，有言：「查臺灣分省已定，所以光緒十三年八月以前，奉調委屬代理各缺，應歸閩省彙辦，其自十三年八月以後就台辦理。」[18]可見十四年四月，分省事宜大體完成。十四年四月初十日，陳世烈署雲林縣知縣。[19]十二月十九日黃承乙代理新設臺灣縣知縣。[20]但新設臺灣府知府卻到十五年四月二十三日才調臺南府知府程起鶚充任。[21]同年冬，林桂芬代理苗栗縣知縣。[22]可見建省工作陸續推展，次第實施的情形。

建省事宜，百事待舉，建設方興，有一般行政的開支，有撫番、佈防、發展新式事業等更積極之計畫，在在需錢。解決眼前困難，先求鄰省接濟；久遠根本之計，就要「以臺地之財，供臺

16 《清德宗實錄選輯》，頁 221，光緒十三年二月十六日條，二月二十四日條。即光緒十三年三月二十日條。

17 許雪姬〈福建臺灣建省的研究—由建省到分治〉載《國立政治大學歷史學報》第三期（民國 74 年），頁 193-242。

18 羅剛前揭書，頁 974，光緒十四年四月九日條。

19 倪贊元《雲林縣采訪冊》臺灣省文獻委員會《臺灣歷史文獻叢刊》（民國 82 年）〈斗六堡〉，頁 35。林文龍〈記雲林縣首任知縣陳世烈〉載林文龍《臺灣史蹟叢編》中冊，台中國璋出版社（民國 76 年），頁 79-96。

20 洪安全《清宮月摺檔台灣史料（七）》國立故宮博物館（民國 84 年 8 月），頁 5805；羅剛前揭書，頁 1048。

21 羅剛前揭書，頁 1080。

22 林桂芬〈建造城隍廟碑記〉載《苗栗縣志》臺灣省文獻委員會《臺灣歷史文獻叢刊》（民國 82 年）卷十五〈文藝志〉，頁 231-232，有云：「己丑冬，余捧檄宰斯邑。」己丑即光緒十五年。羅剛前揭書繫於光緒十四年十月，誤。《苗栗縣志》卷十二〈職官志〉，頁 187，但書「光緒十五年署。」以光緒 15 年冬爲是。

地之用」，清賦裕餉才是唯一辦法。[23]

清賦在建省中如斯重要，本文即以清賦事業加以探討，而且主要以南投縣之清賦爲中心，藉以了解清賦在南投縣境執行情形，及清賦之成效，及其影響。

清賦時各縣繪製有各種圖冊，如魚鱗圖冊等，雖有存留者，[24]但南投縣境部份之圖冊迄未發現，無可依據。因此本文的史料來源主要爲二種，一是文獻資料，如《劉壯肅公奏議》及學者之研究論文等，一是新發現之清代古文書，包含清丈時之丈單，執照及地契等。前者過去學者已有所運用，後者則是第一次運用到這一方面之研究。因爲新史料之運用，使本文也有一些新的發現，足以使建省之際的清賦事業之歷史地位更加清晰。

貳、建省之際的清賦事業

臺灣財政拮据，各種協濟俱窮，只有力求經費自足。[25]劉銘傳台灣建省，首要之務在求台灣財政之獨立。[26]而財政之獨立，在農業時代，最可靠可以增加收入的財源莫如田賦。何況田賦自

23 黃富三〈臺灣史上第一次土地改革〉載《中華文化復興月刊》八卷十二期（民國 64 年 12 月），頁 29-39。

24 劉銘傳清賦時所留圖冊，最完整者爲《臺東直隸州丈量八筐冊》，另外《淡新檔案》中之新竹縣魚鱗圖冊，宜蘭廳紅水溝魚鱗圖冊。另淡水縣、新竹縣與鳳山縣存留總括圖冊等。見林玉茹〈由魚鱗圖冊看清末後山的清賦事業與地權分配型態〉載《東臺灣研究》東臺灣研究會（民國 86 年 12 月），頁 131-168。

25 張世賢《晚清治臺政策》私立東吳大學中國學術著作獎助委員會（民國 67 年），頁 244-281。

26 程家穎《臺灣土地制度考查報告書》臺灣省文獻委員會《臺灣歷史文獻叢刊》（民國 82 年），頁 6。

乾隆五十三年（1788）清丈以來，歷嘉慶二十五年，道光三十年，咸豐十一年，同治十三年，光緒十二年，已九十一年未再全面清丈；而且台灣稅目繁多混亂，因紳民包攬，民間稅賦，未見減輕。在在都需清丈。然最大理由正如劉銘傳所言「奉詔改爲行省，事繁費巨。…值此財用坐匱之際，百廢待舉之時，不能不就地籌畫，期於三、五年後，以臺地自有之財，供臺地經常之用，庶可自成一省，永保巖疆。」[27]又說：「現在改設行省，部議以臺灣之財，供臺灣之用，臣不得已力排眾議，清丈田園。」[28]

清賦之足以挹注財政收入，據劉銘傳之看法，其理由有二：

一爲臺地田賦私升隱匿，不可勝窮，清賦之後，可一一予以課稅；二爲設法廢除大租戶，使農民繳交大租戶的錢糧轉而納給政府，免除中間剝削，增加政府收入。即可在不增加農民賦稅之情況下，增加政府稅收，達到台灣財政自立自足之目標。[29]

劉銘傳對此次清丈，信心十足，充滿歷史使命，可從光緒十四年十二月〈覆陳撫番清賦情形摺〉[30]中見之。他說「清丈以裕供賦」、「臣所以竭力圖謀，任勞任怨者，無非就地籌款，爲國家建遠大之謨。成效既彰，後便不必仰資鄰省。」「減重賦之糧，受惠者咸存餘粟；徵無糧之地，執業者永杜爭端。」「紳民鼓舞，上下翕然。」

劉銘傳認知清丈之難，故清丈之先，爲博採眾議，於光緒十一年冬，分飭各縣議陳清賦意見。各縣條陳至爲紛歧。臺灣縣謂

27 劉銘傳〈量田清賦申明賞罰摺〉（光緒十二年四月十八日）載《劉壯肅公奏議》卷七〈清賦略〉，頁 303-305。張世賢前揭書，頁 26。
28 劉銘傳〈臺畝清丈將竣擬仿同安下沙定賦摺〉（光緒十三年九月二十四日）載《劉壯肅公奏議》卷七〈清賦略〉，頁 307-311。
29 同註 27。
30 劉銘傳《劉壯肅公奏議》卷二〈謨議略〉，頁 149-154。

「宜先行整理糧額」；鳳山縣謂「宜先行整理徵冊，嚴查推收」；彰化縣及台北府屬各縣謂「宜先保甲，再清田賦」，而嘉義縣主張先從清丈著手。[31]審議結果，決定先辦保甲，後行清丈。劉氏在光緒十二年四月所上「量田清賦申明賞罰摺」內說：「臣現由內地選調廳縣佐雜三十餘人，分派南北各縣，由各縣選派正紳數人，先行令查保甲，就戶問糧一俟戶畝查明，再行逐田清丈。委派臺灣府程起鶚、臺北府雷其達，各設清賦總局，督率進行。至於賦稅重輕，應俟丈後再請飭部覆議。」[32]這是大致的清賦步驟。後來進行中，隨時修正，約可分爲一、編查保甲，就戶問糧；二、逐戶清丈，繪製圖冊；三、改訂賦則及大小租戶問題之解決；四、發給丈單，收取丈費。[33]

先辦保甲。通令各府縣，限三個月將所轄戶口編查報告。其目的在清理田賦，清查各戶糧賦，也即掌握現狀，以爲清賦基礎。

次辦清丈。清丈單位爲畝，而以弓尺計畝，每戈以一丈二尺五爲標準，一甲相當於十一畝。測量結果編成圖冊，有散圖、區圖、莊圖、鄉堡圖、縣圖。縣局除繪製縣圖外，並繪八筐魚鱗冊，簡明總括圖冊及歸戶冊等。[34]經清丈編冊後，戶籍、地籍清楚不亂。

清丈範圍，不僅清丈民田，連屯田、番地、官莊都在清丈之內。[35]

依據清丈結果，改訂賦則，使趨公平合理。賦則呈准仿福建同安下沙則例定賦，刪去各項名目，合正耗、補水、平餘三者爲

31 程家穎前揭書，頁 7。
32 同註 27。
33 程家穎前揭書，頁 22，張世賢前書，頁 254-258。
34 程家穎前揭書，頁 13-14。
35 劉銘傳〈整頓屯田摺〉（光緒十三年八月初二日），〈釐定全臺官莊田園租額摺〉（光緒十五年十二月十九日）載《劉壯肅公奏議》卷七〈清賦略〉，頁 305-307。及 321-222。

一，掃去積弊，鞏固私權。[36]其賦率爲：

每甲上田徵銀二兩四錢六分。

每甲中田徵銀二兩。

每甲下田徵銀一兩六錢六分。

上園視中田、中園視下田、下園及下下之田，土至瘠薄，照下田核減二成，下下園照下下田遞減。沿山沿海及墾荒未熟各田園，暫予剔除，未歸額數，從緩升科。正供外，有補水平餘，補水每兩隨收一錢，平餘銀一錢五分，爲升科各縣辦公之用。[37]含正耗、補水、平餘三者，依照「一條鞭」辦法，定其賦率。其新定賦率如下表。

表一 錢糧並補水平餘賦課率一覽表 單位：兩

等則	每畝正耗	每畝補水	每畝平餘	合計	
				每畝正耗補水平餘合計	每甲正耗補水平餘合計
上則田	0・22440800	0・02244080	0・03366120	0・28051000	3・08561000
中則田	0・18352800	0・01835280	0・02752920	0・22941000	2・52351000
下則田	0・15131200	0・01513120	0・02269680	0・18911400	2・08054000
下下則田	0・12104960	0・01210496	0・01815744	0・15131200	1・66443200
上則園	0・18352800	0・01835280	0・02752920	0・22410000	2・52351000
中則園	0・15131200	0・01513120	0・02269680	0・18914000	2・08054000
下則園	0・12104960	0・01210496	0・01815744	0・15131200	1・66443200
下下則園	0・09683960	0・00968396	0・01452595	0・12104900	1・33153900

資料來源：郭海鳴〈清賦〉頁43張勝彥《台中縣志》卷三政事志第二冊頁117-118

至於大小租戶問題，由於大租戶包收包納，常有詐欺剝削情

36 程家穎前揭書，頁 17。

37 同註 28。

形，劉銘傳本有意廢止大租戶，但嘉義知縣羅建祥以爲今之大租戶，「其租權大都由買賣而來」，主張「似宜分撥四石歸小租戶完納錢糧，其餘仍歸於大租戶」[38]更採淡水縣知縣汪興禕建議，成爲「留六減四」之法。此法即自光緒十四年起，按照上年所收租額作爲十成，以四成貼給小租戶完糧。大租戶實收六成，不必完糧。此法確定小租戶的業主權，承認大租權的存在。但南部大小租關係不同，乃另訂補救辦法。臺灣縣以二七、四六、對半分收者，則田園歸大租戶領單承糧；二八、一九分收者，則歸小租戶領單承糧。[39]

丈單給發。清丈完竣，由清賦局依式填寫聯單，一給業戶收管，一繳布政司衙門保存。丈單爲業主永遠管業之證明書。遇有土地業主變更時，由各縣詳請布政使一一更正。凡業主姓名、坐落地所、田園等則，地積甲數等，皆記入丈單之內。[40]

丈費，就田抽收，每中則田一甲，發給新單時，由業戶先繳丈費洋二元，上則田酌加五角，下則遞減五角。[41]

以上是清賦進行的步驟，至於實際執行的情形，略述如下。

光緒十二年四月十八日，劉銘傳上〈量田清賦申明賞罰摺〉，五月初八日奉旨「即著督飭派出各員紳認真辦理，出力人員，准照異常勞績奏獎。」[42]同年七、八月間各縣先後開辦。每縣或分十餘班，多至二十餘班不等。[43]每班委員二名、差役四名、書辦

38 程家穎前揭書，頁 19。
39 程家穎前揭書，頁 20。
40 程家穎前揭書，頁 21。
41 同註 28。
42 《清德宗實錄選輯》，頁 214。
43 同註 28。

一名。[44]

清丈之後，馬上遇到屯田要否清丈的問題。決定「無問民番，寸土皆關賦役，必須一律丈量。」「無論屯田番地皆宜切實丈量，歸入清賦案內，分別升科，將各屯編籍為民，俾令各執各業。庶幾民番一體，畛域胥忘。」[45]

清丈伊始，僅淡水、彰化極力辦理，其他各縣，或徘徊觀望，或畏難苟安。劉銘傳不得不令飭限期三個月辦竣清丈工作。[46]八月，出示重申土地丈量弓尺制度標準，以六尺為一弓，一百四十弓為一畝，爾後計畝升種。[47]到光緒十三年九月二十四日，淡水、臺灣、嘉義、彰化等縣先後稟報丈竣。[48]繳費領丈單的事，十三年十二月開始由新竹縣統一編填轉遞丈單，再由各廳縣派差役至新竹縣請領，以核給轄內民人丈單。[49]十四年六月，恆春縣雖清丈完竣，但繳費領單者寥寥。[50]同月，臺北將次告竣。臺南則田園太廣，戶口畸零，勢非一時可以告竣。又發現鳳山縣清丈人員有未盡核實之處，總局已另委妥員抽查複丈。[51]六月底，卑南呂家望社亂，八、九月彰化縣民因丈田不公，圍彰化縣城，致各縣觀望，領單遲滯。[52]九月，又發現嘉義縣清丈不實。[53]也需派員複

44 郭海鳴〈清賦〉載臺灣省文獻委員會之《文獻專刊》四卷一、二期（民國42年8月），頁31-48。
45 劉銘傳〈整頓屯田摺〉。
46 臨時臺灣土地調查局，《清賦一斑》（臺北：台灣日日新報社，明治33年12二月）；（南天書局，1998年台北初版二刷），頁62；羅剛前揭書，頁804。
47 羅剛前揭書，頁815。
48 同註二八。
49 林玉茹〈由魚鱗圖冊看清末後山的清賦事業與地權分配型態〉載《東臺灣研究》2，東臺灣研究會（民國86年12月），頁131-168。
50 羅剛前揭書，頁991。
51 劉銘傳〈陳報台灣啓徵新賦日期請與各員紳摺〉（光緒十四年六月十九日）載《劉壯肅公奏議》卷七〈清賦略〉頁311-315。
52 羅剛前揭書，頁1088。
53 羅剛前揭書，頁1016。

丈。呂家望社之亂，八月中旬平定，彰化施九緞之亂，九月下旬平定。如此紛擾不安，到十五年六月，臺北府各屬丈單給峻。雲林縣由彰化縣劃撥四堡，劃歸未久，甫經給單三成。嘉義、鳳山兩縣因原丈未能核實，而田園獨多，正辦覆丈，隨時給單，亦至四、五成。其餘各局，約有七成。[54]「其餘台灣、安平、彰化、雲林各縣，亦尚未悉數給清，糧額不能遽定。」[55]臺東直隸州自光緒十四年三月至十五年十月分四次到新竹縣請領丈單。[56]可推知領單完竣在十五年十月之後。

直到十五年十二月十九日，基隆、安平、鳳山、嘉義、彰化、淡水、新竹、宜蘭，一廳七縣，清丈單一律給峻。新設之臺灣、雲林、苗栗三縣，係就彰化、嘉義、新竹三縣轄地劃分，十五年設立已齊，各歸各界徵辦，所劃堡甲徵額，另再由司開摺詳咨立案。[57]至於恆春縣、埔裏社廳，「均爲光緒初年新闢之境，非傍山乏水，即近海多風，土壤瘠磽，收成減薄」，所以「請將埔裏社廳田園照同安下沙則遞減一等升科，上田科中則，中田科下則，下田照下則核減二成；上園視中園，依次遞減，勻丁糧米，概免配徵。其恆春縣田園瘠薄，視埔裏社尤甚，亦照下沙則減等升科，並免耗羨配徵及勻丁糧米。」[58]至於臺東州，「尤不逮前山遠甚」，「雖以一律清丈」，「並令查明後山臺東直隸州田園能否援例減則。」[59]雖未見後續奏准史料，然據《臺東州採訪冊》[60]及《臺東

54 劉銘傳〈全臺清丈給單未竣請展奏銷限期摺〉（光緒十五年六月初十日）載《劉壯肅公奏議》卷七，〈清賦略〉，頁 316-318。
55 同註 54。
56 同註 49。
57 劉銘傳〈全臺清丈給單完竣覆定額徵摺〉（光緒十五年十二月十九日）載《劉壯肅公奏議》卷七〈清賦略〉，頁 318-320。
58 劉銘傳〈埔里廳暨恆春縣田園減等升科請立案摺〉（光緒 14 年 7 月初 8 日）載《劉壯肅公奏議》卷七〈清賦略〉，頁 315-316。
59 同註五八。

直隸州丈量八筐冊》[61]，知道也援照埔裏社廳減一等則，全州田園均等爲下則田。清丈定賦，前後約三年半，其增加稅收額如表：[62]

表二 清賦完成增加田賦稅收額數表

（1）全年繳額總計		674,468兩
（A）全台年額	512,969兩	
（B）附徵補水平餘	128,242	
（C）官莊租額	33,257	
（2）舊徵額		183,366
（3）增加額		
（1） （2）		
（全年增額總計）減（舊徵額）		491,102
（4）淨增額		
（3） （B）		
（增加額）減（附徵補水平餘）		362,860

資料來源：張世賢《晚清治臺政策》，頁261

說明： C官莊租額原作餘28,000兩

（3）增加額原作491,502兩及488,000餘兩

（4）淨增額原作360,000餘兩，增加額如作491,502兩，則淨增額為363,260兩

臺灣通史度支志數額略有出入。

A全臺年額511,969

B附徵補水平餘128,242

C官莊租額33,657

（1）全年增額總計674,468

（2）增加額491,502

（3）淨增額363,349

60 胡傳《臺東州采訪冊》臺灣省文獻委員會《臺灣歷史文獻叢刊》（民國 82 年），頁 44〈田賦〉。

61 同註四九。

62 同註五六；張世賢前揭書，頁 261。

清賦前臺灣每年徵銀十八萬三千餘兩；清賦後，年徵銀六十七萬四千餘兩，增加率為三點六倍強。

清丈時間，自光緒十二年秋（七、八月）先後開辦，十五年冬一律報竣。為時三年三、四個月。但清丈之後，尚有餘務整理，及論功行賞諸善後事宜，直到光緒十八年五月，始撤清賦局所。[63]計自光緒十二年四月著手以來，實達六年二個月。其流程如下圖。[64]

表三、清末劉銘傳清賦事業流程圖

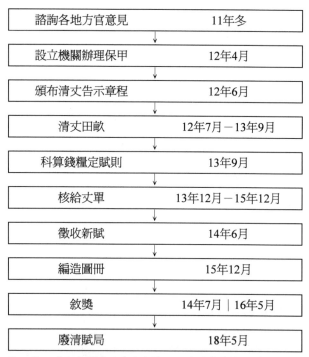

諮詢各地方官意見	11年冬
設立機關辦理保甲	12年4月
頒布清丈告示章程	12年6月
清丈田畝	12年7月－13年9月
科算錢糧定賦則	13年9月
核給丈單	13年12月－15年12月
徵收新賦	14年6月
編造圖冊	15年12月
敘獎	14年7月｜16年5月
廢清賦局	18年5月

資料來源：林玉茹，〈由魚鱗圖冊看清末後山的清賦事業與地權分配型態〉，頁138

63 伊能嘉矩《臺灣文化志中卷》臺灣省文獻委員會（民國 80 年）頁 317。羅剛前揭書，頁 1205。
64 同註 49。

此次清丈，劉銘傳自己十分滿意，所用時間很短，而供賦大增，在許多奏摺中一再有類似的表示。如「查內地辦理清丈，一州一邑，皆有圖冊可循，往往年久尚難獲效。臺灣此次自十二年秋開辦清丈，核給丈單；其嘉義、鳳山各屬，初丈未清，另委複丈，一體按戶給單，隱匿者揭報，開墾者升科。截至十五年十二月，一律造具圖冊，奏咨報竣。計舊額人丁稅餉，供粟餘租，官莊耗羨，年供徵銀十八萬三千三百六十六兩，現定糧額年徵銀五十一萬二千九百六十九兩，隨徵補水平餘銀，加以官莊租額，共銀六十七萬四千四百六十八兩有餘。比較舊額，溢出銀四十九萬一千五百二兩。」[65]又說：「臣查臺灣海疆重地，自奉旨改立行省，事巨費繁，一島孤懸，緩急莫恃，非地方自有之力，無以應變而處常。綜計全臺一州、二廳、十一縣，廣袤千餘里，各屬鄉堡田甲糧額，按戶核查，鎖屑繁重，時僅三載，獲竟全功，歲增鉅款，裕國家經久之用，定海疆長治之規。」[66]又在他處說：「綜計全年賦額溢出四十萬，而民不勞。豈有他哉？減重賦之糧，受惠者咸有餘粟；徵無糧之地，執業者，永度爭端。」[67]就連原是番地的埔裏社廳及恆春縣都清丈升科。埔裏社廳原不納錢糧，清丈後田壤二千四百九十八甲，年徵銀一千三百五十一兩；恆春縣田園四千二百六十九甲，年徵銀二千一百三十七兩。[68]

劉銘傳的自許是得到歷史肯定的。蕭正勝寫《劉銘傳與臺灣建設》有云：「劉銘傳的清賦事業，自光緒十二年奏請清丈，至

65 劉銘傳〈臺灣清賦全功告成彙請獎敘員紳摺〉（光緒十五年五月初十）載《劉壯肅公奏議》卷七〈清賦略〉，頁 323-324。
66 同註 65。
67 劉銘傳〈覆陳撫番清賦情形摺〉（光緒十四年十二月十六日台北府發）載《劉壯肅公奏議》卷二〈謨議略〉，頁 149-154。
68 同註 57。

十五年造冊完竣，時僅三載，獲竟全功，歲增鉅款，裕國家經久之用，定海疆長治之規，其功厥偉，實非常人所能及也。」[69]臺灣史學者黃富三認爲劉銘傳之清賦是臺灣史上第一次土地改革。是臺灣近代化的基礎。[70]民國三年，程家穎自中國來臺調查臺灣土地制度，對劉銘傳的清丈成績，說：台灣田園其先不過七萬餘甲，地賦不過四十餘萬。及清理之後，其甲數增至三十六萬一千四百四十八甲，地賦增至九十七萬四百餘元。臺灣土地制度之積弊，掃除殆盡。其丈量之法雖不如日人之精密，而事業之規畫則多爲日人所仿效。[71]並在改定賦則時說劉氏掃去積弊，鞏固私權，「劉氏之功，真爲不朽。」[72]

台灣史學者張炎憲指出「不僅地籍戶籍清楚，賦率及土地所有權得到合理解決，財政收入大爲增加。由每年歲入十八萬三千三百六十六兩，增至六十七萬餘兩。使得其他軍事，事業能有財源供應，而付之實施。」[73]

另一位臺灣史學者張勝彥也指出:「劉銘傳對大小租之整哩，雖然未能完全消除大租之存在，但卻爲日據時期消除大租工作奠定了良好基礎。日本能順利於光緒三十一年（明治 38 年，1905 年）全面取消大租，而使臺灣土地所有型態變成單純，進而促進台灣土地制度之近代化，劉氏之功不可滅。」[74]

---

69 蕭正勝前揭書，頁 47。
70 同註二三；黃富三〈劉銘傳與臺灣的近代化〉載黃富三、曹永和主編《臺灣史論叢》第一輯，眾文圖書公司（民國 69 年），頁 273-279。
71 程家穎前揭書，頁 22。
72 程家穎前揭書，頁 17。
73 張炎憲〈臺灣建省與劉銘傳治臺〉載中華文化復興運動推行委員會主編《中國近代現代史論集》第二十九編《近代歷史上的臺灣》，台灣商務印書館（民國 75 年），頁 251-276。
74 張勝彥總編纂《臺中縣志》卷三〈政事志〉第二冊，臺中縣政府編印（民國 78 年），頁 114。

財經專家江丙坤指出：「此一事業對臺灣的土地制度，田賦制度影響甚大，對於日本佔據後的田賦改革事業也有很大的貢獻。」[75]他指出最大的貢獻是日本據臺後的改賦事業懲於劉銘傳收丈費引起施九緞之變，故一切費用不徵收。又減四留六法削減了大租戶階層的力量，對於日人解決大租戶階層也有所貢獻。

日本臨時臺灣土地調查局中村局長對清賦事業曾有如下評語：使有關田賦制度略具完整，而且建立財政基礎，展開諸般經營的基礎。故如說在土地制度上開一新紀元並不為過。[76]

伊能嘉矩寫到清賦事業，也說：「實為清朝治臺設施中空前之大成果。」[77]

參、建省之際南投縣境清賦的實情及其影響

今日之南投縣境，在建省之前分別屬於彰化縣、埔裏社廳及嘉義縣。建省後，南投縣境分別屬臺灣縣、雲林縣、彰化縣、及埔裏社廳。屬於新成立的臺灣縣者為今草屯鎮、南投市、中寮鄉及民間鄉之一部。即昔日之北投堡、南投堡。屬於新成立的雲林縣者為今日之竹山鎮、鹿谷鄉、信義鄉，及水里鄉之小部。即昔日沙連堡。埔裏社廳建省前後沒有改變。原屬沙連下堡的名間鄉大部及集集鎮一部仍舊屬彰化縣。原屬鯉魚頭堡的竹山鎮清水溪

75 江丙坤《臺灣田賦改革事業之研究》臺灣銀行經濟研究室（民國 61 年），頁 25。
76 同註 75。
77 伊能嘉矩《臺灣文化志》臺灣省文獻委員會（民國 80 年），頁 317。

流域則劃歸新成立的雲林縣。

與南投縣相關的清丈文獻，最重要的有以下各件：

一、光緒十二年九月二十二日，劉銘傳據清賦總局呈報全臺各縣番租、屯租、隘租徵收情形，札飭清賦總局與布政使及南、北兩府妥議，於清賦一併辦理。

二、光緒十二年九月，劉銘傳以各縣隘首任意苛派，內佔番地，外抗官糧，令收歸官辦。至隘租俟清丈按則陞科後，出示通行撤裁。

三、光緒十三年八月二日，劉銘傳奏請整理屯田並改定賦則。

四、光緒十四年七月八日，劉銘傳以埔裏社廳與恆春縣二屬，均係新闢之境，土壤瘠磽，擬照同安下沙則遞減一等升科，勻丁糧米概免配徵，奏請立案。

五、光緒十四年九月，臺地收成減色，奏請緩徵丈費。已收者准抵新糧。埔裏社、恆春縣兩屬丈費業已收竣，未便再行扣抵，應自光緒十五年起接辦升科。

六、光緒十四年十月二十日飭雲林縣知縣陳世烈，火速催徵新糧，並將原帳錯誤等各田園確數另行稟辦。

以上各件，有些在前文中已經述及，而第一、第二則與南投縣境最有關係，原因是南投縣境大部分原屬界外番地，所以除一般大租、小租外，普遍存在有屯租（屯番租）、隘租、番租（番大租）。這些混亂的租稅制度，在本次清丈中一切釐清。過去，對番大租可以欠、拖、抗以致不繳。現在一律升科納租。其第一件中有〈全臺各縣番租隘租徵收報告〉[78]，其中「彰化縣」部分與南投縣有關，錄之如下：

78 溫吉編譯《臺灣番政志》（一）臺灣省文獻委員會（民國46年），頁397-402。

一、本縣番租田，細查其由來：乾隆年間自歸化番人中選設屯丁，將界外未墾埔地，分給屯番，使自行耕種。然番人性懶惰，且歸化未久，不知耕作之法，多轉給民人使納番租。從前每甲租穀為八石，其後輾轉買賣，現今不過僅存每甲九斗以至一、二石而已。至於某處番租若干，殆無由調查。

二、本縣隘租，近山田園其境界與番社相連，時被生番出擾，經業佃協議於險要之地，設立隘寮，傭募壯丁防守之。故由沿山田園所收租穀，概供隘丁食糧，名曰隘租。其徵收率，依距離番社之遠近，以定抽出之多寡，例如該田園距番界最近，以當隘口者屬險要之地，田每甲繳納租穀四石，園為田之半額。其遠者，田納二、三石，園納一、二石，並無定數。

林爽文之亂後設屯丁，因有屯田，有屯租。道光《彰化縣志》很清楚紀錄南投縣境設屯丁、屯田（養贍埔地）、屯租的情形。如北投社屯外委一員，屯丁一百二十八名，分給內木柵埔地一百三十三甲。南投設屯丁二十三名，分給虎仔坑埔地三十八甲。屯租的情形，清水溝庄三百十二石十九斗零七合零八撮。龜仔頭庄六十三石八斗四升四合九勺七抄六撮。八娘坑庄三十三石六斗。集集埔庄三百七十九石四斗二升五合四勺八抄。北投大埔洋一千六百零四石七斗八升零三合八抄六撮。內木柵庄六百五十三石五斗九升八合五勺四抄四撮。[79]但到光緒十二年已是「某處番租若干，殆無由調查。」可能是北投社、南投社在道光年間已陸續移居埔里，而且漢佃「鱷弁盜爲給贌者有之。虎佃抗其租穀者有之，

79 周璽《彰化縣志》臺灣省文獻委員會《歷史文獻叢刊》（民國 82 年）卷七〈兵防治〉〈屯政〉，頁 221-225。

蠢胥潛爲埋沒者有之。」[80]這就是「無由調查」的原因。以現存契約來看，草屯、南投、名間、清水溪流域都普遍存在番租。魚池、埔里等山區番地，漢佃納番租更是理所當然。埔里的漢佃除了番租，另有「亢五租」。

其第三件即〈整頓屯田摺〉[81]，劉銘傳在摺中分三段，首段敘明收屯租，支屯餉之情形。次段敘明事殊時異，生番多化，拓地日深「所設屯營，已居腹內，所授埔地，久爲膏腴。且番地雖免完供，而向有番餉、番租各名目，私徵之數，視民田下沙則例，殆有過之。而其典賣漢民，則雖業數更主，猶名番地，倖免正供。」所以「現當查辦全臺田賦，無問民番，寸土皆關賦役，必須一律丈量。」，「無論屯田番地，皆宜切實丈量，歸入清賦案內，分別升科，將各屯編籍爲民，俾令各執各業。庶幾民番一體，畛域胥忘。」末段敘明一律清丈升科後番丁安置辦法。

以上的種種清賦辦法，在南投縣境全都存在，因南投縣境的林圮埔（竹山）沙連堡部分是一般土地，其他南投縣境都有屯租、隘租、番大租或亢五租的存在。以下分別地區，就現有史料，逐一說明。

新設的臺灣縣、雲林縣，因原屬彰化縣，清丈之初，新縣尚未成立，故由彰化縣清丈給單再移撥給新縣。後期，新縣成立則由新縣清丈給單。沙連下堡，埔裏社廳行政隸屬未變，清丈工作當由原屬縣廳辦理。此間，整個完整的行政單位未變的，只有埔裏社廳，因此，埔裏社廳的清丈在南投縣境內最早完成，也最順利，在十四年六月十九日之前，也就是開辦「未及兩年，業經蕆

80 周璽前揭書，頁 226。
81 劉銘傳〈整頓屯田摺〉（光緒十三年八月初二日）載《劉壯肅公奏議》卷七〈清賦略〉，頁 305-307。

事」[82]，所以「本任埔裏社通判現署新竹縣知縣方祖蔭」，「現署埔裏社通判鹽運使銜後補知府吳本杰」[83]都在奏請敘獎之列，二人都獲升官。同時彰化縣知縣李嘉棠也在請獎名單中，可見彰化縣也已完成。雲林縣的沙連、西螺、海豐、布嶼、溪州五堡在14年9月以前給清。此五堡原都屬彰化縣。原屬嘉義縣部份則全數未完成。雲林縣知縣陳世烈秉稱：

> 竊照彰化縣劃歸卑邑清賦給單各堡田園，業經卑職於四月接管後，五、六兩月先後分派委員前往各處分庄設局分辦；一面勒比差保嚴催各業戶赴領完糧，添派紳董、甲頭換戶給單，並秉請裁撤一二不力之委員以示懲勸，卑職仍乃不時督率催促，具皆認真趕辦，領單尚稱踴躍。截至九月底止，剔除原丈外錯即被水沖塌田園稟報藩司、本府有案者外，所有沙連、西螺、海豐、布嶼、溪州五堡堪以入則及應減則各田園，均以一律給清。除將原文外錯及拋荒無著，被水沖塌各田園挨戶清查實在共計若干甲數另行分別稟辦，並多僱算手將給清田園檢定則數、甲數、糧額趕緊算準造報外，理合將卑邑田園帳單給竣緣由馳秉察核。[84]

新設雲林縣知縣陳世烈係光緒十四年四月初十日到任，新設臺灣縣知縣黃承乙係十四年十二月十九日到任，新設台灣府知府程起鶚十五年四月二十三日自臺南府知府改調。也就是和南投縣境有關之臺灣縣、雲林縣到十五年均已設立，一切政務可以正常進行，但不一定包括清賦事業。原因見後。

---

82 同註 51。

83 同註 51。

84 〈臺南府札行巡撫劉銘傳批飭雲林縣催徵新糧並將丈單給清田園繪造圖冊〉載《劉銘傳撫臺前後檔案集》臺灣省文獻委員會《臺灣歷史文獻叢刊》（民國 86 年），頁 161-163。

埔裏社廳，如同前述，不僅在十四年六月前以清丈完竣，而且丈費也收齊。但因十四年彰化施九緞之變，及各屬收成減色，錢糧丈費一併徵收，恐民力有所不逮，也怕引起紛擾。所以劉銘傳請緩收丈費，已收者准抵新糧，所需經費三十五萬餘兩，即在新糧劃用。「埔裏社、恆春兩屬丈費業已收竣，未便自行扣抵，應自光緒十五年起，接辦升科。」[85]埔裏社廳和恆春縣兩屬單費銀六千九百三兩。此項數目比二屬全年額徵錢糧三千四百七十八兩，多出三千四百二十五兩，接近一年的額徵數目。[86]

南投縣清丈的情形，因為當年清丈的圖冊均已無存。只能就零星發現的丈單、契約、執照、業戶過戶印單執照等以見其一斑，並用之與其他地區情形互相印證，庶幾重建此一史實。以下分區說明。

埔里地區，有二件「業戶過戶印單執照」[87]（圖一、圖二）一件給潘復興，一見給潘阿為四老，時間都是光緒十二年十二月。潘復興件有「計丈壹分〇六毛八絲魚鱗冊坐編元字第一〇三十三號」字樣。

給潘阿為四老件有「計丈三分〇貳毛七絲八忽四微魚鱗冊坐編元字第七佰二十三號」字樣。自此可知埔里地區在光緒十二年十二月前以清丈完畢，連魚鱗圖冊也繪製完成。六、七月開始、十二月完成，可能是全臺第一。所以兩任埔裏社廳通判方祖蔭、吳本杰都因功受獎。又有光緒十三年十二月發給潘阿為四老的丈

85 劉銘傳〈全臺清丈給單用款造銷摺〉（光緒十六年六月初一）載《劉壯肅公奏議》卷七〈清賦略〉，頁 320-321。

86 埔裏社廳年徵銀一千三百五十一兩，恆春縣年徵銀二千一百二十七兩，見劉銘傳〈全臺清丈給單完竣覆定額徵摺〉。

87 劉枝萬《南投縣沿革志開發篇稿》南投縣文獻委員會（民國 47 年），頁 264-265。

單一件[88]（圖三），中有「今埔社廳縣丈報敏字第七佰貳参號」、「下下則田三分零厘貳毫八絲」「編造圖冊」、「嗣後倘有典賣應將丈單隨契流交推收過割須單」、「臺灣布政使司」「埔字第貳千玖佰貳拾捌號。另外屬埔西的有田主潘復興丈單四件，都是光緒十三年十二月，而且都已收清丈經費。又一件給潘阿繼的丈單，也是十三年十二月，也已收丈費。

圖一

業戶過戶印單執照

府 縣正堂

圖二

業戶過戶印單執照

府 縣正堂

圖三

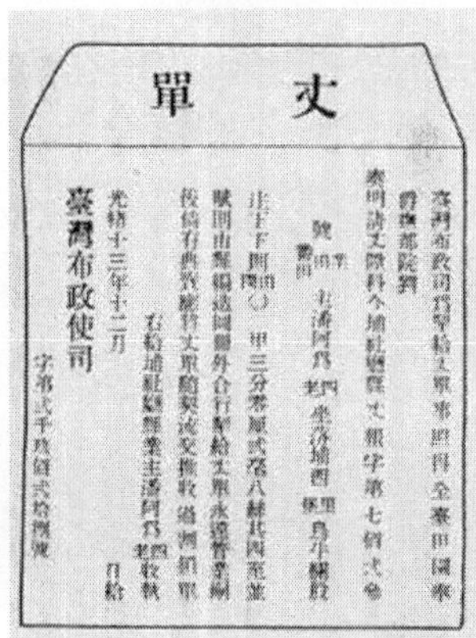
丈單

臺灣布政使司

以上五件各爲丈報信字第一三二、一三三、一四六、一五五、四〇九號，總號埔字二三三七、二三三八、二三五一、二三六〇、二六一四號。另外給潘搭肉餔的丈單，也是十三年十二月給的，也已收丈費。給潘添丁的丈單，也是十三年十二月給，也已收丈費。後兩件分別是丈報敏字第八九六、八九七、總號爲埔字四二一二、四二一三。[89]

自上述資料可見在埔西敏字七百餘號，在全埔里是二千九百

88 劉枝萬前揭書，頁 307。
89 此七件丈單均係埔里愛蘭黃家收藏。

餘號；敏字八百餘號，總號已四千餘號。可見埔里已經給單完竣或接近完竣，而且時間是光緒十三年十二月。

埔里完成之快速，於此可知。有埔里的田列入「下下則」，是獲特別減等升科，以原規定上中下三則為「以長流灌溉為上；資坡塘水者為中；其田為靠天雨者為下。」[90]埔里土地肥沃，水流充足，灌溉工程完整，自然不是靠天田。另外給單時間十三年十二月，正式劉銘傳奏請改定台灣賦則，經戶部奉旨議准，出示以新定賦則曉諭照章辦理之月份。[91]由此可證明埔里地區辦理之迅速。

圖四

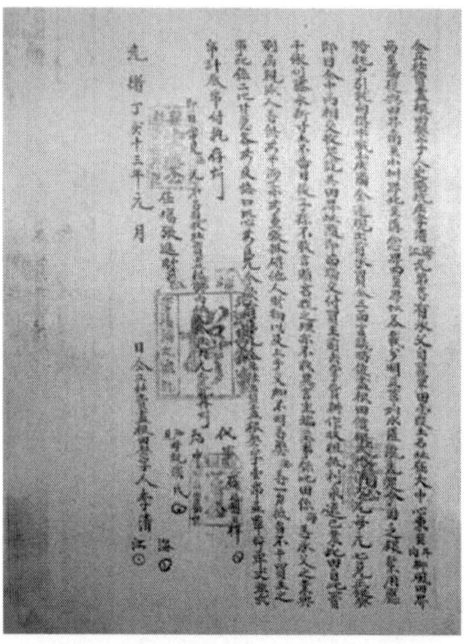
光緒丁亥十三年九月

圖五

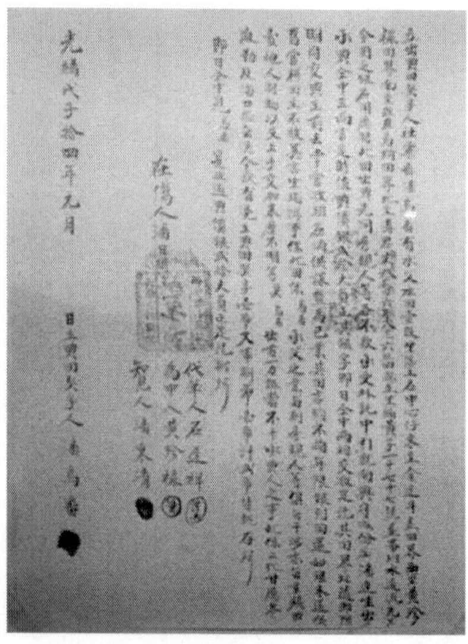
光緒戊子拾四年九月

90 《臨時臺灣舊慣調查會第一部調查第三回報告書》附錄參考（神戶，明治43年3月），第一卷上，頁51；羅剛前揭書，頁791-793。

91 《臨時臺灣舊慣調查會第一部調查第三回報告書》附錄參考（神戶，明治43年3月），第一卷上，頁46-49；羅剛前揭書，頁939-944；林熊祥〈臺灣建省與劉銘傳〉載《臺灣文化論集（一）》中華文化出版事業委員會（民國43年），頁143-169。

再看光緒十三年元月史港坑庄李青海、李清江兄弟杜賣盡根田契[92]（圖四）之末有「並帶聯單丈單貳紙」。光緒十四年元月社寮番潘烏番立出典田契[93]（圖五）內有「丈參分六厘八毛六絲四忽正坐編黃字一千七十七號」字樣。契末有「又帶聯單一紙」。又光緒十四年十一月熊大必厘立出招典田契[94]（圖六）有「聯單壹紙丈單壹紙」。又光緒十五年九月，守城份庄番潘阿敦達來立出典田契[95]（圖七）末有「帶雙聯印單壹紙，又帶布政司單壹紙」。自上舉五例，可知自清丈以後，買賣出典契約明顯受到影響，清丈地積記入契約，清丈魚鱗圖冊字號也記入契約，清丈單據也要在買賣中「隨契流交」。買賣出典之標的比前更為明確，雙方權益之保障更為鞏固。

圖六

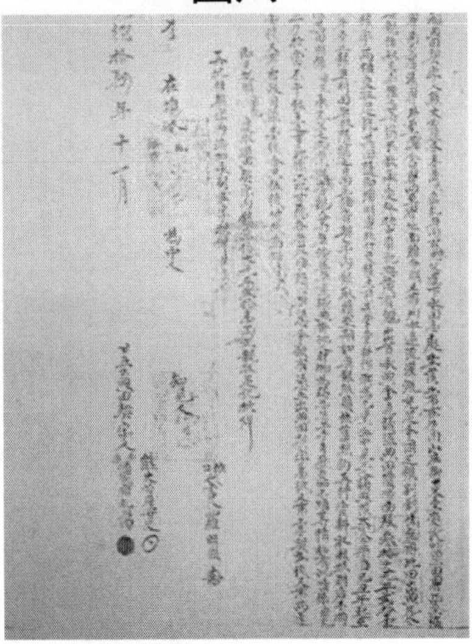

圖七

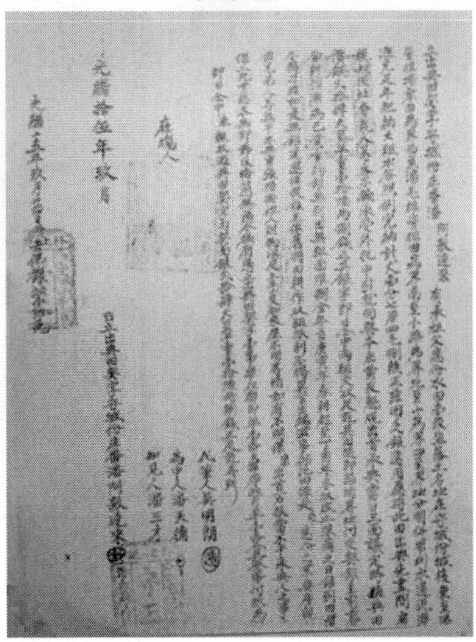

92 埔里林逢春古文書，現存南投縣文化中心。

93 同註 92。

94 同註 92。

95 同註 92。

前述光緒十四年七月八日，劉銘傳奏准立案，埔裏社廳照同安下沙則遞減一等升科，勻丁糧米，概免配徵。實際上，劉枝萬看到光緒十九年十月，埔裏社廳通判潘文鳳發給潘阿敦等人的執照，是完納「地丁銀」的，而且其字號「敏字第八百六十九號」[96]（圖八），表示完納的人不少，並非少數個案。

草屯地區有光緒十四年清丈的，有光緒十五年清丈的。十四年清丈是由彰化縣辦理，所以丈單是彰化縣所發給。臺灣縣知縣黃承乙是十四年十二月十九日到任，縣的運作大約要到十五年初。一件十四年五月二十二日給坐落草鞋墩庄中則田田主李英的丈單，是彰化縣丈報，也是彰化縣給單，爲「彰字第貳佰伍貳號」，在「遵奉奏明隨收清丈經費番銀若干」紅印字旁有「抵完新糧」紅印字。

圖八

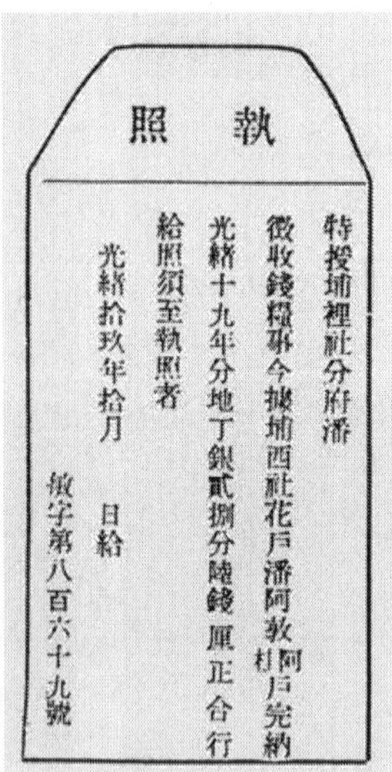
執照
特授埔裡社分府潘
徵收錢糧事今據埔西社花戶潘阿敦阿村戶完納
光緒十九年分地丁銀貳捌分隨錢 厘正合行
給照須至執照者
光緒拾玖年拾月 日給
敏字第八百六十九號

圖九

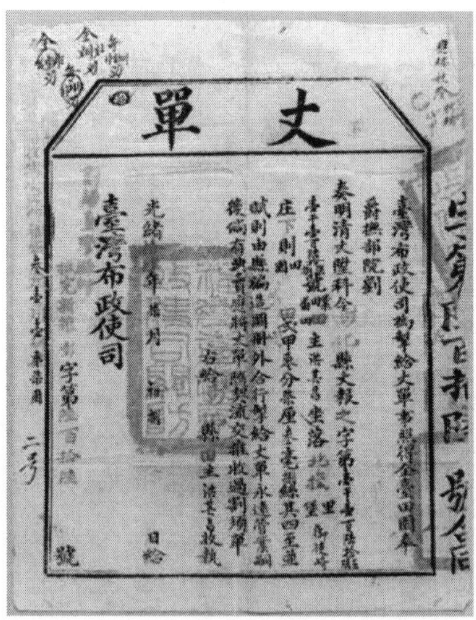
丈單
臺灣布政使司
光緒 年 月 日給
字第 號

96 劉枝萬《南投縣沿革志開發篇稿》南投縣文獻委員會（民國 47 年），頁 308。

另在大字「臺灣布政使司」黑字旁有「劃歸臺灣縣糧」紅字印記。[97]一件十四年七月初八日發的丈單也是彰化縣丈報之字第壹千壹佰陸拾伍、陸、柒、捌字。[98]（圖九）田主洪其昌，坐落北投堡御使崎庄。下則田貳甲零分柒厘參毫捌絲。末有大字「臺灣布政司」，這就是埔里地契所謂「布政司單」。「臺灣布政使司」旁有加蓋紅字「劃歸臺灣縣轄」，左邊又加蓋紅字「抵完新糧」，再左是「遵奉奏明隨收清丈經費番銀若干」。劃歸臺灣縣是因草屯南投地區原屬彰化縣，在建省分治郡縣添改中，已劃歸新設之台灣縣管轄。所以有此移撥手續。左面兩行是原來要收丈費，但一則 14 年收成減色，一則彰化縣發生施九緞抗丈索焚丈單之變，所以未收者緩收，已收者轉用抵完新糧。

另一件光緒十四年五月二十五日給林仔頭庄田主李睢的丈單。[99]（圖十）便蓋有「丈費未收」四字。光緒十五年有三件丈單，一件是七月十一日給御使崎田主洪俊秀，一件七月二十三日給茄荖山腳庄田主洪終。[100]一件七月二十六日給北投堡大埔洋庄田主林祈和。[101]（圖十一）這三件都是由臺灣縣丈報，由臺灣縣編字號，給臺灣縣田主。

97 原件係臺中市文物學會會員收藏，曾於 87 年在省文獻會展覽。草屯李榮聰先生抄示。

98 古文書原件現藏臺灣省文獻委員會，編號 8610765。

99 同註 98，編號 8610767。

100 此二件均見洪敏麟《洪氏祖譜》重修洪氏祖譜編輯委員會（1994），頁 340-341。

101 同註 98，編號 8610767。

圖十

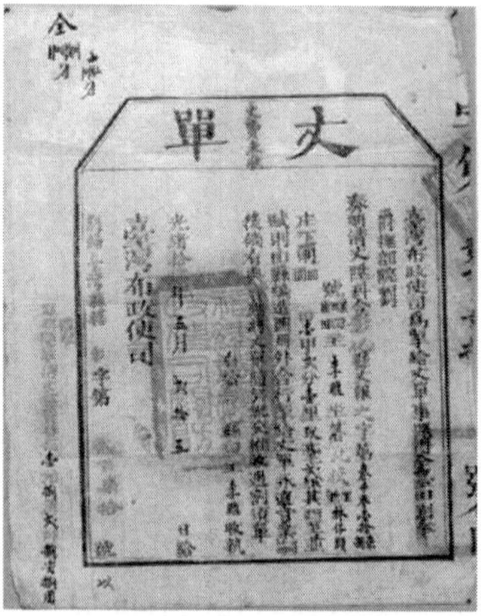

圖十一

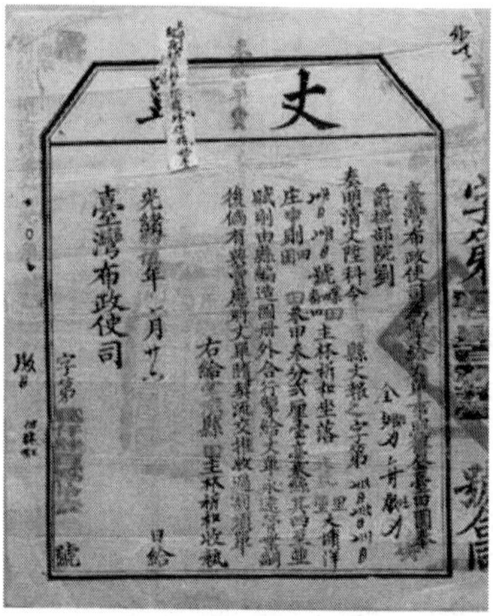

又清丈對草屯地區的契約也產生影響，如光緒十九年五月北投堡頂崁庄李石居立典田契[102]（圖十二）內有「丈報之字第四仟零佰柒拾玖號瘠則田對半參分二厘全年配納錢糧銀貳錢六分四厘正」。

圖十二

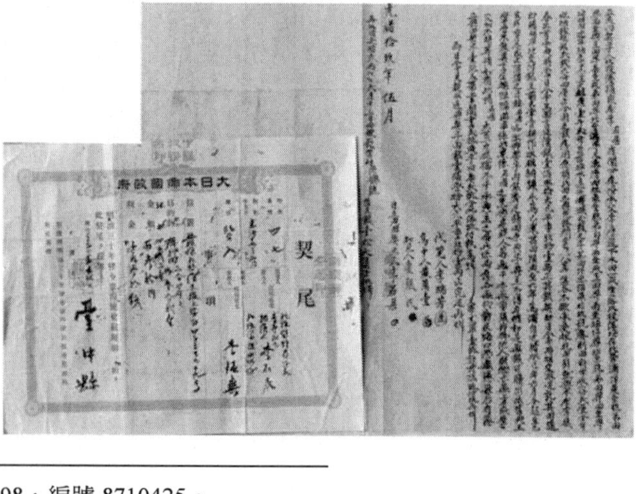

102 同註 98，編號 8710425。

圖十三

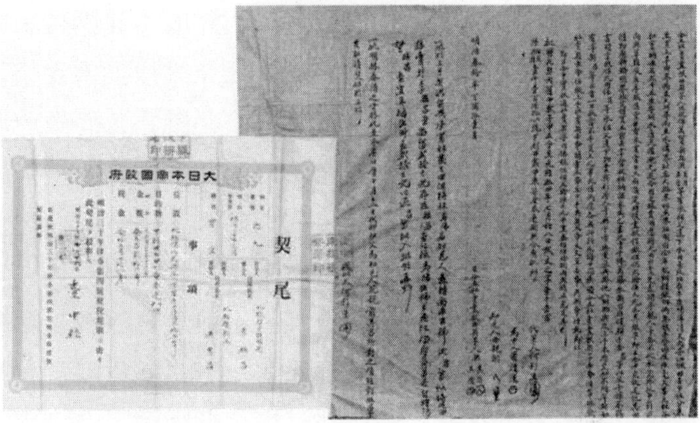

「又帶大租谷扣實納柒石貳斗正」，契末有「又帶丈單壹紙」。又明治 30 年（光緒二十三年，1897 年）11 月北投堡萬寶新庄洪其昌洪其隆同立杜賣盡根田契[103]（圖十三）有清丈字號，全年配納糧銀數額，又帶丈單，最有價值的是契約後有「批明此契內舊甲數壹甲五分，至光緒十四年七月八日報丈之字壹千壹百陸拾五/陸壹千壹百陸拾七/八耗下則田貳甲零柒厘參毫捌絲，合應批明。」

以上契約內容較之過去地契增加許多，增加部份自是清賦之結果。增加部份：1.清丈字號，2.全年配納糧銀數，3.又帶大租扣實納柒石貳斗正。4.批明清丈前一甲五分，清丈後二甲餘。契約中有清丈字號，買賣標的比過去只寫四至更為明確無誤。配納糧銀是清丈後向政府繳納糧銀，以前草屯地區都只納番大租粟。大租扣實，表示減四留六法在此地獲得實行，納糧改由小租戶承擔，減四留六之後，故「扣實」納大租穀柒石貳斗。原來一甲納八石，一甲五分要納十二石。十二石的四成是四石八斗，十二石扣去四石八斗，正是十成扣去四成剩下六成的柒石貳斗。清丈前一甲五

103 同註 98，編號 8610061。

分，清丈後二甲餘，多出五分餘，及多出原來的三分之一強，隱匿田園的情形確實存在，而且嚴重。查出隱匿，使納錢糧的土地面積大大增加，國庫收入自然大增。漢佃原來只納番大租，而社番免供賦，現在番業主減四留六，依舊不必納課，而政府收到漢佃的錢糧。國庫收入自然大增。正是式劉銘傳所追求的「地無隱匿之糧，民無虛完之累」。[104]

南投市地區有兩件丈單，[105]一件是光緒十四年三月二十日給坐落南投堡內轆庄下下則園主曾清霖者。此丈單係彰化縣所發，故有「彰字第玖佰貳貳號」字樣。又有「彰化縣丈報錫字第八百八十九號」字樣。可見清丈給單都是彰化縣辦理。之後才「劃歸臺灣縣轄」。但此丈單有可疑處，即一「右給臺灣縣園主」而非彰化縣園主；二「單費未收」。發單之光緒十四年三月臺灣縣並未成立，爲何有臺灣縣？且十四年三月並未決定緩收丈費。緩收丈費是十四年秋施九緞之亂後的決定。

另一件爲光緒十五年七月二十三日給坐落南投堡外轆庄下下則田主曾汝雨者。中有「彰字第壹千九佰陸號」「臺灣縣丈報」字樣。末「右給□□縣田主曾汝雨收執」，縣名缺，不知何故。因此二件均係抄件，如能見件原件，或可解開謎團。

104 同註 56。
105 同註 97。

圖十四

丈單

光緒

臺灣布政使司

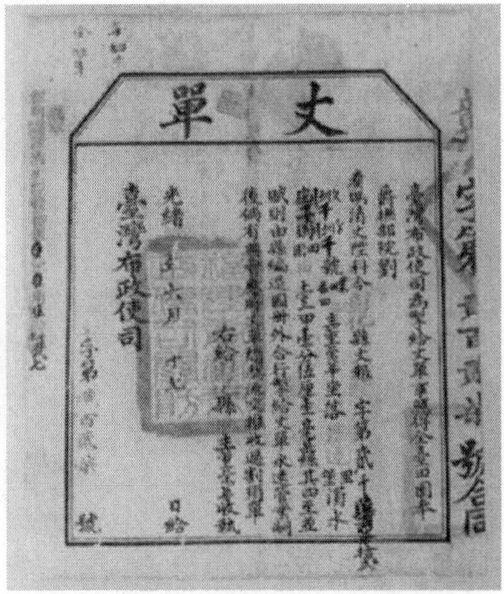
丈單

光緒

臺灣布政使司

名間地區的清丈給單是由彰化縣執行，給單時間在光緒十四年六月，從其丈單的編號有「彰字第壹百肆拾號」[106]「彰字第貳佰零伍號」[107]（圖十四）來看，名間地區給單時間在彰化縣算是名列前矛，而其清丈時間更在此一時間之前。這些清丈的土地有田寮庄及濁水庄。丈單上只蓋「沙連堡」，不是一般說的「沙連下堡」。是否因爲原來的沙連堡大部屬雲林縣，小部乃屬彰化縣，爲了區分，就將仍屬彰化縣的部分稱之爲「沙連下堡」，以免和屬雲林縣的沙連堡相紊。但因爲自建省分縣到割讓臺灣，時間太短，還來不及在官文書上顯現出來。一直到日治時期大正文書，才看到沙連下堡。

名間地區的丈單也沒有蓋「劃歸臺灣縣轄」字樣，可知不屬新設立之臺灣縣。另外在丈單兩字中間蓋紅字「抵完新糧」或「未收單費」，可知未收或緩收丈費的命令是貫徹執行的。

106 同註 105。

107 臺中董俊環先生藏永濟義渡古文書。

名間地區根據丈單推測並未劃歸臺灣縣，而仍舊屬彰化縣管轄。這一推測看到光緒十九年、二十年的「執照」[108]（圖十五）之後得到證實。發給沙連堡糧戶董榮華納錢糧執照正是彰化縣知縣，而非臺灣縣。名間地區的歸屬在《台灣地輿全圖》[109]（圖十六）中之〈臺灣縣圖〉、〈彰化縣圖〉、〈雲林縣圖〉均不能表現出來。

圖十五

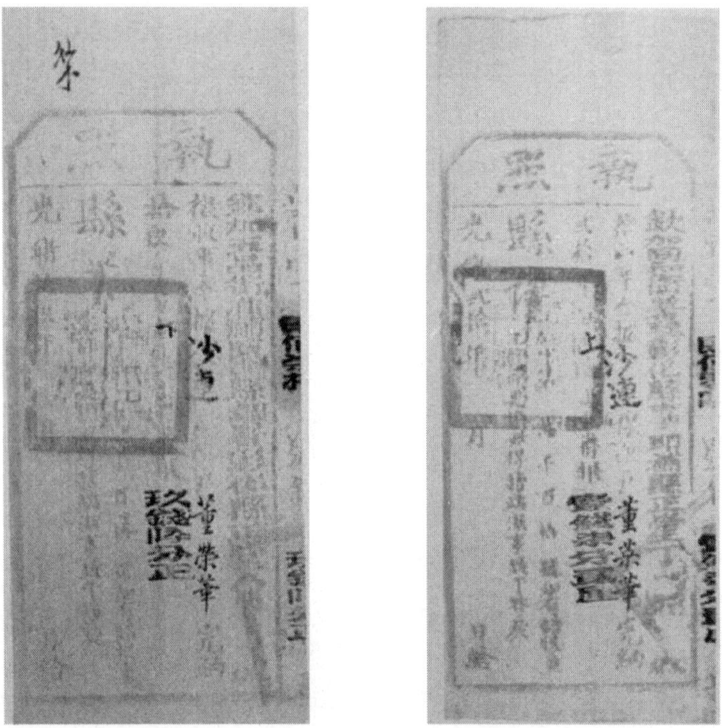

108 同註 107。

109 《台灣地輿全圖》台灣省文獻委員會《台灣歷史文獻叢刊》（民國 85 年），頁 32-42。

圖十八

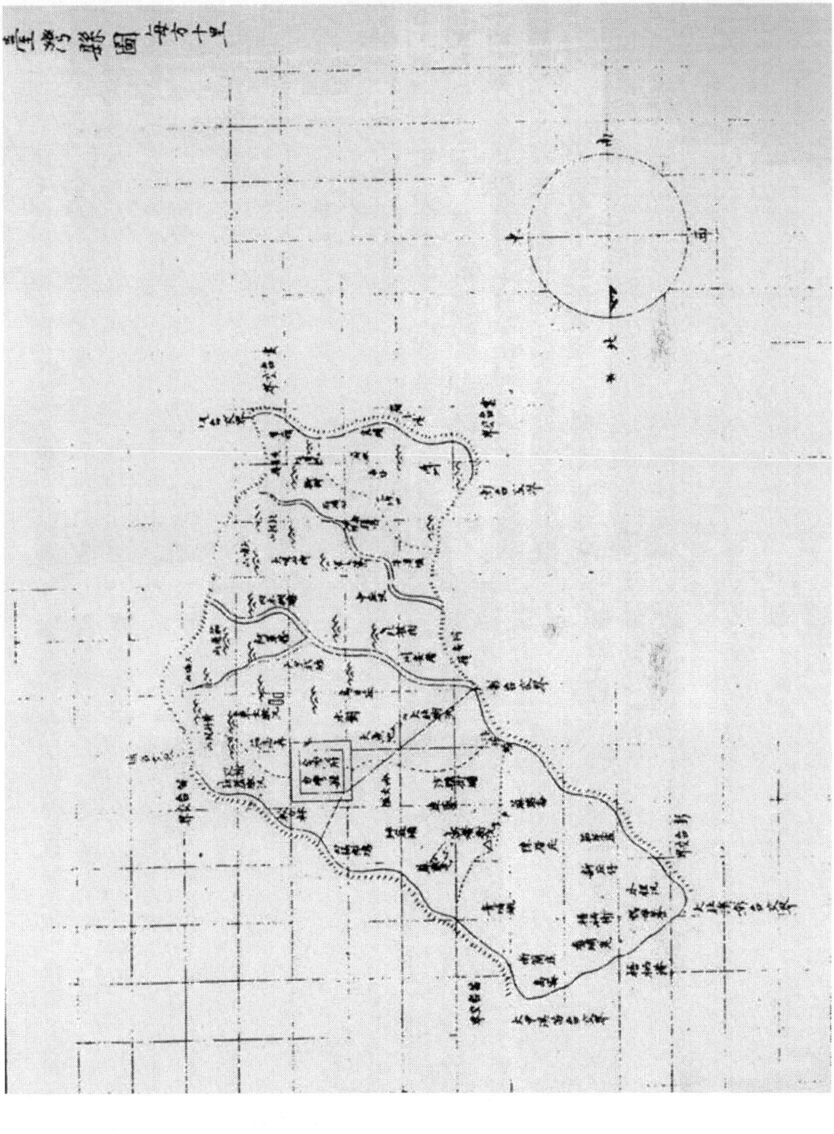

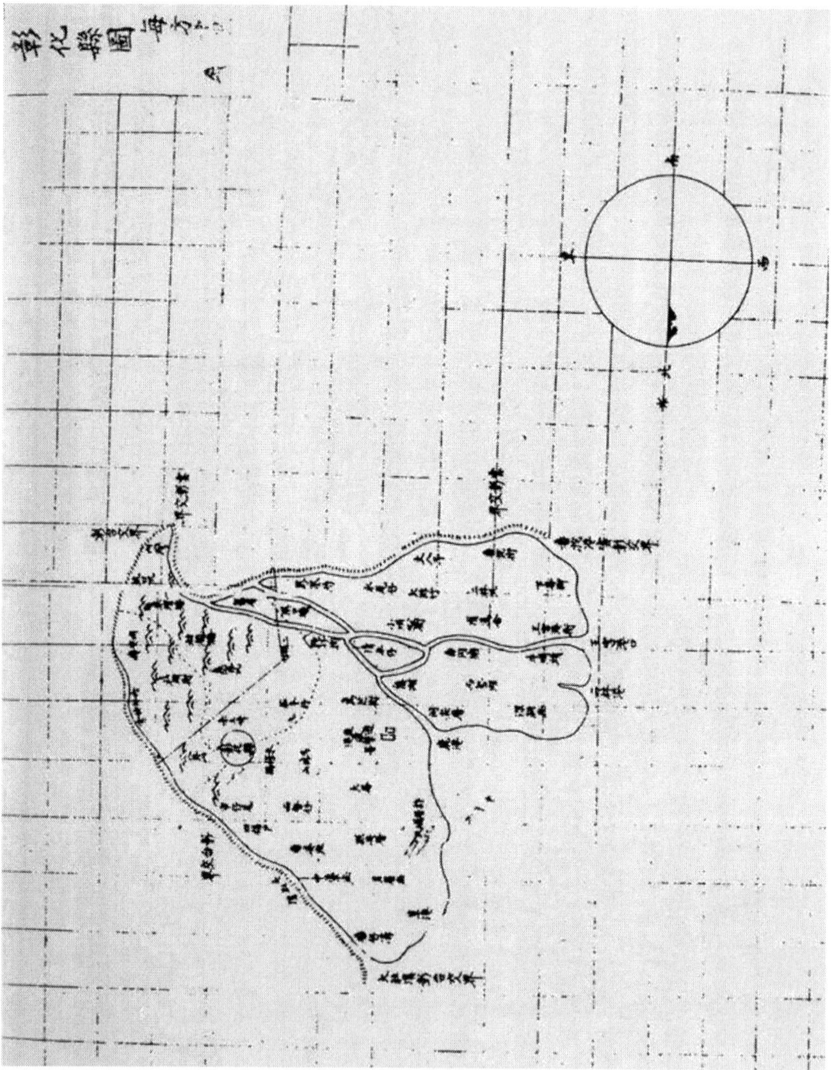
彰化縣圖

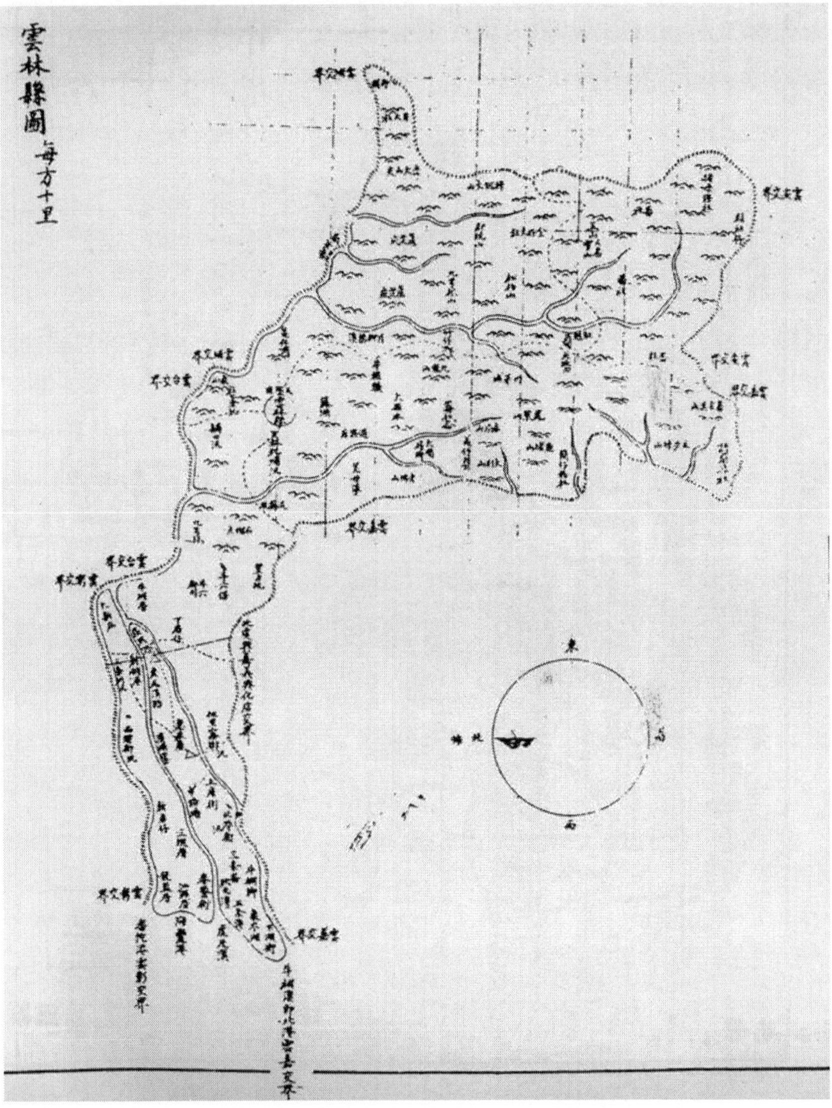
雲林縣圖
每方十里

竹山方面的情形，有一張光緒十四年六月初三給坐落沙連堡林圯埔狗寮仔園主陳上材的丈單。[110]（圖十七）據此文件可見是由彰化縣丈報，由彰化縣給單，而且是「彰字第陸柒號」，在彰化縣給單中可真是名列前矛，比上舉名間的丈單還要早。

圖十七

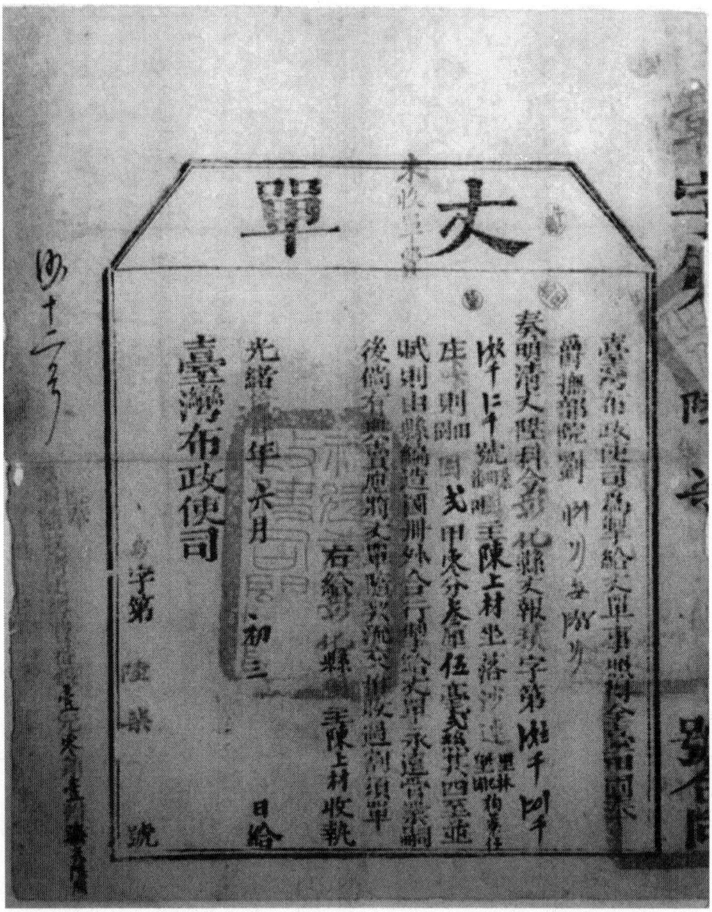
丈單

臺灣布政使司為遵給丈單事照得今奉

爵撫部院劉

奏明清丈陞科今彰化縣丈報彰字第

號業主陳上材坐落沙連堡林圯埔狗寮仔

庄　則田　則園　弍甲　分　伍　共　四至

賦則由縣編造圖冊外合行換給丈單永遠管業

後倘有典賣應將丈單隨契過割須單

右給彰化縣業主陳上材收執

光緒拾四年六月初三日給

臺灣布政使司

彰字第陸柒號

110 竹山陳文學先生收藏古文書。

另一件十四年十二月十一日給坐落沙連堡埔心仔庄下下則田主林阿三的丈單，是由彰化縣丈報，由彰化縣給單，右給彰化縣田主。[111]前件給單時雲林縣知縣陳世烈已到任近二個月。後件則是八個月，還由原屬的彰化縣發丈單？理由只有一個，因爲原來是由彰化縣清丈，卷冊魚鱗圖冊在彰化縣，所以也由彰化縣給單，彰化縣在光緒十二年六、七月清丈開辦之初，在全臺中與淡水兩處，最積極辦理，其他各縣，不是觀望徘徊，就是畏難苟安，[112]所以彰化知縣李嘉棠也在光緒十四年六月十九日請獎員紳名單之中。要不是後來發生施九緞之變，彰化知縣是有功的。

《臺灣通史》說李嘉棠「固墨吏，狼貪民財，肆用奸猾」，[113]但並無具體事證。劉銘傳光緒十四年九月在〈查明知縣功過並官紳庇匪情形摺〉[114]指出布政使沈應奎確查後李嘉棠欲以嚴刑峻法遏抑彰化強悍民氣，詞訟多意爲斷結，未能悉得其平，輿情因而不治。至於「承辦清丈事務，委員各帶書役赴鄉，查無需索實據。」因此，劉銘傳在光緒十四年十二月〈覆陳撫番清賦情形摺〉[115]中更明白指出：「爲彰化逆匪圍城，謂因清賦激變，不爲無因。但係紳激民變，非激自官。」這裡的紳指的是施家珍、施藻修、蔡德芳等。[116]因此，李嘉棠的功過宜平心再爲商榷。而清丈之功，自南投縣境各地區實況而言，應受肯定。

竹山清水溪域的鯉魚頭堡，是由原屬嘉義縣所清丈。相關文

111 竹山莊雍正先生收藏古文書。
112 羅剛前揭書，頁 805。
113 連橫〈郭光侯施九緞列傳〉載《臺灣通史》中華叢書委員會（民國 44 年）下卷三十二，頁 662-667。
114 《劉壯肅公奏議》卷十〈懲暴略〉，頁 445-頁 447。
115 《劉壯肅公奏議》卷二〈謨議略〉，頁 149-154。
116 同註 114。

件較多，在一件光緒十四年十二月的丈單，仍有「嘉義縣鯉魚頭堡桶頭庄」[117]字樣。又在一份張敏記光緒 15 年 10 月所立贖回契字[118]（圖十八）中有「蒙嘉邑主丈明肆分六厘式毫捌絲」此中之水田坐落鯉魚尾土名崁仔腳。

圖十八

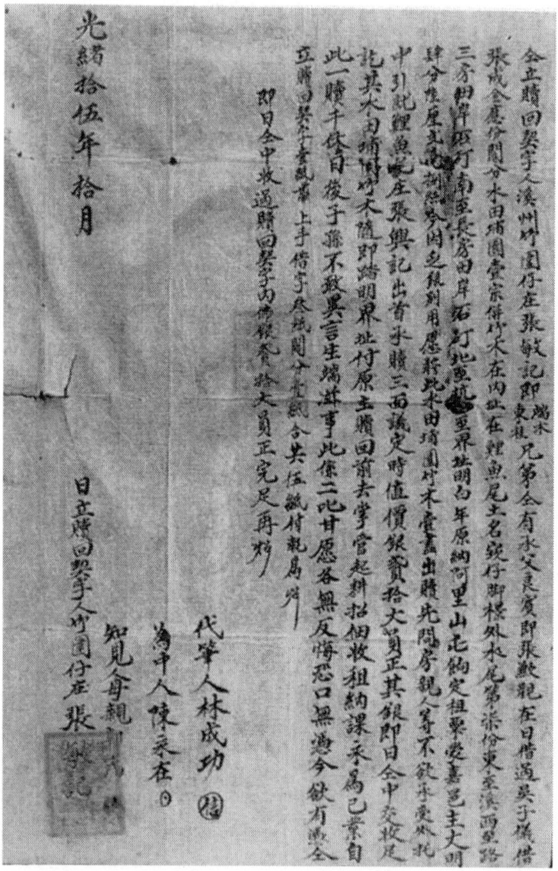

117 林文龍〈清代嘉義縣轄鯉魚頭堡的開發〉載《臺灣文獻》台灣省文獻委員會，四十五卷一期（民國 83 年 3 月），頁 41-67。

118 臺灣省文獻委員會藏，編號 8710099。

又一件光緒十六年由雲林縣正堂發給鯉魚頭堡山坪頂庄民的門牌。[119]又一件光緒十九年九月鯉魚頭堡鯉魚尾庄張江張周所立典契[120]（圖十九）中有「年配課租照新丈單田甲份納」，承典人是三角潭庄林旺在同件典契的契尾[121]，有「布字參千捌百肆拾壹號右給雲林縣業戶林旺批此」字樣。左邊騎縫處可見「雲林縣」字樣。

圖十九

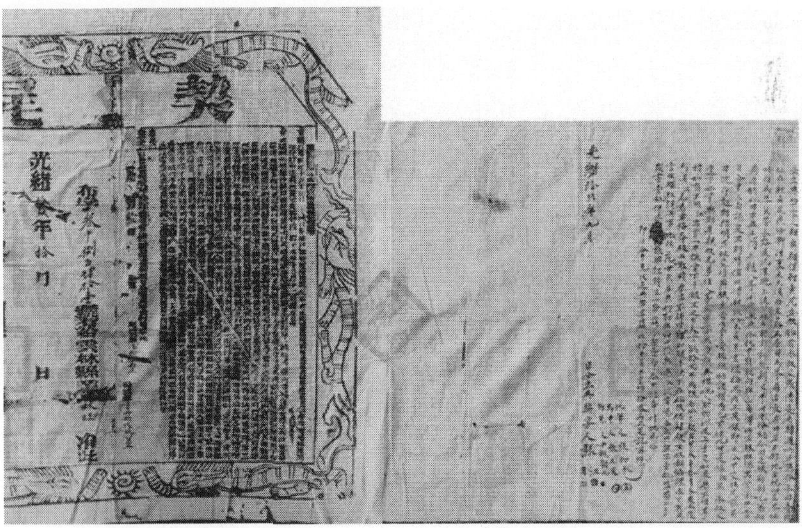

從文件中「嘉邑主丈明」、「嘉義縣鯉魚頭堡桶頭庄」，可知清丈是由嘉義縣清丈，也是嘉義縣發的丈單。雖然發丈單時間已是雲林縣知縣上任的八個月。課租則「照新丈單田甲份納」，此地原來都納「阿里山番租」、「屯租穀」、「社寮大租穀」，

119 同註 117。
120 臺灣省文獻委員會藏，編號 8710102。
121 同註 120。

現在不論民番，一律清丈升科。又「雲林縣正堂」、「雲林縣業主」、「雲林縣」字樣，都再再證明鯉魚頭堡地方之買賣契約由雲林縣管轄，也即鯉魚頭堡由過去嘉義縣轄，改歸雲林縣轄。《雲林縣采訪冊》中無「鯉魚頭堡」，不知何故？盛清沂在《臺灣史》中將鯉魚頭堡列在嘉義縣，[122]可能是一個錯誤。

至於林文龍懷疑也許是清水溪流域之鯉魚頭堡係後來才劃歸雲林縣轄，而不是在建省分治設縣時一次劃撥。以丈單、門牌、契尾的情況看來，建省分治就劃歸雲林縣應無問題，只是雲林縣的成立較晚，知縣到光緒十四年四月才到任，而清丈工作早在十二年六、七月已開始，如同草屯地區，大部分是由彰化縣清丈一樣，只是草屯地區的丈單後來都蓋上「劃歸臺灣縣轄」紅字。此其一。因爲嘉義丈量不實，爲此原任知縣被革職，另委妥員複丈，所以在雲林縣成立之後，因原丈是嘉義縣，原始文件在嘉義縣，複丈自然也由嘉義縣進行，丈單因此由嘉義縣給發。此其二。劉銘傳曾訓令雲林知縣陳世烈「辦理撫番開墾並修造城工衙署各事宜」，「其錢糧詞訟事件仍歸嘉義、彰化兩縣暫行照舊管理。」[123]此其三。想係新縣設立伊始百事待舉，因此劉銘傳訓令不要管錢糧詞訟。清賦應是在此情況下由舊縣暫管。竹山地區的三件丈單正可爲此作證。

以上是一般的清丈給單情形。埔里地區，因爲地方官呈稟減則獲准，所以賦稅特輕，埔里以外的南投縣境則大略相近。《臺灣私法》[124]（表四）將埔里社堡、集集堡分列，伊能嘉矩有埔里、

122 盛清沂等《臺灣史》臺灣省文獻委員會（民國 83 年），頁 339。

123 〈福建台灣巡撫劉銘傳等奏爲光緒 14 年春季分臺灣委署知縣員缺摺〉載洪安全，《清宮月摺檔台灣史料》（六）國立故宮博物院（民國 84 年 8 月），頁 5212-5213。

124 臨時臺灣舊慣調查會第一部調查第三回報告書《臺灣私法》第一卷，臺灣

恆春與其他地方之比較表。[125]（表五）劉枝萬有南投縣境各鄉鎮之比較表。[126]（表六）茲將三表錄之如下：

表四、光緒 14 年以後的田園負擔租稅額表

地區別	除恆春臺東埔里社之地區					恆春	埔里社堡五城堡	集集堡	二林上堡、二林下堡、深耕堡
等則／甲數及租別	每甲正耗（兩）	每甲補水平餘（兩）	計（兩）	清代換算額（元）	日據換算額（元）	每甲當正耗補水平餘（兩）	每甲當正耗補水平餘（兩）	每甲當正耗補水平餘（兩）	每甲當正耗補水平餘（兩）
上則田	2.4684880	0.6141220	3.085610	4.936	4.475	0.905905	1.01460		0.5250
中則田	2.0188080	0.5047020	2.523510	4.038	3.881	0.791325	0.88320	3.508	0.6875
下則田	1.6644320	0.4161080	1.080540	3.339	3.199	0.653050	0.70900	2.524	0.5500
下下則田	1.3315456	0.3328864	1.664432	2.662	2.559	0.506440	0.56720	2.080	0.4125
下下園	1.0651500	0.2663089	1.331539	2.130	2.047	0.405142	0.45676	1.335	0.2750
上園	2.0188080	0.5047020	2.523510	4.038	3.881	0.791315	0.88620	1.664	0.6875
中園	1.6644320	0.4161080	2.080540	3.329	3.199	0.633050	0.60900	2.524	0.5500
下園	1.3315456	0.3328864	1.664432	2.663	2.559	0.506440	0.56720	1.664	0.4125

備註：
1清代算換額係以正耗銀換算六八銀二圓。
2日據換算額係以銀一兩換算七三銀一圓五角三分八厘。
3恆春以下僅列每甲正耗、補水、平餘的總額，清代及日據時期的實徵額可從本表算出。

省文獻委員會（民國 79 年），頁 74。
125 伊能嘉矩《臺灣文化志》中捲，臺灣省文獻委員會（民國 80 年），頁 322。
126 劉枝萬前揭書，頁 306。

表五、清丈後每甲田園各則實徵銀額表

等則	一般廳縣	恆春縣	埔裏社廳
上田	三兩八分五厘六毛一絲	九錢五厘九毛五忽	一兩一分四厘六毛
中田	二兩五錢二分三厘五毛一絲	七錢九分一厘三毛一絲五忽	八錢八分六厘二毛
下田	二兩八分五毛四絲	六錢三分三厘五絲	七錢九厘
下下田	一兩六錢六分四厘四毛三絲二忽	五錢六厘四毛四絲	五錢六分七厘二毛
上園	二兩五錢二分三厘五毛一絲	七錢九分一厘三毛一絲五忽	八錢八分六厘二毛
中園	二兩八分五毛四絲	六錢三分四毛四絲	七錢九厘
下園	一兩六錢六分四厘四毛三絲二忽	五錢六厘四毛四絲	五錢六分七厘二毛
下下園	一兩三錢三分一厘五毛三絲九忽	四錢五厘一毛五絲二忽	四錢五分三厘七毛六絲

表六、清丈後南投縣每甲正耗補水平餘總額表

地方	南投、集集（普通廳縣）		竹山（雲林縣）		埔里（埔里社廳下、埔里、五城、北港溪？等堡	
等則	正耗 兩錢分厘 毛絲忽	總額 兩錢分厘 毛絲忽	正耗 兩錢分厘 毛絲忽	總額 兩錢分厘 毛絲忽	正耗 兩錢分厘 毛絲忽	總額 兩錢分厘 毛絲忽
上田	2468488	3085610	2458720	3073400	0811700	1014625
中田	2018808	2523510	2018808	2523510	0709000	0885250
下田	1664432	2080540	1656432	2070540	0567200	0709000
下下田	1331546	1664432	1331546	1664433	0453460	0567200
上園	2018808	2523510	2018808	2523510	0709000	0886250
中園	1664432	2080540	1664432	2080540	0567200	0709000
下園	1331546	1664432	1331546	1664432	0453760	0567200
下下園	10653232	1331539	--	--	0363000	0453750

從表六可見南投、集集賦稅最重，竹山次之，埔里最輕。埔里約只南投的三分之一。

從表五可見南投集集比一般廳輕，全臺最輕的是恆春，南投縣境最輕的是埔里。埔里的賦稅最輕，是否使埔里人變成最富有？

這是另一個可以研究的問題。

從表四可見集集比一般縣廳輕些，卻爲埔里的三倍強。恆春又輕於埔里，施九緞之亂後二林地區又輕於恆春。

埔里之賦則得以輕減，理由是新闢之地，土壤瘠磽收成減薄，「土壤瘠磽」並非事實，真實情形應是埔里人已有亢五租之負擔，如果賦則與他處相同，則埔里之負擔將較他處爲重。[127]減則獲准，埔里賦稅竟只約一般的三分之一。至於亢五租，略述如后。

「亢五租」又稱「空五租」、「孔五租」、「亢五」、「空五」「孔五」即「零五」之意，亦即以田園之年總收穫抽取百分之五爲租額之意。

其起源乃是埔里化番頭人望麒麟因爲原有產業多遭占管，應收租額多遭抗納，於是在光緒三年（1877）向鹿港理番同知彭鏊求助。彭氏乃於同年八月出示曉諭東螺社地方田地應納兩百石作爲埔眉番共七人養贍口糧。責成社長收取轉交。恆吉城五十甲斷歸望麒麟等人承管收租，所以租穀與佃戶各半均分。

光緒四年望麒麟再向中路理番同知稟稱，北埔的八股、九股抗欠。於是官方出示「每年收租百擔，應聽望麒麟抽租五擔。」[128]這是第一次官方確立亢五租的文件。由望麒麟向各佃戶徵收。因收租權在望麒麟，引起其他埔眉番不滿。於是在光緒五年十二月，徵收方法改由官方諭飭四坊總理徵收，「按田每車五斗」。[129]次年十一月，「按田每車五斗」的不定額租改爲年納一千石的定額租。到光緒十一年埔里撫民通判諭令大埔城司教生員曾鴻霖帶同

127 同註 126。
128 埔里愛蘭黃家藏古書；又見邱正略《清代台灣中部平埔族遷移埔里拓墾之研究》東海大學歷史研所碩士論文，（民國 81 年），頁 342。
129 邱正略前揭書，頁 344。

望麒麟徵收西南北三角之亢五租。

恆吉城五十甲的收租，光緒十一年埔裏社撫民通判將田充公。次年，租額改爲年收二百石的定額租。

到光緒十四年，全臺進行清丈，埔裏社撫民通判吳本杰以埔里地方除了年負供課之外，並負有配納亢五租的義務，民有所不堪，於是稟請改革，亢五租自此又改爲官收。日治初亢五租仍繼續徵收，直到清除大租權才廢除。[130]

在清丈過程中，彰化縣在光緒十三年三月初旬曾發生二件舞弊案，一件在武西堡，一件在貓羅堡。貓羅堡建與南投縣草屯鎮有關，是貓羅堡委員縣丞徐士鎔收受佃戶陳宇賄款銀八元。據彰化知縣李嘉棠報告：

> 又另派遣表四之差役，則陪同貓羅堡佃戶陳宇來署，審究之，則供云：從前戴逆之股首洪仔、洪豬之田業變賣時，雖有園地，但無人敢承買，故充入義民祠之業，然今次當清丈委員來鄉時，土人因不知情而導引委員之事，被認為出於陳宇之教唆，並風聞將被押送至縣署，因此次日立即赴公館，請委員丈量，且贈與委員徐士鎔銀八元云。…至於貓羅堡委員徐士鎔，藉端收受佃戶之銀元，實不知自愛也。乃革該縣丞職，另派相當之委員，飭移交印信。[131]

此一貪瀆案，劉銘傳扎飭「尤爲貪鄙無恥之徒，應予革職放逐。又該員所丈各堡應行十分勘查。」[132]

---

130 邱正略前揭書，頁 260。

131 伊能嘉矩前揭書，頁 317-318。

132 同註 131。

肆、結　論

建省之際劉銘傳的清賦事業，確是臺灣史上第一次土地改革，一方面健全地政制度，廢除大租權，一方面增加賦稅收入。因爲如此大規模的清賦在臺灣爲空前，所以劉銘傳態度十分謹慎。事前徵求各府縣的意見，進行過程中遇到問題或阻力，隨時化解或修正。從光緒十二年六、七月開始清丈，到十五年十二月定賦給單，終底於成。

進行中之問題本要廢除大租權，但因南北差異，改爲減四留六之法。如丈量弓尺制度標準，清丈之初以六尺爲一弓，二百四十弓爲一畝，爾後計畝升科。十三年二月，則更以五尺爲一弓，二弓半即一丈二尺五寸爲一戈，一甲爲二十五平方戈相乘，即六百二十五平方尺。並以淡水縣所訂〈台灣田園丈算圖法冊〉，分發各縣爲樣本。[133]也以臺俗用甲，依舊以甲爲土地面積單位。又如十三年九月二十四日本擬將所收丈費除撥還清賦支銷外，其餘撥歸鐵路地價、車房等項。[134]但後來因爲卑南呂家望社之亂及彰化施九緞之變，又穀遭蟲毀，收成減色，緩收丈費。已繳者准抵新糧。

清丈之阻力不少。因爲清賦目的在：（甲）消滅不付分文土地的大租戶，即假借番租、隘租名義濫收租穀之徒。（2）查明大租戶及多墾少報的田園，以便課稅。（丙）就田問賦。同時額定

133 同註 44。
134 劉銘傳〈台畝清丈將竣擬仿同安下沙定賦摺〉附片，載《劉壯肅公奏議》卷七〈清賦略〉，頁 310-311。

以小租戶為業主，廢止大租戶。[135]也就是清賦將傷害大租戶之利益，所以清丈消息一出，即遭大租戶強烈反對。[136]「各屬業戶多慮加租，劣紳土豪造作蜚語」[137]「官紳本設難詞，阻撓大計。」[138]各縣中，除淡水、彰化兩處極力辦理外，其他各縣或徘徊觀望，或畏難苟安。幸林維源等大力襄助，身先倡導，遇事出力，才化解一部分阻力。因為劉銘傳最倚重的臺灣豪紳林維源、林朝棟都在中北部，所以中北部的阻力在二林協助下得以化解，中南部係劉璈舊勢力所在，且中南部經濟型態仍停留在農業經濟，北部則有濃厚的商業經濟色彩，收益不全來自田園，也影響南北對清丈態度之差異。[139]阻力更大的是因收單費，激成光緒十四年夏秋卑南呂家望社之變，「番社叛者十有六、七」。[140]同年八、九月彰化又有施九緞索焚丈單之變，「不期而會者數千人」。[141]除外，還有人員之貪瀆，清丈技術之差錯等問題。[142]

貪瀆加以懲辦，如基隆會辦清丈委員湖北試用知縣張飛鵬，辦事不力，且有收斂之嫌，加以革職。[143]如前舉貓羅堡委員縣丞徐士鎔收賄八元，革職。丈田不實，如鳳山縣知縣、嘉義縣知縣，

135 臨時台灣舊慣調查會第一部調查第三回報告書《台灣私法》，台灣文獻委員會（民國 79 年），頁 162。

136 同註 135。

137 連橫《臺灣通史》卷八〈田賦志〉，頁 140。

138 同註 51。

139 李國祁《中國現代化的區域研究 — 閩浙臺地區 1860-1915》，頁 195-196；李國祁〈清季臺灣的政治近代化〉載《中國近代現代史論集》，第二十九編《近代歷史上的臺灣》中華文化復興運動推行委員會主編，臺灣商務印書館發行（民國 75 年），頁 31-61。

140 胡傳《臺東州采訪冊》〈田賦〉，頁 44-46。

141 連橫《臺灣通史》卷三十二〈列傳四〉〈郭光侯施九緞列傳〉，頁 664。

142 黃富三〈臺灣史上第一次土地改革〉載《中華文化復興月刊》中華文化復興運動推行委員會，八卷十二期（民國 64 年 12 月），頁 29-39。

143 同註 44。

均遭革職。臺東、彰化之變則派軍隊平亂。幸未影響清賦大業，且能於十五年年底完成。

清賦事業得竟全功，其中運籌帷幄者，實爲沈應奎。沈氏爲已革貴州藩司，經左宗棠委派渡臺會查團練，於法軍封鎖臺灣的光緒十年十二月十八日由澎湖到布袋嘴上岸。劉銘傳委其總辦全臺糧臺[144]建省之際，「全臺百廢俱興，辦防，清賦，撫番諸大端一時併舉，得以支持至今日者，沈應奎一人之力也。」[145]「沈應奎優於綜核，任事實心」。[146]以上是劉銘傳十五年保薦沈應奎的話，另在十六年〈密保沈應奎程起鶚片〉中說：「再臺灣民情強悍，土豪把持，清丈升科，事事草創，較之內地，辦理尤難。臣自光緒十二年四月奏請開辦以來，其中雖有彰化之變，嘉義之訛，卒能三年竣事，臣不過舉其大綱，實皆署藩司沈應奎，在任侯補道調署臺灣府知府程起鶚二人之力。」[147]據陳澹然指出，劉銘傳上奏說：「臣不諳吏治，清賦要政，查戶爲先，皆應奎一人所規劃。」[148]沈應奎於光緒十五年二月署理臺灣藩司，十六年六月二十日補授福建台灣布政使。[149]十七年四月二日護理福建台灣巡撫。[150]

全臺的清賦，在臺東、彰化有亂事，嘉義、鳳山有不實，而

144 劉銘傳〈請還沈應奎布政使銜片〉載《劉壯肅公奏議》卷九〈獎賢略〉，頁 373-374。
145 劉銘傳〈開復藩司片〉載《劉壯肅公奏議》卷九〈獎賢略〉，頁 409-410。
146 劉銘傳〈奏請沈應奎會同藩司辦理清賦片〉載《劉壯肅公奏議》卷九〈獎賢略〉，頁 410-411。
147 《劉壯肅公奏議》卷九〈獎賢略〉，頁 417-418。
148 劉銘傳《劉銘傳文集》安徽合肥，黃山書社，（1997 年 7 月），頁 514。
149 洪安全《清宮月摺檔臺灣史料（七）》故宮博物院（民國 84 年 8 月），頁 5926；羅綱前揭書，頁 1201。
150 洪安全前揭書，頁 6197。

在南投縣境的清丈工作則十分順利，不論竹山、草屯、名間、埔里，都很早完成。從上舉丈單編號之數字很小可知。文獻上可見十三年九月嘉義、彰化已稟報丈竣。後來發現嘉義原丈草率，不得不添委分段複丈。彰化則無此弊端，而南投縣境大部分在彰化縣境。

草屯李氏家譜有云：「劉銘傳之丈量田畝，旨在確立土地制度基礎，實爲劉巡撫最費心勞者也。南投、北投兩堡均付諸實施，吾家擁有之田園悉照官方善策而行。」[151]可見清丈在南投縣境之人民間被認爲善策，所以能悉照施行。而且草屯下庄李定邦還率鄉勇赴彰化助平施九緞之亂。[152]

南投縣境在建省之後雖分屬台灣縣、雲林縣、埔裏社廳及彰化縣，因大部原屬彰化縣，而清丈工作以至於給單也大都由彰化縣辦理。草屯地區有的丈單上蓋有「劃歸臺灣縣轄」，正是新舊交割過渡最好的證明。其它劃撥新縣的移撥程序也應如是。

從南投縣境現存丈單，相關契據，可以看到清丈以後正供都收糧銀，清丈以前只看到收「番大租粟」「大租粟」，只有土地買賣才有收銀圓。清丈前在土地買賣契約中只寫土地之四至，清丈後有清丈字號，全年配納糧銀，丈單也要隨上手契等流交。

在南投縣境，清丈前要納正供的可能只有竹山大部、集集一部、名間一部，其餘土地都只納番大租。草屯、南投之膏腴土地原都屬南投社、北投社，所以都納番大租。埔里、魚池也都納番大租，埔里還多一種亢五租。竹山的清水溪流域之鯉魚頭堡也納阿里山番租。清丈之後，一律納正供。阿里山番租也行減四留六

151 李禎祥〈祖先與草屯鎭〉載《渡臺始祖創公派下族譜書》（1975），頁 37。
152 洪敏麟《草屯鎭志》草屯鎭志編纂委員會（民國 75 年），頁 928-929。

之法。[153]埔里地區賦額最輕，約爲一般的三分之一，劉銘傳「總其地無隱匿之糧，民無虛完之累」[154]這個願望，在南投縣是實現的。

從南投縣境相關史料，過去對鯉魚頭堡是否由嘉義縣劃歸雲林縣有疑義，主因是《雲林縣采訪冊》中無鯉魚頭堡。現在從丈單契尾、地契可以斷定鯉魚頭已在建省之際劃歸雲林縣。今天竹山鎮的領域也從此確定。「沙連下堡」似乎不存在，在清代的丈單，執照中只見沙連堡，未見「沙連下堡」[155]（圖二十）。

圖二十

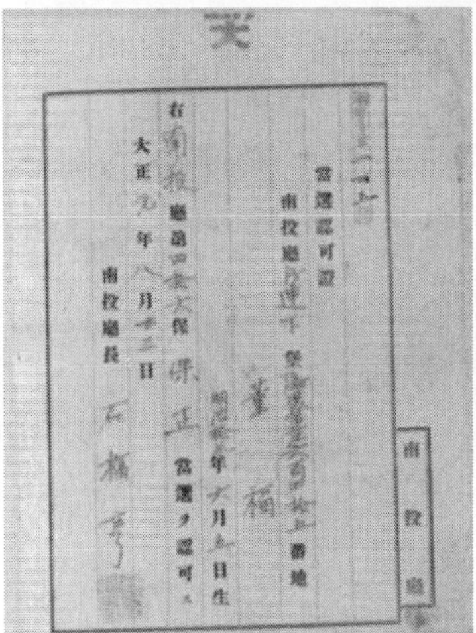

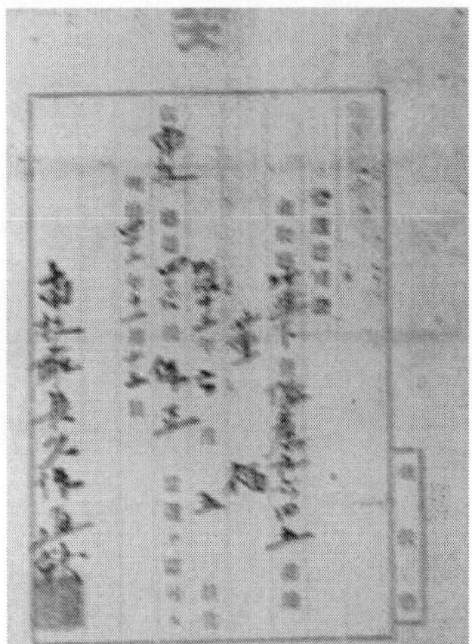

另外，沙連下堡有人以爲已劃給新成立的臺灣縣，如《臺灣地輿全圖》圖說在雲、彰、臺交界處語焉不祥，地圖也不能表現。名間、濁水、隘寮所謂「沙連下堡」在建省之際仍然照舊屬於彰化縣。從丈單給發年月，有在臺灣縣、雲林縣成立之後而仍由原

153 連橫《臺灣通史》卷八〈田賦志〉〈番租〉，頁 147。
154 同註 54。
155 臺中董俊環先生藏永濟義渡古文書。

屬彰化縣、嘉義縣給單之情形。前者如草屯地區，後者如沙連堡、鯉魚頭堡。有學者因此以爲其地區是劃歸新縣較晚。真相應是清丈如在新縣成立之前由原屬縣清丈，則給單也由原屬縣給單。如在新舊過渡之時，則如草屯地區由原縣塡單，加蓋「劃歸臺灣縣轄」字樣交新縣給單。如清丈在新縣成立之後，則由新縣給單。何況還有劉銘傳的訓令新縣暫不管錢糧詞訟。

埔里地區以新闢之境，「土地瘠磽」，賦稅特輕，而且免勻丁糧米。這可能是埔里社廳通判對埔里人之厚愛，也可能與埔里人已負擔「亢五租」有關。而劉枝萬指出後來有收地丁銀之事。值得再深入研究。

日人入臺，只承認劉銘傳的丈單可作業主權的證明。但劉銘傳只丈量田野，未丈量臺灣的山林曠野，所以臺灣的山林曠野臺灣人都無業主權，全被臺灣總督府劃爲國有。這在竹山的竹林事件中表現的最清楚。[156]清賦對人民權利保障之重要於此可見。難怪伊能嘉矩說清賦是清朝治臺設施中空前之大成果。

臺灣的財政在鄭氏王朝時代曾經一度獨立自足，但入清之後便一直靠鄰省協濟，一直到建省之際劉銘傳清賦之後才又自立自足。劉銘傳在建省之際對台灣獨立自足奠定良好基礎，其功不可磨滅。反面思考改，財政不能獨立自足，其實已經沒有建省條件，精省廢省殆爲事理之當然。今日如能起劉銘傳於地下，劉氏必曰：專制時代我尚且以財政自立自足爲建省首要條件，何況民主時代。中華民國政府播遷來台之時，台灣省早已名存實亡；今日精省，只是名實俱亡而已。

---

156 梁華璜〈竹林事件探討〉載《成功大學歷史學系歷史學報》五號（民國 67 年），頁 245-285。

清代台灣烏溪流域的移墾與水圳修築

壹、前　言

清代台灣的田園以水稻與甘蔗的栽培爲最重要。二者之中，又以水稻爲重要。因爲米穀除了是商品外，又是主食。農作物都需要適當的灌溉，水稻則需要充分的水灌溉。因此水圳修築爲墾殖中重要之一環。墾殖者如果各種條件都允許無不同時修築水圳，水田種稻是當時最有效益的經營方式。所以讓旱田變水田是農民最大的希望，水田地價高於旱田，原因在此[1]。

王世慶研究農田水利，認爲埤圳修築，有幾個作用：一、促進土地之改良，提高土地經濟價値；以改變旱園爲水田，增加農業生產，尤其是主糧米穀之產量，因灌溉面積之擴大而激增。二、水田之農作收成倍於旱園，稻米增產，民食充足富裕，進而外銷中國沿海各省，政府賦課稅收增加。三、隨水利埤圳之開發田莊擴大，人口之收容量增加，擴大村落，村庄快速增加，米穀之增產，成爲農村社會繁榮，維護治安安定社會之原動力。[2]

水圳修築如此重要，清代台灣土地開墾同時也著手水圳之開

1 陳哲三，〈清代草屯地區的地價及其相關問題〉，載《逢甲人文社會學報》，第 7 期（2003 年 11 月），頁 89-116。

2 王世慶，〈從清代台灣農田水利的開發看農村社會關係〉，載王氏著《清代台灣社會經濟》（台北：聯經出版公司，民國 83 年），頁 131-215。

鑿，但因爲財力、人力、技術及自然條件的不同，水圳規模與開鑿時間也有差異，有的地區早有水利埤圳，有的地區晚；有的地區工程規模大，灌溉面積大，有的地區工程規模小，灌溉面積小。本文擬就移民入墾與水圳修築，探討清代烏溪流域之開發。

本文所謂烏溪流域，即指烏溪主流、支流及源流之地區，以行政單位而言，包括彰化縣的芬園鄉；台中縣的烏日鄉、霧峰鄉、太平市；南投縣的草屯鎮、南投市、中寮鄉、國姓鄉、埔里鎮、魚池鄉。爲行文方面，芬園鄉、草屯鎮、南投市、中寮鄉稱烏溪下游南岸；烏日鄉、霧峰鄉、太平市稱爲烏溪下游北岸；國姓鄉稱烏溪中游；埔里鎮、魚池鄉稱烏溪上流。參看附圖一、附圖二。

本文研究領域的相關研究論文缺乏，不論是移民入墾或是水利修築，都屬初探性質。但本文運用較多古文書，並有第一次出土的史料，使研究有新發現，如郭双富收藏的契約文書解決媽助圳的修築者及年代，曹士桂的日記知道番割李秀可能是第一位住在國姓鄉的漢人，愛蘭黃家的紀事暦稿確知南港溪流域的開發時間及水圳之修築情狀，昭和九年調查的〈各圳灌漑面積關係綴〉明確知道埔里各圳的沿革。本文寫作期間並到各圳實地考察，也到各水利工作站與工作人員做訪談。

貳、烏溪流域的移墾

烏溪是大肚溪的上流之一。烏溪之源流爲北港溪與南港溪。

北港溪發源於合歡山西麓，向西南流經眉原、北港村，至國姓北方之大旗村與水長流溪會合，又西南流至柑子林，再與南港溪合併，以下稱烏溪，經龜溝、福龜、雙冬、土城，至茄荖山北側之烏溪大橋西邊進入台中盆地。

南港溪亦發源於合歡山，其上流眉溪流經埔里盆地。[3]柑子林以上爲源流本文稱上游，柑子林至茄荖山之峽谷段爲中游，茄荖山以下爲下游。

烏溪流域在移民未入墾之前，是原住民的世界，烏溪下游平原南北岸屬洪雅族的北投社、南投社、貓羅社。烏溪中游及上流是泰雅族及埔社、眉社及邵族、布農族。

本節只敘其殖民開始之情狀，不敘殖民開拓之完整歷程。烏溪下游南岸之地，荷蘭人在熱蘭遮城日記中在 1650 年記道：「Tausa Talachei 和 Tausa Mato，中文稱之爲 Lamtau 和 Packtau，這兩社以前在 Tavocol（大武郡）社交易，但今年因有理由予以分開發贌，Tavocal 如上述 Tausa's Talachei 和 Mato 另有自己的贌商」[4]可以知道在 1650 年以前，荷蘭人已經向南投社、北投社收稅了。但只是收稅，並未有移民入居墾殖。移民入居墾殖，顯然要到清雍正三年（1725）戶部詔諭：「各番鹿場閒曠地方可以墾種者，令地方官曉諭，聽各番租與民人耕種。」[5]移民始能合法入南北投社之社域贌耕社地。

在今草屯南投地區，有資料可據的，是雍正七年簡經贌耕北投社公共草地。因爲內凹庄事件留下史料。[6]另有張法在雍正十三

3 張光直編，《台灣省濁水溪與大肚溪流域考古調查報告》（台北：中央研究院歷史語言研究所，民國 66 年），頁 164。

4 江樹生譯註，《熱蘭遮城日誌》，第三冊（台南市：台南市政府，民國 92 年），頁 126。

5 《清會典台灣事例》，台灣文獻史料叢刊第二二六種（台北：台灣銀行經濟研究室，民國 55 年），卷 167，頁 43。

6 〈奏覆審理彰化凶番焚殺兵民摺〉，載《宮中檔乾隆朝奏摺第七輯》（台北：故宮博物院，民國 71 年），頁 301-308；又見《台灣原住民史料彙編七》（南投：台灣省文獻委員會，民國 87 年），頁 275。

年以前開墾大哮庄凹仔埔東北隅一百二十五甲。因有〈光緒十年大社庄張姓五房頭同立杜賣大租契〉[7]而得知。移民移入南投，形成南投庄，在乾隆十六年以前。今留存土地買賣租贌契約都在乾隆十四年以後。

烏溪下游北岸之地，烏日地方，地當巴布拉、猫霧捒、洪雅的過渡地帶，康熙末即有漳州府魏姓入墾，雍正年間續有閩籍楊、陳、林姓由大肚入墾，今有雍正十一年業主楊秦盛出贌契。[8]太平地方，乾隆五年有邱子茂出售田園契。[9]雍正初年粵籍潮州大埔曾、何、巫三姓開拓柳樹湳、丁台一帶。雍正十三年泰雅族眉加臘社出擾柳樹湳、丁台一帶，經官兵討平，事後官方於丁台設義勝寨安鄉勇巡防，於柳樹湳建營盤撥兵一百名駐防，[10]乾隆二十二年有阿罩霧、萬斗六招佃承墾之記錄。乾隆三十二年吳厝、溪心霸、阿密里有吳伯榮報陞田園，[11]三地均已開墾成功。

烏溪上游的國姓地方，早期文獻稱國姓埔或國勝埔。有內國姓、外國姓。龜紫頭（今福龜）以東，為內國姓；以西，為外國姓。乾隆末林爽文事件時，文獻已出現國姓之地名。在乾隆五十二年十二月二十三日記官兵攻開大里杙後，「賊人都逃入內國姓埔地方」。[12]

---

7 《清代台灣大租調查書》（台北：台灣銀行經濟研究室，民國 85 年），頁 299-301。

8 《清代台灣大租調查書》（台北：台灣銀行經濟研究室，民國 85 年），頁 61-62。

9 契約藏國史館台灣文獻館，編號 82-0025 轉引自楊護源，〈清代台中地區的聚落拓殖〉（國立中正大學歷史研究所博士論文，民國 94 年 11 月），頁 222。

10 《清高宗實錄選輯上》（台北：台灣銀行經濟研究室，民國 53 年），頁 12。

11 周璽，《彰化縣志》〈田賦志〉（台北：台灣銀行經濟研究室，民國 50 年），頁 176。

12 《欽定平定台灣紀略》（台北：台灣銀行經濟研究室，民國 50 年），頁 774。

郭百年事件後，官方在「集集、烏溪二口各立禁碑」，[13]姚瑩在同文中並指出入埔裏社有南北二路，濁水溪是南路，烏溪是北路，「北路爲近，然常有兇番出沒，人不敢行。」[14]這是道光初年的情形，既然人不敢行，自然不會有人移入墾殖。

又烏溪禁碑過去說立於龜仔頭坪，即今國姓鄉龜仔頭。[15]但據鹿港同知曹士桂日記所記則在𨻶屯園。曹氏爲了閩浙總督劉韻珂入埔里社考察，先於道光二十七年二月間入埔，五月間才陪總督入勘。二月二十六日日記從內國姓荒埔到龜仔頭，有番割李秀率其番婦迎于道，請宿其家。可知李秀住在龜仔頭。次日，出龜仔頭、九芎林、外國姓、大平林、粗坑、土城仔，洪璠迎入其書房。洪璠住𨻶屯園。五月二十七日的日記上記載「于𨻶屯園烏溪岸上看禁碑，嘉慶二十二年立也，與集集舖天后宮前禁碑同。」[16]可知番界在土城、屯園一線烏溪河岸，而李秀是文獻中第一位住在番界內龜仔頭的人，他的身份是番割，也不墾殖。要到咸豐年間，流民越禁到龜仔頭，才形成聚落。

至於北港溪流域，要到光緒十三年（1887）劉銘傳命總兵章高元討伐北港溪之泰雅族，移民始自東勢南下開墾。次年，設東勢角撫墾局水長流分局、北港分局。統領林朝棟以兵二千五百入山建砲台於扼要之地，水長流駐棟字隘勇營一營，並設銃櫃於番界山稜界之上，於是阿冷、白毛、眉加臘等社之出草殺害被制止，東勢方面客籍移入更多。[17]

13 姚瑩，〈埔里社紀略〉，載姚瑩，《東槎紀略》（台北：台灣銀行經濟研究室，民國 46 年），頁 30-40。

14 同註 12。

15 劉枝萬，《台灣中部碑文集成》（台北：台灣銀行經濟研究室，民國 51 年），頁 169。

16 曹士桂，《宦海日記校注》（昆明：雲南人民出版社，1988 年），頁 174。

17 洪敏麟，《台灣舊地名之沿革第二冊下》（南投：台灣省文獻委員會，民國南港溪流域則要到日治才大規模開墾，明治39年（1906）埔里黃家倡議成立埔里社開源會社，向台灣總督府提出請願，次年得社員二十二人成立會社。39年，台灣總督佐久間佐馬太指令「南投廳埔里社堡南港線內內墾鞍、大茅埔、北山坑菅蓁巷鴨母坪大石鼓、鴨母下坪打煎柑子林咬蚤坪、大肚番官有原野內面積百四十一甲七分二厘四毫六絲豫約賣渡之件特予許可。」[18]

水埔六社，可墾地一萬二、三千甲。[19]嘉慶二十年（1815）郭百年等擁眾千餘人入墾，雖以違禁被逐，但土著大衰，迎平埔族入墾，漢人稍稍復入。道光初年，姚瑩有云：「而水社之山川秀美，埔社之地土沃饒」說水、埔二社「即外社熟番亦垂涎至矣！」[20]到道光二十七年（1847）閩浙總督劉韻珂入勘埔里社時，田頭社、水裏社、貓蘭社、審鹿社、埔裏社、厝裏社，所謂埔水六社，合計970戶，而熟番約共二千人。熟番已是反客爲主。曹士桂在日記中有「則熟番與本年新來之漢人舖戶居民亦數十烟。」[21]則漢人亦入埔里。

魚池，以日月潭聞名於世，過去也以日月潭及住在此地的水社或稱水裏社，或稱水沙連社而知名。[22]是入埔里南路必經之地。林爽文事件，社寮人黃漢以平亂有功，被任命爲水沙連化番世襲

73年），頁498-500。

18 〈黃家勝元堂八十三紀事曆稿〉（埔里愛蘭黃家油印本）。

19 劉韻珂，〈奏開番地疏〉，載丁曰健，《治台必告錄》（台北：台灣銀行經濟研究室，民國48年），頁207-212。

20 姚瑩，〈埔裏社記略〉，載丁曰健，《治台必告錄》，頁179-187。

21 曹士桂，《宦海日記校注》，頁171。

22 康熙末年朱一貴事件，藍鼎元來台平亂，有〈紀水沙連〉一文，寫到日月潭說：「山清水綠，四顧蒼茫，竹樹參差，雲飛鳥語，古稱蓬瀛，不是過也。」又說：「萬山之內，有如此水；大水之中，有此勝地。……武陵人誤入逃源，余曩者嘗疑其誕，以水沙連觀之，信彭澤言之非欺我也。」見藍鼎元，《東征集》（台北：台灣銀行經濟研究室，民國47年），卷6，頁85-86。周璽，《彰化縣志》，卷12，〈藝文志〉，頁442-443。

總壯丁，[23]月給銀十二兩，挑募屯丁九十名，分給養贍埔地，撥給屯田一百餘甲以充屯餉。道光十六年，子天惠繼之，招佃入墾，獲利頗巨。道光二十九年，黃天惠報得墾戶首王增榮墾耕長祿埔一帶。同治十二年，又有吳忠鳳來墾木屐蘭毗連長寮內外茄道坑等處。[24]另在台灣道熊一本〈條覆籌辦番社議〉中，有「水社番被漳人潛墾，租給陳姓一二百甲」[25]時道光二十一年。此與《集集古誌》[26]及伊能嘉矩之調查[27]大致吻合。陳姓者即陳坑。

歸結以上的討論，可見烏溪流域的移墾是由西到東，由平原入山區，照說應是先國姓，後埔里，但事實上國姓只成為入埔里的北路，而且人不敢行，反而埔里魚池的開發較早，國姓落到最後，而入墾埔里的人早期來自南路的濁水溪線。

參、烏溪流域的水圳修築

本節之水利修築並不記全部之水利工程，只記早期之水利修築，主要在知道何時開始有水利設施。

烏溪下游南岸之水利修築，以草屯、南投為早，以文獻記錄則以萬丹坑圳為最早。余文儀《續修台灣府志》已有著錄，說圳

23 黃漢身分以往都據黃玉振、莊士杰〈化番六社志〉稱為水沙連化番世襲總通事，但據道光二十九年水沙連六社化番總通事毛澳草地主目改旦等同立招佃字，則黃漢之子黃肥稱「總壯丁」，則黃漢應稱總壯丁為是。該契見《清代大租調查書》，頁 623-624。

24 見《清代台灣大租調查書》，頁 621-622。

25 見丁曰健，《治台必告錄》(台灣銀行經濟研究室，民國 48 年)，頁 229-238。

26 《集集古誌》日文手抄本，未出版。

27 伊能嘉矩，《大日本地名辭書續編第三台灣》(東京・富山房，明治 42 年)，頁 94。

在南北投保東。[28]余志修撰時間在乾隆二十五年（1760）到三十九年（1774）間，所以本圳開鑿時間有可能在乾隆二十五年之前。之後道光十年周璽《彰化縣志》記有：萬丹坑圳、險圳、南投圳、馬助圳、阿轆治圳及半壁泉。萬丹坑圳已見余志，不贅。

險圳云：「在南北投保，源從烏溪分脈，至茄荖山，穿山鑿石數十丈，流出灌溉七十餘莊之田。乾隆十六年，池良生開鑿，里人名爲石圳穿流。」[29]

南投圳云：「水從哮貓流出，築埤瀦蓄，南投保之田皆資灌溉。」[30]

馬助圳云：「在險圳下，源從烏溪分出，灌上下茄荖田五百餘甲。」[31]

阿轆治圳云：「在馬助圳下，水源亦同，灌石頭埔等庄田五百餘甲。」[32]

半壁泉云：「在北投保北勢湳莊青牛埔山嵌。半壁泉從石罅湧出，味極甘美，里人乏井，皆往汲焉。雖旱亦湧，灌田十餘甲。名曰半壁泉。」[33]

到日人治台，利用地契及調查，在《台灣土地慣行一斑》中記險圳，指係乾隆八年北投社番土目葛買奕委托漢人吳連淌所開鑿。記媽祖圳係乾隆初年洪媽祖者開設，灌溉番仔庄外七庄田四百餘甲。茄荖圳、埔仔圳爲其支流。記舊圳係乾隆二年北投社番等

28 余文儀，《續修台灣府志》（台灣銀行經濟研究室，民國 51 年），卷 28，〈規制〉，頁 108。
29 周璽，《彰化縣志》，卷 2，〈規制志〉，頁 57。
30 周璽，《彰化縣志》，卷 2，〈規制志〉，頁 58。
31 同註 24。
32 同註 24。
33 同註 24。

開鑿。[34]與今日所見契約印證，日人所調查較爲正確，但仍有錯誤。

舊圳係北投社所開，但開於乾隆二年，缺乏史料可資佐證。險圳，《彰化縣志》寫是乾隆十六年池良生開鑿，沒有契約文獻可資印證。日人調查則有契約印證。契約所見是乾隆八年北投社委漢人吳連倘所開，但因爲北投社付不出工資，經彰化知縣斷北投社以四十張犁土地付吳氏方告解決紛爭。[35]

媽祖圳係乾隆初年洪媽祖者所開，時間正確，圳名、人名有錯，應作媽助圳，且開圳人有二人，一爲洪媽助，一爲洪瀠光。見〈乾隆二十二年三月洪媽助、洪瀠光立賣坡（陂）頭圳水契〉[36]並且茄荖圳不是媽助圳之支圳，是比媽助圳更早開設之獨立水圳。上引契即有「架造坡頭在于加老坡頭下」，可見茄荖圳之陂頭還在媽助圳之陂頭之上。又因爲日人誤將茄荖圳當作爲媽助圳之支圳，未另作說明。使草屯地區少一條直接取水烏溪之水圳。

《彰化縣志》所記阿轆治圳，日人調查中未見此圳，在今日所見四百餘張契約中亦未之見，而《彰化縣志》所記缺茄荖圳，且「阿轆」與「茄荖」之台語音相近，故或可推測阿轆治圳即茄荖圳。但《彰化縣志》記阿轆治圳「在馬助圳下」，也是一個錯誤，應該在馬助圳上才對，且由契約也知馬助應作媽助。

綜上所論，可知草屯南投地區之水圳開設，最早推到乾隆元年，未有開於雍正年間之記載。

烏溪流域下游北岸，有萬斗六溪圳，《彰化縣志》記云：「在

---

34 臨時台灣土地調查局，《台灣土地慣行一斑》（台灣日日新報社，明治 38 年），第貳編，頁 554-555。

35 〈乾隆三十七年北投社番余啓章等立遵憲再給佃批字〉及〈乾隆四十一年李喬基等同立永杜賣斷根田厝契〉，載林美容，《草屯鎮鄉土社會史資料》（台北：台灣風物雜誌社，1990 年），頁 12-13、15-17。

36 契約原件在霧峰郭雙富先生收藏。

猫羅保萬斗六埔。水源詳見山川，業戶吳伯榮築。灌田千餘甲。」[37]又山川中萬斗六溪條云：「發源於內山，逕火燄（山名），合大肚，入於海。」[38]而記大肚溪云：「源出南北投，南會猫羅，北收猫霧捒諸水，會於雙溪口。又西至掃箒尾，入於海。」[39]可知萬斗六溪即指今烏溪橋以上之烏溪。再查同書〈田賦志〉，乾隆三十二年條云：「吳伯榮即吳洛，墳墾溪心壩、阿密里、吳厝庄入額下則田園共一十一頃六十六畝九分九厘，共徵粟一百五十八石二斗三升二合六勺。內下則田八頃一十九畝三分九厘，徵粟一百三石九斗八升八合六勺；下則園三頃四十七畝六分，徵粟五十四石二斗四升四合。」[40]此後又見乾隆三十七年吳伯榮在猫霧保續墾陞科下則田四頃三十七畝三厘，乾隆四十三年吳伯榮呈報續墾阿密里、溪心壩等庄入額起科下則園六頃一十四畝九分八厘八毫，乾隆四十六年吳伯榮續墾德典庄入額起科下則園六頃七十三畝五分三厘。[41]再查同書人物志吳洛傳云：「字懷書，泉州普江人。居邑治東門街。乾隆庚午歲貢。……迨親喪後，洛遊台，御史高公客諸幕。及高公秩滿回朝，適彰化初設縣治，洛留彰墾闢田園，置產成家。」[42]自此傳，知他來台時間曾任「御史高公」的幕僚。經查巡台御史只一人姓高，即高山，來台時間是雍正八年，留二年。[43]所以知道雍正十年以前吳洛已來台，乾隆年間在中部地區開墾，而開墾有成是在乾隆三十年到四十年間。開墾地

37 周璽，《彰化縣志》，卷 2，〈規制志〉，頁 56。
38 周璽，《彰化縣志》，卷 1，〈封域志〉，頁 15。
39 同註 31。
40 周璽，《彰化縣志》，卷 6，〈田賦志〉，頁 167。
41 周璽，《彰化縣志》，卷 6，〈田賦志〉，頁 168。
42 周璽，《彰化縣志》，卷 1，〈人物志〉，頁 242-243。
43 鄭喜夫，《重修台灣省通志卷八職官志第一冊》（南投：台灣省文獻委員會，民國 82 年），頁 13。

點在烏溪下游北岸之溪心壩、阿密里、吳厝庄、猫羅保、德興庄等地。而萬斗六圳溪即吳洛所開鑿，自當開鑿於此時。過去都說萬斗六圳溪創設於乾隆二十三年（1758），[44]不知何據？

另外太平地方最早的水圳名頭汴坑圳，其開鑿時間有乾隆五年及乾隆十五年兩說。從開發史看，開鑿於乾隆十五年的可能性較高。一是乾隆三年才決定在登台，新庄（在今霧峰鄉）設立義勝，永勝二寨，各安鄉勇三十名；在柳樹湳莊口建營盤，安兵一百名，已見前述。霧峰、太平地區應始漸有入墾者。

另一據研究，大橫屏山山腳的黃竹坑即開墾於乾隆二十年代。在乾隆二十二年，台灣道德文會同台灣總兵馬龍圖的報告中，說彰化現有十三處私開禁地，其中即有，東勢山腳庄及黃竹坑。前者在今台中市東邊與太平市沿山一帶，後者在今太平市東南山區。[45]

烏溪中游及上游地區，自上節知中游的國姓以山高谷深，泰雅族出沒，開發較晚；上流的魚池、埔里開發相對較早。水圳之開築也是國姓晚而魚池、埔里早。

埔里最早的水圳是南烘圳，開鑿於道光六年（1826），開鑿人是「北投蕃羅打朗等」。[46]光緒十四年三月台灣知府程起鶚給埔里社通判的移文有云：「道光年間，有土番在溪底堆石做埤，開一小圳，俗呼南烘圳。因該埤地勢窪下，圳道不長，灌溉南隅

---

44 有稱為阿罩霧圳，創設於乾隆 23 年（1756），見李連鎭，《南投農田水利會會誌》（南投：南投農田水利會會誌編輯委員會，民國 85 年），頁 35；趙雅書，《台中縣志・卷四經濟志・水利》（豐原：台中縣政府，民國 78 年），頁 174。

45 中國第一歷史檔案館藏，3 全宗，165 目錄，7944 卷，34 號；另編號：軍機處錄副，民族類，634 號。轉引自柯志明，《番頭家》（台北：中央研究院社會學研究所，民國 90 年），頁 171 及頁 382 附錄二；楊護源，〈清代台中地區的聚落拓殖〉（國立中正大學歷史研究所博士論文，民國 94 年 11 月），頁 218。

46 《台灣土地慣行一斑》，第貳編，頁 557。

田百餘甲。」[47]又據日人在昭和 9 年的調查，在道光年間開鑿的尙有珠子山圳、茄荖腳圳，在咸豐年間開鑿的有大媽鄰圳、烏牛欄溪圳、北烘圳、守城份圳、東螺圳等。[48]可見平埔族入墾埔里後，水圳之開發甚爲普遍。在十九條水圳中，九條由原住民所修築。見附件一。

魚池方面土地之開墾雖可追溯到道光年間，但到日人調查才有王豐瑞圳灌溉大林庄、長寮庄及猫囒庄水圳灌溉猫囒庄之記錄。日人並指出猫囒庄圳係陳坑子陳化成所開設。王豐瑞圳則係吳進興、王豐瑞等開鑿。[49]據劉枝萬之王增榮、陳坑傳，云：「道光四年，王、陳二人遂爲墾首，……遂招致漳人入墾。迨道光二十九年，由水社化番承墾五城堡一帶荒埔草地，王分東部，陳割西部，約以歲繳番口糧，大事墾殖，而促進地方之開發。」[50]再據光緒十二年三月王豐瑞立給分墾字有云：「有承祖父向六社化番給出中落埔一帶草地。」[51]可以推知王豐瑞即王增榮之孫。而且在本契中已有雙冬水田二分，單冬田三分餘，可知本契之前已有水圳之開築。

國姓方面，連橫《台灣史》〈農業志〉記光緒十七年（1891）林朝棟引北港溪水灌國姓庄，稱內國姓圳爲最早。[52]其他各圳如南圳、國姓圳、大石股圳、福龜圳、茅埔圳、南港圳、鱸鰻洞圳、

47 《臨時台灣舊慣調查會第一部報告台灣私法附錄參考書第一卷下》（臨時台灣舊慣調查會，明治 44 年），頁 161-162。
48 《各圳灌溉面積關係綴》毛筆原件，昭和 9 年 5 月，南投農田水利會藏。
49 《台灣土地慣行一斑》，第貳編，頁 555。
50 劉枝萬，《南投縣人物志稿》（南投：南投縣文獻委員會，民國 51 年），頁 8-9。
51 《清代台灣大租調查書》，頁 132-133。
52 連橫，《台灣通史》（台北：中華叢書委員會，民國 88 年），卷 27，〈農業志〉，頁 517。

豐泉圳，南投農田水利會國姓工作站均作開鑿於民國前十七年，[53] 即 1895 年（明治 28 年，光緒二十一年，中日甲午戰爭之年，台灣割日前一年）。據前敘南港溪線之開發，是黃敦仁倡設埔里社開源會社之後於明治 39 年（1906）取得南港溪線之開墾許可，方才開始，則水利之修築，自當在此年之後。可知國姓工作站之說爲不正確。

肆、移墾與水圳修築的關係

茲將前二節所論述之移墾與水圳修築，各取其最早之年代史實，列成一表，以見二者之關係。

表一、移墾與水圳修築關係表

地點	移墾	水利修築
下游南岸	簡經於雍正七年（1729）	乾隆二年（1737）北投社開舊圳，灌田四十餘甲 乾隆八年（1743）北投社委漢人開險圳，灌田一千四百餘甲
下游北岸	乾隆初年	乾隆十五年（1750）頭汴坑圳 乾隆中葉萬斗六溪圳，灌田千餘甲
中游	龜仔頭道光末 北港溪流域光緒十三年 南港溪流域明治四十年以後	光緒十七年（1891）內國姓圳
上流	魚池　道光初 埔里　道光初	道光六年（1826）南烘圳，灌田百餘甲

從上表可以清楚看到移墾在先，水圳修築在後，時間有若干差距。有些情形則似乎是同時進行。烏溪流域下游南岸差距是七

53 見蔡介祐，〈南投農田水利會國姓工作站 93 年度業務簡報〉，民國 94 年 3 月。

年，下游北岸約在十餘年，上游以北港溪線看只有四年，魚池道光初開墾，但水圳之開鑿不詳，無法討論，埔里則西部平埔族於道光三年入墾，六年開南烘圳，時差只三年。從草屯、北港溪線、埔里之時差少者三年，多也只七年，可以說明移墾者之土地開發與水圳修築幾乎同時進行。但規模大的險圳，時差便大，而且也有支付工資的波折。[54]

台灣農業史上，有米糖相剋之說，日治時尤爲嚴重，但農民之種蔗種稻，其抉擇主要在價格和水圳設施，而價格尤關緊要。康熙中葉高拱乾在〈禁飭插蔗并力種田示〉已說到：「偶見上年糖價稍長，惟利是趨。舊歲種蔗，已三倍於往昔；今歲種蔗，竟十倍於舊年。」[55]但在清代，人民可以自主，還以種稻爲主，以種稻之經濟收益較高，尤其濁水溪以北，北部氣候不宜種蔗。所以日治時期中部成爲米糖相剋最明顯的地區。[56]

純自經濟角色看，埤圳修築最直接影響是稻作普及，稻米產量增加，養活更多人口，米輸出也增加，與中國貿易更頻繁；耕作方式由粗放而集約，土地價值提高，生產單位由社群降爲家庭；集約耕作，又使耕作者釋出多餘耕地，大佃戶變成小租戶，產生新興小地主階層，租稅由官府—墾首—佃戶三級制變成官府—大租戶—小租戶—現耕佃人四級制。[57]這些影響在烏溪下游南北兩岸最爲顯著，尤其北岸出現霧峰林家，自林文察到林朝棟，由於

---

54 陳哲三，〈清代草屯地區的水利〉，載《逢甲人文社會學報》，第 8 期（2004 年 5 月），頁 149-181。

55 高拱乾，《台灣府志》（台北：台灣銀行經濟研究室，民國 49 年），頁 250-251。

56 根岸勉治，〈日據時代台灣之農產企業與米糖相剋關係〉，載周憲文，《台灣經濟史七集》（台北：台灣銀行經濟研究室，民國 48 年），頁 53-76。

57 廖風德，〈清代台灣農村埤圳制度〉，載廖風德，《台灣史探索》（台北：學生書局，民國 85 年），頁 37-101。

努力經營加上官紳的威勢，土地大量而迅速的集中。據研究，日治前後林家有土地二千餘甲。[58]相對的南岸的草屯最富有的李春盛家只有水旱田園五十餘甲。[59]烏溪下游地區因爲平原廣闊，水利發達，經濟蓬勃。北岸土地集中於霧峰林家，林家代有人才，下厝林文察、林朝棟、頂厝林文欽、林獻堂在文武兩途中最知名；草屯地區也人才濟濟，在清代便是南投縣境人才最多的地方。[60]此一論點，容當另文討論。

伍、結　論

烏溪流域的移墾，大勢是由西到東，先下游，再入山東進，但跳過中游的國姓，先到上游的埔里，再回頭到國姓。原因是埔里可耕地有一萬餘甲，令人垂涎。國姓則山高谷深，又有泰雅族游獵。可見地形，可耕地，族群都影響開發。

烏溪流域之水圳開鑿，有文獻足徵者，都是在土地開發之時同時進行，在草屯、北港溪、埔里最爲顯著，土地開發與水圳修築之差距都在十年以內。從而可知水稻種植在當時最具經濟效益，成爲墾民追求之最大目標。所以在土地開墾之後儘可能水田化。

水圳規模有大有小，草屯險圳及霧峰萬斗六溪圳都可灌溉千餘甲，埔里南烘圳可灌百餘甲，草屯舊圳則只有四十餘甲，草屯

58 黃富三，《霧峰林家的中挫》（台北：自立晚報社，民國 81 年），頁 52-77。
59 陳哲三，〈從鬮書看清代草屯的社會經濟〉，載《逢甲人文社會學報》，第 9 期（2004 年 12 月），頁 61-89。
60 陳哲三，〈清代南投縣人物及其相關問題〉，載《逢甲人文社會學報》，第 11 期（2005 年 12 月），頁 161-183。

半壁泉只能灌田十餘甲。可知自烏溪主流取水的，如險圳、萬斗六溪圳，水源充沛，可灌溉面積廣大；自支流取水的，水量小，灌溉面積小；自泉水取水，灌溉面積更小。但規模小，易修築，完成較早；規模大，難開鑿，完成較晚。

水圳的開鑿者，舊圳是北投社，南烘圳是移入埔里的北投社原住民，險圳是北投社委托漢人吳連倘，萬斗六溪圳是泉人吳洛。可知不論漢番都有能力修水圳，但大型水圳如險圳、萬斗六溪圳都由漢人修築，可能的原因是財力人力的問題，漢移民才有足夠的財力與人力，技術問題當然也可能是原因之一。自昭和年間的調查，埔里十九條水圳中有九條由原住民所修築，五條不明，則是十四條知道開鑿人中，原住民占九條，占百分之六十四強。可見平埔族將在西部學得的開圳技術帶入埔里，普遍運用，很快的使埔里水田化。以北投社雍正七年與移民接觸，到道光六年，計九十七年。也就是一百年平埔族已學會移民的農業技術。

烏溪下游南北兩岸清代以來呈現明顯不同的人文景象，草屯地區幾乎是南投縣人文最活躍地區，也是人才最眾多地區，但北岸的霧峰、大平、烏日，似乎只有霧峰林家最突出。可能原因是北岸林家是大地主，林家以外大都是林家的佃農；南岸不同，大多數人是自耕農，都直接向北投社贌耕土地，只納每甲八石的大租，所以經濟力比較好，可以有餘力把人從勞動中解放出來。源流的埔里平原面積大，水圳密布，經濟情形也很好，比魚池、國姓更好。至於南投市、因為可耕地，尤其水田面積較小，經濟力不如草屯；中寮在山區，可耕地更小，水田面積只有少數谷地，經濟能力更落後，人文發展也遲緩。

附圖一 烏溪流域圖

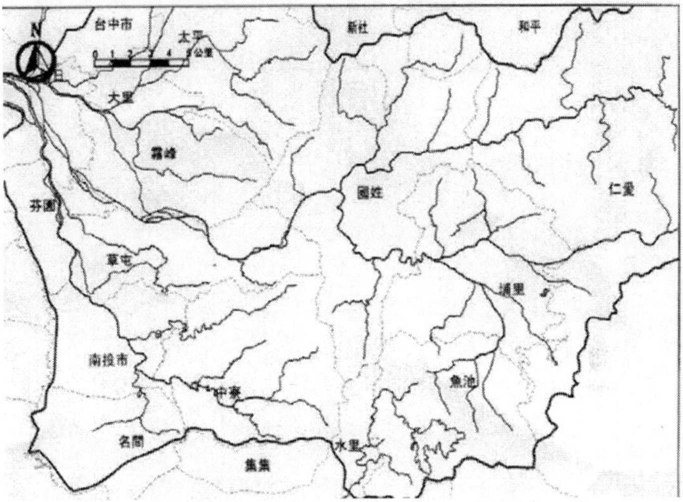

附圖二 烏溪水系分佈圖

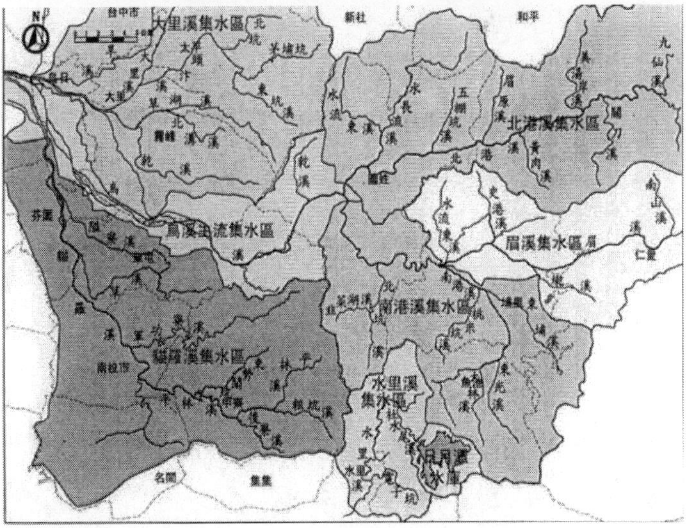

附件一《各圳灌溉面積關係綴》內之〈各圳路の沿革史〉毛筆原件藏南投農田水利會

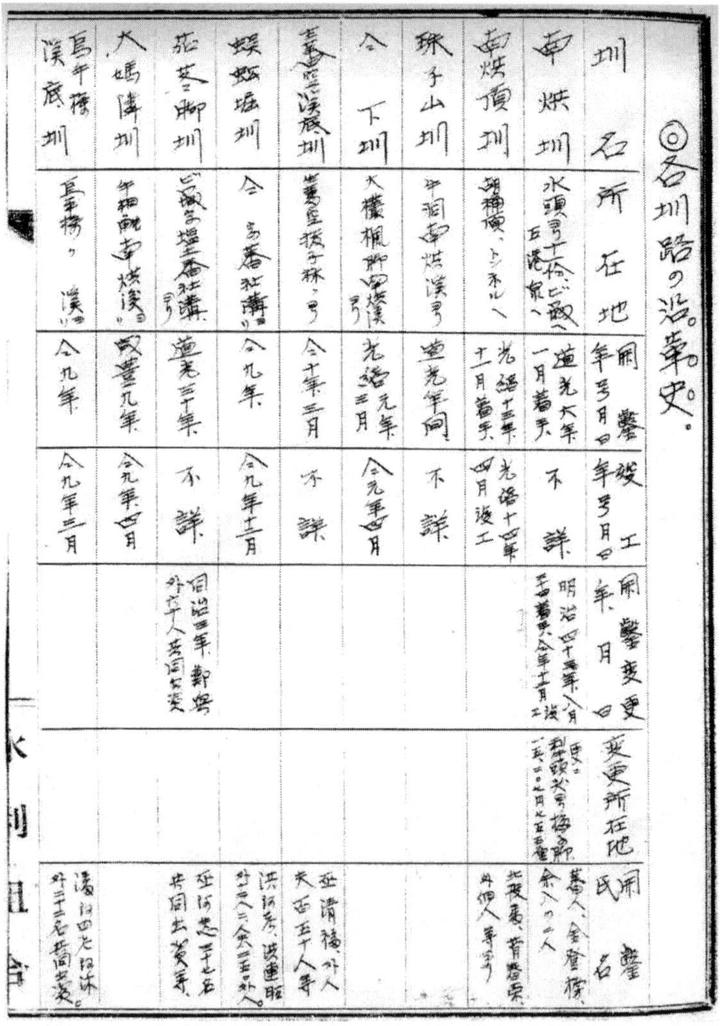

◎各圳路の沿革史。

圳名	所在地	開鑿年号月日	竣工年号月日	開鑿変更年月日	変更所在地	開鑿氏名
南烘圳	水頭弓十份、[illegible]へ、五港泉へ	道光六年一月着手	不詳	明治四十三年八月着手、仝年十二月竣工	[illegible]	[illegible]人、金[illegible]、余人ノ二人
南烘頂圳	湖[illegible]、[illegible]へ	光緒十三年十一月着手	光緒十四年四月竣工			北[illegible]、黃[illegible]外四人等
珠子山圳	牛洞南烘溪弓	道光年間	不詳			
仝下圳	大[illegible]楓[illegible]南烘溪弓	光緒元年三月	仝元年四月			
[illegible]溪底圳	[illegible]拔子林ヶ弓	仝十年三月	不詳			巫清福、外人夫百五十人等
蜈蚣崙圳	仝 [illegible]社溝	仝九年	仝九年十二月			洪[illegible]、[illegible]外二十人三余人二百外人。
茄苳腳圳	[illegible]塩[illegible]社溝	道光三十年	不詳	同治四年、鄭[illegible]外六十人共同改變		巫阿志二十七名共同出資等、
大[illegible]圳	牛[illegible]南烘溪	咸豐九年	仝九年四月			
烏牛欄溪底圳	烏牛欄ヶ溪	仝九年	仝九年三月			潘[illegible]外二十二名共同出資。

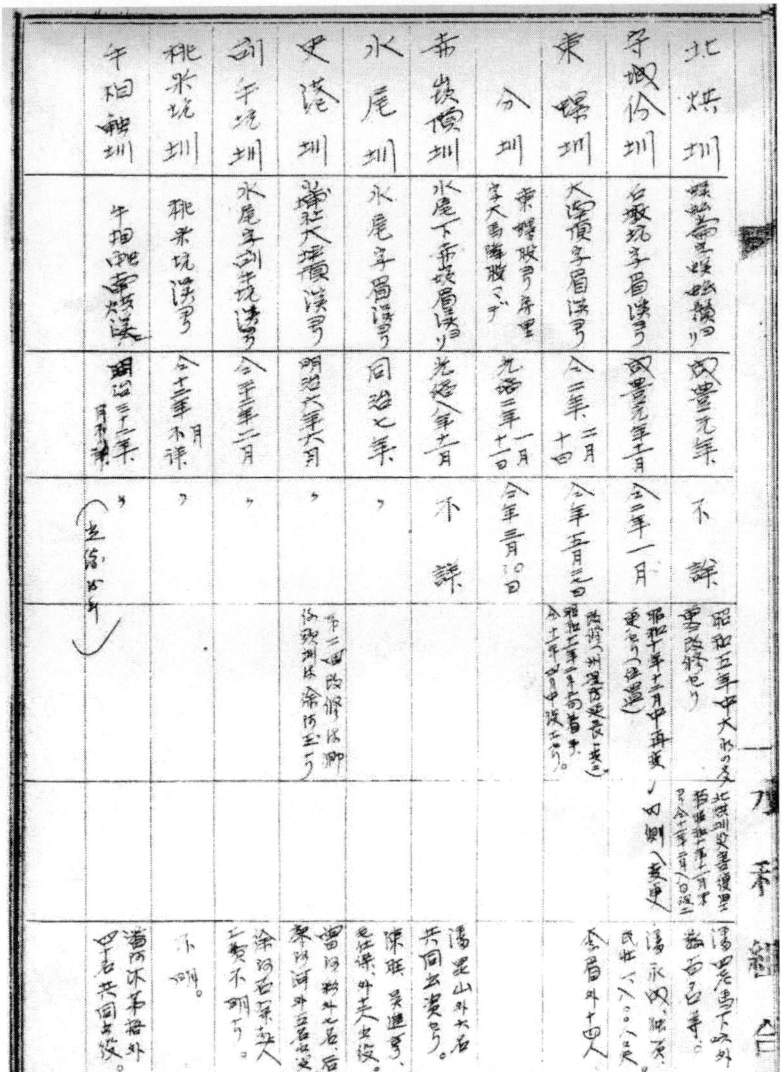

北烘圳	蜈蚣崙里蜈蚣窟溪ヨリ	咸豐元年	不詳	昭和五年中大水ノ為[illegible]改修セリ	北烘圳[illegible]昭和[illegible]年[illegible]月[illegible]	溫[illegible]下坎外[illegible]等。
牙城份圳	台灣坑字眉溪ヨリ	咸豐元年十二月	仝二年一月	昭和十年十二月中再度ノ切斷(變更)更正リ([illegible])		溫永四、[illegible]、武仕、六人ニテ[illegible]。
東螺圳	大深坑字眉溪ヨリ	仝二年二月十四	仝年五月二十日	[illegible]昭和[illegible]年[illegible]月[illegible]仝十年四月中竣工ナリ。		全眉外十四人
分圳	東螺股ヨリ牙里字大馬[illegible]股マデ	光緒三年一月十日	仝年五月十日			
帝炭坑圳	水尾下帝炭眉溪ヨリ	光緒八年十二月	不詳			溫思山外六名共同出資ス。
水尾圳	水尾字眉溪ヨリ	同治七年	〃			陳琪、吳進寶、吳仕傑、外五人出資。
史港圳	番社大坑溪ヨリ	明治六年六月	〃	第二回改修[illegible]徐阿石[illegible]		當時[illegible]外七名、后黎[illegible]河外三名[illegible]。
刣牛坑圳	水尾字刣牛坑溪ヨリ	仝三年二月	〃			徐阿石等數人工費不明ナリ。
桃米坑圳	桃米坑溪ヨリ	仝十三年 月不詳	〃			不明。
牛相觸圳	牛相觸南烘溪	明治三十一年 月不詳	〃	([illegible])		潘阿沐等外四名共同出資。

清代南投縣境的水圳開鑿官府與民間所扮演的角色

壹、前 言

台灣文獻委員會刊印《草屯地區古文書專輯》後，筆者運用其新出土文獻，寫過一篇〈清代草屯地區的水利〉[1]，因此文，受邀修撰《南投農田水利會會志》[2]。因又撰寫〈清代台灣烏溪流域的移墾與水圳修築〉[3]一文。有此因緣，覺得今南投縣境的水利問題還有可討論之處，本文因此而撰。

台灣的農田水利研究者不在少數，現今學者有王世慶、廖風德、陳鴻圖、蔡志展、黃耀能等人。[4]但除黃耀能在《南投縣志・

1 陳哲三，〈清代草屯地區的水利〉，《逢甲人文社會學報》，第 8 期（2004 年 5 月），頁 149-181。

2 該書正付梓中。

3 陳哲三，〈清代台灣烏溪流域的移墾與水圳修築〉，《逢甲人文社會學報》，第 13 期（2006 年 12 月），頁 205-223。

4 水利論著如：王世慶〈從清代臺灣農田水利的開發看農村社會關係〉，王世慶，〈談清代臺灣蘭陽地區之農田水利開發史料〉，二文均載王世慶《清代臺灣杜會經濟》（聯經出版公司，1994 年）。陳鴻圖《水利開發與清代嘉南平原的發展》（國史館，1995 年）。廖風德，〈清代臺灣農村埤圳制度〉，《臺灣史探索》（臺北：臺灣學生書局，1996 年）。蔡志展，《清代台灣水利開發研究》（臺中：昇期出版杜，1980 年）。王崧興，〈八堡圳與臺灣中部的開發〉，臺灣省文獻委員會《臺灣文獻》，26 卷 4 期、27 卷 1 期（1976

經濟志・水利篇》純寫南投縣之農田水利外，都以全台灣爲對象。可是不論其範圍或大或小，其所使用史料中與南投縣相關者甚少。黃耀能只有二件，即嘉慶十九年（1814）之〈沙連保地棍阻墾示禁碑〉與光緒二十一年（1895）之〈小險圳水份諭示碑〉。[5]廖風德只用二件光緒十四年（1888）台灣知府給埔裏社通判吳本杰的移文及小險圳糾紛件。[6]陳鴻圖只用與廖風德相同的二件。[7]王世慶用 460 餘件古文書寫論文，但和南投縣有關的只有和南烘新圳有關三件。[8]也就是多數文獻早已公諸於世，但諸氏所用文件總數只有四件，而筆者確實據以分析之文件有十七件，又加一方戳記。也即南投縣境清代水利還有研究空間。

本文即以此十七件文獻與一方戳記爲基礎，參照前人研究之成果，試圖了解清代人民與官府在南投縣境之農田水利所扮演之角色，從而又可見南投縣在開發過程中與台灣他地之異同。

貳、地方官與農田水利的關係

清治台灣，看不到官府有水利管理機構。但台灣水利卻也有台灣道、知府、知縣、廳通判的影響。因爲缺乏明白的制度法規，

年）。楊淑玲，《桃園臺地之水利社會空間組織的演化》（國立臺灣師範大學地理研究所項士論文，1994 年）。

5 黃耀能，《南投縣志卷四經濟志・水利篇》（南投：南投縣政府，2002 年），頁 7-8。

6 廖風德，《臺灣史探索》（臺北：學生書局，1996 年），頁 56-57、97-98。

7 陳鴻圖，《水利開發與清代嘉南平原的發展》（臺北：國史館，1996 年），頁 99-100。

8 王世慶，《清代臺灣社會經濟》（臺北：聯經出版社，1994 年），頁 147、181。

只能就現存文獻加以耙梳，找出其蛛絲馬跡。

王世慶研究清代台灣農田水利，得結論云：

> 政府殆未出資撥款，協助移民拓墾築埤開圳。官府雖無法也不肯積極撥款協助移民拓墾，或興築水利；但田之賦稅為園之加倍，故為賦課、民生、治安計，有心之官員只好奏請興水利，或勸諭移民開築埤圳以興水利。[9]

清代官府對開發水利之措施，計有：一、奏請興築水利與諭勸、捐助開築埤圳；二、築埤圳之許可、報備及發給示諭、圳照、戳記；三、貸穀、貸款助民開築埤圳；四、水利糾紛械鬥訴訟之處理審斷；五、制定農田水利犯法之刑罰等項。[10]

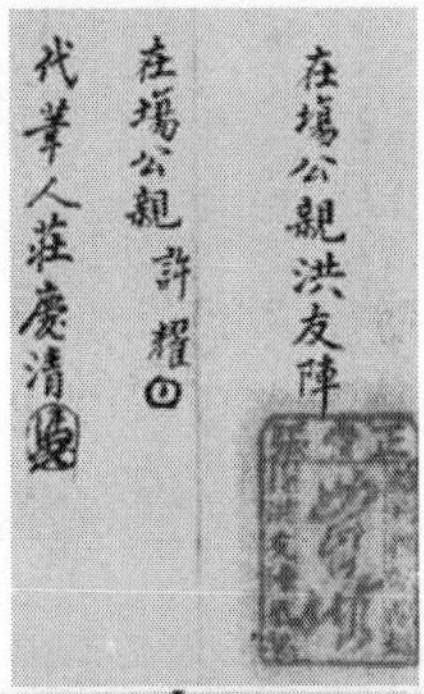

南投縣境內，埔里雖出土許多古文書[11]，但未見水利相關戳記，只在草屯發現一個官方發給的戳記。在同治九年（1870）九月的一份合約字上，在場公親洪友陣下，文云：

> 「正堂張給北投保險圳長洪友陣戳記。」[12]

---

9 王世慶，〈從清代臺灣農田水利的開發看農村社會關係〉，載王世慶《清代臺灣社會經濟》（臺北：聯經出版公司，1994 年），頁 131-215。

10 陳哲三，前引文，〈清代草屯地區的水利〉。

11 簡史朗、曾品滄，《水沙連、埔社古文書選輯》（台北：國史館，2002 年）。簡史朗，《水沙連眉社古文書研究專輯》（南投縣政府，2005 年）。前書收古文書 84 件，後書收古文書 194 件，其中有印記 81 款式。

12 謝嘉梁，《草屯地區古文書專輯》（南投：臺灣省文獻委員會，1999 年），頁 176。

這位發給戳記的同治彰化縣張知縣，是同治三年（1864）在任的張世英。浙江山陰人。[13]

至於水利興築之諭告及水利糾紛訴訟之審斷有七件，竹山有二件，名間有一件，草屯有二件，埔里有二件。

竹山二件，一件是嘉慶十九年（1814）里差地棍，黨眾填塞圳道案，一件是道光十一年（1831）嘉彰兩屬爭水滋事案；名間鄉一件是乾隆三十年（1765）軍工樟木，橫放圳道，損壞小埤案；草屯兩件都屬水利糾紛之審斷，一件是大圳開圳工資糾紛案，一件是小險圳上流截水灌溉糾紛案；埔里二件，一件是圳路使用土地賠償價格之諭告，一件是南烘新圳開設許可之諭示。茲分別論述之。

竹山二件，劉枝萬名爲「沙連保地棍阻墾示禁碑」[14]，該碑原豎於竹山鎮和溪厝舊路旁，碑額有「奉憲」兩大字，給示人彰化知縣李雲龍。碑文中前邑主韓，當爲彰化知縣韓琮（乾隆二十九年任）；前邑主胡，當爲彰化知縣胡應魁（嘉慶元年任）；前府憲蔣，當爲台灣知府蔣允焄（乾隆二十八年任）；前邑主楊，當爲楊桂森（嘉慶十五年任）[15]。此碑今已失。其碑文云：

> 署福建臺灣府彰化縣正堂卓異侯陞加一級記功一次李，為乞准照案示禁等事。
>
> 本年正月二十三日，據沙連保和溪厝莊蔡顯等呈稱：竊顯

13 鄭喜夫，《重修臺灣省通志卷八職官志文職篇》（南投臺灣省文獻委員會，1993 年），頁 220。

14 劉枝萬，《臺灣中部碑文集成》（臺北：臺灣銀行經濟研究室，1962 年），頁 70-72。

15 上文知縣任期見周璽，〈官秩志〉，《彰化縣志》卷 3（臺北：臺灣銀行經濟研究室，1962 年），頁 77-79。臺灣道見鄭喜夫，《重修臺灣省道志 卷 8 職官志 文職篇》（南投：臺灣省文獻委員會，1993 年），頁 19-20。

等佃耕沙連瘠土，配納廍租餉耗銀兩。乾隆二十八年間，佃民石子言等以向隅疾苦事簽呈，蒙前邑主韓、前府憲蔣批：查沙連地瘠租重，准二甲作一甲完納；詳請憲示，奉文如詳飭遵。於乾隆三十年閏二月間，給各佃印照，准於山頭地角墾補二甲作一甲之額。緣各廍園負山頻溪，並無另有餘地可以墾補；又屢被水沖、地震崩陷，疊報未豁。各佃仍按甲輸納，賠累萬慘。爰計於溪旁築圳，遠引溪流，改園種稻，稍得收成。里差、地棍架以欺隱田糧，大題哄索；不從，混稟佈害。顯等不敢引水種稻，仍作旱園耕作，有種無收；致此積欠纍纍，佃人星散，差返莫追。嘉慶五年，生員蔡振聲、佃民石誥等抄黏印繪圖，赴前邑主胡僉呈，蒙准出示嚴禁，永不許里差、地棍阻撓滋事在案。茲突於嘉慶十六年間，林圯埔林昆山等藉稱圳路從伊園經過，勒索不遂，黨眾填塞圳道。埤長蔡天賜等率同眾佃並帶韓前主印照，黏呈報訴；蒙前邑主楊訊斷林昆山恃強屬實，押令開通圳道，報陞水田。伏思顯等承耕此項園業，經蒙各前主相土定則，詳准咨題，案卷煌煌；又經示禁，給有印照，付佃為憑。今經承不查原卷，稟請銷案，混行票差吵擾，孱農奚安？情亟匍呼，伏乞電核咨題原案，恩准照□出示嚴禁。嗣後毋許里差、地棍復萌故智，藉端滋擾。仍懇將此案差票吊銷，並將原繳印照發還，以解倒懸之苦。切叩等情到縣。

據此，除批示外，合行照案示禁。為此，示仰沙連保和溪厝莊蔡顯、冷水坑莊賴廉、柯仔坑蔡朝聘及各佃人等知悉：爾等承耕該處廍園，聽憑築圳引水、改田種稻，輸納□□，毋許地棍阻撓，藉端滋事。倘敢抗違不遵，許該佃民指名具稟赴縣，以憑嚴拏究辦。各宜凜遵，毋違！特示。

嘉慶十九年正月二十八日給。

碑文大意為：和溪厝莊民耕沙連瘠土，爰計於溪旁築圳，遠引溪流，改園種稻，里差地棍架以欺隱田糧，大題哄索。嘉慶十六年，林昆山等藉稱圳路從伊園邊經過，勒索不遂，黨眾填塞圳道。知縣楊桂森斷林昆山恃強屬實，押令開通圳道，報陞水田。嘉慶十九年（1814）正月知縣李雲龍給示禁。

竹山另一件為道光十一年（1831）彰化知縣李廷璧之諭示碑，劉枝萬名為「和溪厝圳水份諭示碑」。[16]碑額有「奉憲」二字，碑原豎於竹山鎮和溪厝旁，今已失。碑文云：

特調台灣府彰化縣正堂加三級軍功加一級記大功十次李，為藐斷架翻等事。

案據沙連保和溪厝莊張九、曾南河、蔡武夷等呈稱：和溪莊田業，歷自乾隆二十八年間蒙前主韓勘明，詳請前憲鑿彰嘉屬交界之清水溪，以資灌溉；並蒙前主□給勒碑記在案。迨道光七年間，突有嘉邑九芎林莊張歐等恃為抄產管事，填塞九等圳道。本莊埤長蔡令同九等各佃赴仁爺□□內呼控，經蒙會同前嘉邑陞憲王親臨詣勘，就地訊斷：該處圳道永照現勘情形，嘉屬得水六份、彰化得水四份，永著為例，毋許將來混爭滋事等因；並取具二比依結，案卷煌煌確據。不意本年三月間又旱，詎嘉邑蔡子張等竟以彼處抄田乏水，架赴嘉邑主張、府憲王控誣九等佔埤奪水，□蒙府憲札行仁爺會勘；□□□案經勘斷，九等凜遵，俱各照份得水，罔敢混爭。奈逢天旱，九等各田並皆灌溉無

16 劉枝萬，前揭書，頁92-93。

水，何獨張等抄田乏水，灌禾□□，胆敢藐斷架翻，□□□移，非蒙給示，竊恐將來遇旱乏水，勢必混爭釀禍，九等貽□□□。合亟遵照前斷，相率匐呼，併粘□前依結，叩乞始終全恩，賜准給示詳覆，以垂永遠，無貽後患等情。據此，除此示外，合行示禁。為此，示仰沙連保和溪厝莊等處佃民人等知悉：爾等如有承耕該處圳水田園，務須遵照前斷，引水灌溉，毋許藉端滋事。倘敢抗違混爭，許該佃民具稟赴縣，以憑嚴究。各宜凜究，毋違！特示。

道光十一年八月二十一日給。

其重要內容為：乾隆二十八年（1763）彰化知縣韓琮勘明，鑿清水溪以資灌溉，並給勒碑記。道光七年，突有嘉邑九芎林莊張歐等恃為抄產管事，填塞圳道。經彰化、嘉義二縣知縣親臨詣勘，就地訊斷：嘉屬得水六份，彰化得水四份，永著為例。不意道光十一年三月天旱，嘉邑蔡子張等竟以彼處抄田乏水，控訴佔埤奪水。竊恐將來遇旱乏水，勢必混爭釀禍，乞給示詳覆，以垂永遠。知縣李廷璧批示示禁，「爾等如有承耕該處圳水田園，務須遵照前斷，引水灌溉，毋許藉端滋事。」

名間一件，劉枝萬名為「阻滯圳道示禁碑」[17]（碑照見附圖一），為乾隆三十年（1765）二月台灣分巡道兼提督學政蔣允焄之諭示。碑原立於濁水溪畔頭前園水田中，民國四十二年移於濁水村同源圳頭。碑額橫書「奉道憲禁示」五大字。碑文云：

護理福建分巡台灣道兼提督學政台灣府正堂加七級紀錄八次蔣，為乞憲示禁，以肅軍工事。

據彰化縣詳覆匠首曾文琬具稟水沙連大坪頂採製軍工，放

17 劉枝萬，前揭書，頁 70-72。

運水道，被該處通土、埤甲人等阻滯一案。內開：查濁溪之發源內山，勢甚浩瀚湍急。施姓用石磊砌截其來勢，使歸圳道。故施圳不患無水，特患沖崩圳頭，層層設閘，以防決潰。凡遇放樟木，必於水大之時，從圳頭而入，其中設閘之處，必須悉行起放，不能阻塞源流；則沖決之患，斷不能免。且查虎溪有新舊兩汊亦屬圳道，乾隆七年間圳頭沖決，水勢歸圳西流，曾沖去三十餘莊，損壞人口、廬舍無算。詢之老民，皆歷歷可指。今若以施圳放運樟木，不久立見崩壞；萬一水勢直趨而北，則受害者恐不僅三十餘莊矣。況軍工樟料，現有溪河，歷來放運，並無貽誤；豈可圖便，擅改水圳行運，有礙農田：此斷難如該匠首之所請也。平時仰體憲臺念民瘼至意，悉心查勘實在情形，縷悉聲敘；詳請俯賜示禁。凡運放軍工料件，務須照舊從大溪放運，毋許橫放圳道，損壞小埤；俾水利無妨、農田有賴，闔邑萬民咸沐慈恩於無窮矣。理合繪圖貼說，詳候察核示遵，行□到道。

據此，除批發外，合行禁示。為此，示仰該處匠夫人等知悉：嗣後軍工料件，照舊由溪放運，直運海口；不得圖便藉運圳道，致妨農田水利。如敢故違，一經被害告發，立即嚴拏究革，仍即着賠圳道，斷不姑寬。該通土、埤甲人等亦不得藉端滋事，致干察究。各宜凛遵，毋違！特示。

乾隆三十年二月□□日抄。

碑文內容爲：匠首曾文琬具稟水沙連大坪頂採製軍工，放運水道，被該處通土、埤甲人等阻滯。經彰化縣詳察，施厝圳今若放運樟木，不久立見崩壞，要求軍工料件，務須照舊從大溪放運，毋許橫放圳道，損壞小埤，俾水利無妨，農田有賴。台灣道照彰化縣所覆示禁。

草屯二件，一件是在土地買賣契約上陳述乾隆八年（1743）北投社開大圳的事件，一件是光緒二十一年（1895）李定邦等控告李妙截水灌溉案。

其第一件之契約原文如下：

> 立遵憲再給佃批字，北投社番業戶余啟章、通事郎斗六、土目總三甲等，有遺草地萬寶莊，於乾隆八年間，前土目葛買奕議請漢人吳連倘包開水圳，因工資訴控，前縣主陸堂斷：犁份四十張付倘招佃給批，收佃底銀作工資……。
>
> 乾隆三十七年十月　日[18]

根據此契約得知險圳的開鑿時間，以及過程中的曲折。縣主陸，即陸廣霖，此一控訴案發生時間當在乾隆九年（1744）四月至十年三月間，因為陸廣霖九年四月到任，下一任曾曰瑛在十年三月兼攝。[19]

草屯的另一件即光緒二十一年李定邦等控告李妙案。結果由台灣縣知縣葉意深堂斷並諭示，並勒碑於草屯鎮中山公園內，名「小險圳水分諭示碑」，惜碑於民國六十餘年失蹤。[20]其諭示如下：

> 台灣縣邑主葉堂諭：查驗李定邦等繳合約十四紙，係嘉慶十六年三月間，草鞋墩山腳莊眾業戶李寢等所立。言明十四鬮內水份之人，照分鳩銀一百二十六元，與圳長收入，責需工食，得便用力疏決，所有上季圳流，與十四鬮內出

18 《清代臺灣大租調查書》（臺北：臺灣銀行經濟研究室，1963 年），頁 205-206。

19 周璽，〈官秩志〉，《彰化縣志》卷 3（臺北：臺灣銀行經濟研究室，1962 年），頁 76。

20 劉枝萬，《臺灣中部碑文集成》（南投：臺灣省文獻委員會），頁 122-123。

銀者輪灌；下季照原通洋眾分。至該圳水汴原有定處分流，有後闢埔田不在本圳水份內之額，雖有分汴，水份需灌汴下額田，不許順便混藉上截及濫踏水車，擅用吊槔等語。訊悉：所控之水份，名曰小險圳，係灌溉草鞋墩一帶高田，舊時圳水不敷灌溉，只可佈種單季，自十四鬮內開濬之後，始得佈種兩季，但水源不盛。天時多雨，尚可分灌他田；若遇旱歲，僅足敷十四鬮份內之業。當年李妙等雖無水份，亦或佈種早冬，以望時雨；如雨水充足，亦獲豐收，習為固然。茲值舊今兩年俱憂亢旱，去年猶未滋口舌，至今歲計圖自利，公然佈種早季，截水灌溉，有水份者出而攔阻，轉被呈控，殊屬刁健可惡。並訊悉：小險圳所溉之田，惟十四鬮份內之業，得種早季，不□水租，以份內先已各出重資也。至晚季時，天必多雨，則不論份內份外，任其佈種，令佃各出水租，以備修圳之資。今斷李定邦仍照舊約秉公辦理圳務；李妙本無水份，只得專種單季，不得利己損人，致干眾怒。至匏仔寮地方之田，李妙等佈種晚季，仍應照常完納圳租，毋得藉口違抗，重啟釁端。著今各具結完案，所繳嘉慶十六年三月間約字，著即照抄一紙附卷，原約及契據均各發還，此諭。

光緒二十一年三月二十八日[21]

因爲李定邦等提出嘉慶十六年（1811）合約字（見後文），證明水份之所有權，知縣斷「李定邦仍照舊約，秉公辦理圳務」，李妙只得專種單季，不得利己損人。至匏子寮地方之田，李妙佈種晚季，仍應照常完納圳租。

21 《臨時臺灣舊貫調查會第一部報告臺灣司法附錄參考書第一卷下》（臨時台灣舊貫調查會，明治四十四年，1911 年），頁 160-161。

在埔裏的一件爲圳路使用土地賠償價格的諭告，是光緒十四年(1888)正月署埔裏社撫民通判吳本杰出示的諭告。原文如下：

> 欽加鹽運使銜、候補府正堂、署埔裏社撫民分府吳，為出示曉諭事。照得合興公等請開南烘口圳，業經本府通詳各憲批准，並出示曉諭在案。茲查該圳路山石將已鑿通，自應趕開明圳，而明圳經過田園不得不酌量給價，以免向隅。今定：中則田每甲一百元，下則田每甲八十元，下下則田六十元；中則園八十元，下則園六十元，下下則園四十元，候水圳成工後丈量計算，其則查照廳案，其價抵完水租。至於墳墓，即離穿心十八步；村莊民居，由竹籬圍牆外經過；其餘曠地及未升科之田園，一概不給價值．合行示論，為此，示仰居民業戶人等知悉：爾等須知此圳開成，於地方大有裨益，自示之後，即將圳路插簽，興工開挖；倘有土豪惡棍藉端阻撓，定即拿案詳辦，各宜凜遵，勿違。
>
> 特示
>
> 光緒十四年正月　日[22]

埔裏社廳通判諭告圳路經過田園補償金，中則田每甲一百元，下則田每甲八十元，下下則田六十元；中則園八十元，下則園六十元，下下則園四十元。

埔裏的另一件是光緒十四年三月台灣府知府程起鶚給埔裏社通判的移文，是埔裏南烘新圳開設許可。由此移文可見埔裏社通判的稟文，也可知埔裏社通判將據此移文發出諭告。移文如下：

> 特授台灣府正堂、加六級紀錄九次程，為移知事。案蒙臺藩憲邵札奏爵撫憲劉札開，據署埔裏社通判吳本杰稟稱：

22 《臨時臺灣舊貫調查會第一部報告臺灣司法附錄參考書第一卷下》(臨時臺灣舊貫調查會，明治四十四年，1911 年），頁 43。

竊卑廳地方附郭田園數百，土壤膏腴，祇以水利未興，僅種雜糧；且城關內外掘井無泉，開溝無水，街民惜水如金，幾至有求水弗與之勢。卑職留心訪查離城十餘里之牛洞莊進內山二里許，有大坑一所，水源極旺，俗呼南烘坑。其水傾注下溪，俗呼南烘溪。道光年問，有土番在溪底堆石做埤，開一小圳，俗呼南烘圳。因該埤地勢窪下，圳道不長，僅溉南隅田百餘甲；若在山上坑口地方築埤分流，開一大圳，循山而行，勢如建瓴，可灌附郭數百甲田地，並可挹注城內，更可墾闢東山山麓一帶荒埔以為水田。卑職親履其地，召匠秤地估工，約需工銀三千兩左右，疊次招徠，無人承辦；以前人未興之利，謀之究情難與慮始之民，此亦事勢之最難者矣！若據請公款，又恐山石難鑿，無力賠繳。先於二月間，據民人陳勇來呈控：余黃連強佔南烘圳。經卑職查明，該圳向為豪強者佔踞，陳勇來亦係佔踞巫文生之業，因批革余黃連，候晚冬後，另行招充，以杜爭端在案。旋據業戶羅義興等據稟保人接充，並堂供余黃連倚總理余清源之勢，不修埤圳，強收水租，致冬收欠薄，重佃不服。又據東角總理余清源具稟保人接充各等情，均批令公同妥商，承開南烘口新圳，即准兼管南烘溪底舊圳，飭即稟復。乃余清源等冀想舊圳之利，不費新圳之本，延擱不復。卑職會同林管帶勝標，督帥屯兵出哨，順道復勘新圳，行至史老榻防營，晤見余清源，詢以開圳之事何以久不稟覆？該總回以舊圳水租有限，新圳工本浩大，力難承辦等語。適五城堡總理陳水泉、吳和奇等因公稟見，卑職諭勸約股令開南烘新圳，成工後准照向章一九抽租，並南烘舊圳歸其一手經理去後。茲據陳水泉等稟稱：踏看新圳地勢，不特工本甚鉅，而中間石壁四十餘丈，能否鑿通，尚難逆料；但既奉諭示，不得不遵照試辦。現已約股二十八份，每份先出銀一百元，成敗不計也。但恐成工之後，有土豪復萌故智，藉詞爭奪，訟鬪不休，必須詳明立案，有地方官做主始敢承辦。可否之處？專候示下等情。卑職查該總理等鑿石開圳，不惜工本，雖不僅為公起見，而於地方大有裨益，不得不據情轉稟，查核批示祇遵等情到本爵部院。據此，除批如稟，准令陳水泉等集資開鑿南烘口新圳，以興水利在案。茲奉前因，除移台灣道憲唐扎同前因，合就移知，為此備移貴府，希即查照辦理，須至移者。

右移　埔裏社分府吳

光緒十四年三月十八日移[23]。

本移文的主旨在「淮令陳水泉等集資開鑿南烘口新圳，以興水利」。當然，我們也看到陳水泉要諭告是因爲怕土豪藉詞爭奪，訟鬥不休，所以必須「有地方官作主始敢承辦」。爲易於暸解，茲將上列文件，做成表一，清代南投縣境水利興築諭告及水利糾紛審斷表。

表一清代南投縣境水利興築諭告及水利糾紛審斷表

序號	時間	地點	官	控方	受控方	對水利態度
1	乾隆九至十年	草屯	彰化知縣陸廣霖	包開大圳人吳連倘	北投社土目葛買奕	北投社付犁份四十張給吳連倘作工資
2	乾隆三十年	名間	台灣道蔣允焄	匠首曾文琬	通土埤甲人等	維護

23 《臨時臺灣舊貫調查會第一部報告臺灣司法附錄參考書第一卷下》（臨時臺灣舊貫調查會，明治四十四年，1911 年），頁 161-162。

3	嘉慶 十九年	竹山	彰化知縣李雲龍、胡應魁、楊桂森	沙連保和溪厝庄蔡顯等，生員蔡振聲、佃民石誥等，埤長蔡天賜率同眾佃冷水坑莊賴廉、柯仔坑蔡朝聘及各佃人等	林圯埔 林昆山等	維護
4	道光 十一年	竹山	彰化知縣李廷壁、韓琮嘉義知縣王衍慶、張縉雲台灣知府王衍慶[24]	沙連保和溪厝莊張九、曾河南、蔡武夷等，埤長蔡令、張九等各佃	嘉義九芎林庄張歐等	彰嘉二縣知縣會同親臨詣勘就地訊斷
5	光緒 十四年	埔里	署埔裏社撫民通判吳本杰			水圳圳路土地補償金示諭，不得藉端阻撓開圳
6	光緒 十四年	埔里	台灣府知府程起鶚 署埔裏社通判吳本杰			陳水泉等集資開鑿南烘坑口新圳，以興水利
7	光緒 二十一年	草屯	台灣縣知縣葉意深	李定邦等	李妙等	維護原投資人權利

從表一，可見文件時間上自乾隆九至十年（1744-1745）到光緒二十一年（1895）時間跨越一百五十一年，官員最大的是台灣道，次爲台灣知府，其他都是地方父母官如彰化知縣、埔裏社通判、台灣縣知縣。七件中，用水糾紛的最多有三件，圳道利用糾紛一件，開圳工資糾紛一件，立案示諭，保護開圳，避土豪爭奪二件。

乾隆三十年軍工匠放運樟木所以由台灣道立碑示禁，因爲軍工匠自雍正三年起由台灣道負監督之責。[25]至光緒十四年台灣知府程起鶚回覆埔裏社通判之請示文，表示同意。所以真正示禁的

24 見鄭喜夫編纂，《重修台灣省通志·職官志》，南投市：台灣省文獻委員會，1993 年，卷八第一冊，頁 202、215、218。

25 程士毅，《北路理番分府的成立與岸裏社的衰微（1766-1786）》（國立清華大學歷史學研究所碩士論文，1994 年 6 月），頁 120；陳國棟，《台灣的山海經驗》（臺北：遠流出版公司，2005 年 11 月），頁 328。

都是知縣與通判。七件中每件都不相同，乾隆九至十年件是因爲北投社付不出包開水圳的工資，包開水圳人吳連倘訴控，知縣是判北投社給出犁份四十張予吳連倘招佃收佃底租抵工資，維護水圳之繼續通流灌溉。乾隆三十年，軍工匠首曾文琬告通埤甲人等阻其流放樟木，結果台灣道採取彰化縣意見，不准軍工匠經施厝圳放運樟木，維護圳道的安全，農田水利的順遂。嘉慶十九年件，沙連保和溪厝莊各佃人於溪旁築圳，遠引溪水，改園種稻，稍得收成。林昆山等藉稱圳路從伊園邊經過，勒索不遂，黨眾填塞圳道。埤長率同眾佃控訴，知縣楊桂森訊斷林昆山恃強屬實，押令開通圳道，報陞水田。嘉慶十九年縣李雲龍示禁。

道光十一年件，是彰化縣和溪厝莊佃民與嘉義縣九芎林莊抄產管事爭清水溪水。道光七年，嘉義縣九芎林莊抄產管事，填塞和溪厝圳道，埤長率各佃赴彰化縣呼控，經彰嘉兩知縣親臨詣勘，就地訊斷：嘉屬得水六份，彰化得水四份。永著爲例。不意道光十一年三月天旱，嘉屬又以彼屬抄田乏水，控誣和溪厝莊佃民佔埤奪水，雖經兩縣會勘，俱各照份得水，但恐將來遇旱乏水，又混爭釀禍，所以叩乞給示詳覆。彰化知縣李廷璧批示示禁。

光緒十四年埔裏社廳二件，一件是埔裏社廳通判示諭南烘口圳圳路經過田園補償給價標準，並曉諭「爾等須知此圳開成，於地方大有裨益。……倘有土豪惡棍藉端阻撓定即拿案詳辦」。另一件是台灣府給埔裏社廳移文，准陳水泉等集資開鑿南烘坑口新圳，以興水利。

以上是清代官府在今南投縣境，給戳記、諭示、審理水利糾紛之情形。可見官方對開圳多持鼓勵保護之方針，並維護原投資人之權益。介入水利之官府以與人民關係密切之地方父母官爲主，在本文內可見彰化縣知縣、埔裏社廳通判、台灣府知府。知縣、通判是諭示，知府只是給埔裏社廳的移文。自此可知知縣通判須將此類事向上級的知府報告。知府又需向布政使報告，最後經巡撫批示。又從道光十一年件，知道事涉二縣，須由二縣知縣會勘裁決。以此結論對照王世慶研究全台灣清代農田水利之結論，大致吻合。

參、民間興修水利的模式

民間如何興修水利，興修之後如何管理、灌溉，水租負担多少等等問題，宜蘭地區的研究比較詳細，日治時也做過調查。但南投縣境缺乏比較詳盡的研究報告。以下先將材料加以舖敘，之後，再做分析。

民間與水利之關係，草屯、南投、名間、中寮、埔里都有相關文件。總數有十件，分別陳述如下：

草屯有乾隆二十二年(1757)二月洪瀏光、洪媽助立賣坡(陂)頭圳水契[26]（契約原件影本如附圖二）。契文如下：

> 立賣陂頭圳水洪瀏光、洪媽助等，先年有自己費用工本，架造陂頭，在于加老陂頭下。今因嘉應州陳必端兄弟續買得加老圳背番仔田埔，灌溉欠缺水用，當日請得，鄉親鄧寬、陳碩準等相勸前來，幫得上年併當年陂頭圳水工本銀貳拾員正。既幫之後，情願有水分人等共陂水灌溉，若係每年作陂所費亦照水分均分。自賣之後，任從灌溉，亦不得異言阻塞，兩相甘願，恐口為憑，立賣水契執照。

26 契約原件由郭雙富先生典藏。

在場番頭家　八巫二（花押）

大岱仔（花押）

陂長洪魏（忠）

加老陂長林達全（花押）

北投陂長吳奕振（花押）

代筆　林可茂（花押）

乾隆貳拾貳年三月　日　立賣陂頭圳水　洪澀光（花押）

洪媽助（花押）

此一賣契透露的史實是開築水圳的人擁有水圳之所有權，要用水圳之水灌溉一可納水租，一可買水權。本約中，出工本築造陂頭水圳的是洪澀光、洪媽助，後來買水權的是陳必端兄弟。但陳氏兄弟仍要負擔今後每年修理陂圳的費用。此契爲媽助圳修築於乾隆初葉之證據。從見證人有陂長、加老陂長、北投陂長，可見當時埤圳設有陂長。據廖風德研究，埤圳管理人可分爲三種類型：

第一型：埤圳主－大圳長－小圳長－佃戶

第二型：管事－埤長－佃戶

第三型：埤長－田主（佃戶）[27]

本契約的型式應是番頭家－埤圳主－陂長－佃戶，接近一型，但又有若干不同。

草屯的另一件是嘉慶十六年（1811）三月李寢等十四鬮的合約字（契約原件影本見圖三）。契文如下：

全立合約字人草鞋墩山腳庄李寢、陳愷、李土、楊錦、李排、李葉、簡懷、簡策、林傳、錢送、朱萬、何勵、李贍

27 廖風德，《臺灣史探索》（臺北：學生書局，1996年），頁72。

等，竊以田出粮課苗關水培則水之蓁重甚大，疏流灌漑源源不息，尤需陂長者以專責巡守也。緣我等大埔洋東牛屎崎下一派粮田，源由隘寮水通流灌漑，兹欲重脩閒眾商議，攤銀疏開，但該洋眾田有高卑之分，田地在下者嫌圳源杯水難以流灌上季苗田。伊等得通險圳水流灌充溢無關于該溝水，不愿輸費幫築。惟一鬮田至十四鬮水者，田地居上外無別源，時賴隘寮溝水灌漑。爰是即日公仝議約，除下季通洋分流外，任我十四鬮內水份之人照分鳩銀壹佰貳拾陸員正，彙交與原圳長李元光收入，資需工食，得便用力疏渠埤圳水道堤決排補毋致崩塞，所有上季圳流愿與我內出銀者輪灌，下季照原通洋眾分，永無變易。至該圳水汴原有定處分流外，有後闢埔田不在本圳水份內之額，雖有分汴水份須灌汴下額田，不許順便混藉，上截決水流失以及違例濫踏水車擅用吊槔者，一並禁止。倘有勢豪私墾荒埔于上流橫截盜決我等本埤圳流水，該圳長即當前阻，不得任意私相授受，如或恃頑，聞眾共阻。止截不遵者，鳴官究治，應需諸費，照水匀開，資用齊心協力不得臨事推諉。其圳長年應有所工食水粟依照貼納不得短欠，俾圳長關心埤圳疏流不休，庶毋論抄田官租番租粮餉公私兩宜均無偏枯，五穀豐登，咸慶大有。口恐無憑，仝立合約字紙一樣分執存照。

即日批明我等十四鬮水份今議為十四分內抽壹分在本汴劃分李寢長為永遠流灌，餘作十参鬮輪流，毋許混爭。所批是寔再照。

在場知見通事[戳記]土目[戳記]隘丁首[戳記]

嘉慶拾陸年参月　日　仝立合約人

李寢（花押）陳愷（花押）李土（花押）
楊錦（花押）李排（花押）李葉（花押）
簡懷（花押）簡策（花押）林傳（花押）
錢送（花押）朱萬（花押）何勵（花押）
李贍（花押）

再批明十四鬮水份人眾姓名併收執約字者開列于左

再批明脩築資需工食不足是以十四鬮內再鳩集銀五拾陸大員費用批明再照

一鬮水陳愷、簡策

二鬮水李寢

三鬮水簡懷

四鬮水簡懷

五鬮水簡懷、李土

六鬮水林傳、楊錦、錢送

七鬮水李排、朱萬

八鬮水李葉

九鬮水何勵

十鬮水李寢

十一鬮水李寢

十二鬮水李寢

十三鬮水李贍、李寢

十四鬮水係眾劃分與李寢長流水份照[28]

此契約可以看到小險圳，即舊圳，或稱隘寮溝埤圳的管理方式。小險圳由嘉慶十六年出資「用力疏渠埤圳水道堤決排補毋致

28 謝嘉梁，《草屯地區古文書專輯》，頁 172。

崩塞」的十四鬮所有，而十四鬮又公同議決以原圳長李元光爲圳長。圳長負責當有勢豪于上流橫截盜決本埤圳流水時即當前阻。不遵者，鳴官究治。並不許盜踏水車，擅用吊槹。應需資費，照水勻開。圳長年應所有工食水粟依照貼納；埤圳長關心埤川疏流不休。另外，再在十四鬮內抽出一鬮給圳長。又修築資需工食不足，十四鬮再鳩集五十六員。在上引〈小險圳諭示碑〉中更明白說明十四鬮以外農戶用水灌溉需納水租。

南投地區有番社通事給墾圳地契，契文如下：

> 立給墾圳地契字人南投堡番社通事潘南山，有圳地一所，址在萬丹莊前，東至陳全田界，西至大溪界，南至抄封地界，北至大溪崁界。又圳下塭埔地一所，東至陳全田界，西至溪界，南至埤界，北至崁界。二處四至界址，俱載明白，尚未開荒。今有南投堡康壽家莊吳有州應份一半，同撻仔灣莊田邊連萬丹莊黃江、陳立等合夥應份一半，托中引就前來，向山給墾為憑，自備工本銀六百二十元，傭工向前開荒。耕作大圳一條，水路直透至九條坑，從崁斗莊陳頭田經過，圳水通流灌，以備各莊眾佃戶分配灌田充足，逐年配納業主大租粟五斗正。當日三面言議，定時值給墾契約四元正。其銀即日同中交收足訖：其二處圳地隨即踏明界址，墾交付與墾主前去開荒，任從開作成圳，聽其裁處，定收水租。自此給墾，其圳地永為吳、田、黃、陳四姓墾主之業，日後圳地出悉萬金，山及番親人等各不敢翻異。保此圳地係山承父業，給墾與吳、田、黃、陳四姓墾主之業掌管，與別番親人等無干，亦無重張墾帶他人財帛以及來歷不明為礙；如有此弊，山出首一力抵檔，不干墾主之事。此係二比甘願，各無抑勒反悔，口恐無憑，今欲

有憑，合力給墾圳地契一紙，付執為炤，行。

即日同中實收過給墾圳地契字內佛銀四大元正

完足，再炤，行。

光緒二十四年　月　日

給墾圳地契字人通事　潘南山

代筆人並中人　簡玖[29]

自本契知圳路經過土地要向土地所有人租贌，除當日實收過給墾圳地契銀佛銀四元正，「逐年配納業主大租粟五斗正」，從此「任從開作成圳，聽其裁處，定收水租」。

又有合股改修圳路，圳路經過他人田地，應貼租穀契。契文如下：

同建合興圳，同立合同契約書

臺中縣南投堡新街陳維城　同莊吳漢槎

同堡番仔寮莊陳昧　同莊吳啟明

嘗思友有通財之義，古人之格言也。茲因該地番仔寮洋一處民田，歷年水旱不足，無可通流灌溉，年雖播種，及收穫之期，十無居半。況地租與大租均難可免，城、漢等目擊傷心。旋復本洋舊圳長陳昧，從前向通土給墾管理頂圳，係此洋水源，由番仔寮莊場曾未開通其泉源，以致濫流無歸，誠謂工程之未至，抑或缺乏財本。今昧許可，願將所管頂圳田甲水份租數，配入合興圳管內，照原分配水租，頂圳際免。而城、漢等思此上為國計，下關民生，即時邀同右記姓名四人，各備私金三十元，計金一百二十元，隨即擇日破土興工，開渠圳道。現經竣工之日，理當邀集保

29 《臺灣私法物權篇下》（臺北：臺灣銀行經濟研究室，1963 年），頁 1150-1151。

正、甲長、田主、佃人等同酌議定，每年水租分作兩期，照原買濁水之租額完納水租。今因城、昧，漢、明等相商，恐日後有偏私之虞，致傷和氣，是以同中保當面立證明約。屆期所收水租作四份均得，逐年修理埤圳需費，亦作四份均分，斯係體天行道，仁義交關，俱各喜歡，各無反悔。口恐無憑，同立合同契約書一樣四紙，各執一紙，付執為炤，行。

計開圳道經過他田地，應貼姓名租數列左：

一、陳樹枝全年應收水穀四斗。

一、陳球毛全年應收水粟八斗。

一、陳池年應收水穀六石。

一、陳牛港全年應收水穀六斗。

一、陳臨全年應收水穀五斗。

一、陳憨全年應收水穀一斗。

一、陳維城全年應收水穀一石。

一、陳陣全全年應收水穀四斗。

一、黃乾全年應收水穀一斗。

一、吳撓全年應收水穀一斗。

一、陳茶全年應收水穀三斗。

一、陳昧全年應收水穀一斗。

一、黃扁全年應收水穀四斗。

光緒二十六年三月十六日。

同立合同圳契約書人　陳昧

吳漢槎

陳維城

吳啟明

為中保正　陳臨

代書人　陳祝平[30]

番仔寮一帶原有頂圳，陳昧是圳長。陳昧願將頂圳田甲水份租數配入合興圳管內。竣工之日邀集保正、甲長、田主、佃人議定水租，每年水租分作兩期，所收水租作四份均得，逐年修理埤圳需費作四份均分。此舊圳與新圳合併之一例。

又有杜賣盡根水圳契。契文如下：

同立杜賣盡根水圳契字人南投堡萬丹莊陳阿候、陳阿存、陳阿圖，偕姪甘霖、阿乾、阿宜、珠以、阿炳、上達、阿松等有承祖父遺下水圳一條，坐落土名廊下溪底圳，其圳水租穀照田份配納，分早、晚二季均收，前歸與十一房母子掌管，立憑準字炳據。迨至十一房早世，其母已出，再為十房公業。今因公費乏用，叔姪相商，願將此水圳出賣，先盡問房親人等不欲承受，外托中引就於包尾莊江斗南、弓鞋莊陳屋同為出首承買，三面議定時值盡根價銀七秤二百大元正· 其銀即日同中收訖；其水圳隨即對明田份，交付銀主前去掌管收租，永為己業。自此一賣千休，日後再為經營價值千金，存等永不敢言起找贖之事。保此水圳係存等承祖父遺下公業，與別房親人等無干，亦無重張典掛他人財物以及來歷不明等情；如有此情，賣者抵擋，不干買主之事。此係兩願，各無反悔，口恐無憑，立賣盡根水圳契字一紙，並帶約據憑準字一紙，合共二紙，付執為炤。

即日同中實收過契內銀七秤二百大元正完足　再炤。

光緒二十一年二月日。

30 《臺灣私法物權篇下》，頁 1147-1151。

代筆人　張乃安
為中人　謝查某
知見四嫂　張氏
同立杜賣盡根水圳契字人
陳阿候
陳阿存
陳阿圖
偕姪　阿松
阿乾
珠以
甘霖
阿宜
阿炳
上達[31]

自契約知出賣廍下溪底圳是祖父遺下，並知「其圳水租谷照田份配納，分早晚兩季均收」。出賣原因是「公費乏用」。自此契知水圳爲私產，可以買賣。

又有退頂辦埤長契。契文云：

立退頂辦字人謝溪，緣前年蒙菓豞洋眾田主等延溪充當埤長，溪是以僱庸工人，開築埤圳，用費銀壹百大員，逐年竭力修造，未嘗水份失其灌溉。今因無力承辦，自情願將此埤長退與蕭六藝觀承充頂辦。蕭六藝備出埤底銀壹百大元正，補貼溪前年用費工資銀。即交收足訖，其埤圳蕭六藝自應認真修築堅固，不致埤水灌溉不敷。每鬮水份貼辛

31 《臺灣私法物權篇下》，頁 1255-1256。

勞粟壹石，計共八拾鬮，合共水粟八拾石。早晚二季，付蕭六藝收取，以為修補圳費，眾田主等不得少欠。此係二比甘愿，各無反悔，口恐無憑。合立退辦字壹紙，並帶愿約字壹紙，共貳紙，付執炤行。

即日收過退頂辦字銀壹百圓完足，炤行。

代筆人　鄭英豪

知見人　田主魯合外二十一名

嘉慶貳拾四年　月　日

立退頂辦字人　謝溪[32]

自本契可見眾田主公舉埤長，埤長需雇工開築埤圳。並知該圳有八十鬮，每鬮水份貼辛勞銀一石，共水粟八十石，早晚二季付收，以爲修補圳費。當然修補所餘即爲埤長之辛勞銀。頂退其實就是出賣。頂退的原因是「無力承辦」。

又有出贌水圳契，契文如下：

親立出贌字人總理張振綬，有承祖父遺下十八張水圳壹條，帶埤一個在內，凡十八張田，藉此圳水灌溉者，逐季按甲完納水粟。今因自己乏力修造，將此圳及埤出贌。于是托中，招得族內茂官萬岱官陳文龍官等出手承贌。三面議定，于咸豐玖年起，至咸豐拾肆年止。每年圳粟陸拾石，分早晚兩季完納，不得少欠升合。如有少欠，聽綬即時討起，另贌他人。其九月重陽佳節，筵請眾佃，圳主應出酒席銀捌大員，係綬支理，與贌主無干。此係二比甘愿，各無反悔，口恐無憑，今欲有憑，立出贌字壹紙，付執為炤行。

32 《臺灣私法物權篇下》，頁 153。

咸豐捌年拾月　日

親立出贌字人　總理張振綏

為中保人　總理陳武[33]

契中言明出贌十八張圳及埤，水粟「按季按甲完納」，出贌每年圳租粟六十石，分早晚兩季完納。九月重陽筵請眾佃，圳主應出酒席銀八大員。九月重陽筵請眾佃，不知是否爲一般通行的習慣。

在中寮爲開中寮圳，圳路經過他人田園，立遜埔園開圳過水字。契文云：

> 立遜埔園開圳過水字鄉親寮莊廖士檻、士腳、江正、砌士興、天主、就娘居、傳歲、張新旺等，情因中寮莊蔡光傳、廖穎福、曾彩燈、鐘春福、江寬保、潘文福、簡秉文、文仕立陞等，於本年公議築埤墾田灌蔭，其水要由砌等各埔份園內鑿圳穿過，同中面踏圳路，自雙溪口起至中寮園界止，當日三面言定備出埔底圳路價銀七十大元正。即日憑中立字，其銀兩相交清足訖；其埔園面踏圳路，附於彩登等，任從興工鑿築水圳，永遠通灌水田，砌等日後不敢生端阻抗滋事。此係二比甘願，兩無抑勒，今欲有憑，立遜園圳路字一紙，付執永遠為炤，行。
>
> 即日憑中收過埔底圳路銀七十大元正完足，再炤，行。
>
> 道光五年十月　日。
>
> 在場知見人　張球
>
> 為中人　黃宗午
>
> 代筆人　廖傳藏

33 《臺灣私法物權篇下》，頁 153-154。

立遜埔園圳路字　廖士檻

士腳

江正

砌士興

天主

就娘居

傳歲

張新旺

批明：廖士檻園一份，出銀三元。其圳水任從檻灌蔭水田充足，不得私情盜賣他人；倘或察出，罰戲一台。其埤圳沖壞水穀，不干檻之事，批明，存炤，行。[34]

圳路經過他人田園需付埔底圳路價銀七十大員，田主收過銀兩後，「任從興工鑿築水圳，永遠通灌水田」。其中廖士檻出銀參元，其圳水任從士檻灌蔭水田充足，不得私情盜賣他人。倘有盜賣，罰戲一台。這是盜水處罰之一例。

在埔里地方有一件杜賣圳道契。契文云：

同立杜賣圳道契字東螺、阿束、北投、貓兒干社番李文德、貓都貴、田本、鄭眉井，有承祖父遺下向蕭春榮建置珠仔山一帶荒埔一所，四至界址載在墾契字內。茲因四社番親窮苦靡常，情慘萬狀，無奈，集議願將此埔抽出圳路一條，由水頭至水尾，長約四里許，圳面寬兩尺，出賣與人。先盡問各社番親人等不欲承受，外托中引就向與陳石生官出首承買，三面議值時價銀三十二大元，庫平二十二兩四錢正。其銀即日兩相交收足訖；其圳路隨即踏付買主前去備

34 《臺灣私法物權篇下》，頁 1146-1147。

本開闢成圳收租，永為己業，日後子子孫孫不敢言討，亦不敢言找情弊。口恐無憑，今欲有憑，合立杜賣盡根契字一紙，付執為炤，行。

即日同中親收過契字面佛銀三十二大元，庫平二十二兩四錢正完足，再炤。

道光五年十月　日。

知見人並代筆人　蘇文彬

為中人　茆國珍

同立杜賣圳路契字東螺社番　李文德

阿東　貓都貴

北投　田本

貓兒干　鄭眉井[35]

這是四社番親窮苦靡常，在祖遺荒埔抽出圳路一條，約四里長，出賣三十二大元。埔里又有一件杜退荒埔圳底契字。契文云：

同立杜退荒埔水圳底契字人合興號眾股份，即羅義興、余步青、吳知奇、陳思善、陳水泉、施瑞源、曾如從、陳和尚、陳錦福、陳春結、陳文筆、蘇永壽、陳文曲、田水金、吳永興、王詰、陳石生、陳長認、陳講、陳武、吳水池、李木、簡永存、呂部、陳永來等，蒙分憲吳諭給合興眾股份等鳩集工本，開築南烘一帶圳務水道通流，所有灌溉之田畝應配水租，准興等收為之資。又連荒埔一處，坐落址在水頭莊西南畔勢，土名大埔，東至山，西至溪，南至圳頭，北至竹圍腳並圳為界，四至界址並一帶水圳俱載明白。茲因本年五月間大雨滂沱，埤圳崩陷，乏項無力修理，難

35 《臺灣私法物權篇下》，頁 1145-1146。

以疏通，合興號眾股份商議，情願將南烘一帶圳底暨荒埔盡行出退於人，托中招得新順源號出首承頂，三面議定備出七兑工本銀一千大元正。即日銀契同中見兩相交收足訖；其南烘一帶水圳荒埔，隨即踏明，盡交付與新順源號前去掌管修理，開闢收租，永遠為業。自此一退終休，葛籐永斷，杜退以後，不敢異言滋端。保此圳荒埔俱係合興眾股份出首一力抵檔，不干新順源之事。此係仁義交關，二比甘願，並無抑勒反悔。口恐無憑，同立杜退荒埔圳底盡根契字一紙，帶墾照一紙，又帶合約字二十五紙，計共二十七紙，付執永炤。

即日，合興號眾股份等當中見實收過契字內七兑盡根價銀一千大元正完足，再訖，批炤。

批明：合興號總共三十二份，城隍爺應得四份，　昭忠祠應得一份，此五份抽出留存，以為城隍爺昭忠祠香　祀，再批炤。

光緒十五年七月　日。

代筆人　游得升

為中人　游得升

在場知見人　曾田和

曾豐印

立杜退荒埔水圳底字人　羅義興　余步青

吳知奇　陳思善

陳水泉　施瑞源

曾如從　陳和尚

陳錦福　陳春結

陳文筆　蘇永壽

陳文曲　田水金
吳永興　王　詰
陳石生　陳長江
陳　講　陳　武
吳水池　李　木
簡永存　呂　部
陳永來[36]

前一件是因爲番親窮苦，所以出賣圳路一條。後一件是因爲大雨滂沱，埤圳崩陷，乏力修理，只好出退。很可注意的是契末批明「城隍爺應得四份，昭忠祠應得一份，此五份抽出留存，以爲城隍爺昭忠祠香祀。」對神明的尊敬，在出售股權時，神明部分抽出留存。

爲更容易明白，茲將上述文件做成表二，清代南投縣境民間水利興修退賣表。

表二　清代南投縣境民間水利興修退賣表

序號	時間	地點	契約性質	契約關係人	契約內容
1	乾隆二十二年	草屯	立賣陂頭圳水契	洪瀊先、洪媽助－陳必端兄弟	幫上年及當年陂頭圳水工本銀二十二員正。每年作陂費用亦照水分均分。
2	嘉慶十六年	草屯	仝立會約字	李寢、陳愷等十四䦨	十四䦨出資一百二十六員，交圳長李元光疏通水險圳。
3	嘉慶二十四年	南投	立退頂辦字	謝溪－蕭六藝	無力承辦，將埤長退人頂辦，每䦨水份貼辛勞粟一石，計共八十䦨，合共水粟八十石，早晚二季付收。

36 《臺灣私法物權篇下》，頁 1256-1259。

4	道光五年	中寮	立遜埔園開圳過水字	廖士檻等	中寮莊蔡光傳等築埤其水由士檻等各埔份園內鑿圳穿過出埔底圳路價銀七十大元整。
5	道光五年	埔里	同立杜賣圳道契	東螺社番李文德等	願將珠仔山一帶荒埔抽出圳路一條，由水頭至水尾，長約四里許，圳面寬二尺，出賣與陳石生時價銀三十二大元，底年二十二兩四錢
6	咸豐八年	南投	立出贌字	總理張振綏－張茂、張萬岱、陳文龍	承祖父遺下十八張水圳一、帶埤一、十八張田逐季，按甲完納水粟，出贌咸豐九年至十四年，每年圳粟六十石，早晚兩季完納。九月重陽，圳主出酒席銀八大員，筵請眾佃。
7	光緒十五年	埔里	同立杜退荒埔水圳底契	合興號眾股份羅義興、余步青等－新順源號	合興股份鳩集工本開築南烘一帶圳務，五月大雨埤圳崩陷，無力修理，情願出退於新順源號，七兌工本銀一千大元整。合興號共三十二份、城隍爺四份、昭忠祠一份、此五份抽出留存以為城隍爺昭忠祠香祀。
8	光緒二十一年	名間	同立出賣水圳契	陳阿候等	承祖父遺下水圳一條出賣於江斗南、陳屋價七秤二百大元
9	光緒二十四年	名間	立給墾圳地契	吳有州、黃江、陳立、田邊連	南投堡番社通事潘南山，給墾圳地，給墾契銀四元正，逐年配納業主大租粟五斗正。
10	光緒二十六年	名間	同立合同契約書	陳維城、吳漢槎、陳昧、吳啓明	水租分作兩期水租作田份均得，修埤圳需費亦作四份均分。開圳道經過他田地應貼租數十石九斗。

從表二，可以看出 1 號為賣部分圳水，2 號合資修圳，3 號退頂埤長，4 號賣埔園修圳，5 號杜賣圳道，6 號出贌水圳，7 號杜退荒埔水圳，8 號賣水圳，9 號給地修圳，10 號合資開圳。大分

爲四類，第一類是賣水圳，包含 1 號賣部分圳水，6 號出贌水圳，7 號杜退荒埔水圳，8 號賣全部水圳，計 4 件。第二類是合資修圳，包含 2 號李寢等十四鬮合資修小險圳，10 號陳維城等四人合資修圳。第三類是賣地與人修圳，包含 9 號潘南山給墾圳地，4 號賣埔底圳路，5 號杜賣圳道，第四類是杜退埤長，只 3 號一件。

從上述分類可以看到，同是賣水圳，有賣圳水之部分，有全賣，有出贌六年，有無力修復出退收工本銀之不同。

同是合資修圳李寢等十四鬮即推舉李寢爲圳長，負責疏通圳道，圳長工食水粟依照貼納；應需諸費，照水勻開；但陳維城等只約定水租分兩期，水租依四份均得，修理埤費用亦作四份均分。同是賣地給人開圳，有收給墾契銀及逐年配納大租粟；有收埔底圳路銀；有收時價銀。

又杜退埤長件知道眾田主可找人充埤長，負責出資雇工開築埤圳，權利是每鬮收辛勞粟一石，計共八十石。早晚二季收取。此種權利又可退頂。從地點看草屯二件、名間三件、南投二件、中寮一件、埔里二件，都是開發較早水利比較發達地區。而且埔里最早是道光五年，西部平埔族入埔之後。可知埔里漢式農耕始於此時。

又上述文獻，咸豐八年件記「其九月重陽佳節，筵請眾佃，圳主應出酒席銀八大員」可見圳主在重陽節筵請眾佃，可能是當時習慣。又道光五年十月件記「廖士檻園一份，出銀三元其圳水任從檻灌蔭水田完足，不得私情盜賣他人，倘或察出罰戲一台」可知當年盜水之處罰，除鳴官究辦外，也有罰戲一台。

又光緒十五年埔里杜退荒埔水圳底契在契後批明中言：「合興號總共三十二份，城隍爺應得四份，昭忠祠應得一份，此五份抽出留存」，是地方修圳需要神明庇佑的明証。埔里另一事例即籃城村，光緒八年恭迎彰化南瑤宮媽祖來村巡境繞溪頭水圳後，水圳不再滲漏，灌溉順利，故以後每年舊曆九月十四日村民恭迎媽祖稱媽祖紀念日。[37]此是水圳與宗教關係，謝繼昌、王世慶之研究已經注意及之。

肆、問題與討論

陳鴻圖認爲台灣開發水利設施的程序是先由業戶或莊民具稟申請立案，再由官府派遣堂役，協同總理頭人查勘有無違礙冒混，並繪圖稟覆，若無違礙冒混，最後由官府出示曉諭，或發給圳照、戳記。此一流程爲官府消極介入水利開發的証明。他認爲官府對水利開發的管理，可分爲（一）諭告、（二）圳照、（三）戳記。而諭告主要種類有九：（1）關於公共溪水之分配，（2）關於圳路佔地之許可，（3）關於埤圳建造之許可，（4）禁建埤圳之告示，（5）關於水利之整理與水租之繳納，（6）水利紛爭之仲裁，（7）埤圳併合之許可，（8）水利侵害行爲之禁止，（9）關於灌溉水權的分配[38]。

廖風德研究清代台灣農村埤圳制度也認爲官府的監督是由官府出示曉諭，或給圳照、戳記[39]。蔡志展在論官方對民間水利開發的管理與態度，也說：清代在台灣的地方官府，職司所在，便利用「諭告」之佈示，「圳照」之發給，「戳記」之驗證，甚至

37 謝繼昌，〈水利和社會文化之適應〉，《中央研究院民族所集刊》，第 36 期（1973 年），頁 57-77。

38 陳鴻圖，《水利開發與清代嘉南平原的發展》（台北：國史館，1996 年），頁 98。

39 廖風德，《台灣史探索》（台北：學生書局，1996 年），頁 64。

「豎碑」示禁，來行使公權力[40]。

本文之研究，證實南投縣坑之情形與上述諸人之論點大都吻合，官方只在人民要求出示保障權利水利權發生糾紛向官方控告時，官方居於保護農田水利，加以審斷，有些可以清楚看出地方官親臨糾紛現場了解實況，如竹山和溪厝的二件糾紛，一件是知縣「押令開通圳道」一件是嘉義縣、彰化縣二縣知縣「親臨詣勘，就地訊斷」真是親民之官。埔裏社通判吳本杰也說「卑職留心訪查，離城十餘里之牛洞莊進內山二里許，有大坑一所，水源極旺，俗呼南烘坑。……卑職親履其地，召匠秤地估工，約需工銀三千兩左右，疊次招徠，無人承辦……若據請公款，又恐山石難鑿，無力賠繳。」可見也是一位好官，但官府無此預算，不成功還要賠繳。官員雖然有心，卻無力。這是個傳統體制的問題。這些問題要到日本人來台，引入現代政府的體制，先是公共埤圳，再是官設埤圳，終是水利組合，官方力量深入水利事業，大規模的水利建設始成爲可能。

自本文論述，又見民間力量才是清代水利事業的主力，在有限的文獻中，看到水圳的興修，幾乎沒有獨資，都是合資，人數最少的是媽助圳的二個人，小險圳有十四鬮，璞潘南山地開圳的是十四人，光緒二十六年（1900）件是 4 人，埔里南烘新圳是二十八股。這種合資或合股的情況，在埔里地區因爲留下比較完整的史料，可以看得更清楚。茲將埔里日治昭和九年（1934）的調查〈各圳路的沿革史〉[41]（如圖四）中清代開鑿的水圳其圳名及

40 蔡志展，《明清台灣水利開發研究》（南投：台灣省文獻委員會，1999 年），頁 37。

41 《各圳灌漑面積關係綴》，水利係員，昭和 9 年（1934）5 月，南投農田水利會藏原件。

開鑿者列一表如下：

表三　埔里清代水圳開鑿者表

序號	圳　名	開鑿年月	開鑿人
1	南烘圳	道光六年	番人金登榜、余入 42 人
2	南烘頂圳	光緒十三年	北投社番巫春榮外佃人等
3	珠子山圳	道光年間	
4	珠子山下圳	光緒元年	
5	生番空溪底圳	光緒十年	巫清福外人夫 150 人
6	蜈蚣堀圳	光緒九年	洪阿考、洪連旺外 12 人，人夫 250 外人
7	茄荖腳圳	道光三十年	巫阿恙等 37 名共同出資
8	大媽鄰圳	咸豐九年	
9	烏牛欄溪底圳	咸豐九年	潘阿四老阿沐外 22 名共同出資
10	北烘圳	咸豐元年	潘四老馬下碧外數百名等
11	守城份圳	咸豐元年	潘永內獨資，民壯 1800 人人夫
12	東螺圳	咸豐二年	李眉外 14 人
13	分圳	光緒二年	
14	赤崁頂圳	光緒八年	潘昆山外 6 名共同出資
15	水尾圳	同治七年	阿旺、吳進亨、毛仕保外 12 人出役
16	史港圳	同治十二年	曾阿彩外 7 名，後廖阿河外 5 名出資
17	刣牛坑圳	光緒十五年	徐阿石發起人，工費不明
18	挑米坑圳	光緒四年	不明
19	牛相觸圳	光緒二十五年（明治 32 年）	潘阿沐茅格外 40 名共同出役

本表計 19 條水圳，全數開鑿於清代。只一條牛相觸圳日人入台後第四年開鑿。其中開鑿人不明者 5 條。唯有 18 號寫「不明」，餘皆空白。在有開鑿人的 14 條中，守城份圳一條，寫「潘永內獨資」，其餘的 13 條都是合資，寫「共同出資」或「共同出役」。共同出資，是共同出錢；共同出役，是共同出人工。出錢也是找人工開鑿，出役就是自己出勞力開鑿。出資或出役最少 6 人，最多數百人。比較少的是出資的人，人數多的一定是出役的。從比例看，開鑿人不明的 5 條是 26%，獨資 1 條是 5%，合資 13 條是 68%，合資的情況還是最多。

另外，上表可看到姓巫、姓潘或阿沐、阿旺，顯然都是平埔族。平埔族開圳的數目可能有 11 條之多，佔百分之 58，是埔里的一個特色。蔡淵絜研究宜蘭的埤圳修築以合股經營爲多[42]，溫振華認爲水利興築方式不一，但追求投資利潤的精神則一。[43]這種企業精神埔里南烘新圳的 28 股表現的最明顯。

從買圳購地，或贌、或買，開鑿圳路，通水收租一切人民自己做。只有埔里南烘新圳，因前已有土豪霸佔南烘舊圳，所以開新圳即申請立案保障，如果一切運行順利，官方可以無爲而治，一旦有糾紛，才會向地方官呈控，如小險圳在嘉慶十六年（1811）十四鬮合資修圳，到光緒二十一年（1895）才向官府呈控，中間 84 年官方似乎不知道小險圳的存在，因爲他們沒有糾紛。

從十七件民間水利文獻，及一方戳記可知官方對維護農田水利之原則相當堅持，對破壞農田水利的處罰也充分展現決心，竹山二方、名間一方、草屯一方這四方碑的勒碑示禁便是最好的証明。

從文獻出現的地區看，涉及官方的竹山二件、名間一件、草屯二件，埔里二件，外加草屯一方戳記；民間的草屯二件、名間三件、南投二件、中寮一件、埔里二件。合起來看，竹山二件，名間四件，南投二件、中寮一件、草屯四件、埔里四件。竹山的二件，一件嘉慶，一件道光；名間的四件，一件乾隆，三件光緒；南投二件，一件嘉慶，一件咸豐；草屯的四件，二件乾隆，一件嘉慶，一件光緒，戳記是同治年間。埔里的四件，一件道光，餘

42 蔡淵絜，〈合股經營與清代台灣的土地開發〉，《國立台灣師範大學歷史學報》，第 13 期（1985）。

43 溫振華，〈清代台灣漢人的企業精神〉，《國立台灣師範大學歷史學報》，第 11 期（1983）。

屬光緒年間。所以看起來竹山、名間、南投、草屯一線，屬乾隆中葉土牛紅線以西的地區，確為南投縣水利設施較早之地，也即南投縣清代開發較早之地。埔里有四件，道光五年正是平埔族入墾埔里之時，一入埔里即有開圳行為，可見其水田耕作之純熟，餘為光緒年間，可知埔里之大規模水利修築在開山撫番政策推行之後，也即埔裏社廳成立之後。水利建設成為開發之一重要指標，於此可見。

另外有一問題也值得討論，即乾隆三十年之〈阻滯圳道示禁碑〉為何豎立在名間鄉濁水村濁水溪畔頭前園水田中，[44]因為該碑需要保護的是「施圳」，施圳就是八保圳。《彰化縣志》有言，「即八保圳，言灌八保之田也。亦曰施厝圳，言施家所開也。」[45]八保圳取水圳源最早在今名間鄉濁水村下溪底，以倒笱引濁水溪水經新民村，導入二水鄉鼻仔頭之八保圳取入口制排水門。[46]此一情形持續三百年，到民國九十年集集攔河堰築成後，原八保圳水源已無水可取，改由攔河堰北端取水口共同引水聯絡渠道代替。[47]此一史實八保圳〈水圳圖考〉[48]可以證實。其圖圳源部分如附件（附圖五）。

由於取水口在濁水村，而軍工採集大坪頂之樟木，自必經濁水村放運進入八保圳，所以示禁勒碑必然立在濁水村濁水溪畔。淡水分府諭內說，街庄正的舉充，經官驗充後，給發諭帖及戳記，

44 劉枝萬，《臺灣中部碑文集成》，頁 72。

45 周璽，〈規劃志〉，《彰化縣志》，卷 2，頁 55。

46 葉爾建等，《臺灣地方辭書．彰化縣下》（南投：國史館臺灣文獻館，2004 年），頁 827-828。

47 葉爾建等，《臺灣地方辭書．彰化縣下》，頁 826。

48 施鈺著、楊緒賢標訂，〈臺灣別錄卷二，附八保圳圖〉，《臺灣文獻》，28 卷 2 期（1977 年 6 月 30 日），頁 121-136。

「給戳辦公」。在總理的舉充要給諭帖及戳記。戳記是廳縣正堂給予，以表徵其職位的木印。諭戳的作用在於示信於民[49]。南投縣境現存唯一的一方水利戳記是同治初年彰化知縣頒給北投保險圳長的。據陳鴻圖的研究，給戳記在保護埤圳主及灌溉田主，證明埤圳有關的權利與義務文書必須蓋戳記，而且「在埤圳之外的事不許濫用」[50]。但本文唯一水利戳記卻是蓋在均分田地的同立合約字之「在場公親」的名字之下。如同其他通土戳記，也如後世印章，只是做爲身份的證明。

伍、結　論

總之，清代水利，官方沒有預算，不出資，多勸諭鼓勵保障投資水利人權利，公平審斷其糾紛。其方式是曉諭、示禁立碑、給戳記，有糾紛也親臨審斷。只要沒有糾紛發生，一切是人民的事，「帝力於我何有哉！」

本文之研究證明王世慶等人過去研究成果之正確。而本文又有七點不同於前人的發現，前四點與官方有關，後三點與民間有關。七點如下：

一、水利糾紛涉及兩縣，即由兩縣知縣會勘審斷。

二、人民請求曉諭保障開圳權益，地方官須向知府呈報，知府又須向布政使呈報，並經巡撫批示。

三、須立碑示禁，則立碑示禁之人應爲對示禁對象有權監管

49 見戴炎輝《清代台灣之鄉治》（台北：聯經出版公司，1979 年），頁 16、27。

50 陳鴻圖，《水利開發與清代嘉南平原的發展》，頁 102。

之官，如軍工匠之示禁由台灣道出示。其他則知縣通判父母官即可。

四、地方官不僅僅頒諭示禁，更有親臨糾紛現場履勘及對地棍「押令開通圳道」之類更爲積極的作爲。

五、爲開圳順利祈求神明保佑，所以也給神明若干股份做爲神明的香油之資，如埔里合興號給城隍爺四份，昭忠祠一份。

六、埤圳開成「於地方大有裨益」，事關眾人，所以竣工之日，邀集保正、甲長、田主、佃人共同酌定水租。九月重陽，圳主出酒席銀筵請眾佃。如有盜水情事，先勸阻，勸阻不遵，重則鳴官究辦，輕則罰戲一台。

七、圳埤修築自本文所引文件考之，都是合資經營，最少的是媽助圳的二人，最多是南烘新圳合興號 28 份 25 人。但資本都不多，最多是合興號銀 2800 元；小險圳銀先出 126 圓，再出 56 圓，合共是 182 圓。合興號在次年杜退給新順源號銀 1 千元，是賠本，與上述蔡、溫兩氏之論述可以印証。

可見水圳投資在南投縣境資本不大，也不一定賺錢。合資多，用意在分攤風險，表示經營水圳是高風險的事業，另外可能也陳述一個事實，那就是在清代南投縣境缺少資產雄厚的投資人，才有共同出役的現象。最後一點，清代埔里地區的水圳超過半數是平埔族開鑿的，是一個值得注意的課題。

附圖一　阻滯圳道示禁碑

附圖二　乾隆二十二年洪瀊光、洪媽助立賣陂頭圳水契

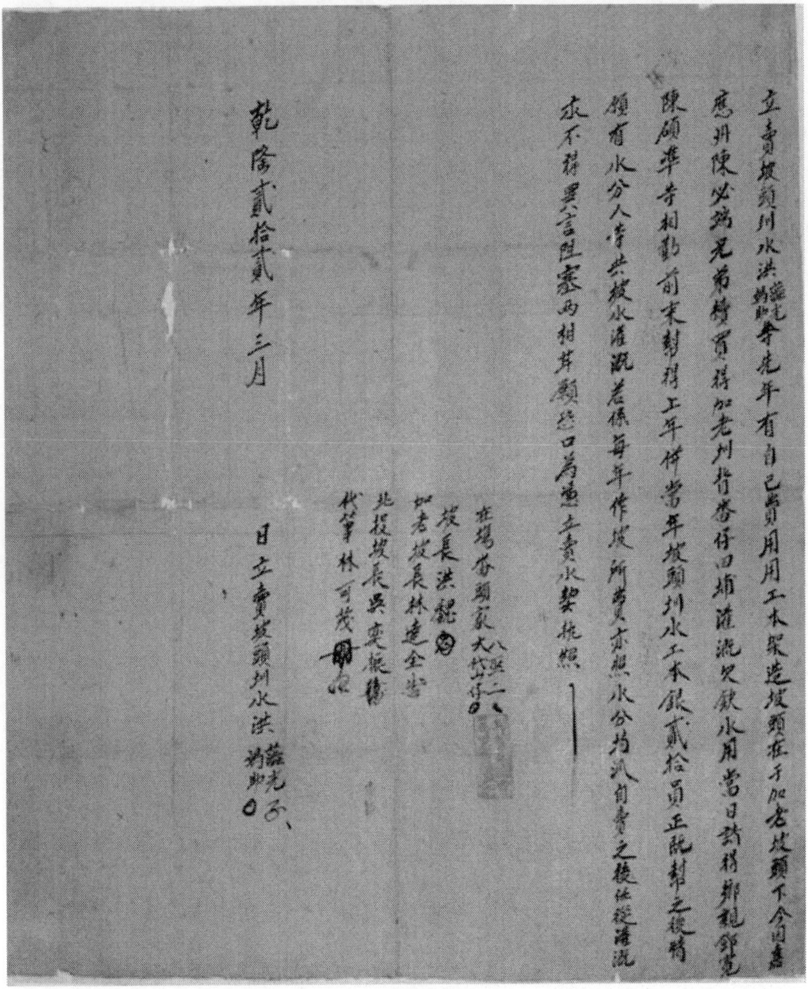
立賣陂頭圳水洪瀊光媽助今先年有自己出貲用工本架造陂頭在手加老陂頭下今因乏
應用陳必端兄弟情愿得加老圳背番仔田埔灌流欠缺水用當日請得鄉親鄧光
陳願華等相勸前來討得上年併當年陂頭圳水工本銀貳拾員正既討之後情
願有水分入本洪陂水灌溉若係每年作陂所費亦照水分均派自賣之後任從灌流
永不得異言阻塞兩相甘願恐口無憑立賣水契執照

在場番頭家大八汶二八山仔
陂長洪錦
知見陂長林廷全
北投陂長吳奕振
代筆林可茂

乾隆貳拾貳年三月　日立賣陂頭圳水洪瀊光、媽助

附圖三　嘉慶十六年李寢等仝立合約字

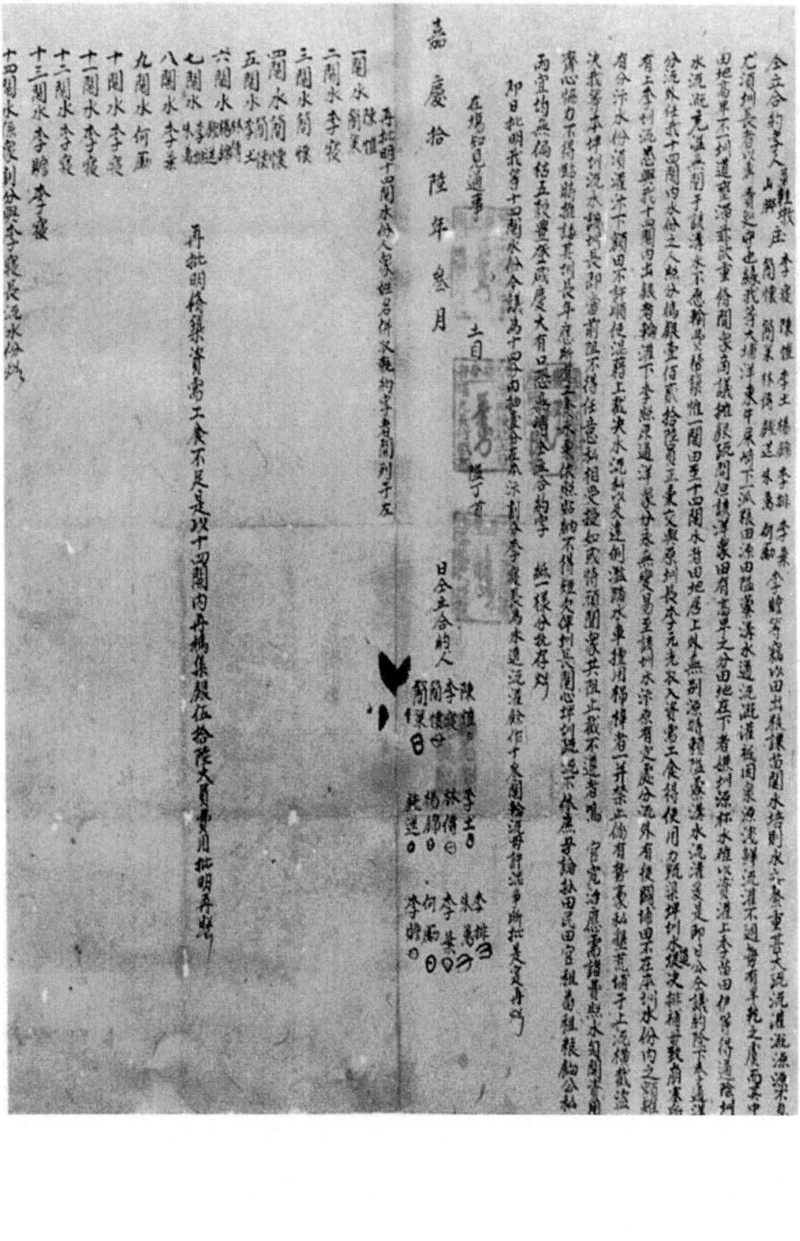

附圖四　埔里〈各圳路　的沿革史〉

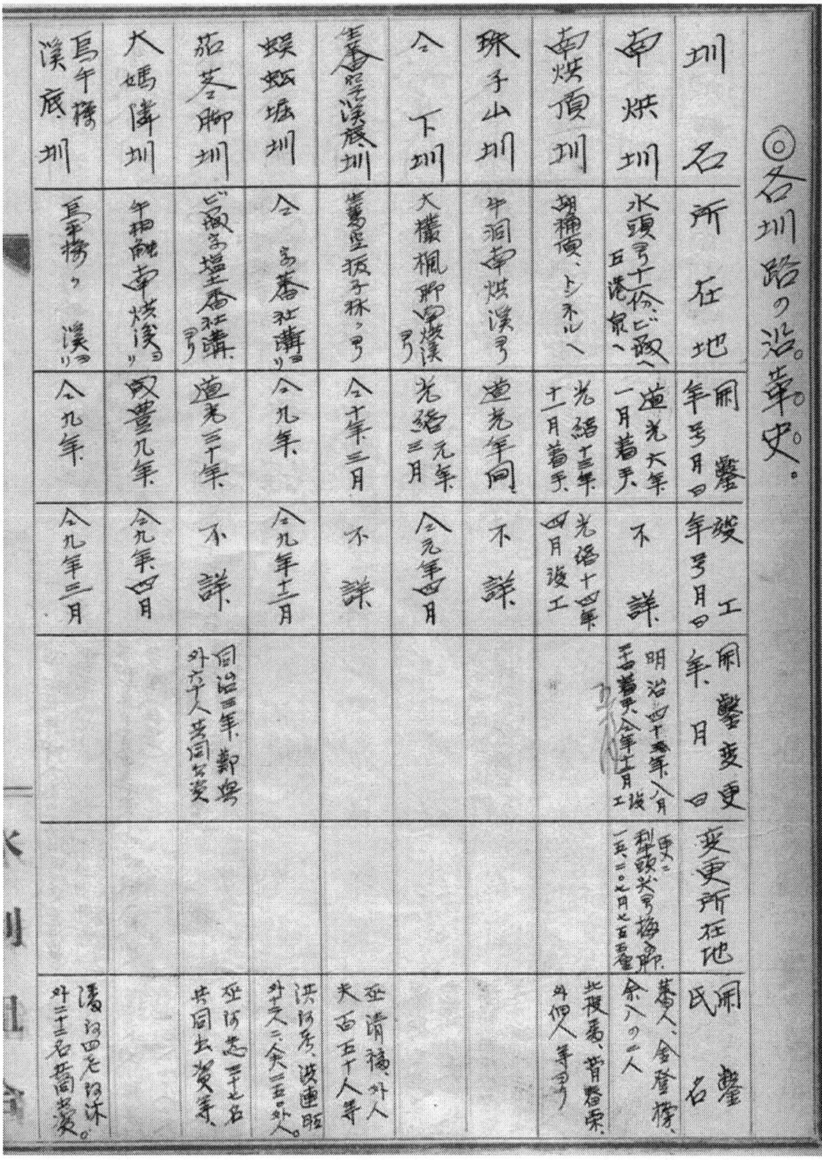

◎各圳路の沿革史。

圳名	所在地	開鑿年号月日	竣工年号月日	開鑿変更年月日	変更所在地	開鑿氏名
南烘圳	水頭弓十份、生蕃へ五港泉へ	道光六年一月着手	不詳	明治四十五年八月二十四着手、今年十二月竣工	更ニ梨頭尖弓梅仔腳一五一〇七〇七百五十	蕃人、金登榜、余八の二人
南烘頂圳	湖桶頂、トンネルへ	光緒十三年十二月着手	光緒十四年四月竣工			北投蕃、曾啓榮外何人等ヨリ
珠仔山圳	牛洞南烘溪ヨリ	道光年間	不詳			
仝下圳	大湳楓仔腳南烘溪ヨリ	光緒元年三月	仝元年四月			
生蕃空溪底圳	生蕃空抜子林ヨリ	仝十年三月	不詳			巫清福、外人夫百五十人等
蜈蚣崙圳	仝 烏牛欄社溝ヨリ	仝九年	仝九年十二月			洪河房、波連旺外二人三人ヨリ外人。
茄苳腳圳	生蕃空埋番社溝ヨリ	道光三十年	不詳	同治三年、鄭典外六十人共同出資		巫河志三十七名共同出資等
大湳陴圳	牛相觸南烘溪ヨリ	咸豐九年	仝九年四月			
烏牛欄溪底圳	烏牛欄溪ヨリ	仝九年	仝九年三月			潘阿四老、阿沐外二十三名共同出資。

附圖五　八堡圳略圖

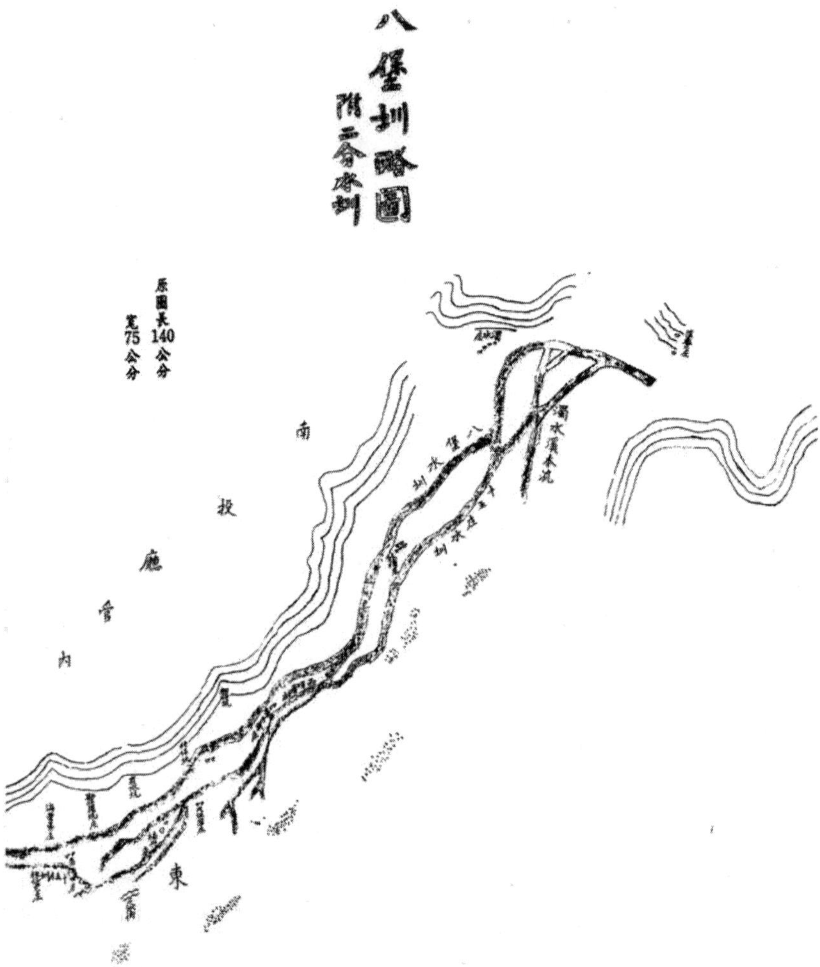

清代台灣地方行政中「保」與「堡」考辨

壹、前 言

台灣在清治時期，縣之下的半自治行政機構是「保」或「堡」，今人大都不清楚，學者在論文中也往往混用。有弄清楚的必要。

更深一層，爲什麼今日連學者都弄不清楚？其錯誤的過程如何？也有弄清楚的必要。

本文的目的無他，就是弄清楚爲什麼清代寫「保」才是正確的，也弄清楚爲什麼今天錯成「堡」。「堡」和日本人的統治有關嗎？要了解本問題，可以觀察的史料不少，如方志、碑刻，如淡新檔案，如契約文書。因爲方志、契約文書影印出版的數量不少，取得容易，所以本文從方志、契約文書切入，冀望能獲得真相。至於其他史料，俟諸另文。

貳、方志中的「保」與「堡」

「保」在蔣毓英《台灣府志》[1]已出現，即「土墼埕保」，該志談鳳山縣典史衙門在土墼埕保[2]，又說鳳山縣治土墼埕保有一所

1 蔣毓英《台灣府志》，南投：台灣省文獻委員會，1993 年。
2 蔣毓英《台灣府志》卷六〈規制〉〈衙署〉，頁 66。

關帝廟[3]。

高拱乾《台灣府志》[4]〈規劃志〉〈保甲〉台灣縣有永康里上保二十甲，歸仁里南保十八甲，仁德里南保一十六甲等；鳳山縣有土墼埕保二十甲，安平鎮保二十四甲，喜樹仔保三甲等；諸羅有新化里東保二十甲，善化里東保一十八甲，開化里赤山保二十五甲，安定里西保二十三甲等[5]。並且指出北路營參將署在諸羅縣開化里之佳里興保[6]。

周鍾瑄《諸羅縣志》[7]〈規制志〉〈坊里〉云：「縣屬轄里四、保九、莊九〈里、保、莊皆漢人所居〉，社九十有五」。其中九個保爲：赤山保、茅港尾保、佳里興保〈以上俱屬開化里〉善化里東保、善化里西保、新化里東保、新化里西保、安定里東保、安定里西保[8]。

陳文達《鳳山縣志》[9]〈坊里〉云：「原轄七里、二保、六莊、一鎮、十二社。今兆民日眾，人居日廣，復設港東、港西二里，合九里焉。」又云：「縣屬轄九里、二保、六莊、一鎮、十二社。里、保、莊、鎮皆漢人所居，社則土番處焉。」其中二保即喜樹仔保，土墼埕保[10]。

周元文《重修台灣府志》[11]〈規劃志〉〈坊里〉只有鳳山縣

---

3 蔣毓英《台灣府志》卷六〈規制〉〈廟宇〉，頁 69。
4 高拱乾《台灣府志》台北市：台灣銀行經濟研究室，1960 年。
5 高拱乾《台灣府志》卷二〈規制志〉〈保甲〉頁 38-39。
6 高拱乾《台灣府志》卷二〈規制志〉〈衙署〉頁 3。
7 周鍾瑄《諸羅縣志》台北市：台灣銀行經濟研究室，1962 年。
8 周鍾瑄《諸羅縣志》卷二〈規制志〉〈坊里〉，頁 29-30。
9 陳文達《鳳山縣志》台北市：台灣銀行經濟研究室，1961 年。
10 陳文達《鳳山縣志》卷二〈規制志〉〈坊里〉，頁 25-26。
11 周元文《重修台灣府志》，台北市：台灣銀行經濟研究室，1960 年。

有土墼埕保、安平鎮保、喜樹仔保[12]。但在〈保甲〉中台灣縣、鳳山縣、諸羅縣都有保，如台灣縣有，永康里上保二十甲，鳳山縣有土墼埕保二十甲，諸羅縣有新化里東保二十甲[13]。

陳文達《台灣縣志》[14]〈建置志〉〈保甲〉有保大東里、保大西里。[15]

劉良璧《重修福建台灣府志》[16]〈城池〉〈坊里〉台灣縣有四坊、二十里、一保、二莊。其中一保即土墼埕保[17]。諸羅縣有四里、七保、十七莊。彰化縣有十保管一百一十莊[18]。鳳山縣有八里、七莊，無保[19]。淡水海防廳下有二保管三十五莊。二保爲淡水保，竹塹保[20]。

范咸《重修台灣府志》[21]〈規制〉〈坊里〉記台灣縣有四坊、二十里、一保、二莊。一保即土墼埕保。鳳山縣有八里七莊，無保。諸羅縣有四里、七保、十七莊。彰化縣十保管一百一十莊。淡水廳有二保管三十五莊[22]。與上列志記無變化。

余文儀《續修台灣府志》[23]卷二〈規制〉〈坊里〉記台灣縣四坊、二十里、一保、二莊。一保即土墼埕保。鳳山縣八里七莊。諸羅縣舊四里、七保、十七莊，新增三十九保、一莊。彰化縣，

12 周元文《重修台灣府志》卷二〈規制志〉〈坊里〉，頁 42。
13 周元文《重修台灣府志》卷二〈規制志〉〈保甲〉，頁 44-45。
14 陳文達《台灣縣志》，台北市：台灣銀行經濟研究室，1961 年。
15 陳文達《台灣縣志》〈建置志二〉〈保甲〉，頁 86。
16 劉良璧《重修福建台灣府志》，台北市：台灣銀行經濟研究室，1961 年。
17 劉良璧《重修福建台灣府志》卷五〈城池〉〈坊里〉，頁 78。
18 劉良璧《重修福建台灣府志》卷五〈城池〉〈坊里〉，頁 79-80。
19 劉良璧《重修福建台灣府志》卷五〈城池〉〈坊里〉，頁 78。
20 劉良璧《重修福建台灣府志》卷五〈城池〉〈坊里〉，頁 80。
21 范咸《重修台灣府志》，台北市：台灣銀行經濟研究室，1961 年。
22 范咸《重修台灣府志》卷二〈規制〉〈坊里〉，頁 66-69。
23 余文儀《續修台灣府志》，台北市：台灣銀行經濟研究室，1962 年。

舊十保，管一百一十莊，今新分及加增共一十六保，一百三十二莊[24]。淡水廳，舊二保，管三十五莊，今分一百三十二莊。[25]

周璽《彰化縣志》[26]卷二〈規制志〉〈保〉云：「即保甲之義也。彰化草萊漸闢，村莊日增，原十三保半，今增為十六保[27]。」

柯培元《噶瑪蘭志畧》[28]卷三〈關隘志〉〈堡〉云：「初設六堡，今增為十二堡，每堡舉充甲長一名[29]。」並云：「一堡，曰頭圍，二堡，曰淇武蘭。三堡，曰民壯圍。……十二堡，曰打那美[30]。」

陳淑均《噶瑪蘭廳志》[31]〈規制〉〈鄉莊〉云：「莊以堡別[32]。」計有民壯圍堡、員山堡、溪洲堡、清水溝堡、羅東堡、〈打〉那美堡、淇武蘭堡、頭圍堡、頂二結堡、茅仔寮堡、利澤簡堡等[33]。但在本志卷七〈雜識〉〈上〉收有姚瑩〈籌議噶瑪蘭定制〉一文有「蘭屬保甲，應分為七保，按戶編查也。」姚氏引噶瑪蘭通判呂志恆之議「編查保甲，原為稽查奸宄。」「以十戶為一牌，十牌為一甲，十甲為一保。」「今卑職將蘭境通盤籌畫，應分為七保。」台灣府知府方傳穟也同意「應請俯照所議分為七保遴舉牌頭保甲[34]。」

---

24 余文儀《續修台灣府志》卷二〈規制〉〈坊里〉，頁 70-75。
25 余文儀《續修台灣府志》卷二〈規制〉〈坊里〉，頁 75-78。
26 周璽《彰化縣志》，台北市：台灣銀行經濟研究室，1962 年。
27 周璽《彰化縣志》卷二〈規制志〉〈保〉，頁 42。
28 柯培元《噶瑪蘭志畧》，台北市：台灣銀行經濟研究室，1961 年。
29 柯培元《噶瑪蘭志畧》卷三〈關隘志〉〈堡〉，頁 27。
30 柯培元《噶瑪蘭志畧》卷三〈關隘志〉〈堡〉，頁 27-28。
31 陳淑均《噶瑪蘭廳志》，台北市：台灣銀行經濟研究室，1963 年。
32 陳淑均《噶瑪蘭廳志》卷二〈規制〉〈鄉莊〉，頁 25。
33 陳淑均《噶瑪蘭廳志》卷二〈規制〉〈鄉莊〉，頁 25-28。
34 陳淑均《噶瑪蘭廳志》卷七〈辨識〉〈上〉頁 356-357。

鄭用錫《淡水廳志稿》[35]卷一〈街里〉有：桃澗保、海山保、興直保、芝蘭保、大加蠟保、石錠保、拳山保、中港保、後壠保、苑里保、大甲保[36]。

陳培桂《淡水廳志》[37]卷三〈建置志〉〈街里〉有：桃澗堡、海山堡、典直堡、芝蘭堡、大加臘堡、石碇堡、拳山堡、中港堡、後壠堡、苑裏堡、大甲堡[38]。

沈茂蔭《苗栗縣志》[39]有苗栗堡、吞霄堡、大甲堡[40]。

《新竹縣采訪冊》[41]分竹塹堡、竹南堡、竹北堡[42]。

倪贊元《雲林縣采訪冊》[43]分斗六堡……沙連堡等十五堡[44]。

參、契約文書中的「保」與「堡」

契約文書普遍存在於民間，同時，也有少數官方所頒發的執照、丈單等。所以可以認定是民間一般的認知。契約文書上又常有加蓋官方頒給的戳記，戳記的資料，視爲官方的認知。從此一角度看，契約文書可以充分反映民間和官方的認知。因此本文很認真的將有代表性的幾本古文書集，逐頁耙梳，只用原件影印的

35 鄭用錫《淡水廳志稿》，南投：台灣省文獻委員會，1998 年。
36 鄭用錫《淡水廳志稿》卷一〈街里〉，頁 48-52。
37 陳培桂《淡水廳志》，台北市：台灣銀行經濟研究室，1963 年。
38 陳培桂《淡水廳志》卷三〈建置志〉〈街里〉，頁 59-64。
39 沈茂蔭《苗栗縣志》，台北市：台灣銀行經濟研究室，1962 年。
40 沈茂蔭《苗栗縣志》卷三〈建置志〉〈村莊〉，頁 36-49。
41 不著撰人《新竹縣采訪冊》，台北市：台灣銀行經濟研究室，1962 年。
42 不著撰人《新竹縣采訪冊》卷一〈總括〉，頁 2-10。
43 倪贊元《雲林縣采訪冊》，台北市：台灣銀行經濟研究室，1959 年。
44 倪贊元《雲林縣采訪冊》目錄。

資料，抄件、鉛印一律排除。將相關材料，按年月排比，其演變的過程自然顯現無遺。

本文所取材契約文書集，從北向南部看：計有《宜蘭古文書》共四輯[45]，《大台北古契字》共四輯[46]、《北部地區古文書專輯》[47]兩輯、《關西坪林范家古文書集》[48]、《新竹鄭利源號典藏古文書》[49]、《苑裡地區古文書集》[50]上下、《神岡-筱雲呂玉慶堂典藏古文書集》[51]、《草屯地區古文書輯》[52]、《笨港古文書選輯》[53]、《嘉義市古文書選輯》[54]九種十四冊，從台北到嘉義。將與「保」與「堡」有關者，每書各作一表，計得十四表。以下從表一開始分析。

45 邱水金《宜蘭古文書第一輯》宜蘭縣立文化中心，1994 年；邱水金《宜蘭古文書第二輯》，宜蘭市：宜蘭縣立文化中心，1995 年；邱水金《宜蘭古文書第三輯》，宜蘭市：宜蘭縣立文化中心，1996 年；邱水金《宜蘭古文書第四輯》，宜蘭市：宜蘭縣立文化中心，1996 年。

46 高賢治《大台北古契字集》，台北市：台北市文獻委員會，2002 年；高賢治《大台北古契字二集》，台北市：台北市文獻委員會，2003 年；高賢治《大台北古契字三集》，台北市：台北市文獻委員會，2005 年；高賢治《大台北古契字四集》，台北市：台北市文獻委員會，2007 年。

47 台灣省文獻委員會採集組《北部地區古文書專輯》〈一〉〈二〉，南投市：台灣省文獻委員會，2000 年。

48 劉澤民《關西坪林范家古文書集》南投，國史館台灣文獻館，2003 年。

49 鄭華生口述，鄭炯輝整理《新竹鄭利源號典藏古文書》國史館台灣文獻館，2005 年 9 月。

50 蕭富隆・林坤山《苑裡地區古文書集》上下，南投：國史館台灣文獻館，2004 年。

51 楊惠仙《神岡—筱雲呂玉慶堂典藏古文書集》南投：國史館台灣文獻館，2007 年。

52 謝嘉梁《草屯地區古文書專輯》南投市：台灣省文獻委員會，1999 年。

53 曾品滄《笨港古文書選輯》，台北市：台北市國史館，2001 年。

54 賴萬鎮《嘉義市古文書選輯》，嘉義：嘉義市文化局，2004 年。

表一 《宜蘭古文書》「保」或「堡」契字表

序號	輯別頁碼	契約年份	契約種類	「保」或「堡」名	備註
1	壹-94	光緒四年十一月	分管約字	戳記「縣正堂林給四圍保等庄總理武生吳舜年戳記」	
2	壹-97	光緒四年十一月	分管約字	戳記「縣正堂林給四圍保等庄總理武生吳舜年戳記」	
3	壹-99	光緒四年十一月	分管約字	戳記「縣正堂林給四圍保等庄總理武生吳舜年戳記」	
4	壹-100	光緒十三年八月	分管約字	戳記「正堂王給西三快保甲長邱時勳戳記」	
5	壹-103	光緒十四年十一月	分管約字	戳記一方，文同序號 1	
6	壹-106	光緒十四年十一月	分管約字	戳記一方，文同序號 1	
7	壹-109	光緒十四年十一月	分管約字	戳記一方，文同序號 1	
8	壹-111	光緒十四年十一月	分管約字	戳記一方，文同序號 1	
9	壹-115	光緒十四年十一月	分管約字	戳記一方，文同序號 1	
10	壹-118	光緒十四年十一月	分管約字	戳記一方，文同序號 1	
11	壹-121	光緒十四年十一月	分管約字	戳記一方，文同序號 1	
12	壹-124	光緒十四年十一月	分管約字	戳記一方，文同序號 1	
13	壹-127	光緒十七年十一月	分管約字	戳記「縣正堂沈給四圍保等庄總理武生吳舜年戳記」	見附件 1
14	參-103	同治十一年十一月	仝立合約字	戳記「分府董給一快保董事藍籐忠戳記」	見附件 2
15	參-117	光緒六年十一月	立遺書字	戳記「正堂彭給茅仔寮保總理林文富戳記」	
16	肆-67	光緒十四年四月	丈單	里堡	見附件 3

表一，計十六件，最早同治十一年，最晚光緒十七年。雖然《宜蘭古文書》計收有 250 件，有嘉慶、咸豐契字，但均未有「保」或「堡」。此爲一值得注意問題。且契約中只見「庄」，而不見「保」或「堡」。戳記中由同治十一年到光緒十七年十一月，全是「保」字。首次出現「堡」是劉銘傳清丈後，光緒十四年四月所發丈單。

表二 《大台北古契字集》「保」或「堡」契字表

序號	頁碼	契約年份	契約種類	「保」或「堡」名	備註
1	4	道光十九年十一月	杜賣盡根契	大加蚋保土名六張犁庄	
2	15	光緒二年十一月	杜賣盡根田契	大家蚋保土名何厝庄	
3	16	光緒十三年十一月	盡根賣斷水田山園埔地契	文山保萬順寮土庫庄	

表二，只有三件，一件道光朝契約，二件光緒朝契約，其中二件「大加蚋保」，一件「文山保」。全是用「保」字。

表三 《大台北古契字二集》「保」或「堡」契字表

序號	頁碼	契約年份	契約種類	「保」或「堡」名	備註
1	92-10	道光六年五月	杜賣盡根契	大加臘保大灣庄	
2	92-31	道光二十三年六月	合約分管契	芝蘭保石角大湖山土名牛欄湖庄	
3	530-6	咸豐七年十二月	賣田園山場屋宇	擺接保大安寮庄	
4	530-7	咸豐八年四月	杜賣盡根水田契	擺接保貨饒庄	
5	530-8	咸豐十年十一月	給店地基字	擺接保枋檐頭庄	
6	530-25	同治四年五月	找洗字	興直保三重埔溪尾庄另戳記「淡水現正堂顧給興直保保長程□安戳記」	
7	530-33	同治十三年十一月	杜賣盡根山埔園契	八里坌保、大坪頂土名樹林□庄	
8	2-15	同治十三年十一月	杜賣盡根契	大加蚋保土名拳頭母山腳內埔仔庄	
9	530-11	光緒七年十月	仝立契約字	興直保三重埔溪尾庄	見附件 4
10	92-32	光緒十年四月	仝立分約字	芝蘭保土名北勢湖庄	
11	530-35	光緒十一年十一月	立保認字	八里坌保大牛稠洲仔庄	
12	92-16	光緒十九年五月	執照	戳記文「大加蚋保業戶洪長□□□」	見附件 5
13	317-17	明治 34 年 3 月	杜賣盡根水田契	文山保大坪林貳拾張庄	

表三，有十二件，清代契約十一件，日治契約一件。最早是道光六年，最晚是明治 34 年。其中有「大加臘保」、「大加蚋保」、「芝蘭保」、「文山保」、「擺接保」、「興直保」、「八里坌保」七個保名，全用「保」字。其中一件是執照上的戳記，一件是找洗字上的戳記。戳記也都用「保」字。

表四　《大台北古契字三集》「保」或「堡」契字表

序號	頁碼	契約年份	契約種類	「保」或「堡」名	備註
1	112-15	道光二十四年十月	杜賣盡根山田契	芝蘭一保石角庄	楊雲萍藏
2	112-23	咸豐十一年九月	起耕典盡水田契	芝蘭一保土名土角庄	楊雲萍藏
3	112-33	光緒七年十月	杜賣盡根店地基字	芝蘭保大樹仔庄	楊雲萍藏
4	112-39	光緒十七年十月	盡根杜賣瓦店契	芝蘭一保士林大北街	楊雲萍藏
5	112-42	明治29年10月	杜賣盡根店地基契	芝蘭一堡舊街後街	楊雲萍藏
6	112-44	明治33年1月	杜賣盡根溪埔園契	芝蘭一堡外雙溪庄	楊雲萍藏
7	112-45	明治34年1月	杜賣盡根水田山園埔地契	芝蘭一堡雙溪內	台灣文獻館藏
8	112-46	明治34年2月	杜賣盡根山園果木契	芝蘭一堡	楊雲萍藏
9	112-47	明治35年	盡根杜賣厝地賣契	芝蘭一堡雙溪口庄	楊雲萍藏
10	112-48	明治38年1月	盡根杜賣山場園地契	芝蘭一堡林仔口庄	楊雲萍藏

表四，計十件，最早是道光二十四年，最晚是明治 38 年。清代的契約四件，日治的契約六件。清代四件全用「保」字。日治六件全用「堡」字。

表五 《大台北古契字四集》「保」或「堡」契字表

序號	頁碼	契約年份	契約種類	「保」或「堡」名	備註
1	貳-19	道光二十八年十二月	淡水分府諭令	芝蘭二保	見附件6
2	貳-20	道光三十年十月	淡水分府曉諭	芝蘭二保	
3	壹-47	同治十年十二月	杜賣盡根田竹園契	大加蚋保土名牛埔仔庄	
4	壹-51	光緒四年十一月	再轉典大租字	大加蚋保大灣庄	
5	貳-26	光緒四年十一月	約字	芝蘭保福德洋	
6	壹-54	光緒十四年十一月	執照	大加蚋保五份埔庄	見附件7
7	貳-27	光緒十四年十二月	執照	芝蘭二保和尚洲庄	
8	肆-536	光緒十四年十二月	佃單	台北府正堂雷擺接堡二十八張水尾庄	見附件8
9	壹-55	光緒十五年	起耕典契	大加蚋保崁頂庄	
10	貳-30	光緒十六年十一月	執照	和尚洲保	見附件9
11	壹-59	光緒十八年十一月	盡租對佃胎借銀字	大加蚋保里族庄	
12	肆-64	明治34年12月	杜賣盡根水田山埔契	芝蘭三堡土名三坪頂庄	
13	壹-64	大正2年5月16日	李春生遺囑分產字	大加蚋堡	

表五，有十三件，最早是道光二十八年，最晚大正二年。計清代契約十一件，日治契約二件。在十三件中，用「保」字的十件，用「堡」字的三件。即序號 8、12、13 三件用「堡」字。其中 8 號是光緒十四年十二月的佃單，是台北府正堂雷其達給的，而其「堡」、「庄」字爲印刷字。其餘二件一屬明治，一屬大正，用「堡」字正常。

表六 《北部地區古文書專輯〈一〉》「保」或「堡」契字表

序號	頁碼	契約年份	契約種類	「保」或「堡」名	備註
1	107	道光二年十月	杜賣盡根契	海山保潭底庄	
2	109	道光三年十月	杜賣盡根契	海山保隆恩息庄	
3	117	道光六年五月	杜賣盡根契	大加臘保大灣庄	
4	119	道光六年十一月	退所權管田埔契	桃澗保廣興庄	
5	137	道光九年二月	杜賣盡根契	八里坌保興直山腳庄	
6	138	道光九年十二月	杜賣盡根契	大加臘保大灣庄	
7	152	道光十一年八月	杜賣盡根田契	興直保海山頭庄	
8	149	道光十一年十一月	杜賣盡根契	海山保南靖厝	
9	150	道光十一年	杜賣盡根田契	興直保海山頭庄	
10	162	道光十三年十二月	遜讓字	戳記「給桃澗保宋厝庄副管瑞祥」	
11	171	道光十五年十月	杜賣盡根田契	擺接保員山仔廣福庄	
12	180	道光十九年十一月	杜賣盡根田契	竹二保	
13	182	道光二十年十一月	杜賣盡根田契	桃澗保	
14	185	道光二十三年十二月	杜賣盡根水田溪埔契	海山保石頭溪	
15	197	道光二十六年三月	杜賣盡根水田房屋契	海山保彭厝庄	
16	203	道光二十六年十月	杜賣盡根水田山埔契	擺接保秀朗尖山腳庄	
17	208	道光二十六年十月	杜賣盡根水田契	八里坌保	
18	211	道光二十七年十一月	杜賣盡根水田契	芝蘭貳保橫溪庄	
19	212	道光二十八年十一月	杜賣盡根水田山埔契	海山保中坑庄	

表六，計十九件相關契約，最早一件爲道光二年十月，最晚一件爲道光二十八年十一月。其中除序號 10，道光十三年十二月件係戳記外，其他全爲各類契約。有關保名有：「海山保」、「大加臘保」、「桃澗保」「八里坌保」、「興直保」、「擺接保」、「竹二保」、「芝蘭貳保」。十九件全作「保」字。

表七 《北部地區古文書專輯〈二〉》「保」或「堡」契字表

序號	頁碼	契約年份	契約種類	「保」或「堡」名	備註
1	76	光緒六年一月	杜賣盡根水田契	擺接保廿八張庄	
2	81	光緒七年十月	杜賣盡根水田契	海山保樠仔林庄	
3	84	光緒十一年十一月	杜賣盡根水田公園屋宇契	興直保樠仔林庄	
4	86	光緒十一年土月	執照	圖記「桃澗竹北二保業主林本源圖記」	
5	140	光緒十六年六月	執照	竹北下二保許厝港庄	保庄係印刷體
6	140	光緒十六年十二月	執照	海山保山仔腳庄	見附件10
7	163	明治30年12月	杜賣盡根水田契	擺接堡芎蕉腳庄	

表七，計七件，最早一件爲光緒六年一月，最晚一件爲明治三十年十二月。其中六件清代，一件日治。序號 4 爲執照上之圖記，另外 5、6 均爲執照。除明治三十年件用「堡」字外，全用「保」字。而序號 1 及 7 之「保」字在釋文中均被誤作「堡」字。

表八 《關西坪林范家古文書集》「保」或「堡」契字表

序號	頁碼	契約年份	契約種類	「保」或「堡」字	備註
1	107	道光二十九年四月	立保領墾契約	戳記「署淡水分府黃竹北一保北門口總理吳添順」	
2	109	道光二十九年十月	立保交典租字	戳記「署淡水分府黃竹北一保北門口總理吳添順」	
3	279	同治八年十二月	仝立合約	戳記上有「淡水分府陳給竹北二保保長蘇文生戳記」	
4	149	同治十年十月	立永定鐵租丈單字	戳記「特授淡水分府陳給竹北一保上下横坑坪林四庄庄正彭永興戳記」	見附件11

5	151	同治十年十月	立永定鐵租丈單字	戳記「特授淡水分府陳給竹北一保上下横坑坪林四庄庄正彭永興戳記」	
6	155	同治十三年四月	遜管土窖字	二方戳記，一方同上，一方「淡水分府向給竹北三保石崗仔水坑上下横坑等庄保正范助清戳記」	
7	159	光緒一年十一月	仝立合約字	戳記「竹北三保」	
8	204	光緒十八年十一月	歸管田園盡根契	戳記「給竹南北各保庄書」	
9	209	光緒二十年	過戶單	一方戳記，同上	見附件12

表八，計九件相關契約，最早道光二十九年，最晚光緒二十年。全係契約上之戳記，計十方戳記，序號5二方，其他各一方。而且全係原件影印，戳記亦爲原件影印。與「保」相關文字爲「竹北一保」五件，「竹北三保」二件，「竹北二保」一件，「竹南北各保」二件。

表八材料來自國史館台灣文獻館《關西坪林范家古文書》，原件戳記影本全作「保」字，但釋文中序號1、2、4、5、7等五件均誤作「堡」字。見《關西坪林范家古文書》頁一〇六、一〇八、一四八、一五〇、一五八。此一情形可作爲傳抄錯誤，或釋文者認知錯誤的現象的例子。

表九　《新竹鄭利源號典藏古文書》「保」或「堡」契字表

序號	頁碼	契約年份	契約種類	「保」或「堡」名	備註
1	252	道光十六年八月	立杜賣湊盡根契	擺接保彰和庄	
2	349	咸豐年間	給墾批字	戳記一方「淡水分府道光〇〇年給竹北一保南興庄閩粵總墾戶金廣福戳記」	

3	206	光緒六年二月	仝立合約字	戳記一方「新竹縣正堂給竹北一保橫山墾戶金全和長竹戳記」	
4	208	光緒六年七月	仝立合約字	戳記一方，同上。	
5	211	光緒七年十二月	仝立合約字	戳記一方，同上。	

表九，係新竹鄭家典藏古文書，契約一件，戳記四方，時間是道光十六年到光緒七年十二月，全用「保」字。

表十 《苑裡地區古文書集上、下》「保」或「堡」契字表

序號	頁碼	契約年份	契約種類	「保」或「堡」字	備註
1	294	道光四年十一月	遜賣埔地屋宇地基字	戳記一方，文曰「淡分府給竹南三保總理羅廷標戳記」	
2	315	道光十年九月	招給墾園埔永耕契	四保五里牌番仔寮土地公后	
3	323	道光十年十月	招給墾溪埔石隔永耕契	四保理牌，番仔寮北埔	
4	413	咸豐三年二月	典田契	戳記一方，文曰「台北府正堂陳給竹南三保保長蔡朝陽戳記」	
5	440	咸豐九年十月	賣盡根絕田屋契	戳記一方，文曰「淡水分府恩竹南三保房裡街總裡陳文讚戳記」	見附件13
6	442	咸豐九年十一月	借字	竹南四保船頭埔同安厝庄	
7	445	咸豐十年十月	賣找洗甘願契	三保印斗山前房裡營盤邊	
8	480	同治三年	供銀字	竹南四保船頭埔同安厝庄	
9	485	同治五年十一月	找洗甘願字	戳記一方，文曰「欽加府銜分府王給竹南三保保長黃達陞戳記」	
10	488	同治六年三月	鬮分字	戳記一方，文曰「淡水分府嚴給竹南三保吞苑保長黃連陞戳記」	

11	506	同治九年十月	杜賣盡根契	戳記一方「署淡水分府陳給竹南三保保長楊連陞戳記」	
12	509	同治九年十月	鬮分書	戳記一方「淡水分府鄭給竹南二保莒中七庄總理邱東昇戳記」	
13	574	光緒四年十月	退典田契	戳記一方「台北府正堂陳給竹南三保保長蔡朝陽戳記」	
14	575	光緒四年十月	杜賣盡根田園契	戳記一方「台北府正堂陳給竹南三保保長蔡朝陽戳記」	
15	604	光緒八年八月	杜賣盡根水田契	戳記一方「新竹縣正堂給三保日北火炎山腳□□鄭□□長行戳記」	
16	616	光緒十年三月	經公處辦甘願收清銀字	戳記一方「新竹縣正堂朱給竹南三保吞霄鄉長歐玉來戳記」	
17	742	光緒十四年六月	丈單	里堡	見附件14

表十，計十七件，最早是道光四年，最晚光緒十四年六月。五件是契約正文，一件是丈單，十一件是戳記文。除最晚一件丈單上印刷的「里、堡」字外，不論契約書寫，或契約上的戳記文，全作「保」字。保名有「竹南三保」、「四保」、「竹南四保」，「三保」、「竹南二保」。

表十一　《神岡 — 筱雲呂玉慶堂典藏古文書集》「保」或「堡」契字表

序號	頁碼	契約年份	契約種類	「保」或「堡」字	備註
1	156	道光五年九月	退耕田字	戳記一方，文曰「正堂李給捒東上保校歷林庄總董貢生郭達邦叚殿下清庄戳記」	
2	157	道光五年九月	退耕田字	戳記一方，文同上契	

3	112	道光十五年九月	招耕字	1「正堂李給揀東上保三角庄副總理呂衍溪戳記」 2「彰化縣正堂李給揀東保土埔厝庄董事嚴孟元清庄記」	戳記二方
4	113	道光十五年九月	承耕字	戳記二方，文同上契	見附件15
5	114	道光十五年十一月	典租收銀字	戳記二方，文同上契	
6	115	道光十五年十一月	備銀典租字	戳記二方，文同上契	
7	180	道光二十七年十月	退耕番田屋契	戳記二方，文曰1「彰化縣正堂魏給樸仔籬保河西總理劉章職戳記」 2「正堂黃給揀東保校栗林saved段內八莊總理生員郭連茹戳記」	
8	352	同治四年八月	胎典田屋收銀字	戳記三方，文曰1「正堂張給揀東上保三角仔庄庄正呂潮清戳記」 2「正堂張揀東上保垻仔街總理張福全戳記」 3「正堂張給揀東上保西大墩庄總理廖得成戳記」	
9	117	同治四年十一月	退耕番田收銀字	戳記一方，文同上契1	
10	52	同治五年十二月	胎借銀字	戳記文「正堂張給揀東上保三角仔庄庄正呂潮請戳記」	
11	122	同治六年二月	退耕居田厝地基字	戳記一方，文曰「正堂韓給揀東上保□□庄正總理張人傑戳記」	
12	331	同治七年五月	杜賣盡根屋宇地基字	戳記一方，文曰「正堂張給揀東上保東大埔厝庄正游盛德戳記」	

13	142	同治十年十二月	退耕田屋 併租收銀字	戳記二方，文曰1「正堂陽給揀東上保望寮庄等總理魏清波戳」 2「正堂蔡給揀東朴仔籬保長黃和合戳」	
14	223	光緒十年十二月	杜退歸管田租收銀字	戳記一方，文曰「正堂蔡給揀東朴仔籬保長黃和合戳」	
15	109	光緒十二年七月	杜退盡根歸管番田收銀字	戳記三方，文曰1「正堂陽給揀東上保頂八庄等庄總理游得升戳」 2「正堂陽給揀東上保三角仔庄總理呂振聲戳」 3「工□□□辦理揀東保團練分局戳記」	
16	54	光緒十四年五月三日	丈單	里堡	

表十一，計十六件，最早道光五年，最晚光緒十四年五月三日。除序號16爲丈單外，其餘十五件都是契約上的戳記，有一契一方，有一契二方，有一契三方。戳記全數計有三十五方。除丈單上爲印刷的「堡」字外，戳記上全用「保」字。保的名稱有：「揀東上保」、「樸仔籬保」、「揀東保」、「揀東樸仔籬保長」。

表十二　《草屯地區古文書專輯》「保」或「堡」契字表

序號	頁碼	契約年份	契約種類	「保」或「堡」字	備註
1	237	嘉慶五年十二月	杜賣盡根契	北投保南埔庄	
2	269	嘉慶九年十月	胎借字	北投保萬寶新庄	
3	11	嘉慶十四年十二月	杜賣盡根契	南北投保草鞋墩庄	
4	42	嘉慶二十年十二月	立找洗契	北投保北投庄	
5	72	嘉慶二十三年十二月	杜賣盡根田契	南北北投保北投庄	
6	46	道光三年二月	杜賣盡根厝蓋地基契	北投保草鞋墩頂庄	
7	246	道光四年十月	杜賣盡根契	北投保草鞋墩庄	

8	43	道光九年二月	找洗字	北投保北投庄	
9	247	道光二十七年十月	轉典契	北投保內木柵	
10	291	道光二十八年十月	杜賣盡根厝地基契	北投保草鞋墩	
11	294	咸豐三年二月	杜賣盡根契	南北投保大哮中庄	
12	74	咸豐十年十二月	杜賣盡根田契	北投保土名崎仔頭庄	
13	14	光緒元年六月	杜賣盡根底地基契	北投保草鞋墩街	
14	106	光緒十年十月	杜賣盡根旱田契	北投保匏仔寮庄	
15	165	光緒十年十二月	找洗契	北投保匏仔寮庄	
16	321	光緒十年	杜賣盡根旱田契	北投保匏仔寮崁仔腳庄	
17	118	光緒十一年十月	典田契	戳記「正堂蔡給南北投保大哮山腳庄總理簡本戳記」	
18	324	光緒十三年十一月	胎借銀字	北投堡崁仔腳庄	
19	259	光緒十六年十二月	杜賣盡根埔園契	北投堡南埔庄	
20	144	光緒十八年十月	轉典田契	北投保月眉厝庄	
21	212	光緒十九年五月	典田契	北投堡頂崁庄	
22	217	光緒十九年十一月	繳典盡根田契	北投保御史崎庄	
23	218	光緒十九年十一月	典旱田契	北投保御史崎庄	
24	181	光緒二十年十二月	杜賣盡根田契	北投保草鞋墩庄	
25	30	明治30年1月	杜賣盡根契	北投堡草鞋墩庄	
26	184	明治30年11月	杜賣盡根田契	北投保萬寶新庄	
27	230	明治33年4月	杜賣盡根埔園契	北投堡頂崁庄	
28	229	明治34年8月	杜賣盡根田契	北投堡頂崁庄	
29	34	明治34年10月	典田契	北投保草鞋墩庄	
30	222	明治34年12月	杜賣盡根田契	北投堡南埔庄	
31	228	明治34年12月	杜賣盡根旱田契	北投堡頂崁仔庄	
32	170	明治34年	杜賣盡根田契	北投堡匏仔寮庄	
33	232	明治35年1月	杜賣盡根田契	北投堡頂崁庄	
34	87	明治35年2月	杜賣盡根田契	北投堡新街	
35	84	明治35年	杜賣盡根田契	貓羅堡縣庄	
36	129	明治35年舊正月	永杜盡根契	北投堡土名大哮山腳下庄	
37	35	明治37年2月	杜賣盡根田契	北投堡草鞋墩庄	
38	88	明治37年2月	杜賣盡根田契	北投堡草鞋墩庄	
39	148	明治37年2月	盡根田契	北投堡石頭埔洋	
40	102	明治37年舊12月	杜賣盡根契	北投堡北投埔庄	
41	332	明治39年1月	杜賣盡根田契	南投廳北投堡草鞋墩庄	

表十二，凡四十件，最早嘉慶五年十二月，最晚明治 37 年舊十二月。清代契約有二十四件，日治契約有十六件。用「保」字的二十四件，用「堡」字的十六件。其中序號 18 光緒十三年十一月件，用「堡」字；序號 21 的光緒十九年五月典田契，用「堡」字。18、21 號應是受劉銘傳丈單之影響。26 號明治 30 年，仍用「保」字，則只是改隸不久，沿用舊慣。此表中之「保」或「堡」名有：「南北投保」、「北投保」、「北投堡」、「貓羅堡」。

表十三　《笨港古文書選輯》「保」或「堡」契字表

序號	頁碼	契約年份	契約種類	「保」或「堡」字	備註
1	44	乾隆四十五年	仝立賣盡絕根契	大槺榔保笨北港	
2	52	嘉慶二十年	仝立賣盡根契	大槺榔保笨北港	
3	54	嘉慶二十年八月	賣杜盡絕根契	大槺榔保北港街	
4	56	嘉慶二十五年八月	賣盡根契	打貓保新南港街	
5	58	道光二年三月	賣杜盡根契	大槺榔保北港街	
6	60	道光九年十二月	賣盡根地基契	大槺榔保北港蚵仔街	
7	62	道光十六年十月	杜賣絕盡根契	二方戳記，一方「正堂陳給斗六保保長張高戳記」 一方「正堂陳給斗六門保保長王進戳記」	
8	64	道光十七年一月	賣杜盡根契	大槺榔保劉厝庄	
9	68	道光十八年七月	杜賣盡根園契	大坵田保塗庫街	
10	74	咸豐二年十二月	賣盡絕根契	大槺榔保笨北港蚵仔街	
11	76	咸豐六年四月	賣杜盡絕根契	大槺榔堡下樹仔腳庄	見附件16
12	78	咸豐六年四月	賣杜盡根契	大槺榔保下樹仔腳庄	見附件17
13	80	咸豐七年八月	杜賣找絕洗盡斷根契	大槺榔保北港街	
14	82	咸豐七年	盡根盡賣□花洗契	大槺榔保笨北港宮后街	
15	84	咸豐七年八月	杜賣找絕洗盡斷根契	大槺榔保北港街	

16	86	咸豐八年五月	杜賣盡根找洗契	大糠榔保笨北港蚵仔街	
17	88	咸豐八年十月	杜賣盡絕根店契	大糠榔保北港街	
18	90	咸豐九年十月	賣杜盡根契	大糠榔保笨北港街	
19	92	同治五年三月	杜賣盡根契	打貓保新南港街	
20	96	同治六年一月	杜賣盡根契	嘉邑牛稠溪保林仔厝庄	
21	100	同治十二年六月	杜絕賣盡根契	打貓西保新港街	
22	108	光緒二年五月	杜賣盡根園契	大坵田保平和厝庄	
23	118	光緒三年三月	杜賣盡根契	嘉邑大糠榔保劉厝庄	
24	122	光緒四年一月	杜賣盡根契	斗六保西尾庄	
25	126	光緒六年一月	杜賣盡根契	大糠榔保扶調家庄	
26	128	光緒六年十一月	賣洗找盡根杜絕契	打貓西保麻園寮庄	
27	130	光緒七年一月	賣杜絕盡根園契	打貓西保新南港街	
28	134	光緒十年五月	杜賣盡根田契	他里霧保阿陳庄	
29	136	光緒十二年三月	杜賣絕盡根店契	大糠榔保北港街	
30	146	光緒十七年三月	賣盡斷根契	雲邑大糠榔保君竹厝庄	
31	150	光緒十八年七月	杜賣盡根契	雲邑大糠榔保笨北港街	
32	152	光緒十九年五月	杜賣盡根契	雲林縣大糠榔保火燒庄	
33	160	明治35年舊12月	贌耕約	斗六廳大糠榔堡樓厝庄	
34	162	明治36年舊3月	贌耕約	嘉義廳大糠榔西堡六斗尾庄	
35	164	明治37年舊12月	贌耕園約	斗六廳大糠榔東頂堡北港宮口街	
36	166	明治39年3月30日	出贌耕園	斗六廳大糠榔東頂堡北港街	
37	168	明治39年3月	贌耕約	他里霧堡五間厝庄	
38	170	明治41年1月	仝立約	斗六廳大糠榔堡北港街	

表十三，計三十八件，最早乾隆四十五年，最晚大正 13 年。屬清代契約三十二件，日治契約六件。清代三十二件，其序號 11，

咸豐六年四月件用「堡」字，其餘全數用「保」字。日治六件，全用「堡」字。又清代三十二件，序號 7 是二方戳記，均作「保」字。保名有「大槺榔保」、「打貓保」、「斗六保」、「斗六門保」、「大坵田保」、「牛稠溪保」、「打貓西保」、「他里霧保」。堡名「大槺榔堡」、「他里霧堡」。

其中序號 11 咸豐六年四月件是清代唯一一件用「堡」字，經比勘，該契與序號 12 件大同小異，而序號 12 件在原契後有批明云：「光緒歲次己卯庚辰辛巳李乞出頭爭較此園首尾三年，稱李樹有畫號，乞無親手畫號，茲聽公親調處，乞願收佛銀拾大元正，並北港埔仔陳景獻此園印契向吳吟官胞姪吳軒支佛銀參拾參大元正，乞亦願甘坐賬銀即日公親交收足訖，隨即舉筆畫號，日後不敢異言生端滋事。恐口無憑，合批明契約，永遠存照，即日同公親收過佛銀拾大員正，完足並照，光緒七年歲次辛巳參月[55]」，可知李乞李樹有糾紛，兩件契約字跡不同（見附件 16、17），序號 11 號件似為日治後所偽造，不足為據。

表十四　《嘉義市古文書選輯》「保」或「堡」契字表

序號	頁碼	契約年份	契約種類	「保」或「堡」字	備註
1	72	嘉慶十年六月	杜賣盡根店契	打貓保南路厝	
2	34	道光十六年七月	杜賣盡根田契	他里霧保	
3	124	咸豐一年四月	賣盡根契	柴頭港保新厝仔庄	
4	126	咸豐九年二月	典契	柴頭港保港仔坪庄	
5	182	同治十年	推收過戶執照	果毅後保果毅保庄	
6	192	光緒十五年十月	丈單	里堡	
7	188	光緒十七年二月	執照	大坵田西保	見附件18
8	190	光緒十八年六月	執照	下茄冬堡	見附件19
9	86	明治32年8月	典契	打貓南堡	
10	134	明治42年3月	分鬮書	打貓北堡甘蔗崙庄	

55 曾品滄《笨港古文書選輯》頁 76-79。

11	70	大正1年10月	嘉義廳付願官租地贌耕	塩水港堡塩水港街	
12	50	大正2年12月	契約書	嘉義西堡嘉義街	
13	176	大正4年4月	契約書	鹿仔草堡鹿仔草庄	
14	54	大正8年3月	一部土地賣渡證	嘉義西堡嘉義街	
15	56	大正9年1月	土地賣渡證記	嘉義西堡嘉義街	

表十四，計十五件，最早嘉慶十年六月，最晚大正 9 年。屬清代的契約八件，日治時期契約七件。清代八件中，有六件用「保」字，二件用「堡」字。用「堡」字二件是序號 6 之光緒十五年十月之丈單，及序號 8，光緒十八年六月之執照。丈單、執照上之「堡」字均爲印刷體。日治七件，全用「堡」字。

「保」名有：「打貓保」、「他里霧保」、「柴頭港保」、「果毅後保」、「大坵田西保」。

「堡」名有：「嘉義西堡」、「鹽水港堡」、「打貓南堡」、「打貓北堡」、「鹿仔草堡」、「下茄冬堡」。

肆、「保」與「堡」混用與誤用的分析

一般人想了解一個地方，最直接的就是看方志。方志在此認知下被閱讀的機會比較多，影響也就比較大。自上引述資料，可見南部全是用「保」字，北部原也是用「保」字，但到道光年間柯培元《噶瑪蘭志畧》開始用「堡」字。但同時人鄭用錫《淡水廳志稿》則用「保」字。可見到道光年間乃有人知道「保」才正確。咸豐年間陳淑均《噶瑪蘭廳志》用「堡」字，但書中《雜識》收姚瑩文，則用「保」字。同治七年陳培桂《淡水廳志》用「堡」字，此後光緒十九年沈茂蔭《苗栗縣志》，光緒十九年不著撰人

《新竹縣采訪冊》，光緒十九年倪贊元《雲林縣采訪冊》全用「堡」字。

柯培元、陳淑均、陳培桂為什麼在志書中用「堡」字，尚待研究。但從《淡水廳志》〈建置志〉〈城池〉內有土城、砲城。大甲城堡、房裏城堡、後壠城堡、中港城堡、中壢新街城堡、桃仔園城堡、枋橋城堡、八里坌城堡、後龍石圍、鹽水港砲台、大安口砲台。[56]可知北台灣開墾之初確有許多城堡，致柯培元等不察，而將保甲之「保」誤為城堡之「堡」。但沈茂蔭《苗栗縣志》、不著撰人《新竹縣采訪冊》、倪贊元《雲林縣采訪冊》之用「堡」字，顯然受劉銘傳清丈的影響。因為劉銘傳清丈台灣田畝之後，所發丈單，其土地坐落之位置只有「里」與「堡」。

以上是方志的情形，至於契約文書，十四個表應該可以充分反映真相。

上面十四表，分別是宜蘭地區、大台北地區、北部地區、新竹關西、新竹市、苗栗縣苑裡地區、台中縣神岡、南投縣草屯地區、雲林縣笨港、嘉義市。也可以說嘉義以北的台灣全包涵在內。就地區而言，是包涵清代「保」的施行地區，台南以南就多用「里」，前已言及。

為了有更充分了解，茲再將前面十四個表綜合成表十五如下：

從表十五，可知本文所找到相關契約件數為二二〇件，其中清代的一八一件，日治三十九件。清代占百分之八二・二七。在清代一八一件中，用「保」字的有一七二件，占百分之九十五・〇二，用「堡」字的八件，占百分之四・四一。用「堡」字的八件中有佃單一件，執照一件，丈單四件，契約二件，見表十六。[57]

56 陳培桂《淡水廳志》卷三〈建置志〉，頁 43-46。
57 表十二序號 11，咸豐六年四月件，已知其偽，故不列入。

佃單、執照、丈單上之「堡」字是印刷體，都可以視爲劉銘傳清丈後發放丈單，上面只印「里、堡」二單位，從此佃單、執照也受其影響。至於契約二件，一件是光緒十六年，一件光緒十九年，顯然二件都可能是受丈單影響。爲什麼說受丈單影響，因爲時間都在丈單之後。

表十五　本文清代契約文書作用「保」或「堡」統計表

表號	件數	清代件數			日治件數		
		總數	「保」字件數	「堡」字件數	總數	「保」字件數	「堡」字件數
表一	16	16	15	1			
表二	3	3	3	0	0	0	0
表三	12	11	11	0	1	1	0
表四	10	4	4	0	6	0	6
表五	13	11	10	1	2	0	2
表六	19	19	19	0	0	0	0
表七	7	6	6	0	1	0	1
表八	9	9	9	0	0	0	0
表九	5	5	5	0	0	0	0
表十	17	17	16	1	0	0	0
表十一	16	16	15	1	0	0	0
表十二	40	24	22	2	16	1	15
表十三	38	32	31	1	6	0	6
表十四	15	8	6	2	7	0	7
總計	220	181	172	9	39	2	37

表十六　本文清代契約文書用「堡」字表

序號	契約年份	契約種類	堡名	備註
1	光緒十四年四月	丈單	里堡	表一.肆-67
2	光緒十四年 五月三日	丈單	里堡	表十一.16，P.54
3	光緒十四年六月	丈單	里堡	表十.17，苑裡P.742
4	光緒十四年十二月	佃單	台北府正堂雷擺接堡 二十八張水尾庄	表五.8，大台北四P.536
5	光緒十五年十月	丈單	里堡	表十四.6，P.192
6	光緒十六年十二月	杜賣盡根 埔園契	北投堡南埔庄	表十二.19，P.259
7	光緒十八年六月	執照	下茄冬堡	表十四.8，P190
8	光緒十九年五月	典田契	北投堡頂崁庄	表十二.21，P.212

日治三十九件中用「堡」字三十七件，占百分之九十四・九，用「保」字二件，占百分之五・一。「堡」字是日本官方文書之用字，「保」字則是新舊交替時代，沿襲舊慣而已。

在清代契約一八一件中，有戳記五十六件，丈單四件，執照七件、佃單一件。戳記四十三件，全用「保」字。丈單四件，全用「堡」字印刷體。佃單用「堡」字，印刷體。執照七件中六件用「保」字印刷體，只一件到光緒十八年六月才用「堡」字。

戳記是官方所頒給，丈單、佃單、執照都是官方所給。只有丈單、佃單是用印刷的「堡」字。執照七件，也只一件用「堡」字，而且晚到光緒十八年。丈單比較早，光緒十四年四月清丈後就發出。但戳記持續清代統治的二一二年，自始至終都是「保」字。

綜合以上論述，已知清代「保」是官方一直認知的單位，民間契字上也一直使用。其改變應是劉銘傳發出丈單之後，但是在戳記、契約的影響也不大。後人對此問題認知紊亂，原因何在？過去學者又有何看法？

有關此問題，伊能嘉矩、連橫、戴炎輝的看法最具代表性。

伊能嘉矩認爲，清代在縣及州、廳以下之地方行政專以委諸自治之設施爲慣例。而台灣之地方區劃大別分爲（一）城市，（二）鄉村。鄉村更分爲：（一）里、堡、鄉、澳，（二）街、庄、鄉。又稱：

> 舊慣上，里在曾文溪流域以南至恆春地方一帶，堡在曾文溪流域以北至宜蘭一帶，又鄉限在台東之地方，澳限在澎湖各島，使用上雖有別，但其性質上相通而同軌也。又街係指人家稠密之街市，至少占一地方主腦地位之地方，庄系指以街為中心而存在之村落，鄉在澎湖使用於街庄之總稱。[58]

伊能氏對於「保」、「堡」、「莊」、「庄」等問題也有所見，曾有考辨云：

> 「保」及近代「堡」字，道光年間所成「彰化縣志」中雖尚使用「保」字，但咸豐年間之「噶瑪蘭廳志」、同治年間之「淡水廳志」等完全使用「堡」字。其他，「庄」古時使用「莊」字，一直至乾隆末年未普遍立里堡之前，殆有獨立姿態之事實也。又在澎湖古時鄉稱為社，後世鄉與社併用。「澎湖廳志」規制記有：「澎湖人民，依水為家，傍涯作室，非澳而何哉？若夫社，即內郡所謂坊里是也。澳社之與坊里，名異而實同。自康熙二十二年平臺而後，招徠安集，以漁以佃，人始有樂土之安，而澳社興焉。」澳社之解乃明[59]。

再看連橫的說法，連氏在《台灣通史》〈疆域志〉中有「坊里」，其文云：

58 伊能嘉矩《台灣文化志》〈中譯文〉〈上卷〉，南投市：台灣文獻委員會，1989 年，頁 379。

59 伊能嘉矩《台灣文化志》〈上卷〉，頁 379-380。

坊里之名，肇於鄭氏。其後新闢之地，多謂之堡。堡者聚也。移住之民，合建土堡，以捍災害。猶城隍也。而澎湖別名為澳。里之大者數十村，或分上下，或劃東西。商賈錯居者謂之街。漢人曰莊。番人曰社。而澎湖亦曰社[60]。

最後看戴炎輝的說法。戴氏在所著《清代台灣之鄉治》[61]中，鄉莊組織、鄉莊職有詳細論述。

在鄉莊組織，戴氏沿襲伊能氏之言云：清代州、廳、縣以下之地方行政，委諸地方自治。台灣之地方區劃，大別之，分爲城市與鄉村。鄉村依其區域之大小，但又因其位置，而異其名稱。大者爲里、保〈堡〉、鄉、澳，小者乃街、莊〈庄〉、鄉。下面對里、保、鄉、澳說明，文云：

里、保、鄉、澳此等名稱，雖依疆域、沿革不同而得；但同是包括二個以上街、莊或鄉之地域。依慣例，里者用於曾文溪流域以南，至恆春一帶地方；保者用於曾文溪流域以北，至宜蘭一帶地方；鄉則限於台東；澳乃限於澎湖各島嶼。按鄭氏時代，在其南路統轄地域，府分為坊，鄉則分里〈連雅堂謂系從保甲編制〉。雍正以後，於新開之北部地方，用保〈堡〉之區劃法：而南部地方仍舊稱里，以免改稱之煩。澎湖之澳，因其地孤懸海外，且由於其鄉村之地勢而得名。台東之鄉，則位置後山〈東部〉而民番雜處，文物未開，稍異於前山〈西部〉，遂以鄉名之。故此等名稱，因地勢及開拓之先後而異。蓋不尚統一，而任其自然也。[62]

60 連横《台灣通史》，台灣通史社，大正 9 年，〈疆域志〉，頁 142-143。
61 戴炎輝《清代台灣之鄉治》，台北市：聯經出版公司，1979 年。
62 戴炎輝《清代台灣之鄉治》，頁 217。

上面引述三人之對保、堡之論，可以看到伊能氏知道道光《彰化縣志》仍用「保」字。但咸豐以下《噶瑪蘭廳志》、《淡水廳志》等，完全使用「堡」字。這種說法有二個盲點，第一，不知「保」字乃是「保甲」之「保」。如果知道是「保甲」之「保」就不能變「堡」。第二，咸豐以下也只是幾本方志的用「堡」字，民間契約、官頒戳記、官方執照都還用「保」字。

至於連橫的看法，完全是望字生義，「堡」當然是土堡、城堡、堡壘，所以連氏說「移住之民，合建土堡，以捍災害」，連氏可能未見到《彰化縣志》，否則《彰化縣志》上說：「保，即保甲之義也。」並非土堡。

戴炎輝大致沿襲伊能氏的看法，但他看到保、堡並存的事實，他不去特別談論，這是不能面對問題，又不能指出咸豐以下《噶瑪蘭廳志》的錯誤，所以含混過去。其實他很清楚，「保」是「保甲」之「保」。看他的書就知道了。他寫《清代台灣之鄉治》，看了《淡新檔案》，看了台灣的方志，他應該有困惑，但他只是用「保〈堡〉」的方式，好似二字可以相通，二字意思一樣，用法一樣。這種不負責的做法在研究上是不對的。如果他當年面對此一問題，也不用筆者今日寫此文了。

從三個人的論述，可以看到今天錯誤由來的軌跡。先是咸豐以下《噶瑪蘭廳志》的錯用「堡」字，再看劉銘傳的清丈總機關設在台北，也受錯誤方志的影響，在丈單中用了錯誤的「堡」字，於是原是方志的錯，變成官方的錯，之後再由官方的錯而形成全民的錯。日本治台，不加深究，以為「堡」字是理所當然，在土地文書上全面採行。於是官民全體一致用「堡」字。

伍、結　論

「保，即保甲之義也。」誠哉斯言，周璽的話是千古不變的史實。台灣地方行政區劃，「保」字才是正確的字。

最先用錯誤的「堡」字，是道光年間柯培元的《噶瑪蘭志畧》，但同時期的周璽《彰化縣志》、鄭用錫《淡水廳志稿》都仍用「保」字。不幸，咸豐年間陳淑均《噶瑪蘭廳志》、同治陳培桂《淡水廳志》繼續沿用「堡」字；到光緒沈茂蔭《苗栗縣志》，不著撰人《新竹縣采訪冊》、倪贊元《雲林縣采訪冊》全用「堡」字。於是雲林以北的台灣全部淪陷於「堡」字中。更不幸的是劉銘傳清賦，所發丈單，其土地坐落只有兩個單位，即「里、堡」。只要不是里，便是「堡」。從此清丈的土地位置全在里、堡之下。

日人不察，沿用錯誤的「堡」字，以至官方用之，民間也約定俗成，一體通行。可是在柯培元以下錯用「堡」字之時，民間契約文書，以及官方文書，及官方頒行之戳記，以及執照等，仍然繼續使用「保」字直到清治末期。民間契約甚至在日治初期仍然使用「保」字。

歸納以上論述，可得總結如下：

第一，清代的地方行政區劃單位「保」字才正確。因爲它是「保甲」之「保」。「堡」字是錯字。

第二如果引用柯培元等錯誤用「堡」字的書，繼續用「堡」字也可接受，因爲是引用原書原文。

第三，日治時期官方民間全用「堡」字，約定俗成，也沒有人深究。「保」與「堡」遂混用至今。

附件一

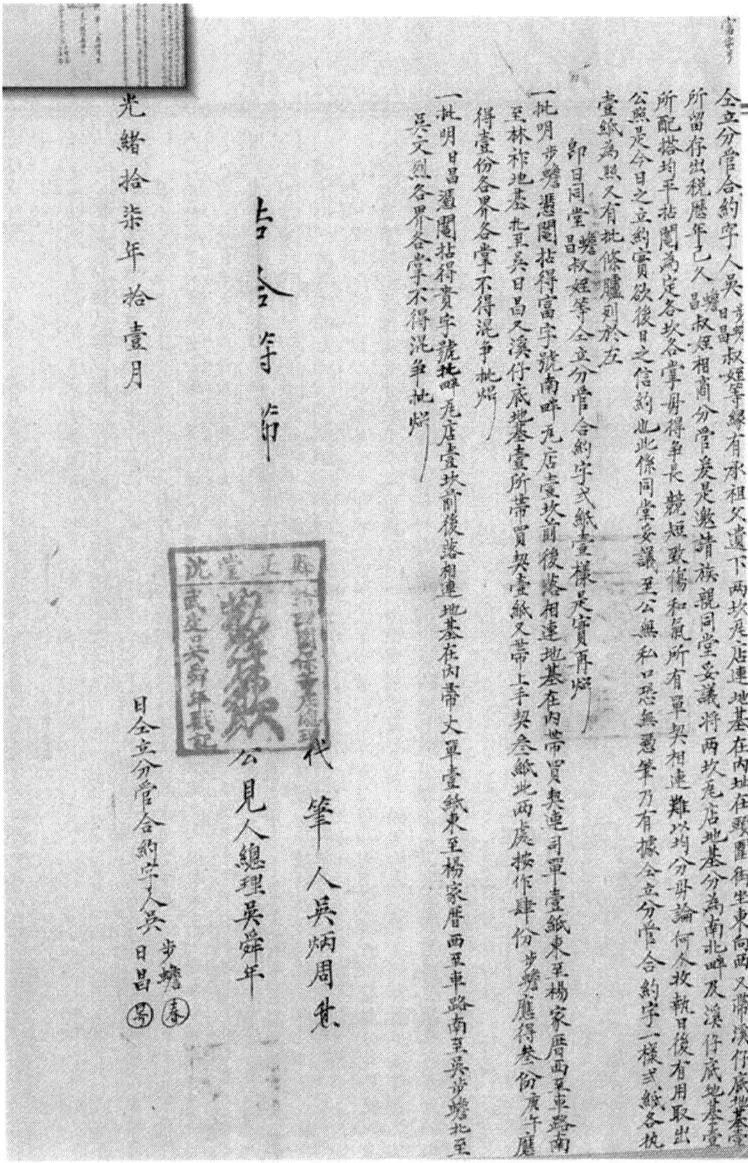

仝立分管合約字人吳步蟾、日昌叔姪等，緣有承祖父遺下兩坎厝店連地基在內，址在頭圍街坐東向西，又帶溪仔底地基壹所，留存出稅歷年已久。昌叔姪相商分管，爰是邀請族親同堂妥議，將兩坎厝店地基分為南北畔及溪仔底地基壹所，配搭均平，拈鬮為定，各坎各掌，毋得爭長競短，致傷和氣。所有單契相連難以均分，毋論何人收執，日後有用取出公照。是今日之立約，實欲後日之信約，此此條同堂妥議，至公無私，口恐無憑，筆乃有據，仝立分管合約字一樣式紙，各執壹紙為照。又有批條臚列於左。

即日同堂步蟾、昌叔姪等仝立分管合約字式紙，壹樣是實。再照。

一批明：步蟾憑鬮拈得富字號南畔厝店壹坎，前後路相連，地基在內，帶買契連司單壹紙，東至楊家厝，西至車路，南至林祚地基，北至吳日昌；又溪仔底地基壹所，帶買契壹紙，又帶上手契叁紙，此兩處按作肆份，步蟾應得叁份，日昌應得壹份，各界各掌，不得混爭。批照。

一批明：日昌憑鬮拈得貴字號北畔厝店壹坎，前後路相連，地基在內，帶大單壹紙，東至楊家厝，西至車路，南至吳步蟾，北至吳文烈，各界各掌，不得混爭。批照。

代筆人吳炳周 書

公見人總理吳舜年

光緒拾柒年拾壹月 日仝立分管合約字人吳步蟾、日昌

附件二

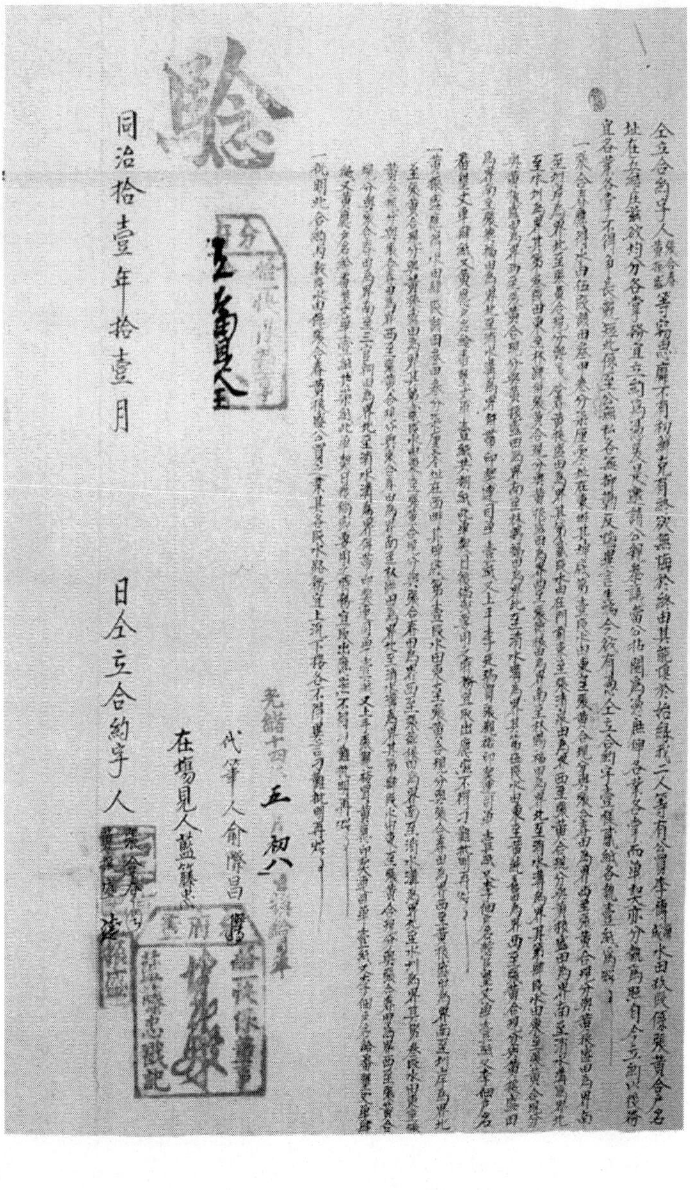
驗

光緒十四年五月初八日

代筆人俞際昌

在場見人藍篤忠

同治拾壹年拾壹月

日仝立合約字人

附件三

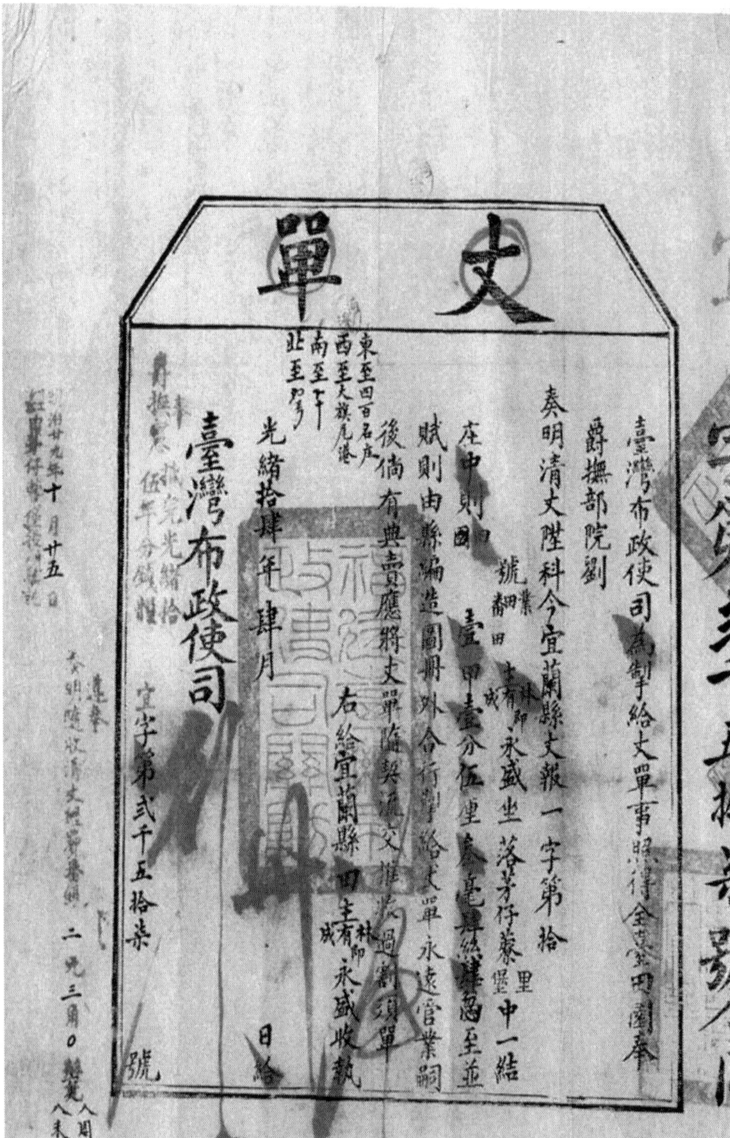

丈單

臺灣布政使司為製給丈單事照得全臺田園奉
爵撫部院劉
奏明清丈陞科今宜蘭縣丈報一字第拾　號
庄中則田　坐落茅仔寮　里堡中一結
壹甲壹分伍厘叁毫肆絲肆忽至並
賦則由縣編造圖冊外合行製給丈單永遠管業嗣
後倘有典賣應將丈單隨契流交推收過割須單
右給宜蘭縣　田業主林卯永盛收執
光緒拾肆年肆月　日給
東至四百石庄
西至大旗尾港
臺灣布政使司
宜字第弍千五拾柒號

附件四

附件五

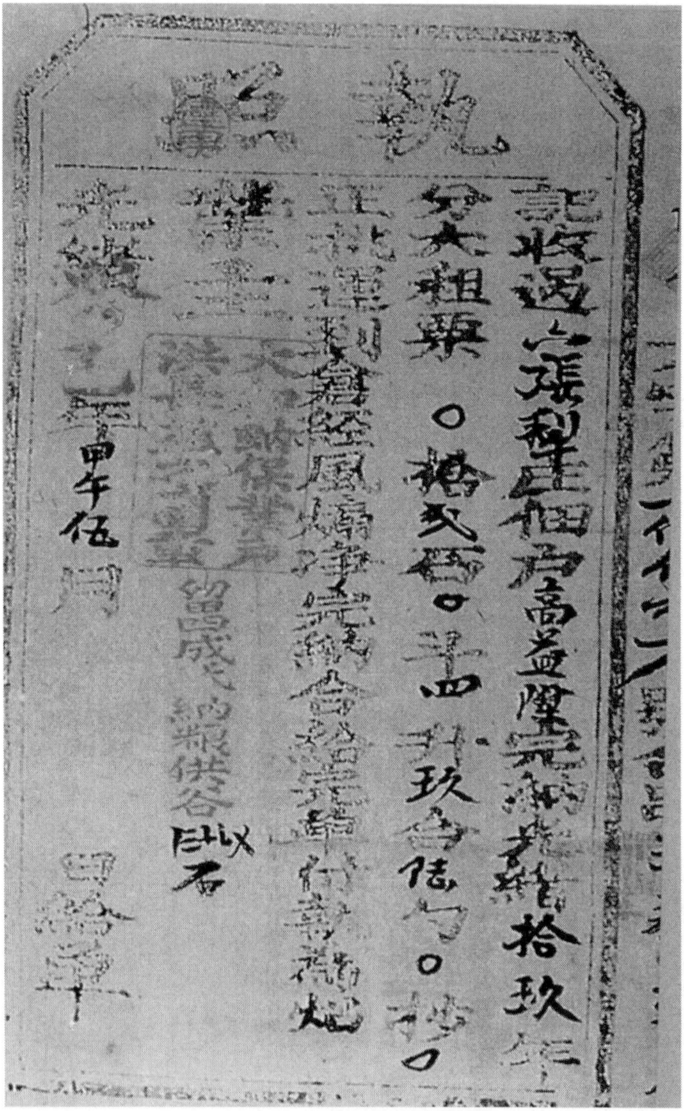
執照

訖收過六張犁庄佃戶高益隆完納光緒拾玖年

分大租粟○拾叁石○斗四升玖合陸勺○抄○

光緒貳拾年甲午伍月 日給

附件六

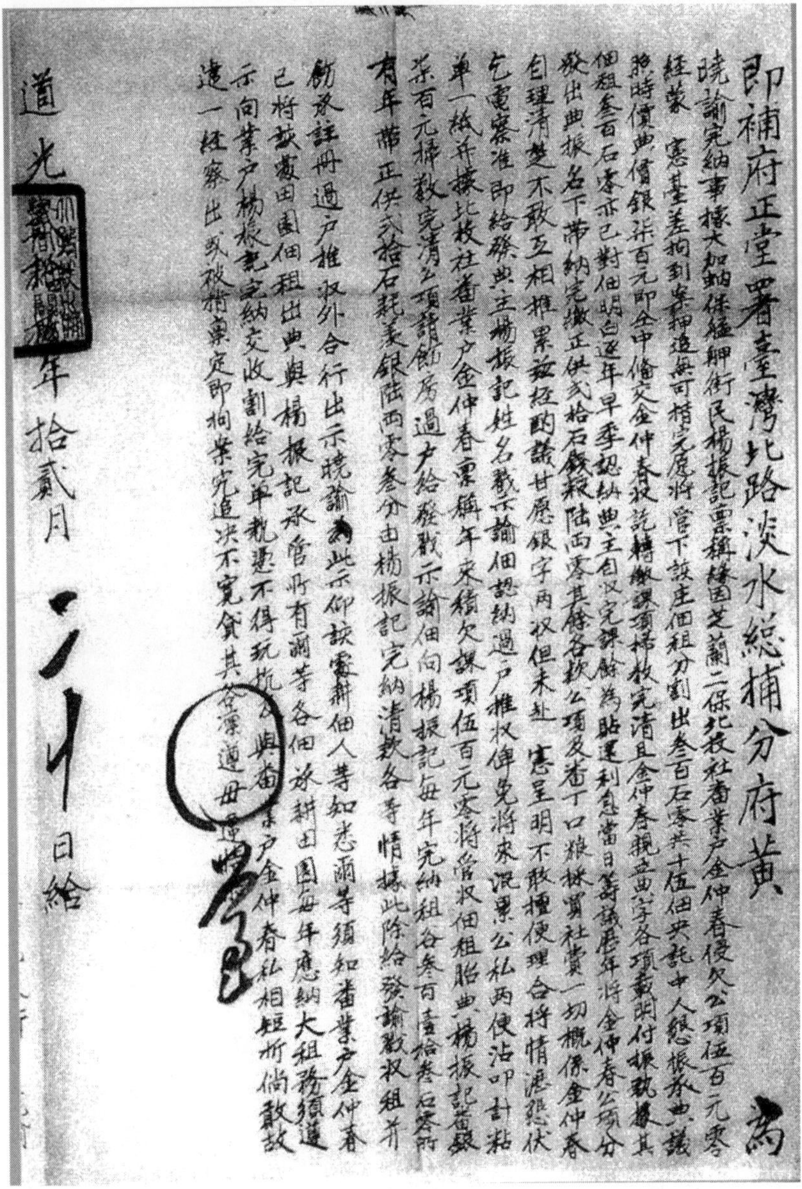
即補府正堂署臺灣北路淡水總捕分府黃　為
曉諭完納事據大加蚋保艋舺街民楊振記稟稱緣因芝蘭二保北投社番業戶金仲春侵欠公項伍百元零
經蒙　憲臺差拘到案押追無可措完愿將管下該庄佃租分割出叁百石零共十伍佃央託中人說振承典議
明時價典價銀柒百元即全中備交金仲春收訖轉繳課項歸款完清且金仲春親立典字各項載明付振執憑其
佃租叁百石零亦已對佃明白逐年早季認納典主自收完課餘為貼還利息當日壽議歷年將金仲春公項分
撥出典振名下帶納完繳正供貳拾石銀穀陸两零其餘各款公項及番丁口糧林賈社費一切概係金仲春
自理清楚不敢互相推累致誤酌議甘愿銀字两收但未赴　憲呈明不敢擅便理合將情瀝懇伏
乞　電察准即給發典主楊振記姓名戳示諭佃認納過戶推收俾免將來混累公私两便沾叩計粘
單一紙并據北投社番業戶金仲春稟稱年來積欠課項伍百元零將管收佃租胎典楊振記備銀
柒百元歸款完清公項請飭房過戶給發戳示諭佃向楊振記每年完納租谷叁百壹拾叁石零两
有年帶正供貳拾石耗羨銀陸两零叁分由楊振記完納清款各等情據此除給發諭戳收租并
飭承註冊過戶推收外合行出示曉諭　為此示仰該處耕佃人等知悉爾等須知番業戶金仲春
已將該處田園佃租出典與楊振記承管所有爾等各佃承耕田園每年應納大租務須遵
示向業戶楊振記完納交收割給完單執憑不得玩抗　與番業戶金仲春私相短折倘敢故
違一經察出或被指稟定即拘案究追決不寬貸其各凜遵毋違特示
道光　年拾貳月　日給

附件七

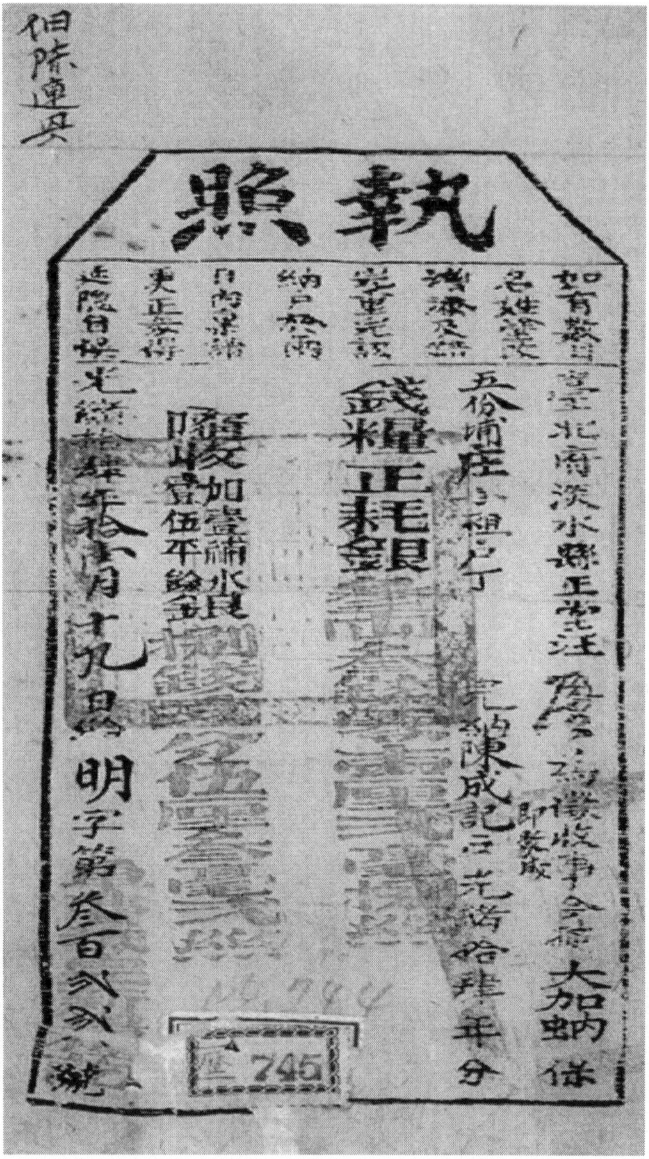

執照

臺北府淡水縣正堂汪 為[illegible]徵收事，今據 大加蚋堡

五份埔庄 祖戶丁 完納陳成記 即蔡成 光緒拾肆年分

錢糧正耗銀

隨收加耗補水銀 壹伍平餘銀

光緒拾肆年拾壹月十九日給

明字第叁百叁拾叁號

附件八

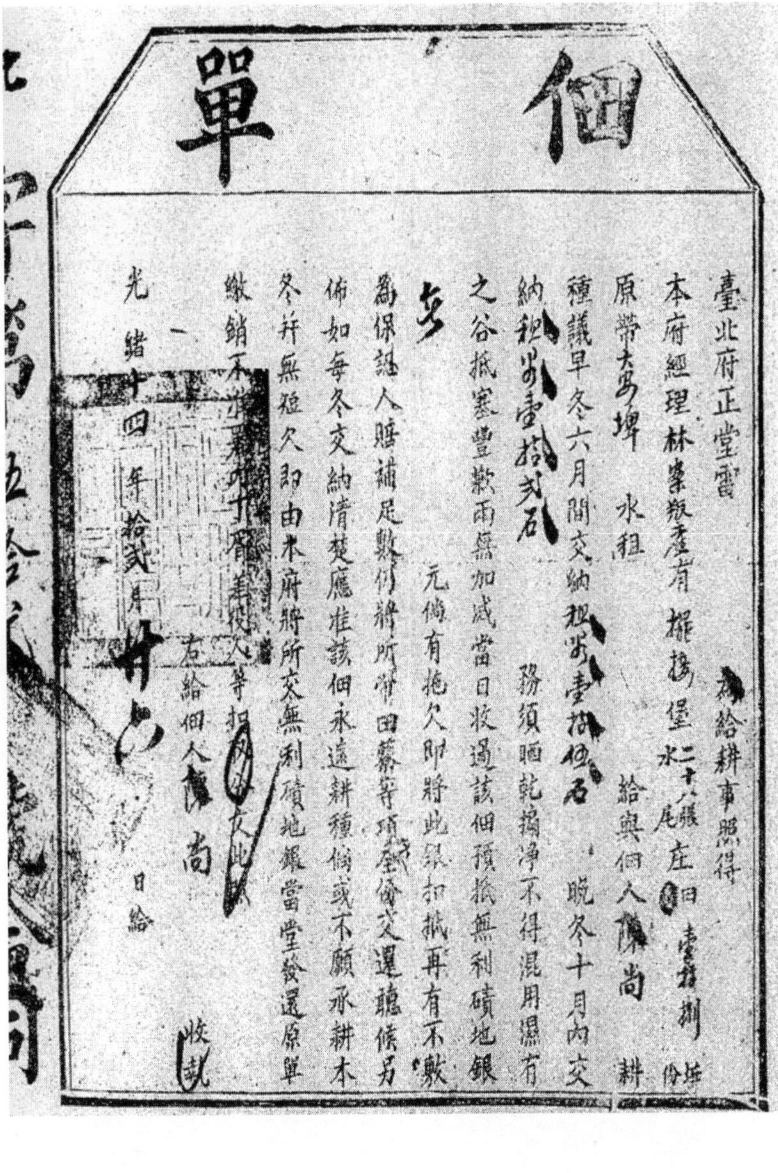

佃單

臺北府正堂雷 爲給耕事照得
本府經理林案叛產有 擺接堡水 二十八張犁庄 旧
原帶大安埤 水租 給與佃人陳尚 耕
種議早冬六月間交納租谷壹拾伍石 晚冬十月內交
納租谷壹拾弍石 務須晒乾摃淨不得混用濕冇
之谷抵塞豐歉兩無加減當日收過該佃積抵無利磧地銀
弍 元倘有拖欠即將此銀扣抵再有不敷
爲保認人賠補足數仍將所帶田蓉等項全行交還聽候另
佃如每冬交納清楚應准該佃永遠耕種倘或不願承耕本
冬并無租欠即由本府將所交無利磧地銀當堂發還原單
繳銷不[illegible]
右給佃人陳尚 收執
光緒十四年拾弍月廿六日給

附件九

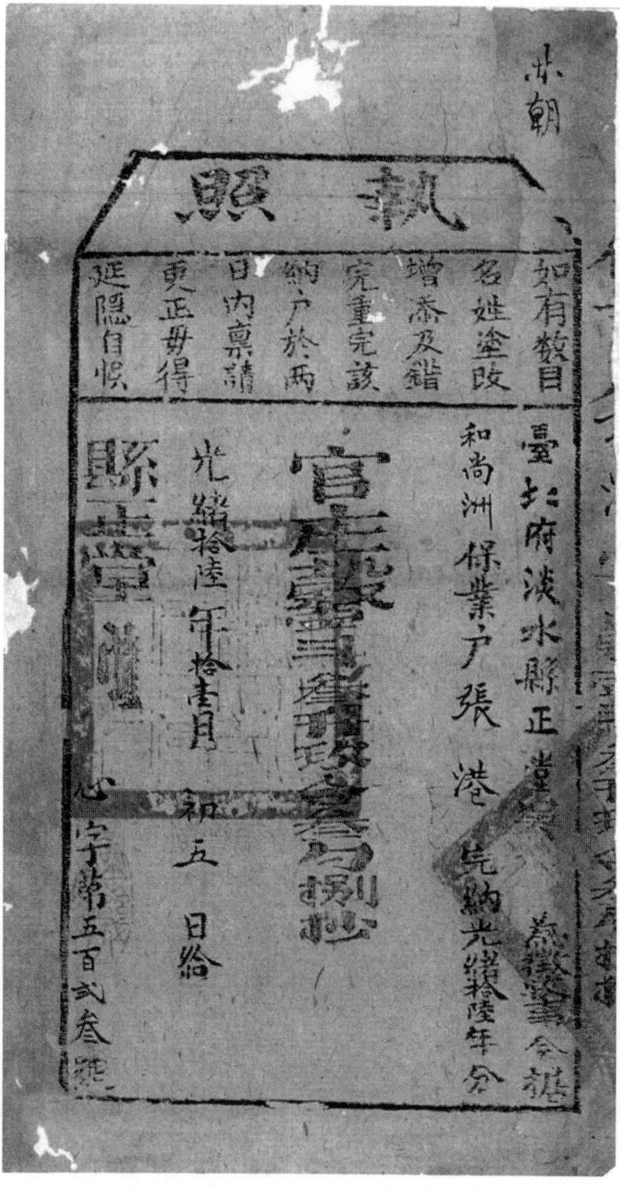
執照

如有數目名姓塗改增添及錯完重完該納戶於兩日內稟請更正毋得延隱自悞

臺北府淡水縣正堂[illegible]為徵[illegible]給

和尚洲保業戶張 港 完納光緒拾陸年分

官[illegible]

光緒拾陸年拾壹月初五日給

縣[illegible]

心字第五百貳叁號

附件十

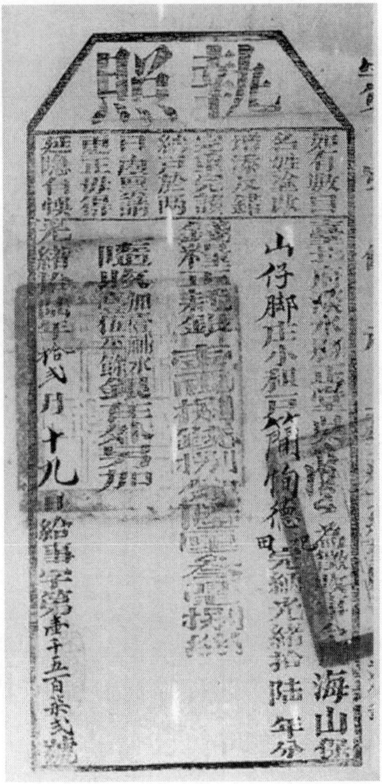

執照

山仔脚庄小租戶簡恂德 完納光緒拾陸年分

海山堡

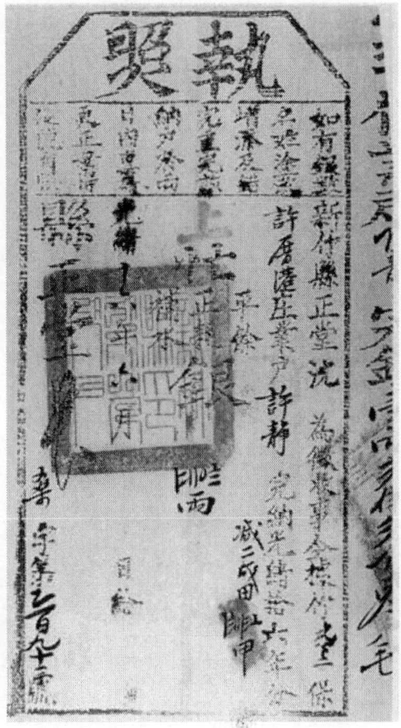

執照

如有錢糧新竹縣正堂沈 為徵收事今據竹塹一保

許厝港庄業戶許靜 完納光緒拾六年分

附件十一

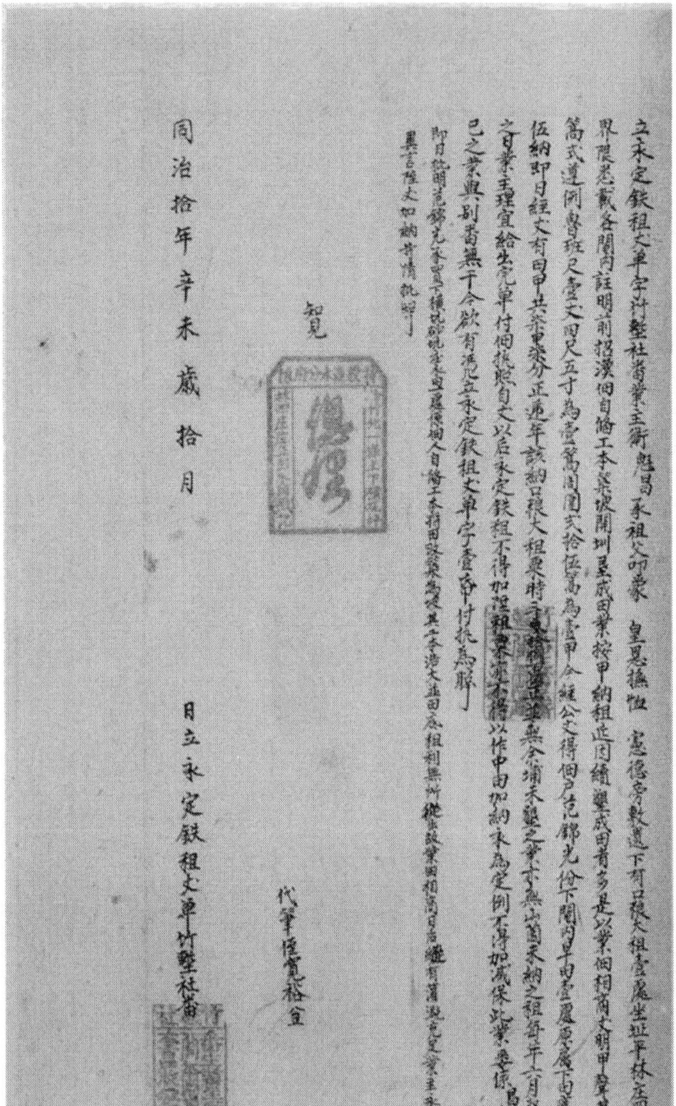

立永定䘏租丈單字竹塹社番業主衛鬼馬 承祖父所蒙 皇恩撫恤 憲德旁敷 遺下有口糧大租壹處坐址平林莊崙至

界限悉載各鬮內註明 前招漢佃自備工本築陂開圳墾成田業 按甲納租 近因續墾成田者多 是以業佃相商丈明甲聲[illegible]

篙式遵例曾經足壹丈四尺五寸為壹篙 篙周圍弍拾伍篙為壹甲 今經公丈得佃戶范鄧光侃下鬮內早田壹甲[illegible]

伍納即日經丈有田甲共玖甲柒分正 逓年該納口糧大租粟[illegible]時[illegible]無 今補未墾之[illegible]之租 每年六月收租

之日業主理宜給出完單付佃執照 自丈以后永定䘏租不得加[illegible]租[illegible]不得以作中由加納 永為定例 不得加減 保此業[illegible]自

己之業 與別番無干 今欲有憑 兄立永定䘏租丈單字壹紙付執為照

即日批明[illegible]

異言[illegible]加納[illegible]批照

知見

代筆[illegible]

同治拾年辛未歲拾月 日立永定䘏租丈單字竹塹社番[illegible]

附件十二

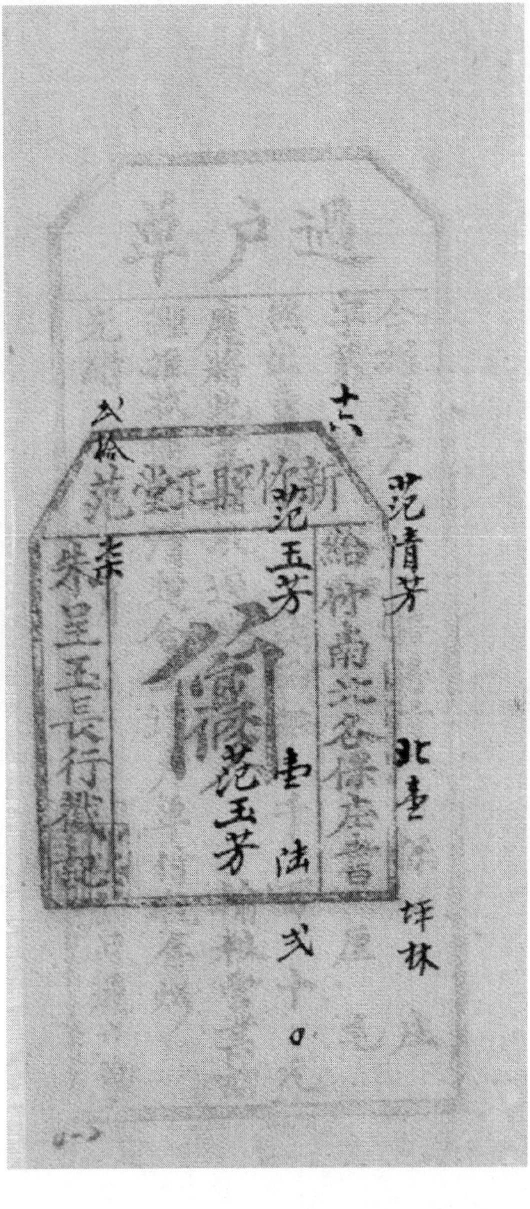

附件十三

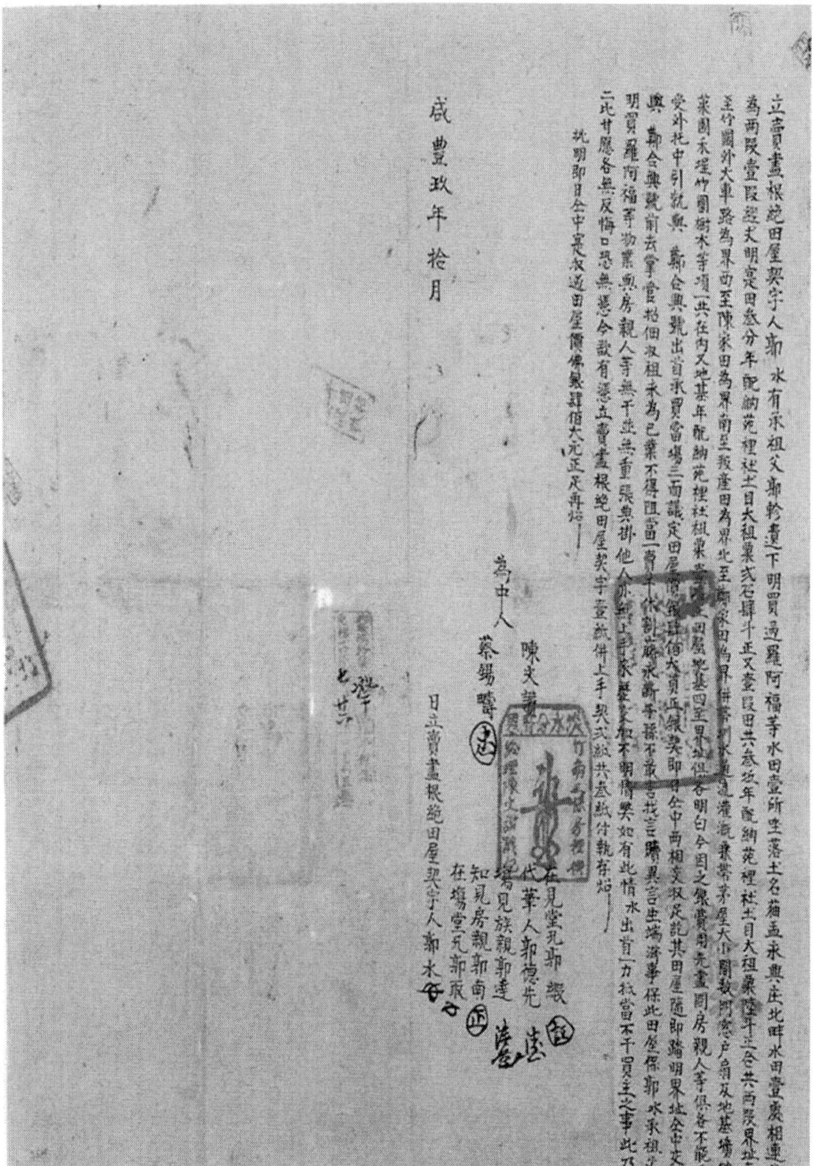
立杜賣盡根絕田屋契字人鄭水有承祖父鄭輪畫遺下明買過羅阿福等水田壹所坐落土名貓盂永興庄北畔水田壹處相連分為兩段壹段經丈明定田叁分年配納苑裡社土目大租粟弍石肆斗正又壹段田共叁分年配納苑裡社土目大租粟陸斗正合共兩段界址東至竹圍外大車路為界西至陳家田為界南至我產田為界北至鄭家田為界併帶圳水通流灌溉兼帶茅屋大小間數門窗戶扇及地基埸地菜園禾埕竹圍樹木等項一共在內又地基年配納苑裡社租粟[illegible]田屋地基四至界址俱各明白今因乏銀費用先盡問房親人等俱各不能承受外托中引就與 鄭合興號出首承買當場三面議定田屋時值價銀[illegible]佰大員正銀契即日仝中兩相交收足訖其田屋隨即踏明界址仝中交付與 鄭合興號前去掌管招佃收租永為己業不得阻當一賣千休割藤永斷子孫不敢言找言贖異言生端滋事保此田屋係鄭水承祖父明買羅阿福等物業與房親人等無干並無重張典掛他人亦無上手來歷交加不明情弊如有此情水出首一力抵當不干買主之事此乃二比甘愿各無反悔口恐無憑今欲有憑立賣盡根絕田屋契字壹紙併上手契弍紙共叁紙付執存炤

批明即日仝中實收過田屋價佛銀肆佰大元正足再炤

為中人 蔡錫疇
陳[illegible]

在見堂兄鄭[illegible]
代筆人鄭德先
在場見族親鄭達
知見房親鄭南
在場堂兄鄭[illegible]

咸豐玖年拾月 日立賣盡根絕田屋契字人鄭水

附件十四

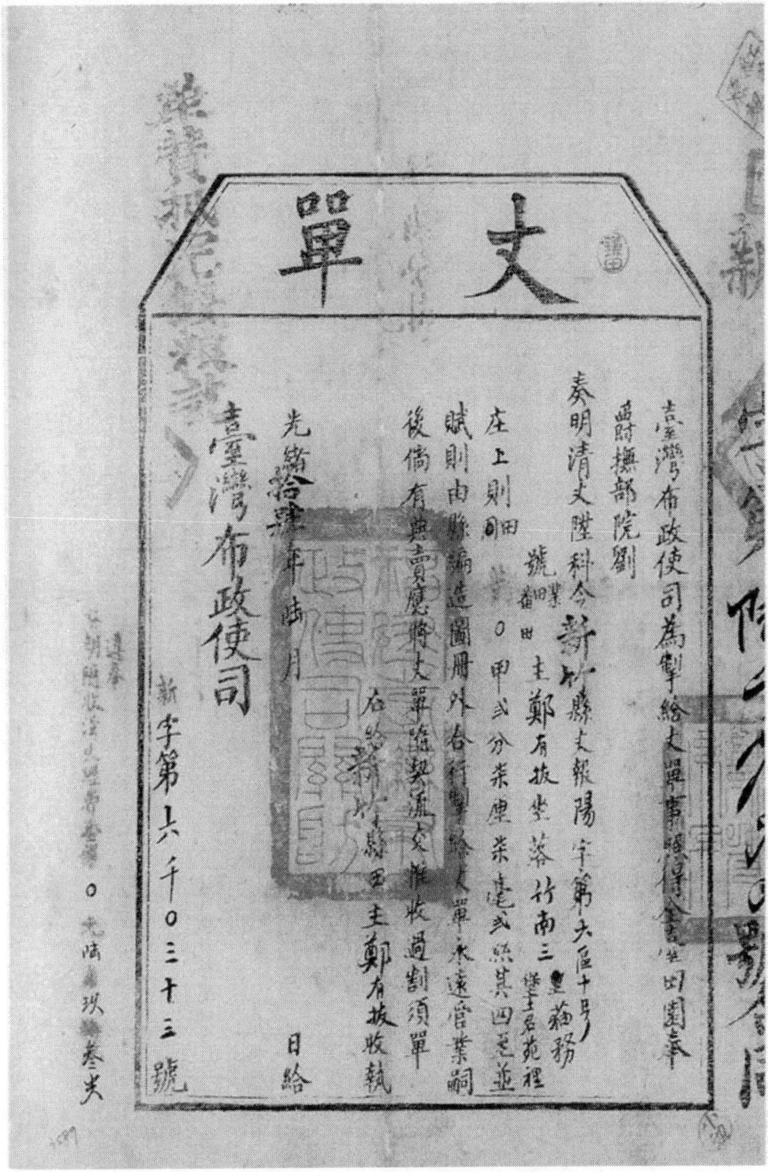

丈單

臺灣布政使司為掣給丈單事照得[illegible]坐田園奉

爵撫部院劉

奏明清丈陞科今新竹縣丈報陽字第大區十号

號業田主鄭有拔坐落竹南三堡土名苑裡[illegible]

庄上則田○甲弍分柒厘柒毫弍絲其四至並

賦則由縣編造圖冊外合行掣給丈單永遠管業嗣

後倘有典賣應將丈單隨契流交推收過割須單

右給新竹縣田主鄭有拔收執

光緒拾肆年　月　日給

臺灣布政使司

新字第六千○三十三號

附件十五

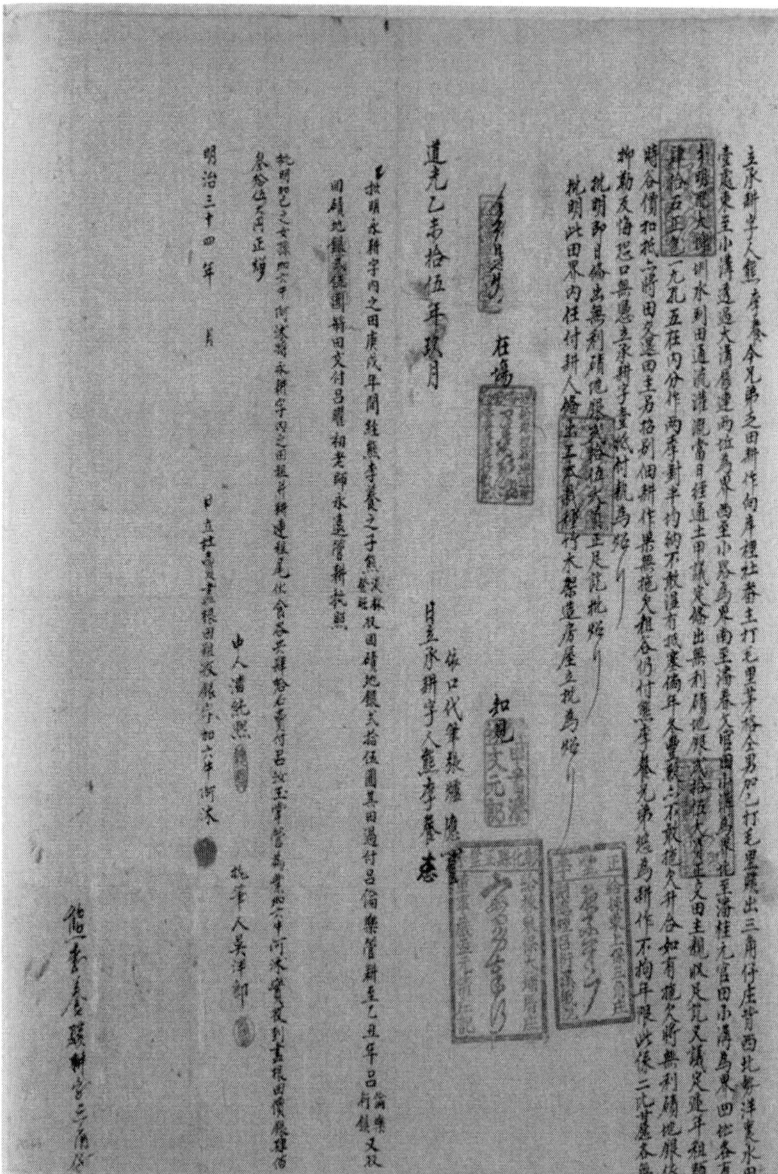

附件十六

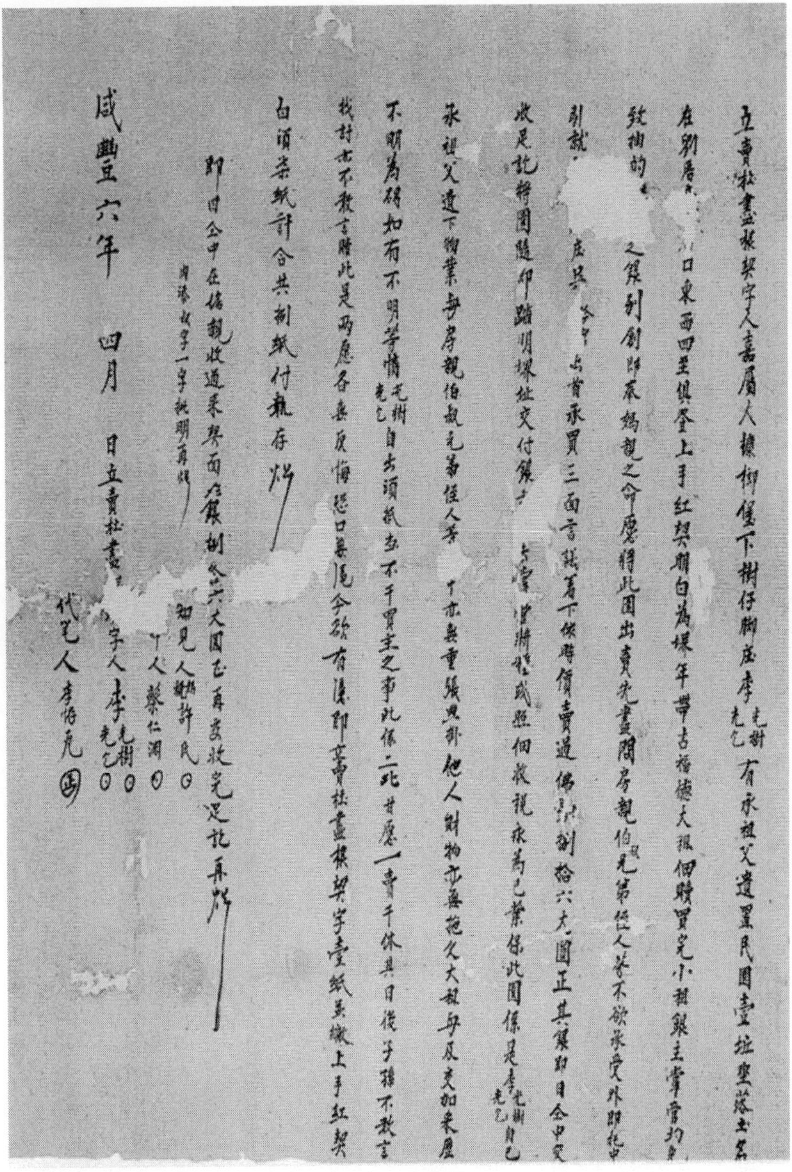
立賣杜盡根契字人嘉屬大糠榔堡下樹仔腳庄李光樹光乙有承祖父遺置民園壹坵坐落土名
在劉厝〃口東西四至俱登上手紅契明白為界年帶古積德大租佃贌買完小租銀主當會
致抽的〃之銀別創即承媽親之命愿將此園出賣先盡問房親伯叔兄弟侄人等不欲承受外即托中
引就庄吳乞中出首承買三面言議著下保時價壹遺佛銀捌拾六大圓正其銀即日仝中交
收足訖將園隨即踏明界址交付銀主出首掌管耕作或胚佃收稅永為己業保此園係是李光樹光乙自己
承祖父遺下物業無房親伯叔兄弟侄人等亦無重張典掛他人財物亦無拖久大租并及交加未歷
不明為碍如有不明等情光樹光乙自出頭抵擋不干買主之事此係二比甘愿一賣千休其日後子孫不敢言
找討亦不敢言贖此是兩愿各無反悔恐口無憑今欲有憑即立賣杜盡根契字壹紙并繳上手紅契
白頭參紙計合共肆紙付執存炤
即日仝中在場親收過契面佛銀捌拾六大圓正再批收完足訖再炤
內添改字一字批明再炤
知見人胞兄李許氏 ◯
中人蔡仁潤 ◯
咸豐六年　四月　日立賣杜盡根契字人李光樹光乙 ◯◯
代筆人李悟元 ◯

附件十七

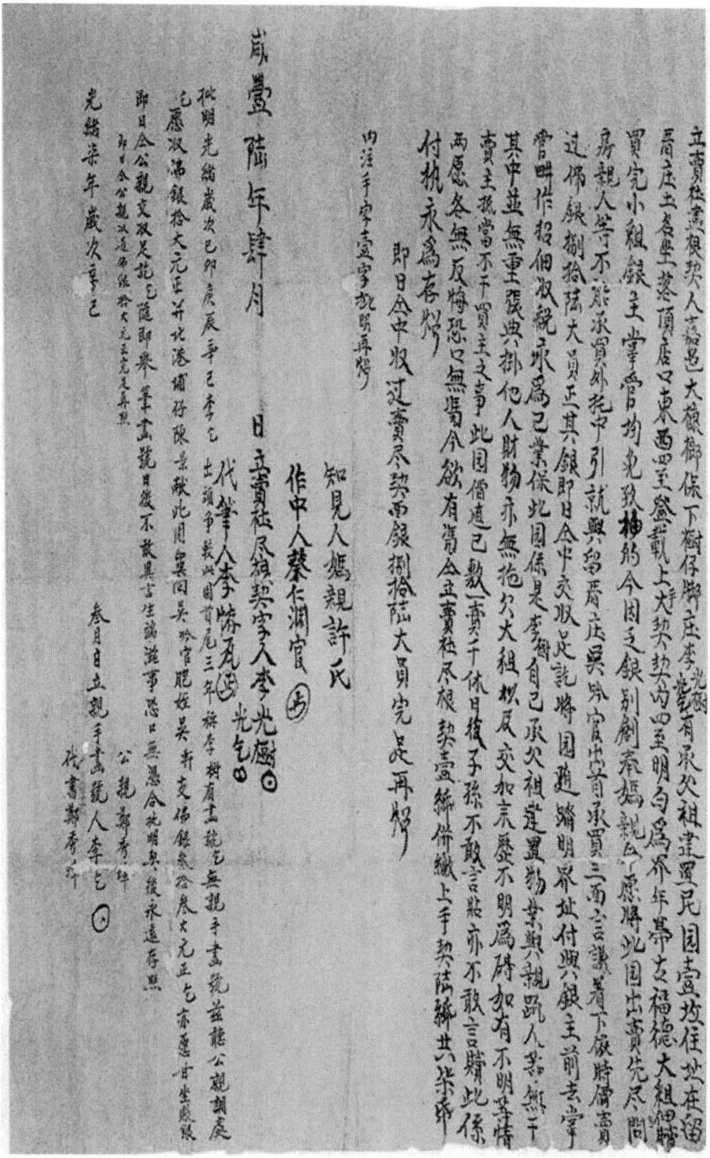

立賣杜盡根契人嘉邑大槺榔堡下樹仔腳庄李光樹，有承父祖建置民園壹坵，址在溜
霄庄土名坐落頂厝口，東西四至登載上手大契，契內四至明白為界，年帶大福德大租銀肆
員完小租銀主掌管拘收致納。今因乏銀別創，[illegible]願將此園出賣，先盡問
房親人等不能承買，外托中引就與溜霄庄吳吟官出首承買，三面言議着下價時價賣
过佛銀捌拾陸大員正，其銀即日仝中交收足訖，將園踏明界址付與銀主前去掌
管耕作，招佃收稅，永為己業，保此園係是李樹自己承父祖建置物業，與親疏人等無干，
其中並無重張典掛他人財物，亦無拖欠大租，及交加來歷不明為碍，如有不明等情，
賣主抵當，不干買主之事。此園價值已敷，賣干休，日後子孫不敢言貼，亦不敢言贖。此係
兩愿，各無反悔，恐口無憑，今欲有憑，仝立賣杜盡根契壹紙，併繳上手契陸紙，共柒紙，
付執永為存炤。

即日仝中收过賣尽契面銀捌拾陸大員完足，再炤。

內注手字壹字批明再炤。

知見人嫣親許氏

作中人蔡仁淵官

代筆人李嵘瓦

[illegible]壹陸年肆月 日 立賣杜盡根契字人李光樹 光乞

批明光緒歲次己卯庚辰年己李乞出頭爭裁此園前尾三年，經李樹有立畫號乞無親手畫號，並請公親胡慶
乞愿收清銀拾大元正，并北港[illegible]示秋此園與吳吟官毘姪吳[illegible]支佛銀叁拾叁大元正乞[illegible]
即日仝公親交收足訖，乞隨即舉筆畫號，日後不敢具言生端滋事，恐口無憑，合批明，與後永遠存照。
即日仝公親收過佛銀拾大元正完足再照。

光緒柒年歲次辛巳 叁月 日立親手畫號人李乞

公親郭秀[illegible]

代書郭秀[illegible]

附件十八

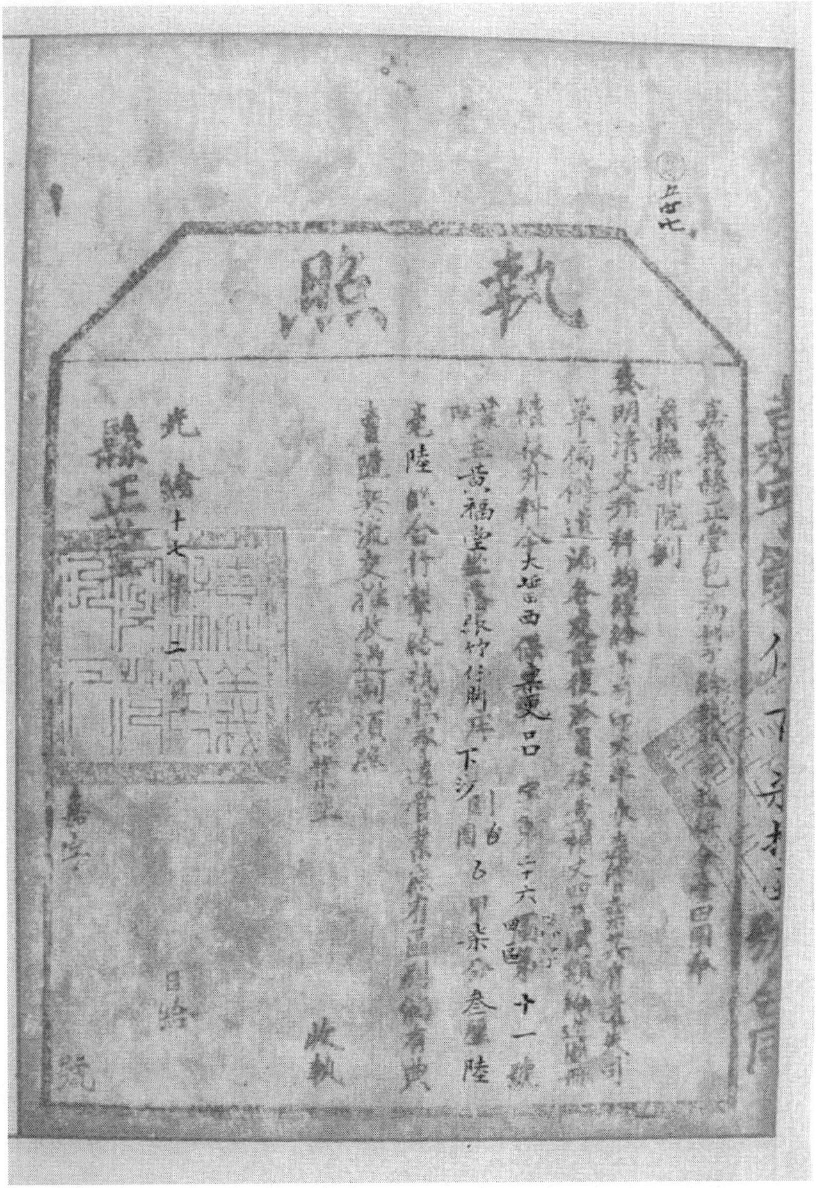

附件十九

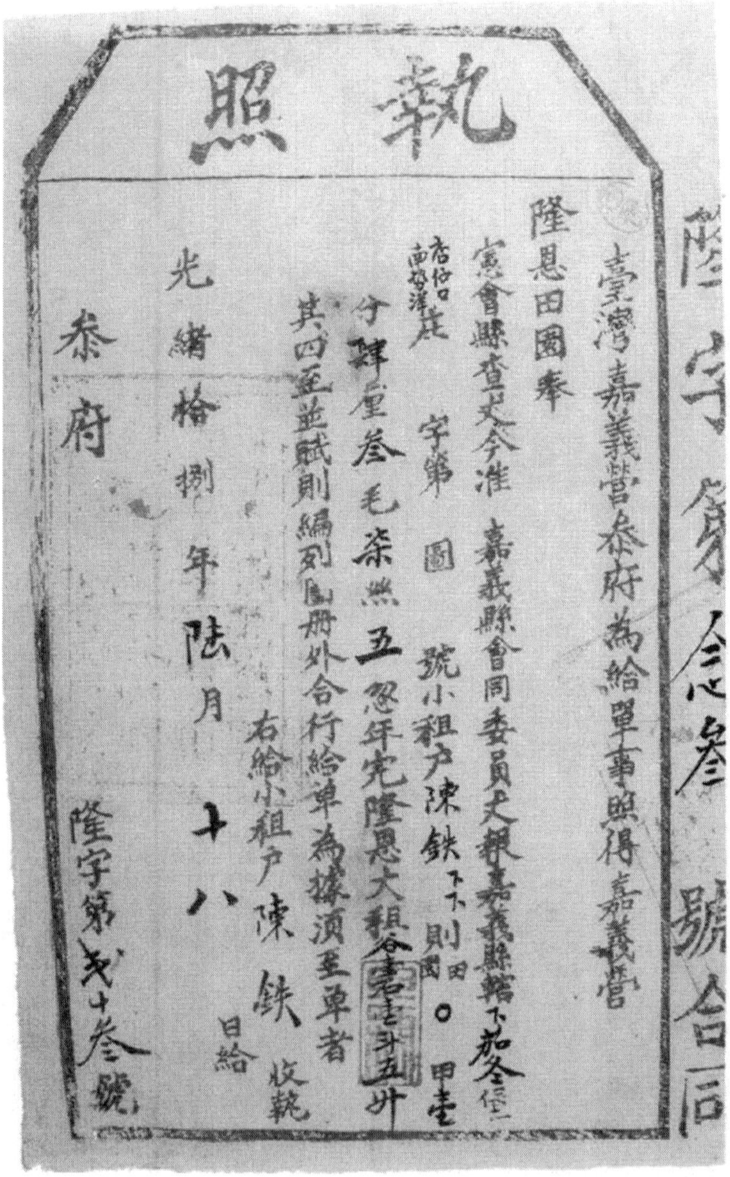

執照

隆字第念叁號合同

臺灣嘉義營叅府為給單事照得嘉義營

隆恩田園奉

憲會縣查丈今准　嘉義縣會同委員丈報嘉義縣轄下茄苳堡一

杏仔口南勢港庄　字第　圖　號小租户陳鉄　下下則田　則園　○甲壹

分肆釐叁毛柒絲五忽年完隆恩大租谷壹石壹斗五升

其四至並賦則編列圖冊外合行給單為據須至單者

右給小租户　陳　鉄　收執

光緒拾捌年陸月十八日給

叅府

隆字第弍十叁號

清代草屯地區開發史 — 以地名出現庄街形成爲中心

壹、引　言

南投縣一市十二鄉鎮，南投市爲縣政府所在地，有十餘萬人，草屯鎮有九萬餘人，埔里鎮八萬餘人，竹山鎮六萬餘人，集集鎮一萬餘人，名間鄉四萬餘人，鹿谷鄉二萬餘人，中寮鄉一萬餘人，魚池鄉一萬餘人，國姓鄉二萬餘人，水里鄉二萬餘人，信義鄉一萬餘人，仁愛鄉一萬餘人。草屯鎮人口數目排在第二位。南投市因爲是政治中心，文教機構多設在當地，故成爲縣境之首善之區。如就經濟之富裕，交通之樞紐，人文之薈萃，草屯實執縣境之牛耳。

草屯平原之廣闊，土地之肥沃，河流之密布，灌溉工程之發達，自古已然。草屯之交通，由南到北，由北到南，由西到東，由東到西，爲輻輳之地。道光間閩浙總督劉韻珂之入出埔里，均經北投；光緒後之鹿港擔埔社，以草屯爲中點站。地位交通之重要，在縣境除竹山外，殆無可比擬。

草屯之繁榮發達在歷史上已充分表現，所以要了解今日草屯之經濟富裕，實可自其歷史中求得其真相。因此，本文從聚落之形成來討論草鞋墩之開發史，除了求真之外，也不無鑑古知今的實用價值。

貳、北投社原住民是最早的先住民

草屯境內，有十一處的考古遺址，分別是：草鞋墩（大墩）、草溪路、隘寮、中原（頂崁仔）、三層崎、土城、茄荖山、平林、雙冬、下雙冬、石灼仔等，[1]或屬牛罵頭文化，或屬營埔文化。牛罵頭文化約在西元前三千年至二千年前；營埔文化約在西元前二千年至公元後。[2]

這些史前遺址的發現，說明草屯地區距今五千年前就已有人類居住，而且從遺址分布廣闊，可以證明草屯的每一個地方都曾經有人類居住。草屯正是一個適合人類居住的地方。

這些遺址的主人和後來的北投社有何關係，這是需要繼續研究的一個問題。

以上是考古研究的成果。

如果從歷史的記錄來看，最早住在草屯地區的人是平埔族中的洪雅族（Hoanya）阿里坤支族（Arikun）的北投社。

北投社之最早見諸記載，係在十七世紀荷蘭人之「台灣番社戶口表」，表內有 Tausabato，其 bato，音近北投，故學者認爲即爲北投社。[3]但也有以爲 Tausa Mato 才是。[4]入清之後，文獻記載

1 洪敏麟《草屯鎮志》，草屯鎮志編纂委員會（民國 75 年 12 月），頁 147-163。

2 宋文薰〈史前時期的台灣〉，《歷史月刊》21（民國 75 年 12 月），頁 68-80。

3 張耀錡〈平埔族社名對照表〉《文獻專刊》2：1/2（台北：台灣省文獻會，民國 40 年 5 月）；曾敏怡《草屯地區清代漢人社會的建立與發展》，東海大學歷史研究所碩士論文（民國87年6月），頁26。

4 中村孝志著，吳密察、許賢瑤譯〈荷蘭時代的台灣番社戶口表〉，載《台灣風物》44 卷 1 期（民國 83 年 3 月），頁 197-234。

較多，而且較爲明確。

康熙二十四年（1685）蔣毓英《台灣府志》記蕭瓏社至大武郡社凡三十四社，中有南北投社，並註明離府治三百七十五里。[5]康熙三十三年高拱乾《台灣府志》也記南北投社，註明離府治五百六十里。[6]離府治（台南）的里數自以高志爲近是。另外高志在〈賦役志〉中說：舊額土番社三十四社，共徵銀七七〇九兩五錢三分六釐八毫，其中南北投社徵銀五〇一兩三錢二分八釐八毫。[7]除大武壠社、南社比較多之外，其餘都比南北投社少。可見南北投社在當時是一個大社。

康熙五十六年周鍾瑄《諸羅縣志》有更多草屯地區的記錄。在〈封城志〉中有云：「東望可指者，虎尾之北，濃遮密蔭，望若翠屏，曰大武郡山，東爲南投山（內社二，溪南爲南投、北爲北投）阿拔泉山、竹腳寮山，爲九十九尖，玉筍瑤參，排空無際。其下爲大哮山、筊荖山，又東北爲水沙連內山，山南與玉山接，大不可極。」[8]在「大肚溪」條云：「發源於南投山，過北投、貓羅、柴仔坑，北合水沙連九十九尖之流，出阿東之北，爲草港，入於海。」[9]又在〈規制志〉中記有南投社、貓羅社、北投社。[10]在〈賦役志〉中有南北社額徵銀五〇一兩三錢二分八釐八毫。括號

5 蔣毓英撰，陳碧笙校注《台灣府志》，廈門：廈門大學出版社（1985 年 11 月第一版），頁 10-11。
6 高拱乾《台灣府志》，南投：台灣省文獻委員會《台灣歷史文獻叢刊》（民國 82 年 6 月），卷二〈規制志〉，頁 38。
7 高拱乾《台灣府志》，卷五〈賦役志〉，頁 134-135。
8 周鍾瑄《諸羅縣志》，南投：台灣省文獻委員會《台灣歷史文獻叢刊》（民國 82 年 6 月），卷一〈封域志〉〈山川〉，頁 9。
9 同上書，頁 13。
10 同上書，卷〈規制志〉〈社〉，頁 31。

註明「內貓羅社餉銀附入合徵」。[11]可見前面高志所徵銀也是含貓羅社在內的。貓羅社可以和南北投社合徵，說明他們也是同族的，而且關係密切。另外〈兵防志〉「斗六門」條說：「扼南北投、水沙連諸番出入之路。」[12]「半線」條說：「此爲居中扼要之地，貓霧拺、岸裏社、南北投、水沙連諸番上下往來，必由之路。」[13]可知南北投社當時南可出入斗六門，西可出入半線（彰化）。

首任巡台御史黃叔璥，於康熙六十一年到任，留到雍正二年，著有《台海使槎錄》，其〈番俗六考〉，[14]記南投、北投、貓羅、半線、柴仔坑、水里等六社之居處、飲食、衣飾、婚嫁、喪葬、器用，並附南北投社賀新婚歌。這是清代對本地區原住民最詳細的記敘。

乾隆六年（1741）劉良璧修的《重修福建台灣府志》，在〈城池〉〈番社〉中有柴坑仔社、貓羅社、南投社、北投社、貓霧拺社，註明「以上五社，東附內山。」[15]意即屬歸化生番。又在〈戶役〉下有「南北投社並附貓羅社合徵銀五百零一兩三錢二分八釐八毫。」[16]又有「南北投社並附貓羅社番丁共一百七十三。」[17]這些史料告訴我們到乾隆初年，南投社、北投社、貓羅社有番丁一

11 同上書，卷六〈賦役志〉〈餉稅〉，頁 98。
12 同上書，卷七〈兵防志〉〈水路防汎〉，頁 117。
13 同註 11。
14 黃叔璥《台海使槎錄》，南投：台灣省文獻委員會《台灣歷史文獻叢刊》（民國 85 年 9 月），卷五〈番俗六考〉，頁 115-117。
15 劉良璧《重修福建台灣府志》，南投：台灣省文獻委員會《台灣歷史文獻叢刊》（民國 82 年 6 月），卷五〈城池〉，頁 82。
16 劉良璧《重修福建台灣府志》，南投：台灣省文獻委員會《台灣歷史文獻叢刊》（民國 82 年 6 月），卷五〈城池〉，頁 82。
17 同註 15，頁 201。

百七十三，人數不到二百，但這個數目在彰化縣十七番社中是最多的。當時十七番社，共番丁二千三百一十八，每丁徵銀二錢，共徵社餉銀四百六十三兩六錢，可見番人生計不易，人口衰微之一斑。

乾隆二十五年（1760），余文儀《續修台灣府志》在〈規制〉中有「北投社（距城四十里）、南投社（距城五十里）。」[18]除外，並無新史料。要到道光七年（1827）周璽修《彰化縣志》才有更多史料。《彰化縣志》在〈規制志〉〈社〉記錄了柴坑仔社、南投社、北投社、貓羅社等二十三社。末云：「皆歸化熟番所居，然或漢人雜處，或遷徙而墟其地，姑就原名記載耳。」[19]可見到道光初年，彰化縣境之平埔族番社不是漢番雜處，番化於漢，就是番人棄社遠徙，東入埔里了。

另外在《彰化縣志》〈兵防志〉在「屯政」條敘林爽文之變後，台灣仿照四川屯練之例，挑募番丁四千名，南北二路，分爲十二屯，設立屯弁十八員管轄。而將內山界外丈溢田園，歸屯納租，由地方官徵收，按照二八兩月支放；仍給未墾埔地，以爲自耕養贍。[20]在「屯租」條云：「徵大埔洋莊屯租穀一千六百零四石七斗八升零二勻八抄六撮，徵內木柵莊屯租穀六百五十三石五斗九升八合五勻四抄四撮。」[21]每石折番銀一員。在「屯餉」條說明北投屯外委一員，年給餉銀六十員。北投小屯兵三百名，每

18 余文儀《續修台灣府志》，南投：台灣省文獻委員會《台灣歷史文獻叢刊》（民國 82 年 6 月），卷二〈規制〉頁 81-82。
19 周璽《彰化縣志》，南投：台灣省文獻委員會《台灣歷史文獻叢刊》（民國 82 年 6 月），卷二〈規制志〉，頁 51-52。
20 同上書，卷七〈兵防志〉，頁 221。
21 同註 19，頁 223。

名年給餉八員。[22]在「屯弁兵分給埔地」條云：北投社屯外委一員，屯丁一百二十八名，分給內木柵埔地一百三十三甲。[23]外委三甲，屯丁一甲。這些屯兵、屯租、屯餉、屯埔地，都和草屯地區開發史關係密切，屯埔地在內木柵嘉慶道光以降都陸續杜賣贌耕給漢人墾耕。屯制到道光初年已經有名無實。正如《彰化縣志》所言：「埔分一甲，終無尺地可耕；餉定八圓，無過數百可領。」又云番民：「既不能不自食其力，又不得仰食於官，無怪其飢迫切，而輕去其鄉也。」[24]進入埔里社眾平埔族在道光八年所立合約字承管埔地也說：「我等各社番黎，生長台疆，自我祖歸化修入版圖以來，深沐皇仁恩恤，賜給埔地，豁免陞科，以爲社番仰事撫恤衣食充足之需。不料慘遭漢人逼近，番社雜處，貿易交關，被其侵占刻剝，以致栖身無地，餬口無資，大慘難言。」[25]這是西部平埔族的普遍情狀。至於北投社的情形，光緒二十九年北投社通事謝潘元的報告十分清楚，照錄如下：

（一）北投社屯丁一百二十八名，每名分給口糧埔地一甲。此北投社埔地屯田園，在本社內木柵北勢湳牛埔，丈明一百二十八甲。目前咸豐年間，被清國反首及虎佃覆收，顆粒不完。

（二）北投社通事管收抄封口糧大租，逐年該納二百二十四石。又一段通事管收抄封口糧大租，逐年該納一百零八石。此抄封大租二段，首段田址在北投堡南勢公館，又次段田址在北投街舊公館。二段合丈明四十一甲五分，共納

22 同註 19，頁 223-224。
23 同註 19，頁 224。
24 同註 19，頁 226。
25 劉枝萬《南投縣沿革志開發篇稿》，南投：南投縣文獻委員會（民國 47 年 1 月），頁 49。

大租穀三百三十二石，扣六城折實收穀一百九十九石二斗。此大租係前清二抄封反首三姓陳、林、許之田業，逐年徵收者向於彰化城東門街抄封館吳昌記徵收，現今無完。

（三）北投社通事謝潘元，有承祖父潘烏目自己之大租店地七坎，址在南投堡南投街，逐年所收七坎大租銀七員，現付大人起蓋衙門，元係不敢云大租之事。[26]

一百二十八甲的屯田租自咸豐年間以後便「顆粒不完」。這裡所謂「清國反首」想係響應戴萬生之洪欉洪璠。以上是北投社平埔族在漢人入墾之後的遭遇，以及番漢二族興衰消長的大略歷史。我另有專文討論草屯地區的漢番互動，[27]此處不再贅述。但必要一提的是，有人認爲北投社土地之流失，不論番社公地或零星的的社番私有地，都在乾隆年間流失。[28]這個看法與我的統計不同，我的統計是在乾隆十四年至六十年約爲百分之五十二，而嘉慶元年到道光七年的三十二年占百分之四十八；買賣最多的年份是嘉慶元年到十年，占總數的百分之十八。[29]

參、雍正乾隆年間漢人入墾形成聚落

26 《清代台灣大租調查書》，台北市：台灣銀行經濟研究室（民國 52 年 2 月），頁 810-811。

27 陳哲三〈草屯地區清代的拓墾與漢番互動〉，載古鴻廷，黃書林合編《台灣歷史與文化（二）》，台北縣：稻鄉出版社（民國 89 年 2 月），頁 11-60。

28 羅美娥〈從契約文書看洪雅族北投社的土地流失問題〉《中台灣鄉土文化學術研討會》，台中市政府文化局（民國 89 年 9 月 14 日）。本文未收入研討會論文集中。

29 同註 26。

漢人何時進入草屯地區？很多人都說雍正（1723~1735）時期，但雍正的直接證據還沒有，只有二條間接的證據。一件是乾隆十九年福州將軍新柱福建巡撫陳弘謀的〈奏覆審理彰化兇番焚殺兵民摺〉；另一件是光緒十年的杜賣大租契字，前一件中有「已革監生簡經於雍正七年間向葛買奕等贌墾該社公共草地一所，土名大吼凹仔，今名內凹莊。」[30]另一件契字，立契人張思足等提到「有承祖父明買過張法大租一宗，一百二十五甲，坐落土名大哮莊凹仔埔東北隅……因雍正十三年，法赴縣呈控，蒙縣主託秉判。」[31]乾隆以後則證據很多，所以純依證據立論，只能說漢人在雍正年間已進入草屯地區，到乾隆年間才大量進入草屯地區開墾。

漢人開墾的速度很快。周鍾瑄《諸羅縣志》就說：

> 當設縣之始，縣治草萊，文武各官僑居佳里興；流移開墾之眾，極遠不過斗六門。北路防汎至半縣牛罵而止，皆在縣治二百里之內。……自康熙三十五年吳球謀亂……五年之間，數見騷動，皆在北路，於是四十三年秩官、營汎，悉移歸治；而當是時，流移開墾之眾已漸過斗六門以北矣。自四十九年洋盜陳明隆……蓋數年間而流移開墾之眾，又漸過半縣大肚溪以北矣。此後流移日多，……以去縣日遠，聚眾行兇，拒捕奪犯，巧借色目以墾番之地，廬番之居，妻番之婦，收番之子。[32]

又如縣境集集的開墾，是乾隆三十六年（1771）於林尾開始，

30 《台灣原住民史料彙編 7》，台灣省文獻委員會（民國 87 年 10 月），頁 275。
31 《清代台灣大租調書》上冊，頁 299-301。但其中「縣主託」之「託」恐為「秦」之誤，因當時彰化知縣為秦士望。見周璽《彰化縣志》，頁 76。
32 周鍾瑄《諸羅縣志》，卷七〈兵防志〉，頁 110。

四十年已到柴橋頭，到乾隆五十九年建公館庄，創天上宮，開墾就緒，前後不過二十四年。[33]大到整個台灣的情形，小到集集的情形，可以了解可能草屯地區開墾的迅速一定也十分驚人。

在清政府的政策原是保護番民，禁漢人渡台入山的。康熙時「戶部則例」即規定：「台灣奸民私贌熟番埔地者，依盜耕本律問擬；於生番界內私墾者，依越渡關塞問擬，田仍歸番。」[34]

治台官員執行政策，康熙末閩浙總督覺羅滿保，福建巡撫楊景泰都下令以土牛紅線爲界，越界者以盜賊論。此後在乾隆三年、十一年、二十三年、二十五年均曾一再釐清番界。中部地區最早之番界在牛相觸山、大武郡山、投捒溪墘、張鎭庄一線，草屯地區在此線東方，自爲界外禁地。到雍正二年《福建通志》載「覆准福建台灣各番鹿場閒曠地可以墾種者，令地方官曉諭，聽各番租與民人耕種。」[35]番地可以贌租耕種，漢人才能合法進入本地區開墾。上面二條有雍正年間的史料，想來正是反映此一史實。

草屯地區在雍正七年設隘，乾隆五十三年設番屯。設隘出現隘丁、隘丁首、隘租；設番屯出現屯外委、屯丁、屯埔地、屯租。設隘使番界東移，設番屯則促成屯埔之開墾。彰化縣一十六處隘寮，其中牛屎崎、隘寮都在草屯地區。清政府爲了北投社番「捍衛邊圉，勞守二隘」，自雍正七年起給他們「北投界內大埔洋草鞋墩熟墾水田」一所，東至牛屎崎，西至六汴溝，南至大哮溝，北至草鞋墩大車路爲界；一帶口糧租共數千餘石。[36]而且免陞科，

33 陳哲三《集集鎭志》〈總論〉，集集鎭志編纂委員會（民國 87 年 6 月），頁 67。

34 《清代台灣大租調查書》上冊，頁 321。

35 同註 28。

36 〈嘉慶元年北投社屯外委余仕成等同立請約字〉，載《清代台灣大租調查書》下冊，頁 630。

「以資眾番口糧」。這一大片土地在乾隆五十四年勘丈不明，被混佔界內，因而被討伐林爽文有功的楊振文[37]混佔，經北投社社主黎朗買奕赴福州控訴才得以討回。從此一史實，可知草屯地區在乾隆中葉以前原是界外番地，乾隆末則因漢人太多已經弄不明白了，所以才會發生勘丈不明的事。

設番屯時北投社有屯外委一員，屯丁一百二十八名，分給內木柵埔地一百三十三甲。[38]雖然早在乾隆四十四年，北投社番就因「乏銀應用」而將在內木柵中埔的「承父物業」杜賣給漢人。[39]但大多數屯埔地的贌耕的買賣都在嘉慶之後。此後道光三十年、咸豐十一年、同治十三年，漢人不僅開發內木柵，而且進入坪林、雙冬、龜仔頭，當然也有冒險家進入界外番地的埔里社。郭百年事件後政府於龜仔頭坪豎立禁碑，上刻「原作生番厲、不造漢民巢。」[40]在集集洞角刻「嚴禁不容奸入，再入者斬。」[41]，但效果有限。

牡丹社事件之後，光緒元年，開山撫番，一切渡台入山禁令悉數解除，於是東方山區的國姓、埔里成爲冒險家的樂園，草屯則成爲開拓的前哨站。後來的「鹿港擔埔社」，也是草屯繁榮的因素之一。

以下從方志、契約、家譜、寺廟、文社等方面來看草屯地區聚落庄街之形成的過程。

---

37 楊振文事蹟見周璽《彰化縣志》，卷八〈人物志〉，頁 255-256。

38 周璽《彰化縣志》，卷七〈兵防志〉，頁 224-225。

39 《草屯地區古文書專輯》，南投：台灣省文獻委員會（民國 88 年 6 月），頁 235。

40 劉枝萬《南投縣沿革志開發篇》，頁 136。

41 劉枝萬《南投縣沿革志開發篇》，頁 136。

一、方志上的聚落庄街

草屯地區在方志上，乾隆以前只有北投社，即番社。漢人的庄街要到乾隆年代才出現。

乾隆六年劉良壁《重修福建台灣府志》才出現「南北投莊」。[42]當時南北投莊是彰化縣十保管下一一〇莊中半線保管下十一莊之一。而當時平埔族的南投社、北投社依然存在。不可思議的是，南投、北投以今天的了解兩地相距十公里，即二十里，如何能成為一個莊？是否如同南投社、北投社、合稱南北投社；南投庄、北投庄、合稱南北投庄？因為資料不足，不能判斷。

其次，是修於乾隆二十五年余文儀《續修台灣府志》在卷首彰化縣圖中，北投山在南，南投山在北，一開始就錯。可見對南投地方之陌生。但余志在內容上還是比二十年前的劉志多一些。在〈封域〉「形勝」條記云：「彰化縣，東至南北投大山二十里。」下註「按內山深處難以里計，此據近縣山麓而言。」[43]可見當時只知八卦山西麓，八卦山東麓之地都在化外。本地即在化外。在〈規制〉「縣丞」云：「在貓羅保南投街，乾隆二十四年發帑新建。」[44]當時南投縣境另有林既埔街在水沙連保，可見此時還沒有南北投保。本地已經由劉志時屬於半線保，劃歸新成立的貓羅保。但其所記里程不確，南投社距城（即彰化城）五十里，南投街距縣治二十五里，前者近是而後者錯誤。本地曾屬半線保，再屬貓羅保，方志記載甚明，但近代學者無人提及；本文為第一次指出，也許是一個發現。

42 劉良壁《重修福建台灣府志》，卷五〈城池〉，頁 79。
43 余文儀《續修台灣府志》，卷一〈封域〉，頁 46。
44 同上書，卷二〈規制〉，頁 67。

余志以後六十七年才有周璽《彰化縣志》，此六十七年經乾隆、嘉慶、道光三朝；今日草屯轄境地區的開闢已經完成，平原土地已全數被漢人所有，北投社番再無生存之依靠，如前引「栖身無地，餬口無資。」不得不陸續遷徙入埔里社。《彰化縣志》所記本地區已經完全是漢人之活動，北投社、南投社已經很少出現。其相關各條照錄如下：

（一）〈規制志〉「縣丞署」條云：在南北投保，南投街外。[45]

（二）〈規制志〉〈街市〉「北投街」條：屬南北投保，分新舊街，距邑治三十里。[46]

（三）〈規制志〉〈保〉「南北投保」條：（下轄六十五莊，記其在今草屯地區二十八莊名如下）新街、舊街、下南勢、牛埔頭、石頭埔、頂茄荖、過溪仔，田厝仔、溪洲仔、牛屎崎、番仔田、內木柵、頂崁仔、草鞋墩、崎仔頭、圳寮莊、鉋仔寮、新庄仔、隘寮莊、南埔仔、溪洲莊、溝仔乾、山腳庄、林仔頭、大坪林、月眉厝、萬寶新莊、南勢仔。[47]

（四）〈規制志〉〈水利〉「險圳」條：在南北投保，源從烏溪分脈，至茄荖山，穿山鑿石數十丈，流出灌溉七十餘莊之田。乾隆十六年，池良生開築，里人名為：石圳穿流。又「馬助圳」條：在險圳下，源從烏溪分出，灌上下茄荖田五百餘甲。又「阿轆治圳」條：在馬助圳之下，水源亦同，灌石頭埔等莊田五百餘甲。又「半壁泉」條：在北投保北勢湳莊青牛埔山崁。半壁泉從石罅湧出，味

45 周璽《彰化縣志》，卷二〈規制志〉，頁 37。
46 同上書，頁 40。
47 同上書，頁 46。

極甘美，里人乏井，皆往汲焉。雖旱亦湧，灌田十餘甲。名曰：石壁飛泉。[48]

（五）〈祀典志〉〈祠廟〉「天后聖母廟」條云：一在南投街，一在北投新街[49]

（六）〈兵防志〉〈陸路兵制〉「汛塘」條云：南北投汛（兵房二十五間），把總一員，戰守兵八十九名。內木柵汛（兵房三間，此汛歸南北投汛撥守），外委一員，戰守兵五十名。[50]

這些史料，可以討論的很多，第一，南北投保出現了；但是南北投保什麼時候出現？方志上看不到，契約上最早是乾隆三十七年出現「南北投保山腳鎮北庄」，[51]嘉慶九年契字上有一戳記是「正堂胡給南北投大哮總理簡居敬。」[52]嘉慶十四年出現「南北投保草鞋墩庄」[53]、「南北投保大好山腳庄」[54]，嘉慶十五年出現「南北投保大好山腳舊廍」。[55]而在《欽定平定台灣紀略》中，五十二年十二月廿七日記云：「臣等即一面向大里杙進殺，沿途焚剿虎仔坑、萬丹莊、南投、北投等處賊莊甚多，不能悉數。」[56]全書也遍查不到南北投保之字眼，古文書可補正史、國史之不足，

48 同上書，頁 57-58。
49 同上書，卷五〈祀典志〉，頁 154。
50 同上書，卷七〈兵防志〉，頁 193。
51 《草屯地區古文書專輯》，南投：台灣省文獻委員會（民國 88 年 6 月），頁 109。
52 同上書，頁 268。
53 同上書，頁 11。
54 洪敏麟《草屯鎮志》，頁 833。
55 《草屯地區古文書專輯》，頁 110。
56 《欽定平定台灣紀略（下）》，南投：台灣省文獻委員會（民國 86 年 6 月），頁 785。

於此可見。至於「北投保」最早出現在嘉慶五年[57]，再見於嘉慶十四年[58]，而此後在道光十二年、二十九年，同治九年都出現「北投保」，而不是「南北投保」。光緒時期的丈單，以至明治 33 年、37 年的契約，全是「北投保」。這些都對南北投之分立為南投保、北投保的時間之判定有一定的幫助。所以，就史料立論，南北投保最晚在乾隆三十七年（1772）已成立。而南北投保之分成南投保、北投保最早可見於嘉慶五年。

又當時南投縣境之街有四：林圯埔街、集集街、南投街、北投街。由此可知，道光年間最熱鬧發達的四個地方在竹山、集集、南投、草屯。而當時的竹山、南投、北投新街都已有媽祖廟。

又從庄街名稱看，今日的地名大多數由道光以前的地名延續而來。可見其生命力之強盛。但有些已經消失不見了。其中改變最大的是北投新街、舊街的消失，以及草鞋墩由庄變街，再變為一鎮之總名。二者之消長原因，實值得吾人之深思。粗略看來是交通問題，彰化入埔里的東西公路，不經過北投；台中到南投的南北公路也不經過北投，而此東西南北之幹道卻在草鞋墩庄交會。

二、契約上的聚落庄街

清代以前的契約，日本人稱為古文書。草屯地區今存清代契約三百餘件，[59]最早的是乾隆十四年（1749）北投社番猴三甲召漢人蕭陽承佃開墾契，「坐落本社南勢，東至大霞懼埔為界，西

57 《欽定平定台灣紀略（下）》，南投：台灣省文獻委員會（民國 86 年 6 月），頁 237。

58 洪敏麟《草屯鎮志》，頁 833。

59 林美容《草屯鎮鄉土社會史資料》，台灣風物（1990 年 10 月），頁 1-100，收 81 件。另省文獻會出版《草屯地區故事專輯》（民國 88 年 6 月），收 202 件。梁志忠先生收 57 件。

至溪崁溝爲界，南至素仔埔爲界，北至小何但埔爲界。」[60]除「本社南勢」、「溪崁溝」可知外，其餘地望均不明。下面將見於《草屯地區古文書專輯》、《草屯鎮鄉土社會史資料》、《清代台灣大租調查書》、《草屯鎮志》、《草屯洪氏族譜》[61]等之契約已出現地名，列之如下：

大好庄山腳（乾隆十六年）、圳寮（乾隆十七年）、中心林（乾隆二十二年）、草鞋墩（乾隆二十三年）、草鞋墩（乾隆二十四年）、草鞋墩庄（乾隆三十二年）、下溪洲（乾隆三十五年）、大哮下庄（乾隆三十六年）、草鞋墩嶺下（乾隆三十七年）、南北投保山腳鎮北庄（乾隆三十七年）、萬寶庄（乾隆三十七年）、下溪洲月眉厝（乾隆四十年）、溪洲尾舊廓後（乾隆四十一年）、萬寶莊（乾隆四十一年）、舊社前溪洲（乾隆四十一年）、南勢舊社林（乾隆四十二年）、草鞋墩庄（乾隆四十三年）、內木柵中埔（乾隆四十四年）、草鞋墩庄（乾隆四十五年）、下溪洲月眉厝（乾隆四十五年）、北投街泉利黃記（乾隆四十七年）、內木柵中埔（乾隆四十七年）、草鞋墩頂庄（乾隆四十八年）、北投大埔洋（乾隆五十年）、牛屎崎頂（乾隆五十年）、草鞋墩（乾隆五十一年）、圳寮庄（乾隆五十四年）、草鞋墩庄（乾隆五十四年）、月眉厝庄（乾隆五十六年）、北投大埔、北投牛頭埔（乾隆五十六年）、草鞋墩圳（乾隆五十七年）、北投界內大埔洋草鞋墩、牛屎崎、六汴溝、大哮溝、草鞋墩大車路（嘉慶元年）、草鞋墩洋（嘉慶二年）、內木柵、北投庄（嘉慶三年）、北投保南埔庄（嘉慶五年）、內木柵界外屯埔（嘉慶七年）、萬寶新庄瓦屋（嘉慶九年）、內木柵中埔、內木柵南埔（嘉慶十年）、內

60 《清代台灣大租調查書》，頁 450。
61 洪敏麟、許錫專《洪氏族譜》，重修洪氏族譜編輯委員會（1994 年 12 月）。

木柵北勢湳、他里罵（嘉慶十一年）、舊社前、溪洲汴（嘉慶十二年）、大埔洋土名南勢庄前（嘉慶十二年）、草鞋墩庄（嘉慶十三年）、萬寶新庄（嘉慶十三年）、內木柵阿法墓（嘉慶十三年）、北投保大好山腳庄（嘉慶十四年）、南北投保草鞋墩庄厝（嘉慶十四年）、圳寮（嘉慶十六年）、北投街（嘉慶十八年）、岩前園（嘉慶十八年）、內木柵中埔（嘉慶十九年）、大埔洋、土名舊社林（嘉慶二十年）、北投保北投庄（嘉慶二十年）、內木柵中埔（嘉慶二十一年）、北北投大埔洋（嘉慶二十一）、內木柵中埔（嘉慶二十一）。以上是將乾隆、嘉慶之契約逐一列出，至於道光以後契約所見，只列其重要及第一次出現地名，而不一一列出。

內木柵隘寮腳北勢溝乾（道光十四年）、萬寶新庄（道光十六年）、大好山腳庄厝地（道光二十一年）、內木柵崁仔頂、內木柵湳西（道光二十三年）、北投新街北門第四間瓦店（道光二十五年）、草鞋墩頂庄前大埔洋（道光二十九年）、草鞋墩庄（咸豐四年）、溪洲庄生員許家駒（咸豐八年）、內木柵匏子寮庄（咸豐十年）、新街牛埔頭（咸豐十年）、牛屎崎庄（咸豐十一年）、頂街店稅銀貳元（同治四年）、北投保牛屎崎庄（同治四年）、草鞋墩庄前（同治四年）、草鞋墩街仔茅店一坎（同治五年）、山腳下庄（光緒九年）、大哮山腳庄（光緒十年）、草鞋墩街二落連地基（光緒十年）、山腳下庄（光緒十年）、大哮山腳庄廿五張洋（光緒十三年）、北投保坪頂庄（光緒十六年）、草鞋墩頂街（光緒十六年）、北投保北投埔庄（光緒二十五年）、草鞋墩街瓦店五座（明治 32 年）、台中縣北投保草鞋墩庄（明治 33 年）、台中縣北投保頂崁庄（明治 33 年）、南投郡草屯庄南埔（昭和 4 年）。

從以上自古文書列出的地名出現之早晚、次數、種類、及名稱的變化，可以看出漢人入墾，聚落形成，由庄變街的過程。可據以提出新的歷史見解，並且可以解決許多歷史的爭議。以下茲略說明之。

首先，漢人移民最早落腳的地方在哪裡？答案是在最早出現在契約的地名。那些大體是漢人贌耕，買斷田園，也即北投社番杜賣，招佃漢人的田園座落地。最早出現的是大哮莊（即大好庄，也就是後來之山腳庄），之後是圳寮、草鞋墩、萬寶庄（即是萬寶新庄，也即後來之新庄）、下溪洲、月眉厝、內木柵、北投街、頂庄。這些聚落大體在今日草屯鎮公所、大虎山山腳一線，及沿貓羅溪東岸；前者在盆地的邊緣匏仔寮台地之西緣及大虎山邊，後者是在河邊，想來是因為富含山泉水可以飲用與灌溉。後者在溪邊也是為用水方便。比較特殊的是萬寶庄、北投街、內木柵。萬寶庄顯然是平原中漢人最早因為開發水圳獲得土地而建立的聚落，即吳連登在乾隆八年開水圳，北投社番以四十張（二百甲）土地為工資。至於北投街，因為漢人進入本地，最早一定到北投社與原住民交易，之後再贌耕土地，再買賣土地，所以先在社西形成聚落，到乾隆中葉以後發展成街，又在社東發展出新街。新街之出現應在嘉慶以後了。內木柵的開發可以推到乾隆年間，而且在設番屯之前，令人意想不到。乾隆四十四年的北投社番杜賣盡根契，杜賣對象是漢人。乾隆四十七年的北投社番立贌永耕字，對象也是漢人。另外，內木柵過去學者都以為就是今日土城，從契約看來，匏仔寮台地以東地區都是內木柵，範圍大很多，有內木柵中埔、內木柵南埔、內木柵湳西、內木柵隘寮腳、內木柵崁仔頂、內木柵匏仔寮庄，內木柵北勢湳。

月眉地方之移墾在草屯地區可能最早，但自地契不能直接看出來，月眉厝之出現在契字已經是乾隆四十年。但如細思契字內容，即可發現此地開發最早。就以乾隆四十年〈林理祥立杜賣契〉[62]說明，此契中有「逐年帶納番大租糖二百八十斛」，契末有「其上手正契登帶兄弟園業，難以繳照。」可見此契之標的物最早之業主是北投社番，所以有「番大租」，而此次買賣已非第一次，故有「上手契」，比之同時期之買賣都是第一次買賣，也即漢人自原住民手中購買土地，則此地買賣之早於他處可以推知。

第二，以庄名出現之最早年代，其排列順序如下：大好庄（乾隆十六）、草鞋墩庄（乾隆三十二）、萬寶庄（乾隆三十七）、草鞋墩頂庄（乾隆五十一）、圳寮庄（乾隆五十四）、月眉厝庄（乾隆五十六）、南埔庄（嘉慶五）、南勢庄（嘉慶十二）、北投保北投庄（嘉慶二十）、溪洲庄（咸豐八）、牛屎崎庄（咸豐十一）、山腳下庄（光緒九）、坪頂庄（光緒九）、北投埔庄（光緒二十五）、頂崁庄（明治三十三）、草屯庄（昭和四）。

這一部分，可以看出自聚落形成庄的先後。另外如果以道光以前的庄與《彰化縣志》南北投保下之庄對照，也可以發現契約有其局限性，它有如抽樣調查，似乎缺乏其全面性，因爲《彰化縣志》中所提的庄名並未能全數出現在契約中；然而草鞋墩的發展卻是很清楚的，最早出現在乾隆二十三年只是一個地名，到乾隆三十二年就已經是一個人口聚居的庄了。

第三，房屋地基買賣出現的情形，只出現在四個地方，一個草鞋墩庄、一個北投街、一個大好山腳庄、一個是萬寶新庄。分別是草鞋墩茅屋（乾隆二十四年）、草鞋墩庄草厝（乾隆四十三年）、草鞋墩庄草厝（乾隆四十五年）、草鞋墩圳北地基（乾隆

62 林美容，前揭書，頁 13。

五十七年）、萬寶新庄瓦屋（嘉慶九年）、草鞋墩庄厝地（嘉慶十四年）、大好山腳庄厝地（道光二十一年）、北投新街北門第四間瓦店（道光二十五年）、草鞋墩街仔茅店一坎（同治五年）、草鞋墩街貳落連地基（光緒十年）。可見草鞋墩的買賣最早最多。這表示什麼？應該是房屋很多，住的人很多。爲什麼草鞋墩會住很多人？在那裡有大車路，那裡是從北投進入內木柵的要道，那裡也是險圳、大圳流入盆地的圳頭。也可見草鞋墩一開始就是一個人口很多，商業活動很頻繁的地方，而不是忽然才變成重要的。

第四，以街出現的最早是乾隆四十七年的北投街，再來是道光二十五年的北投新街、同治四年的頂街，最晚的是同治五年的草鞋墩街。

街、庄、社的區分，《彰化縣志》說的很明白：「凡有市肆者曰街：闤闠囂塵，居處叢雜，人煙稠密，屋宇縱橫，街旁衚衕曰巷。郊野之民，群居萃處者，曰村莊，又曰草地。番民所居曰社。」[63]可見街、庄最大不同，在一有市肆，人煙稠密，屋宇縱橫；一個只是郊野之民，群居萃處。乾隆四十七年北投街，即舊街，道光的北投新街，對照《彰化縣志》正是北投新舊街，爲草屯地區當時最繁榮之地。過去學者都據慶安宮、朝陽宮之建於嘉慶初年，推測北投舊街應出現於乾隆末，今得契約證明乾隆四十七年已有舊街，可見舊街之出現又在本年之前。又草鞋墩街出現在同治五年，應該和入山開墾及其交通樞紐地位，及東方山地的開發有密切關係。至於有人提出「下溪洲街」[64]，在文獻契約上均未曾出現。

總之，草鞋墩出現很早，草鞋墩地名和林爽文之關係可以不

63 周璽《彰化縣志》，卷二〈規制志〉，頁 39。
64 洪敏麟《草屯鎮志》，頁 194-195。

必討論。從乾隆三十七年出現如「草鞋墩嶺下」，嘉慶九年、道光七年又出現「草鞋墩嶺腳」[65]，我懷疑：草鞋墩是根據今草屯鎭公所、草屯公園一帶地形而命名。當然也許有人可以認爲從此進入內木柵，在此地穿換草鞋，新草鞋成墩，舊草鞋成墩，都成草鞋墩；但內木柵出現最早是乾隆四十四年，比草鞋墩出現又晚了二十一年，而且漢人在乾隆初年進入草屯盆地的都很少，更不可能有大量人口從草屯盆地進入匏仔寮台地，或進入內木柵地區。所以，地形說或許可以成立。

肆、寺廟、家廟、文社和聚落的關係

有了聚落才可能有寺廟；有了相當安定的生活才可能有文教活動與團體；有了富足的子孫，才可能有家廟。寺廟、家廟、文社也出現，表示聚落形成，而且已經有了相當程度的人口數目以及相當程度的穩定富足的生活。

茲根據大正 13 年的《宗教台帳》[66]，劉萬枝《南投縣風俗志宗教篇》[67]，林美容《草屯鎭鄉土社會社會史資料》，許錫專《草屯地區開發史資料集》[68]，許錫專《草屯鎭的文化資產及震災紀實》[69]，張永楨《草屯鎭近百年來開拓發展調查—草屯鎭歷史資

65 這三件地契見《草屯地區古文書專輯》，頁 4、頁 109、頁 113。

66 草屯街役場《宗教台帳》，日本大正 13 年（1924）調查資料；林美容，前揭書，頁 19，有書影。全書約 160 張，320 頁。

67 劉枝萬《南投縣風俗宗教篇》，南投縣文獻委員會（民國 50 年 6 月）。

68 許錫專《草屯地區開發史資料集》，台灣洪氏家廟（民國 87 年 2 月），全書 336 頁。

69 許錫專《草屯鎭的文化資產及震災紀實》，草屯鎭公所（民國 89 年 9 月）。

源之調查研究》[70]將草屯地區早期寺廟、家廟、文社創立的年代、奉祀主神、地點、創建人等列表如下：

一、寺廟

廟名	創建年代	地點	奉祀主神	備註
慶安宮	康熙三十年	北投舊街	福德正神	劉枝萬創建年代作乾隆五十年左右，嘉慶十年增祀天上聖母。
保安宮	乾隆三年	溪洲	吳府王爺	
龍德廟	乾隆年間	月眉厝	保生大帝	劉枝萬作創於乾隆五十八年
朝陽宮	嘉慶五年	北投新街	媽祖	劉枝萬作創於嘉慶十二年
敦和宮	嘉慶二一年	下庄	玄壇元帥	已改建
平山宮	道光初	坪頂	關帝爺	劉枝萬作相傳起於嘉慶間，同治修復
新天宮	道光初	坪頂	天上聖母	
登瀛書院	道光二七年	新庄	文昌帝君	
紫微宮	光緒二年	林仔頭	玄天上帝	劉枝萬以為創於同治十年
永和宮	光緒三年	頂崁仔	輔信公李百苗	
致興社	光緒九年	南勢庄	太子元帥	
紫雲宮	明治 39 年	雙冬	清水祖師	即一九〇六年光緒三十二年
永安宮	明治 39 年	北勢湳	觀音菩薩	
陳將軍廟	不詳	南埔	開漳聖王	劉枝萬以為創於乾隆五十年左右，主祀陳墨章。

70 張永楨《草屯鎮近百年來開拓發展調查—草屯鎮歷史資源之調查研究》，南投縣立文化中心（民國 88 年 6 月），（未刊稿）。

二、家廟

廟名	創建年代	地點	奉祀主神	備　　註
燉倫堂	道光四年	頂茄荖	洪氏 敦樸公派下	劉枝萬作 道光十年
燉成堂	道光十年	番仔田	洪氏 和蒼公派下	許錫專作光緒四年，洪敏麟作光緒二年。
燉煌堂	道光二四年	新庄	洪氏始祖	許錫專作 道光二六年
簡德潤祖廟	道光三年	林仔頭	簡氏祖先	又作貴信公祭祀家廟，劉枝萬作起於光緒七年。
思孝堂	同治四年	阿法庄	簡文法派下	今建築為 民國50年建
西河宗祠	大正6年	北投埔	林氏祖先	
莊氏祖廟	大正14年	草屯街	莊氏祖先	

三、文社

名　稱	創立年代	地點	創立人	備註
碧峰社	道光十九年	新庄	簡煥奎 洪濟純	
萃英社	道光二八年	新庄	沈三奇	
梯雲社	咸豐五年	新庄	洪鍾英	
玉峰社	咸豐七年	番仔田	莊文蔚、唐情萃 洪濟純、陳捷魁	

四、福德祠

廟名	創建年代	地點
福德祠	乾隆五十年左右	北投舊街
福德祠	嘉慶四年	頂茄荖

慶安宮在「宗教台帳」調查中作創於康熙三十年（1691），

是草屯地區最早的福德祠。此祠最早應無問題；但早到康熙三十年，則不可能。從整個草屯地區開發史看，上溯到雍正是有史料可以證明；到康熙，無以證實。前引《諸羅縣志》康熙四十九年，漢人才過半線大肚溪，也即此年之後才有可能進入本區。早過此一時期，實不可能。如下移到雍正年間，則可以接受。因為北投社兩側，應該是漢移民從今芬園縣庄（古稱本縣庄），越過貓羅溪與北投社番交易，落腳最好的地方。

保安宮創於乾隆初年，可與契約印證溪洲地方是漢人開發較早的地方，因為他在貓羅溪東岸。另外契約中屢次出現「舊社前溪洲」[71]、「舊社前」[72]、「舊社林」[73]，而且早在乾隆四十一年，是否北投社為新社，之前曾經住過溪洲附近，後來因為水患才搬遷到北投，原溪洲之舊地就被稱為舊社。近許錫專先生訪得日人在建平林橋時曾挖坐姿葬骨骸，或許舊社即在橋頭附近[74]。此值得進一步研究。

龍德廟於乾隆末年創於月眉厝，朝陽宮於嘉慶初建於北投新街，都可以看到漢人從貓羅溪西岸渡過東岸的北投社、月眉厝，再經與北投社番訂約贌耕，或杜賣，向北投社東邊的地方開墾。下庄的敦和宮出現於嘉慶二十一年，雖然李元光在乾隆二十年就來台創業，但建廟確實不易，等待了六十年時間。坪頂開發更晚，所以平山宮、新天宮都到道光初年才創建。頂崁仔永和宮、北市湳永安宮、雙冬紫雲宮要到光緒年間。匏仔寮、隘寮、南埔、北

71 林美容，前揭書，頁 17-20。
72 同上書，頁 34。
73 同上書，頁 40。
74 羅美娥，前揭文說舊社一在「番社內」東方 2 公里，一在「番社內」東北方 1 公里。但我在草屯地區田調，問過許多耆老，但無人知悉。而且羅說，與地契「舊社前溪洲」之地理位置不符。

勢湳、頂崁仔都在內木柵範圍內，雖然乾隆四十四年已有土地買賣，但開發應該是比盆地要晚一些。陳將軍廟列於乾隆五十年，比較同區內各廟，未免太早，如果將之列於明治 41 年（光緒三十四年，1908）新庄人許萬乞、南埔李重三之首倡重建比較可以接受。主祀神劉枝萬作陳墨章，近年被作陳元光。

除外，福德正神比較早，因爲土地公管五穀收成，也管治安，而且土地公廟比較小容易建，所以土地公廟會比較早建立。至於文社、家廟都在道光以後，正表示入墾移民在乾隆嘉慶時來，奮鬥了幾十年，才稍可溫飽，才有餘力讓子弟讀書，也才能孝敬祖宗。倉廩足而知禮義，誠哉斯言。

另外，保安宮拜王爺、龍德廟拜保生大帝，慶安宮配祀有法主公即青山王，這些都是泉州人的信仰，溪洲白姓是泉州府安溪縣人，北投林姓是泉州府安溪縣人，北投捕的林姓是漳州府南靖縣人，頂茄荖新庄的洪姓是漳州府漳埔縣人，李姓則分別從平和、南靖、漳埔移入，都是漳州府。簡姓也是南靖縣。根據神明的地方性，和住民的祖籍，慶安宮、保安宮是可以了解的，但龍德廟比較特殊，原來他們在南靖原鄉已拜保生大帝。

伍、洪、林、李、簡四大姓與聚落形成

洪姓、林姓、李姓、簡姓是草屯四大姓。四大姓的人口，民國 34 年占全鎮百分之七十五，民國 73 年占百分之六十六。看這四大姓之入墾草屯，可以了解草屯之開發史，也可以推測各聚落形成之時間。

洪姓進入草屯分四批，最早是乾隆初期，和蒼派下敦寬落腳

縣庄蘆藤宅，毛蟹公派下洪澀等於乾隆二十六年入墾下茄荖及石頭埔。其次是勤樸公派下育德等於乾隆中葉入墾新庄。育德後代洪璠、洪欉以抗清知名。三是和蒼派下照元渡台往縣庄，後裔移居北投崁仔腳，移居也在乾隆初年。又和蒼派下洪戒原居縣庄，後裔也遷居下茄荖、新庄、番仔田、牛屎崎、北勢湳。移居時間當在乾隆四十七年漳泉械鬥之後。四為陽明派下秉正等入墾頂茄荖。時間為嘉慶十五年（1810）其後裔又遷居田厝仔。[75]可見洪姓入墾草屯，時間在乾隆中葉到嘉慶年間。

下庄李姓的開基祖是李創，他於乾隆二十年（1755）率二子元光、元欽來台。圳寮李姓開基祖為李元榮，其父李胎自平和來台住縣庄，因元榮嫌其地瘠村僻，所以於乾隆年間遷居圳寮。富寮里李姓開基祖李天恩卒於乾隆四十五年，應在此年以前來台入草屯開墾。李隆科生於乾隆二十三年，卒於道光六年，二十餘歲來台，先避難嘉義，乾隆末年到草屯坪頂開基。李馬肆嘉慶年間自漳埔入頂崁開基。李清智生於嘉慶二十四年，卒於咸豐七年，咸豐時自水沙連保三角潭遷居草屯牛屎崎開基。[76]

北投埔、月眉厝林姓六房頭，北投埔長房林墀卒於乾隆四十六年，來台應在此年之前。月眉厝開基祖七房林霸，生於雍正七年，卒於嘉慶元年，來台入草屯應在乾隆年間。六房林克卒於乾隆四十七年，來台應在此年之前。六房林敏卒於乾隆二十六年，來台應在此年之前。[77]林姓祖籍漳州府南靖縣，乾隆年間渡台，

75 洪敏麟〈草屯茄荖洪姓移殖史〉，《台灣風物》15：1（1965），頁 5。許錫專，前揭書，頁 46。林美容，前揭書，頁 170。

76 林美容，前揭書，頁 170-174。林文龍〈草屯李氏族譜及其古文書〉，《台灣風物》35：2（1985），頁 111。林美容〈草屯鎮之聚落發展與宗教發展〉，《台灣人的社會與信仰》，（台北：自立晚報出版社，1992），頁 136。

77 林美容，前揭書，頁 174-181。

先住嘉義梅山崁頂，再遷居草屯，乾隆四十年、四十一年林姓在月眉厝就有大量土地買賣。再佐以林敏卒年，可以推測林姓在乾隆二十年後已有人入墾草屯。

林仔頭（上林里）開基祖簡旋亨嘉慶年間渡台來草屯。林仔投開基祖簡士圓嘉慶時入台。簡維謙卒於乾隆六年，生前住大好鎮北中庄。來台可能在乾隆初年。簡擇仁生於雍正七年，卒於嘉慶十二年，葬富寮西方橫山仔。簡光應生於乾隆八年，自幼來台，卒於道光元年，爲林仔頭開基祖。[78]可見簡姓入墾草屯早在乾隆初，晚到嘉慶年間。又自上引雍正七年簡經已贌墾北投社公地，簡姓之入居草屯竟可推到雍正初年。

從上面洪、李、林、簡氏等的開基祖入墾草屯，建業立家的時間看，來台有早到康熙雍正的，但都先在芬園鄉縣庄、竹山鎮三角潭、嘉義梅山先落腳，有的住一代，有的到第五代才遷入草屯。故入草屯早的在雍正初年，晚的到嘉慶年間，而以乾隆嘉慶時爲多。另外，林氏鬚房林文美，他生於康熙三十年（1691），卒於雍正九年（1731）五十一歲，葬在牛角塘。其妻黃氏生於康熙三十四年，卒於乾隆三十七年，葬在廊後。[79]妻葬廊後，是北投埔牛埔廊後。夫葬牛角塘，在何地？大陸？台灣？因爲不明，不能用以證明林文美在雍正時已入居草屯。

陸、結　論

草屯的最早先住民是北投社平埔族，他們屬於洪雅族阿里坤

78 同註 77。
79 同註 77。

支族。他們的舊社也許在溪洲附近，北投可能是新社，但其遷移時間經過均無可考。

從方志上的研究，知道漢人的南北投庄要到乾隆六年劉志才出現。之前只有原住民的南北投社。而南投北投地方先屬半線保，再屬貓羅保，三屬南北投保。契約上出現南北投保以乾隆三十七年最早，北投保以嘉慶五年最早。可以推測南北投保成立時間當在乾隆二十五年余志之後，乾隆三十七年之前。

對於現存草屯地區清代契約的研究，最早出現的地名在沿牛屎崎、草鞋墩、大哮山下，及沿貓羅溪東岸一線，應該和山泉水、溪水之取用方便，在生活上、農業上較易得到滿足之故。萬寶新庄之較早出現則和吳連登（倘）之開發水圳有關。北投庄、北投街之早出現是漢番交易之結果。內木柵居然早在乾隆四十四年、四十七年就有漢番間的杜賣、贌耕行為，把草鞋墩東方山區的開發時間又向前推進。因為此一現象，幾乎可說草屯地區是同步開發。

《彰化縣志》把南北投保下的庄名全數列出，有助聚落的研究，也有助與契約的比對。然而契約是新史料，而且數量多，可以看到許多新史實，也有許多新發現。如內木柵，過去將他與土城劃上等號，是錯誤的。內木柵包括匏仔寮以東的地區。屯園則被稱為內木柵界外屯埔。

草鞋墩之名在乾隆二十三年就出現，乾隆三十二年變草鞋墩庄，此後草鞋墩的地基、房屋買賣十分頻繁，契約所見，以它最多。到同治五年，發展成草鞋墩街，與北投舊街，北投新街、頂街，排名第四。可見草鞋墩自乾隆中葉就顯得地位重要，一直是僅次於北投新舊街的地位，到光緒元年開山撫番，山區開放解禁，其平原與山地交會點的重要性更突顯出來，使它成為重要的街。

之後，日人來台，新建公路不論東西向，或南北向皆捨北投而取道草鞋墩，這才決定了草鞋墩取代北投的命運。另外，本文也認爲草鞋墩既不是林爽文，也不是鄭經、劉國軒，也不是鹿港擔埔社，有可能是因地形而命名。

寺廟、家廟、文社的創建，和聚落的開發史可以吻合。慶安宮在北投舊街，保安宮在溪洲，龍德廟在月眉厝，朝陽宮在北投新街，敦和宮在下庄，這幾間最早的廟正是在這幾個開發最早的地方。

家廟、文社的成立時間都在道光以後，可見農業社會需要幾十年的奮鬥，才能有些積蓄，才能孝思不匱，也才能把勞動人口解放出來去讀書。

洪、林、李、簡氏占了草屯百分之六十以上的人口數，他們也把草屯的土地分四部份瓜分了。林姓在月眉厝、北投埔；洪姓在石頭埔、頂茄荖、番仔田、新庄、北勢湳；李姓在下庄、圳寮、南埔、頂崁仔、牛屎崎；簡姓在山腳、林仔頭、阿法庄。他們的開基祖也都很清楚。入墾時間洪姓在乾隆二十六年之後至嘉慶年間；林姓也許可以推到雍正年間，但多數在乾隆年間；簡姓或許可推到雍正，也以乾隆、嘉慶最多；李姓來源比較複雜，有乾隆年間，也有嘉慶，甚至晚到咸豐年間。

到目前爲止要將草屯漢人歷史推到雍正年間，實在欠缺直接史料爲證，只有上引二件史料可以間接上推雍正的，一件是乾隆十九年福州將軍新柱福建巡撫陳弘謀的〈奏覆審理彰化兇番焚殺兵民摺〉，另一件是光緒十年的杜賣大租契字。因此，我們只能說雍正時已有漢人向北投社贌墾草地，也有人間大租之買賣，證明漢人已進入本地進行墾耕。所以將漢人進入本區的時間，上推到雍正年間應可成立。

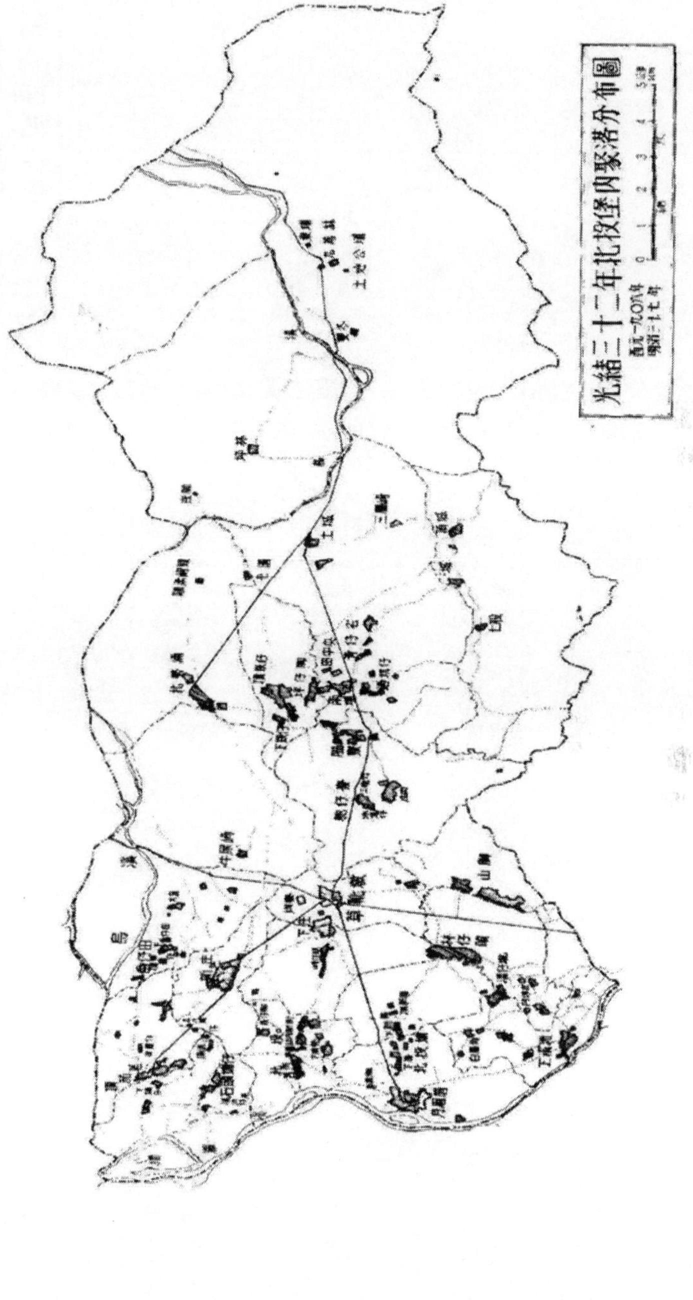
光緒三十二年北投堡內聚落分布圖

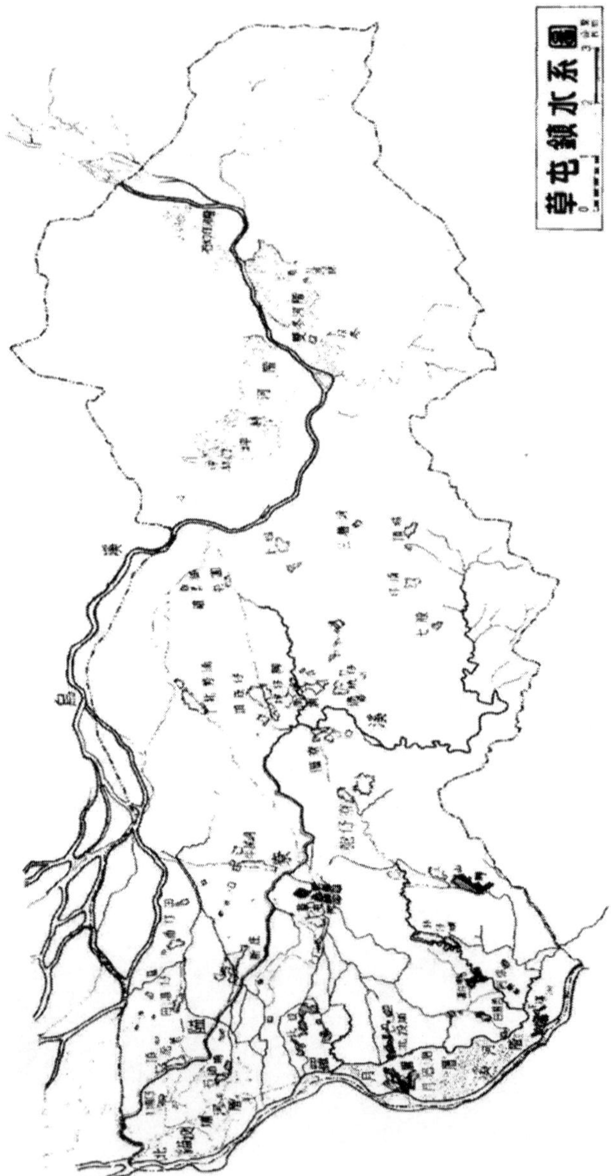
草屯鎮水系圖

清代草屯地區的地價及其相關問題

壹、前　言

就南投縣而言，草屯地區是一個平原比較大，開發比較早的地方。有關草屯地區的開發史之研究，近年已有多篇論文發表。[1]但有關清代的土地經濟則未有論著，是一個可以討論的面向。本文擬將清代按史料分為乾隆朝、嘉慶朝、道光朝、咸豐朝、同治朝、光緒朝等五個時段，最後再殿以日治初期之明治時期。

之所以加上明治時期，一則因明治 28 年割台正是光緒二十一年，明治 44 年正是宣統三年，還在「清代」的時間範圍。二則就契約本身發展言，在形式與內容上，此十年與此前之一致性，大

1 學位論文如曾敏怡〈草屯地區清代漢人社會的建立與發展〉，東海大學歷史研究所碩士論文，民國 87 年 6 月；洪英聖〈草屯龍泉圳的開發〉，東海大學歷史研究所碩士論文，民國 89 年 6 月。一般論文如林美容〈草屯聚落發展與宗族發展〉，載林著《鄉土史與村庄史》，頁 38-88。林美容〈由祭祀圈來看草屯鎮的地方組織〉載林著《鄉土史與村庄史》，頁 121-212。林美容〈聚落的指標 — 土地公廟：以草屯鎮為例〉載林著《鄉土史與村庄史》，頁 89-120。洪敏麟〈草屯茄老洪姓移植史〉《台灣風物》15 卷 1 期（1965 年）。林文龍〈草屯李氏族譜及古文書〉《台灣風物》35 卷 2 期（1985 年）。林文龍〈草屯李元光、簡化成史蹟調查〉《台灣風物》35 卷 1 期（1985 年）。陳哲三〈古文書對草屯地區歷史研究之貢獻〉，《逢甲人文社會學報》5（2002 年 11 月），頁 107-126。陳哲三〈清代草屯地區的拓墾與漢番互動〉，《第二屆台灣歷史與文化研討會》東海大學通識教育中心，1999.2.8-10。陳哲三〈清代草屯地區開發史 — 以地名出現庄街形成為中心〉，《逢甲人文社會學報》3（2001 年 11 月），頁 119-141。

於與此後之一致性，連用紙都如是。安排在此討論似最妥適。三則清治、日治有什麼同，有什麼異，也許可以自此看出來。

貳、史料與研究方法

本文主要是從土地契約上的買賣價格來分析，所根據的史料，一爲林美容的《草屯鎮鄉土社會史資料》[2]，在表中資料來源簡稱林。一爲台灣省文獻委員會編印的《草屯地區古文書專輯》[3]，在表中資料來源簡稱草。前書已將《清代台灣大租調查書》[4]王世慶《台灣公私藏古文書影本》[5]等收錄在內。後書則除台灣省文獻委員會，即今國史館台灣文獻館之收藏外，又收錄梁志忠收藏五十七件。前者有契約八十一件，後者有二五九件，二書合計爲三四〇件。本文即將二書中明確紀錄有土地面積、買賣價格的契約，依上述的分期各作成表，再進行統計分析。

表分八欄：序號、年份、土地種類、地點、面積、價格、平均每分地價、資料來源。序號便於指涉，也知總數若干。年份即乾隆某年、嘉慶某年，知其買賣時間。土地種類，有水田、旱田、園三種。地點，即土地座落，因爲地點影響價格，愈近住家、愈近市街、愈近水源的土地價格愈高。面積大小，一方面影響價格，一方面也知道當時農戶的耕作面積。價格多數以佛銀[6]計價，後期

2 林美容編《草屯鎮鄉土社會史料資料》，台灣風物雜誌社，1990 年 10 月。
3 台灣省文獻委員會編印《草屯地區古文書專輯》，民國 88 年 6 月。
4 台灣銀行經濟研究室《清代台灣大租調查書》（民國 52 年 4 月。
5 據美國亞洲學會台灣研究小組委託王世慶蒐輯的古文書影印裝訂成冊，分第一至十輯，現藏中央研究院歷史語言研究所的傅斯年圖書館。
6 佛銀即西班牙銀圓，也稱墨西哥銀員，1 員＝0.72 兩（銀）

也有以七兌銀，日本統治更有用日本銀圓。平均每分地價格，用總價除以土地面積，得出平均每分地價款，庶可比較其價之高低。最後將資料來源註明，俾便查考。

參、乾隆朝的地價

乾隆朝有完整紀錄的契約十一件，作成表一。

從年份看，乾隆三十五年才有第一件寫出土地面積的買賣契約。在此之前，雖已有買賣契約留存，但都缺乏土地面積。如最早一件乾隆十六年八月的契約，寫「有應份遺業埔園一塊，年間該納番租粟五斗」。[7]次早一件契約，時間爲乾隆二十三年，只寫「草鞋墩東邊竹圍仔參分的壹分」，「年配租半斗」。[8]並無土地面積，無面積就不能求出每分地價格，便無法與其他土地作價格的比較。但自此契約可知早期衡量土地大小，除丈量甲分厘以外，租額多少也是一個標準，尤其是官方權力薄弱的地方。因爲丈量是比較高深的技術，對一般人比較困難。

從土地種類看，水田五件，園七件。可知道乾隆時，本地已有水田、旱田、園。園又分埔園、熟園。對這些名詞先加說明。所謂水田，即有水可資灌溉的田地。有水可資灌溉，就要有陂〈埤〉、圳、湖、潭。《諸羅縣志》說：「凡築堤瀦水灌田，謂之陂。」「不用築堤，疏鑿溪泉引以灌田，謂之圳。」[9]《彰化縣

7 《草屯地區古文書專輯》，頁 107。
8 《草屯地區古文書專輯》，頁 265。
9 周鍾瑄《諸羅縣志》卷〈規制志〉〈水利〉，台北市：台灣銀行經濟研究室（民國 51 年 12 月），頁 34。

志》的說法似更清楚，云：「因溪水山泉，勢欲就下，築好堤防，橫截其流，瀦使高漲，乃開圳於側，導水灌田，即古堤防遺法也。圳者何？相度地勢高處，導水引入小溝，用資灌溉，亦古溝洫遺法也。」[10]水田，又叫雙冬田，因兩季都可種稻，都有收成。旱田，又叫看天田，台灣雨量分布，一季有雨水可種稻，一季沒水只能種甘藷等雜作。園，即一年都沒水可灌溉的田。埔園似有荒埔，有開墾的園。熟園則是已墾好的園。在乾隆時代，水利還不夠發達，故園比水田多。園多也意謂土地的生產力比較低，能供養的人口比較少，可見得草屯地區的開墾還在起頭的階段。這和開發史的研究吻合。[11]

從土地座落地點看，下溪洲、溪洲、溪洲尾都是溪洲，計七件，而且都是埔園、熟園，雖在貓羅溪邊，因無水利設施，竟都是園，只能種甘蔗製糖。納的番租也都是餉糖。這裡可能是草屯地區最早有糖廍的地方。其他草鞋墩三件，石頭埔一件，北投大埔洋一件。這五件都是水田。水田沒有大好山腳庄，沒有內木柵，一方面表示這兩處地方水利設施是缺乏的，至少是落後的。大好山腳庄另一可能是水田買賣契約沒有留下來。

從土地面積看，最大的一筆買賣是十三甲，最小的一筆是八分，平均是二甲五分一厘。比嘉慶以後都要大。水田的平均每筆三甲二分二厘，園的平均每筆爲一甲八分四厘。正好說明人口較少，每家農戶可以分到比較多的土地。

從買賣價款看，買賣貨幣都用佛銀，都是若干大員。佛銀就

10 周璽《彰化縣志》卷二〈規制志〉〈水利〉，台北：台灣銀行經濟研究室（民國 51 年 11 月），頁 54-55。

11 陳哲三〈草屯地區開發史－以地名出現庄街形成爲中心〉，《逢甲人文社會學報》3（2001 年 11 月），頁 119-141。

是有人頭像的墨西哥（西班牙）銀幣。在此可見台灣貨幣的世界性，台灣早已納入國際經濟的體系中。台灣的貨幣和中國的貨幣要經過兌換的過程。在十二宗的買賣中，最大一宗即石頭埔十三甲水田買賣四千大員，每分地三十點七七員。最小買賣是舊社前溪洲的熟園九分地賣八十五大員，平均每分地九點四四員。水田每分地三〇點七七員為最高價，園則序號 4 最低，每分地只賣八員。水田最高，園最低。水田的價是園的三點八三七五倍。五件水田的平均價是二一點八一員，園的平均價為八點九二員。水田價是園的二點四五倍。

石頭埔的十三甲為什麼每分地平均價最高？它「帶媽助圳水灌溉」「其下截田厝、魚池」。[12]也就是有圳水灌溉，而且有房厝、有魚池。第二高價的是草鞋墩前水田，它「帶第伍鬮圳水通流灌溉」。[13]也是因為有水灌溉。

肆、嘉慶朝的地價

嘉慶朝〈1796-1820〉二十五年，土地買賣契約可資統計的有十一件，作成表二。

土地種類，旱田四件，水田七件。已經看不到園，尤其是埔園，可見土地已普遍開發，平地已不見熟埔。另外，水田件數超過旱田，乾隆朝園比水田多，情況已經改變，可見農戶努力開墾，合力建設水利工程的情形。大工程要集眾人之力，如嘉慶十六年

12 林美容《草屯鎮鄉土社會史料資料》，頁 15-17。
13 台灣省文獻委員會《草屯地區古文書專輯》，頁 7。

李寢、簡懷等同立合約字所示，[14]小工程自己修築，如序號 5 大好庄頭內灣的水田，便「自備工力開築水田」，「又築水池一口」。[15]

土地座落地點，內木柵三欉竹一件、北勢湳一件、大好庄〈大好山腳庄〉三件、草鞋墩一件、大埔洋三件、圳寮一件、石頭埔一件。地點比乾隆更分散、更廣闊，匏仔寮台地以東已有二件，一在匏仔寮，一在北勢湳，表示此一地區經濟活動活躍起來。雖然內木柵中埔的買賣契約在乾隆四十四年已出現，[16]但內木柵的開發，福康安在林爽文之後後奏准設屯，並將內木柵一百三十三甲埔地分給北投社屯外委、屯丁為養贍埔地可能是一個大關鍵，因為此後，漢人得以租贌屯丁埔地尾隨進入內木柵地區，此地原本是界外禁地。乾隆二十五年的土牛紅線在虎山、橫山、牛屎崎的山腳沿線。[17]

從買賣面積看，最大一宗是嘉慶十五年的五甲水田，最小一宗是嘉慶十六年的三分旱田。水田每筆平均面積是一甲九分四厘，旱田是一甲一分八厘。面積都不大，可見小農經營的型態。

再看價款，有幾宗較大的買賣，最大的是下庄仔的水田五甲賣一五八八員。次為崎仔頭庄前大埔洋水田二甲五分賣九八〇員。三為大好山腳庄二十五張內水田二甲四分七厘八絲賣八八〇員。四為北投社南勢大埔洋一甲三分賣六五〇員。五為北勢湳旱田一甲八分賣五〇〇員。六為大埔洋〈舊社林〉水田八分賣四五〇員。大金額的買賣多了起來，是否表示自乾隆以來有人已累積

14 《草屯地區古文書專輯》，頁 172。該合約字規定圳長及立字人權利義務，分十四鬮，十三人共同負擔維修費用。

15 《草屯地區古文書專輯》，頁 270。

16 《草屯地區古文書專輯》，頁 235。

17 見乾隆二十五年〈台灣番界圖〉，圖藏中央研究院歷史語言研究所。

較大的財力，能夠出更多的資金買入更大的土地。在這高價的六件中，只有一件是旱田。旱田比較不値錢。再看每分地的平均價，最高爲七三點七五員，次爲五六點二五員，三爲五四點一七員，四爲三九點二員，五爲三五點五一員，六爲三一點七六員。全是水田，最高在石頭埔，再來三件都在大埔洋，後二件在大好山腳庄。可見石頭埔、大埔洋是當時地價最高的地方，其原因可能是水利設施最好，生產力最大。另外也可能在當時人口最集中地的附近。

石頭埔水田，「帶水分灌溉充足」，舊社林大埔洋水田，其四至中，「西至水圳爲界，南至水圳爲界」，又「帶水份拾陸鬮伍厘通流灌溉」。[18]又如北投社南勢大埔洋水田，「帶大圳水份壹鬮水一厘，伍鬮水貳厘，拾肆鬮水一厘，通疏灌溉。」[19]又如崎仔頭庄前大埔洋水田，「併帶大圳水三分，有草鞋墩新舊圳水各捌分，通流灌溉。」[20]至於大好山腳莊的水田價格略低，雖然一樣有圳水灌溉，如下庄仔的水田，「併帶中汴水份參鬮伍分灌溉充足」[21]，廿五張的水田，「配舊圳水，照庄例通流灌溉。又帶新圳水第四鬮柒分五厘灌溉。」[22]有圳，但不一定有水，因爲大好山腳庄的地理位置在水尾。草屯地區的灌溉用水主要來自隘寮溪和烏溪，尤其是烏溪，築圳分流，其分流之地就是圳寮，也就是水從東北邊向西南邊流灌，大好山腳庄正在南邊，水頭用剩的水才能流到水尾，所以大好山腳庄不一定有水。這就是爲什麼到光緒十五年有一件大好山腳庄廿五張洋買賣契約一甲地，竟是

18 《草屯地區古文書專輯》，頁 71。
19 《草屯地區古文書專輯》，頁 72。
20 《草屯地區古文書專輯》，頁 69。
21 《草屯地區古文書專輯》，頁 110。
22 林美容《草屯鎮鄉土社會史料資料》，頁 38。

五分水田，五分旱田。[23]

嘉慶朝的水田每分平均價格爲四三點四一員，旱田平均爲一七點七六六員，水田爲旱田的二點四四倍。與乾隆朝相比，水田漲一點九九倍。旱田爲園的一點九九倍。可能是人口越來越多[24]，土地的需求增加，價格自然上漲。

伍、道光朝的地價

道光朝（1821 至 1850 年）三十年，有完整資料可以統計的只有七件，作成表三。

自土地種類看，水田六件，旱田一件。是水旱之比六比一。嘉慶朝是七比四，乾隆朝是五比七。可以看出水田的比例愈後愈高，可知水利設施不斷進步的情形。

土地座落地點，都在匏仔寮台地以西，十分分散，草鞋墩附近二件，其他都是一件。

土地面積都不大，最大也才一甲六分多，最小是一分一厘多。水田平均是一甲三厘三絲。

價款最大的一宗是大埔洋水田一甲六分多賣八九〇員，其次是草鞋墩嶺腳水田一甲五分賣八〇〇員，三是牛屎崎水田一甲五分賣五二〇員，四是大堀厝前水田六分多賣五〇〇員，五是草鞋

23 《草屯地區古文書專輯》，頁 326。

24 台灣人口欠缺正確統計，現據《台灣省通志》爲永曆四年（1650）五萬人。永曆三十四年（1680）一二萬人。嘉慶十六年（1811）一九四萬五千人。光緒十九年（1892）二五四萬六千人。明治 29 年（1896）二五七萬七千人。（台灣省文獻委員會編印《台灣通誌》卷二〈人民志人口篇〉第一冊（民國 61 年），頁 57。

墩頂庄前大埔洋水田八分賣二二〇員。每分地賣價最高的是石頭埔庄後水田一一八點一八員，二是大堀厝前水田七五員，三是大埔洋水田五五點〇四員，四是草鞋墩嶺腳水田五三點三三員，五是草鞋墩頂庄前水田五二點五員。

水田的每分平均價爲六四點八員，旱田爲三六點六七員。如與乾隆朝相比，水田漲二點九七倍，旱田漲四點一一倍。表一序號十一與表三序號七正是同一塊土地，它在乾隆五十四年（1789）的買賣價格是一六八員，平均每分地二一員，到道光二十九年（1849）也就是六十年後它以四二〇員成交[25]，平均每分地五二點五員。道光時爲乾隆時的二點五倍。

這些水田價格高，最大原因還是有水灌溉，可以種稻，另外就是和市街聚落越近越值錢。最高的石頭埔庄後水田，「帶水份灌溉充分」[26]，第二高的大堀厝前水田，「帶埤圳灌溉」[27]，第三高價的大埔洋〈中心林〉水田，「帶大圳水第拾參鬮四厘，又第拾伍鬮壹厘半，各通疏灌溉」[28]，第四高價的草鞋墩嶺腳水田，「又帶隘寮溝下季埤圳水作參分應得一分，長流灌溉。又帶圳路由劉寬量田中直透至崎腳水汴頭。」[29]第五高價的草鞋墩頂庄前大埔洋水田，「自配陳萬生水圳水五分，又帶草鞋墩舊圳水六分，長流灌溉。」[30]可知這些水田都有埤圳灌溉，所以價格高昂。之

---

25 此地乾隆五十四年北投社番巫尾八杜賣給漢人謝盛，後謝家又賣給萬寶新庄沈家，沈家在道光二十九年再杜賣給莊日新，但這些地契後來出現於李神庇族譜，可見又賣給李家。

26 《草屯地區古文書專輯》，頁 139。

27 彩色照像影本見洪英聖《牛屎崎鄉土誌》，草屯鄉御史里辦公室（民國 89 年 9 月），頁 70。

28 《草屯地區古文書專輯》，頁 92。

29 《草屯地區古文書專輯》，頁 113。

30 林美容《草屯鎭鄉土社會史料資料》，頁 64。

中，在庄後、厝前、庄前的價更高。至於唯一的一宗旱田在圳寮庄路東，其實也是水田，契約中寫道「自帶內木柵溪水自築路通流灌溉充足」[31]，所以它每分地價也高到三六點六七員，比序號五牛屎崎的水田價高。契約所說內木柵溪應即隘寮溪。圳路是自築的，不是公共的大圳，水源可能有不足的時候，所以也影響土地價格。

陸、咸豐、同治朝的地價

咸豐（1851 至 1861）十一年，同治（1862 至 1874）十三年，合計二十四年。二十四年間有完整資料可統計的有六件，列成表四。咸豐朝三件，同治朝三件。全部都是水田，地點全在匏仔寮台地以西。因爲在日治昭和龍泉圳開鑿之前，內木柵地區缺乏灌溉水源，只有極少數有泉水、山溪水灌溉之地及烏溪底才有水田。

這一時期的買賣價款不大，最大一宗只有二四六員。每分地的價格，最高是二七點六六員，最低是一三點二〇員，平均是一八點三九六員。這個價只是乾隆朝水田的百分之八四，嘉慶朝水田的百分之四二，道光朝水田的百分之二八。

爲什麼咸豐、同治朝地價大幅滑落？竟然只有道光朝的四分之一強。是北投社平埔族移入埔里空出許多土地？是台灣開港，北部新興市鎮吸引大量人口？是樟腦、茶葉的生產吸去了農村的勞動力？是社會動亂，人口大量死亡，大量遷移？

如是社會動亂，這一時期的最大動亂是戴潮春事件，爆發時

31 《草屯地區古文書專輯》，頁 282。

間是同治元年，咸豐朝的低地價無法解釋。

如是咸豐八年（1858）天津條約簽訂，台灣〈安平〉、淡水、基隆、打狗〈高雄〉各港相繼於同治二年前開放。此後茶、糖、樟腦出口大增，北部出現新市鎮。因為開放大致在同治之後，所以咸豐朝的低地價依舊無解。

那麼，在草屯最大的事件是原住民的北投社人自道光三年之後陸續移入埔里。但根據我在另文的研究，到道光七年北投社番已將祖業賣光、典完。[32]

劉家謀《海音詩》七絕百首，是劉氏道光二十九年來台任台灣府學教諭四年（到咸豐二年）所寫的，劉氏咸豐三年病歿台灣。[33]在《海音詩》有二詩及其註透露了此中消息。一云：「蜀糖利市勝閩糖，出峽長年價倍償；輓粟更教資鬼國，三杯誰覓海東糧！」註云：「台地糖米之利，近濟東南，遠資西北。乃四川新產之糖，價廉而貨美，諸省爭趨之，台糖因而減市；英吉利販呂宋諸夷米入於中國，台米亦多賤售。商為虧本而歇業，農為虧本而賣田，民愈無聊賴矣。『三杯』，為台穀名。」[34]又一詩云：「一甲徵租近一車，賦浮那得復言加！多田翁比無田苦，怕見當門虎老爹。」註云：「台邑地狹，而賦視其他邑為多。內地田一畝約賦銀一錢，台地田一甲比內地十一畝三分一釐零，上則田一甲賦粟八石八斗，每石折番餅錢二圓二角，計每甲賦十數倍內地不止。久墾，

32 陳哲三〈草屯地區清代的拓墾與漢番互動〉，載古鴻廷、黃書林編《台灣歷史與文化（二）》，台北縣：稻鄉出版社（民國 89 年 2 月），頁 11-60。

33 見《海音詩》〈韋序〉台灣銀行經濟研究室《台灣新詠合刻》（民國 47 年 10 月）；及楊雲萍《台灣史上的人物》〈劉家謀〉，成文出版社（民國 70 年 5 月），頁 204-206。

34 劉家謀《海音詩》，台北市：台灣銀行經濟研究室《台灣新詠合刻》，民國 47 年 10 月，頁 9。

土田漸成磽瘠，每甲出粟上者不過三、四十石，每石價不過六、七角；一年所入，除各色費用外，不足以供賦。追呼之慘，稱貸之艱，有不忍言者矣。田地昔值百金者，今值及半焉；鬻之則虧資，存之則受累，民亦何樂求田耶？台穀每石爲一車。班役之家皆祀虎，謂之『虎老爹』，逋賦者拘押諸家，荼毒萬狀。」[35]上一詩及註看台灣糖和四川糖競爭中國市場，台灣糖失利；台灣米和南洋米競爭中國市場，台灣米又失利。

因之「台糖因而減市」、「台米亦多賤售」，自荷蘭據台時，台灣經濟的商業性格已經十分濃厚，台灣的農業生產已經納入世界的經濟體系中，經過鄭氏時期到清代，此一商業性格並無改變，土地生產的糖米既然不是有利的商品，土地的價格自然一落千丈，所以「商爲虧本而歇業，農爲虧本而賣田。」道光末，咸豐初台灣農業的困境還不只碰到四川和國際的競爭，而且台灣歷史中存在的賦稅超重的問題一直沒有解決，劉家謀指出台灣的田賦竟是大陸的十數倍。內在賦稅超重，外在國際競爭，兩相交逼，民不聊生。

「田地昔値百金者，今僅及半焉；鬻之則虧資，存之則受累，民亦何樂求田耶？」這就可以解釋爲什麼咸同時期地價大幅滑落，以及交易不多，面積不大，既想賣怕虧本，既想買怕受累的情形。台灣經濟的國際性格在此十分明顯。

比劉家謀早一年到台任台灣道的徐宗幹也看到了台灣的困境，是「銀日少，穀日多」，「銀何以日少？洋煙愈甚也。穀何以日多？洋米愈賤也。」「蓋由內地食洋米而不食台米也。不食台米，則台米無去處。」[36]

35 劉家謀《海音詩》，頁 7-8。
36 徐宗幹〈請籌議備貯書〉，載丁曰健《治台必告錄》卷四〈斯未信齋存稿〉，今人王世慶說：「迨道光末內地與南洋之貿易迅速發展，而廈門亦成爲通洋之中心，凡洋船之自閩海遠航至暹邏柴棍等從事貿易者，大有載運其地之產米進口，因而台米之糶運顯著減少，至囤積米穀，價格低落。」[37]這種出口困難，台米日賤，以致地價日賤的因果關係至此大明。

柒、光緒朝的地價

光緒朝三十四年（1875 至 1906），因爲甲午一役割台與日，所以清治台灣只到光緒二十年（1894）。光緒二十一年即日本明治 28 年，列入明治時期。光緒的二十年，可統計的契約有十三件，列成表五。

自土地的種類看，水田九件，旱田二件。

自座落地點看，埔園一在南埔庄，一在中埔，都在內木柵，也即匏仔寮台地以東。旱田二件都在牛屎崎。水田草鞋墩二件，大埔洋二件，大好山腳庄二件，圳寮一件，牛屎崎一件，北勢湳烏溪底一件。草屯地區除南埔、土城、屯園一帶沒有水田外，都有水田。有一件廿五張洋頭份上節的契約是五分雙冬水田，五分旱田，共田壹甲。[38]可能是水尾的緣故，竟不能有充足的水灌溉。

從買賣面積看，最大的一宗水田是大好山腳庄洋的水田五甲，最大的一宗埔園是中埔大墩腳的七甲五分七厘七絲。最小的

台北：台灣銀行經濟研究室（民國 48 年 7 月），頁 281-286。

37 王世慶〈清代台灣的米產與外銷〉，載王氏著《清代台灣社會經濟》，台北：聯經出版公司（民國 83 年 8），頁 93-129。

38 《草屯地區古文書專輯》，頁 326。

水田，旱田都是五分。水田平均面積是一甲六分五厘六絲，旱田五分，埔園四甲四分。可見面積都不大，依舊是小農經濟的格局。

從價格看，最大的一宗是下庄水田五甲賣一二〇〇員，次爲草鞋墩庄北水田一甲五分賣八四〇員，三爲大哮山腳庄廿五張洋水田三甲三分賣七三〇員，四爲牛屎崎一甲五分水田賣五八〇員。至於中埔大墩腳埔園七甲五分多只賣二三〇員。大金額的交易比前期多起來，表示經濟又活潑起來，有人在各種經濟活動中賺到錢。開港後賺錢變得比較容易，有人種蔗製糖，有人採樟熬腦，有人開發水利，戮力耕耘，累積了財富。在這一時期有許多契約的買方是李安睢，土地有集中少數人的現象，地主漸漸形成。這也許可以另文討論。

每分地的平均價格，最高五六員，次五〇點五三員，三爲三八點六七員，都是水田。最低的是三點〇三員，次爲四點一七員，都是埔園。旱田價格也高到每分三五員，比某些水田爲高。在乾隆、嘉慶、道光、甚至咸豐同治時大埔洋的水田地價最高，但光緒朝最高價的是草鞋墩、圳寮，大埔洋的地價只和大好山腳庄差不多。這似乎告訴我們北投社附近的舊街、新街、石頭埔已趨沒落，草鞋墩地位的已經超越了北投新舊街。

光緒朝的水田每分平均價爲三一點〇八員，比咸豐同治朝的一八點三九六，已經漲了一點六九倍。這一現象也可從米穀的價格看出來。王世慶研究台灣清代的米價，所得結論是康熙年間常時每石銀一兩二、三錢，雍正乾隆年間每石銀一兩五錢，嘉慶年間每石銀一兩一錢五分至二兩二錢。道光初、中葉每石銀二兩餘，道光末至咸豐年間每石銀一圓五角（約合紋銀一兩零五分）至七角左右，同治年間，每石番銀二圓，約合紋銀一兩四錢，光緒年間，每石銀一兩六錢五分至一兩八錢。[39]可見米價和田價成正比，米價漲則田價漲，米價跌則田價跌。大好山腳庄舊廍前下庄仔水田五甲嘉慶十五年賣一五八八大員，光緒十二年只賣一二〇〇員，跌掉百分之二十五。

捌、明治時期的地價

台灣割日，日本統治台灣，日本的貨幣度量衡制度都和原來台灣的不同，但日人取漸進的方式推行其制度，即學者所謂日治四階段，軍憲鎮壓時期、尊重舊慣時期、同化政策時期、皇民化時期[40]，要到第三階段才將日本的比重加強，在契約中可看到點滴的改變，但在明治統治的最初十年，民間契約的改變還不至於造成統計的困難。[41]

日治五十一年，明治有 17 年，可統計的契約是前十年的十九件，列成表六。

十九件中，水田十三件，旱田五件，園一件。園在中埔，旱田在橫山腳新厝邊、御史崎南勢洋、內木柵埤仔頂洋、內木柵桃仔崙及匏仔寮。水田十一件在匏仔寮台地以西，以東只有二件，分別在北勢湳溪底苦苓腳洋及北勢湳洋。可知到昭和 3 年龍泉圳

39 王世慶〈清代台灣的米價〉，載王氏著《清代台灣社會經濟》，台北市：聯經出版公司，（民國 83 年 8 月），頁 73-91。

40 周婉窈〈歷史的統合與建構－日本帝國國內台灣、朝鮮和滿州的「國史」教育〉，載《台灣史研究》第十卷第一期，中央研究院台灣使研究所籌備處（民國 92 年 6 月），頁 33-84。

41 陳哲三〈清季清丈與日初土地調查對台灣民間契字演變之影響－以草屯地區爲例〉載《台灣文獻》第 51 卷第 2 期（民國 89 年 6 月 30 日），頁 135-162。

竣工通水之前，今日南埔、頂崁、土城、屯園一帶沒有水田。

從買賣面積看，除養贍園八甲多外，其他都在一甲八分以下，最小的只一分九厘多。水田平均面積爲九分五厘，旱田平均爲八分九厘。這個平均面積比任何前面的時期都小。應該是土地在繼承的過程中諸子均分，越分割越細小。另一方面地主的形成，土地又有集中少數人的現象，所以一般人能分的土地愈少。越小的土地其生產量越少，要靠土地維持生活也便越加困難。人口必須從農村出走，城市的形成壯大，這可能是一個推動力。

土地買賣價格，超過四〇〇員的有六件。最高額是新庄水田一甲四分多，賣八七三員，次爲北投埔庄水田一甲三分多賣五六五員，三爲牛屎崎洋水田一甲五分賣五二六員，四爲北投新街東門外水田一甲六分多賣五一〇員，五爲大哮山腳內灣仔水田一甲七分多賣四五二員，六爲草鞋墩大埔洋水田一甲五分賣四〇〇員。全部是水田，全在匏仔寮台地以西。分佈很普遍，可知水的灌溉良好，也就是水利設施有進步。

再看每分地平均價格，最高爲新庄水田六二點一八員，次爲舊厝前水田六〇員，三爲草鞋墩水田五八點二四員，四爲北投埔庄水田四一點五〇員。横山腳新厝邊旱田也高到三九點八四員。中埔的養贍園最不値錢，每分地只有一點二員，北勢湳洋水田也只值六點二四員。內木柵桃仔崙旱田值一〇點七〇員，可知水田最高，平均每分是三四點八七八員，旱田爲二二點七二四員，園最低只一點二員。就水田、旱田而言都比光緒朝略微上漲。水田價爲乾隆時水田的一點六倍。

玖、一三四年的綜合觀察

以上是根據六十七件契約探討自乾隆三十五年（1770）到明治 37 年（1904）的一三四年間草屯地區的地價情形及其相關問題。爲了討論的方便將一三四年分成六個時段，現在則將六個時段的結論再加綜合，做出一三四年的總觀察。

先將土地種類做成表七，可見水田最多四十五件，旱田次之十二件，園最少十件。如前所述，因爲水田生產力最強，而且水田才能種水稻，水稻是當時最高經濟作物，一方面是主要食糧，又是重要商品。所以農戶費盡心力也要將旱田變水田。表中乾隆時水田只佔百分之三六，嘉慶已占百分之六四，道光爲百分之八十六，總平均水田爲百分之六七。園則是乾隆朝最多，佔到百分之六四。總平均園爲百分之十五。旱田嘉慶朝最多，占百分之三六，總平均是佔百分之十八。

土地開發過程是荒埔→園（畑）→旱田→水田。

荒埔，即未開發的原始土地。長草的叫草埔。滿佈石頭的叫石頭埔。長草長樹的叫青埔。放牛的叫牛埔。埔都是平地，所以也叫平埔。

荒埔經過人工開墾，砍光樹木、除去野草、搬開石頭，變成可以種甘薯、花生、樹薯、香蕉的土地，就是園，也寫作畑。

在園開溝渠，將雨水、山溪水攔入園中，一塊一塊土地按其地勢做田埂，讓它可以蓄水，它就變成田。因爲有水沒水全看天下不下雨，所以叫看天田。在台灣的雨量分佈，上半年有雨水，可以種稻，所以稱單季田，也就是旱田。

如果有能力築埤圳、開圳溝、引來大溪大河的水，水源不竭，一年四季都有水可常流灌溉，上下兩季都可種稻，都有收穫，叫水田，也叫雙冬田。

乾隆時期的園全在溪洲，光緒時的園在南埔、中埔。明治時的園也在中埔。也就是說後期匏仔寮台地以西全是水田，只有匏仔寮台地以東的內木柵地區依舊是園。這種情況要到昭和三年(一九二八）龍泉圳完工通水，才使土城南埔頂崁、北勢湳、匏仔寮的園、旱田變成水田。[42]

再將各期土地平均面積做成表八。資料齊全的是水田，所以就水田討論。水田買賣的平均面積，乾隆時爲四甲一分多，嘉慶減爲一甲九分多，道光再減爲一甲〇分三厘多，咸豐同治在減爲九分五厘多，光緒回復爲一甲六分多，明治又減爲九分四厘多。可知土地面積有越來越小的現象，原因是土地面積沒有增加，而人口增加，諸子平分祖業，愈分愈少。另一方面土地又有集中的現象，地主的出現正是此一現象的證明。明治時平均面積是乾隆時平均面積的百分之二十三，明治時的人只能擁有乾隆時人的四分之一弱的土地資源，雖然其他農業條件可能有所改進，但生活肯定是困難。至於咸豐同治時土地平均面積特別小，還有上述提到的米價下跌，土地價格下跌所引起的惜售現象。

將全部六十七件土地不分種類，按其土地面積做成表九。可見五分以下十五件，佔百分之二十二。五分到一甲十二件，占百分之十八。一甲到一甲五分二十三件，占百分之三十四。一甲五分到二甲七件，占百分之十。二甲以上十件，占百分之十五。也就是一甲以下佔百分之四十，一甲五分以下佔百分之七十五。二

42 洪英聖〈草屯龍泉圳的開發〉，東海大學歷史研究所碩士論文，民國 89 年 6 月。

甲以上的只佔百分之十五。也就是農戶的土地面積都不大，小農經濟型態一直是草屯地區的常態。

那些占百分之十五的十件，二甲以上的水田六件、園四件，其中最大的一宗水田買賣是乾隆四十一年的石頭埔十三甲，其次是嘉慶十五年大好山腳庄舊廍前下庄洋水田五甲，其他三件分別為嘉慶朝的二甲五分，二甲四分多，及光緒朝的三甲三分，地點依序為崎頭庄前大埔洋、大好山腳廿五張內、大哮山腳庄廿五張洋。至於園四件，最大面積是明治時中埔的養贍園八甲三分多，次為光緒朝中埔大墩腳埔園七甲五分多，另二件都是乾隆時溪洲熟園三甲三分。乾隆朝最大宗十三甲水田四〇〇〇大員也是草屯地區清代最大筆的買賣。而最大筆的園在明治時也才賣一〇〇員，僅與同時期廿五張洋二分八厘多的水田同價。而園的地點除早期溪洲的熟園外，全在匏仔寮台地以東。

將每分土地的平均價款做成表十。其中園、旱田的件數太少，統計意義不大，只有水田可以統計觀察。

乾隆朝水田每分地平均價佛銀二一點八一員。嘉慶朝大漲為四三點四一員，漲一點九九倍。道光朝又漲到六四點八員，為乾隆朝的二點九七倍。咸豐同治大跌，為一八點四〇員，只及乾隆朝的百分之八四，嘉慶朝的百分之四二，道光朝的百分之二八。光緒回升到三一點〇八員，回升了一點六九倍。但還不到道光朝的一半價格。明治時又略升到三四點八三員。水田的清代平均每分地價為三五點七二員。光緒、明治接近平均值，乾隆、咸同低於平均值，嘉慶、道光高於平均值。最高是道光，最低是咸同。咸同之所以最低是因道光末以來洋米銷售中國，使台米滯銷以致價賤，米價賤連帶使地價賤。已討論如前。至於道光朝所以最高，那是因人口愈多，土地增加率趕不上人口增加率，致地價上漲。

已論如前。

最後將水田每一時期最高價、最低價及其地點並價差做成表十一。

表中最高價中最高的是道光朝，最低的是咸同，和表十平均價符合。但最低價中最低者是明治，次爲乾隆，三光緒，四才是咸同，與表十平均價不符合。不符合的原因，應是惜售心理造成。

同一時代高低價差，高低差之比，乾隆朝高爲低的三點三四倍，嘉慶朝四點二五倍，道光朝三點四一倍，咸同朝二點一〇倍，光緒朝四點八四倍，明治時九點九五倍。可見清代除咸同爲二倍多外，都在三、四倍，日治後卻突然變成近十倍。明治時水田高低價差竟然超過水旱田之價差。明治時水田平均價也只有旱田之一點五四倍。原因是水利灌溉和地點。而在同有水利的水田，則其價差顯然是地點所決定。

地點中之好地點一在近家，管理方便；一在近市街，增值空間大。乾隆時的石頭埔比草鞋墩嶺下近當時最重要的北投舊街。嘉慶的舊社林大埔洋比大好庄頭內灣更近北投新舊街，水利設施也更近水頭。道光時石頭埔庄後比牛屎崎更近北投舊街、新街。咸同時的崎仔頭庄前大埔洋比大哮中庄更近北投舊街、新街，水利設施也更近水頭。光緒時的草鞋墩庄北比北勢湳洋烏溪底更近市街，同治時草鞋墩已發展成街[43]，而且比溪底田更安全。明治時的新庄比北勢湳洋更近市街。

另外，從不同時代出現最高價地點，似可看出市街形成，人口集中興替轉移的現象。乾隆時最高在石頭埔，嘉慶時在舊社北大埔洋，道光時在石頭埔庄後，咸同時在崎仔頭庄前大埔洋，光

43 陳哲三〈清代草屯地區開發史 — 以地名出現庄街形成爲中心〉，載《逢甲人文社會學報》3，2001 年 11 月，頁 119-141。

緒朝在草鞋墩庄北，明治時在新庄。咸同以前都在北投舊街、新街的周圍，光緒以後卻在草鞋墩的周圍。可以看到草屯地區人口經濟、政治由北投向草鞋墩移動的情形。

拾、結　論

總結上面的論述，可得結論七點。

一、決定土地價格的因素，在清代有水利設施、近住家與市街，以及米價高低。水利灌溉良好，近家、近市街，米價高則地價高，否則地價低。而其中以米價之影響最重大，因爲水利的地點只對個別的地段產生影響，米價則對整個地價發生影響，道光末到咸豐同治的米賤導致地賤的歷史是最好的案例。

二、水田能種稻，稻米是主食，又是台灣外銷的商品，所以是最高經濟作物，水田因此價格最高。旱田還勉強可以種一季稻，價次之。園（畑）只能種甘薯、花生等雜作，價最低。

三、咸豐同治以前以北投舊街新街附近的水田價最高，因爲北投舊街新街是當時草屯地區的經濟、政治、文化教育中心。但同治以後，草鞋墩成街，開山撫番政策推動，草鞋墩的交通地位更形重要，加上原來控制水源的機能，地位取代了北投舊街新街，所以後期最高價的水田在草鞋墩附近。

四、匏仔寮台地以東本是界外禁地，福康安奏准設屯丁養贍埔地後，漢人可以公然租贌屯丁的養贍園，但因爲地勢高亢，缺乏灌溉設施，只在山溝、烏溪底有水田，其餘全是園（畑）。這種情況在本文研究的年代間並無改變。

五、大好山腳庄是草屯開發最早的地方之一，是簡姓的住地。簡姓最早來到草屯地區，便佔據大好山腳下有泉水的地方，當時是最好的地方。洪姓所住自新庄、番仔田到石頭埔都是石頭遍地的地方。林姓所住的溪洲、月眉厝、北投埔，是貓羅溪氾濫之地。李姓所住的崎仔頭、下庄、圳寮也是烏溪舊河道，隘寮溪邊，石頭遍佈。簡姓雍正年間就來到草屯地區，選了最好的地方，可是當水利工程自烏溪引水灌溉，大好山腳庄卻成了水尾，只能用人用剩的水，雖有圳道卻不一定有水，這是大好山腳庄的水田價低的原因。

六、最要注意的是台灣經濟的國際性格在清代已顯露無遺。四川糖和台灣糖爭市場，南洋米和台灣米爭市場，台灣糖、台灣米都敗下陣下，於是台糖台米價跌，因而導致台灣地價大跌。到今天，國際經濟的波動依舊是台灣經濟波動最大的影響力。

七、土地高低價差到日治為九點多倍，是歷史新高，應是市街商業機能躍昇，居住市區易於營生賺錢，故市街土地價格大幅上昇。清治時最高價差四倍多不到五倍，日治時竟近十倍。意味著一個新時代的來臨－政治力量深入民間，工商業主導人的經濟生活的時代已悄然到來。

表一、乾隆朝草屯地區地價表

序號	年份	土地種類	地　點	面　積	價格（佛銀）	每分地價（佛銀員）	備註
01	三十五	埔園	下溪洲	1甲2分	100員	8.33	林11
02	三十七	水田	草鞋墩嶺下	1甲5分	138員	9.2	草4
03	四十	埔園	下溪洲 月眉厝前	1甲6分	160員	10	林13
04	四十一	園	溪洲尾 舊廊後	1甲2分5厘	100員	8	林14
05	四十一	水田	石頭埔	13甲	4000大員	30.77	林16
06	四十一	熟園	舊庄前溪洲	3甲3分	300大員	9.09	林29
07	四十一	熟園	舊庄前溪洲	3甲3分	300大員	9.09	林17
08	四十五	埔園	下溪洲 月眉厝前	1甲3分	110大員	8.46	林24
09	五十	水田	北投大埔洋	8分	158大員	19.75	草91
10	五十一	水田	草鞋墩前	1甲2分	340大員	28.33	草7
11	五十六	熟園	舊社前溪洲	9分	85大員	9.44	林26

表二、嘉慶朝草屯地區地價表

序號	年份	土地種類	地　點	面　積	售　價（佛銀）	每分地價（佛銀員）	備註
01	三	旱田	內木柵 三欉竹	1甲1分2厘	80大員	7.14	林29
02	五	水田	大好庄 頭內灣	1甲1分 3厘3絲	150大員	13.24	草270
03	九	旱田	草鞋墩嶺腳	1甲5分	280大員	18.67	草109
04	十	水田	崎頭庄前 大埔洋	2甲5分	980大員	39.2	草69
05	十四	水田	大好山腳庄 廿五張內	2甲4分 7厘8絲	880大員	35.51	林38

06	十五	水田	大好山腳庄 舊廍前下庄仔	5甲	1588大員	31.76	草110
07	十五	水田	石頭埔後	4分	295大員	73.75	郭双 富藏
08	十六	旱田	北勢湳	1甲8分	500員	27.78	草191
09	十六	旱田	圳寮	3分	66大員	22	草41
10	十八	水田	大埔洋 （舊社林）	8分	450大員	56.25	草71
11	二十三	水田	北投社南勢 土名大埔洋	1甲3分	650大員	54.17	草72

表三、道光朝草屯地區地價表

序號	年份	土地種類	地　點	面　積	價款 （佛銀員）	每分地價 （佛銀員）	備註
01	六	水田	大埔洋 土名中心社	1甲6分 1厘7絲	890	55.04	草92
02	七	水田	草鞋墩嶺腳	1甲5分	800	53.33	草113
03	十二	旱田	圳寮庄路東	3分	110	36.67	草282
04	十七	水田	番仔田大堀 厝 前石埔仔	6分6厘6絲	500	75.075	牛屎崎 鄉土誌 70
05	二十 三	水田	牛屎崎	1甲5分	520	34.67	草175
06	二十 六	水田	石頭埔庄後	1分1厘5絲	130	118.18	草139
07	二十 九	水田	草鞋墩頂庄 前大埔洋	8分	420	52.5	林64

表四、咸豐同治朝草屯地區地價表

序號	年份	土地種類	地　點	面　積	價款 （佛銀員）	每分地價 （佛銀員）	備註
01	咸三年	水田	大哮中庄	1甲3厘	136	13.20	草294
02	咸十一	水田	北投保 大埔洋	1甲4分	246	17.57	林68
03	咸十一	水田	崎仔頭庄前 大埔洋	4分7厘	130	27.66	草74
04	同十	水田	廿五張洋	8分	107員5角	13.44	林75
05	同十一	水田	草鞋墩庄前	9分2厘	228員8角	24.87	林76
06	同十一	水田	廿五張洋 中庄仔	1甲1分	150	13.64	草312

表五、光緒朝草屯地區地價表

序號	年份	土地種類	地 點	面 積	價款（佛銀員）	每分地價（佛銀員）	備註
01	三	水田	草鞋墩洋參分尾	5分	114	22.8	草13
02	五	水田	大埔洋	6分	160	26.67	草316
03	十	水田	草鞋墩庄北	1甲5分	840	56	草16
04	十二	水田	大好山腳 舊廍前下庄洋	5甲	1200	24	草322
05	十三	水田	大埔洋	9分	240	26.67	草94
06	十三	水田	大哮山腳庄 廿五張洋	3甲3分	730	22.81	林82
07	十五	水田	圳寮厝	4分7厘5絲	240	50.53	草64
08	十六	埔園	南埔庄	1甲2分1厘9絲	50	4.17	草259
09	十六	旱田	牛屎崎南勢洋	5分	126	25.2	草180
10	十八	埔園	中埔大墩腳	7甲5分9厘7絲	230	3.03	草260
11	十九	水田	青牛埔苦冷腳崎 北勢湳洋烏溪底	1甲1分5厘1毫	133	11.56	草215
12	二十	旱田	牛屎崎南勢洋	5分	175	35	草182
13	二十	水田	牛屎崎洋	1甲5分	580	38.67	草181

表六、明治時期草屯地區地價表

序號	年份	土地種類	地 點	面 積	價款（佛銀員）	每分地價（佛銀員）	備註
01	30	水田	牛屎崎洋	1甲5分	526	25.36	草184
02	32	旱田	草鞋墩洋 橫山腳新厝邊	3分7厘5絲	150	40	草122
03	33	旱田	御史崎南勢洋	7分9厘	175	22.15	草186
04	33	養膳園	中埔洋	8甲3分 5厘5毫2絲	100	1.2	草94
05	33	水田	石頭埔	3分1毫2絲	120七兌銀 （171佛銀）	39.84七兌銀 （56.73佛銀）	草152
06	34	水田	舊厝前 （草鞋墩）	2分5厘	150	60	草32
07	34	旱田	內木柵 埤仔頂洋	1分9厘 7毫2絲	40	20.28	草229
08	34	旱田	內木柵桃仔崙	1甲8分 6厘8毫8絲	200	10.70	草228
09	34	水田	廿五張洋	2分8厘 4毫7絲	100	35.12	草126
10	34	水田	北勢湳溪底 苦苓腳洋	1甲6分 抽出8分	150	18.75	草222

11	34	旱田	匏仔寮	1甲2分2厘	250	20.49	草170
12	35	水田	草鞋墩大埔洋	1甲5分	400	26.67	草100
13	35	水田	大哮山腳 土名內灣仔	1甲7分8厘	452	26.46	草128
14	35	水田	北勢湳洋	3分2厘	20	6.25	草232
15	35	水田	北投新街 東門外	1甲6分 1厘9毫	510	31.50	草84
16	35	水田	下埔洋	7分1厘6毫	150	20.95	草146
17	37	水田	新庄	1甲4分4毫	873	62.18	草88
18	37	水田	草鞋墩	5分6厘 1毫5絲	327	58.24	草38
19	37	水田	北投埔庄	1甲3分 6厘1毫5絲	565	41.50	草102

表七、土地種類表

種類 時代	埔園（含園、熟園）	旱　田	水　田	計
乾　隆	7		4	11
嘉　慶		4	7	11
道　光		1	6	7
咸　同			6	6
光　緒	2	2	9	13
明　治	1	5	13	19
計	10	12	45	67

表八、平均買賣土地面積表（單位分）

面積 時代	埔園	旱　田	水　田
乾　隆	18.357		41.25
嘉　慶		11.8	19.44
道　光		3	10.33
咸　同			9.53
光　緒	44.08	5	16.56
明　治	83.55	8.9	9.52

表九、買賣土地面積表

面積＼時代	乾隆	嘉慶	道光	咸同	光緒	明治	計
1分-5分		2	2	1	4	6	15
5分-1甲	2	1	2	2	2	3	12
1甲-1甲5分	5	4	2	3	4	5	23
1甲5分-2甲	1	1	1			4	7
2甲以上	3	3			3	1	10
計	11	11	7	6	13	19	67

表十、每分土地買賣平均價款（單位佛銀員）

時代＼種類	園	旱田	水田	備註
乾隆	8.92		21.81	
嘉慶		17.77	43.41	
道光		36.67	64.8	旱田只一件
咸同			18.40	
光緒	3.6	30.1	31.08	旱田兩件
明治	1.2	22.72	34.83	園只一件
平均	4.57	26.815	35.72	

表十一、水田平均每分最高最低價表（單位佛銀員）

時代＼價款	最高		最低		高低差比
	價	地	價	地	
乾隆 1770-1795	30.77	石頭埔	9.2	草鞋墩嶺下	3.34倍
嘉慶 1796-1820	56.25	大埔洋（舊庄林）	13.24	大好庄頭內灣	4.25倍
道光 1821-1850	118.18	石頭埔庄後	34.67	牛屎崎	3.41倍
咸同 1851-1874	27.66	崎仔頭庄前大埔洋	13.20	大哮中庄	2.10倍
光緒 1875-1894	56	草鞋墩庄北	11.56	青牛埔苦冷腳崎北勢湳洋烏溪底	4.84倍
明治 1895-1904	62.18	新庄	6.25	北勢湳洋	9.95倍

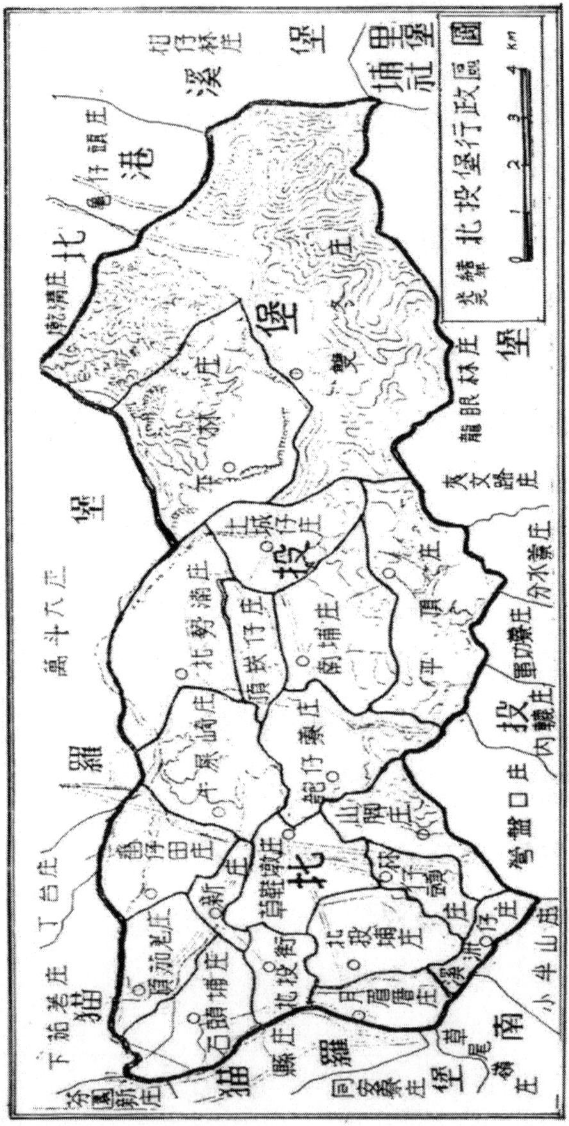
光緒年 北投堡行政區圖

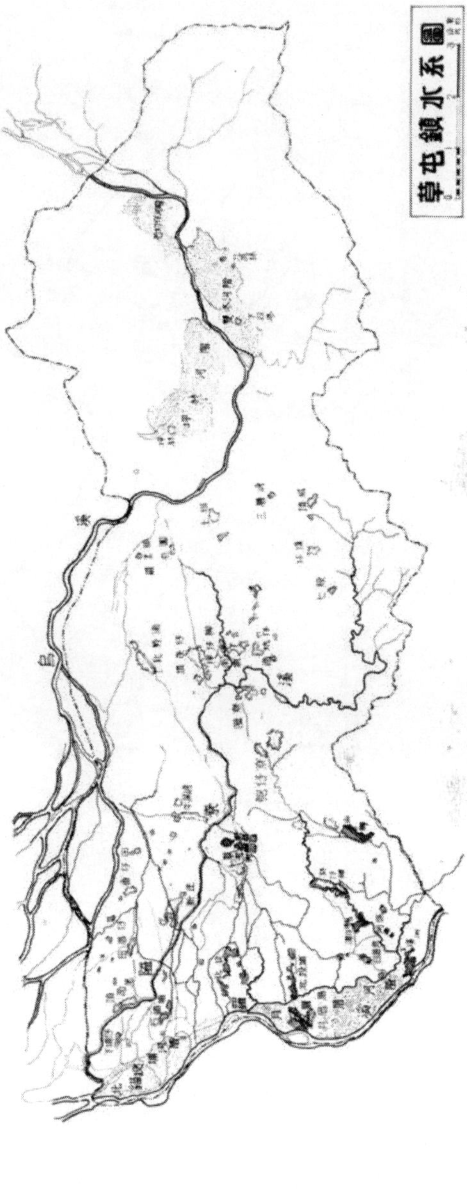
草屯鎮水系圖

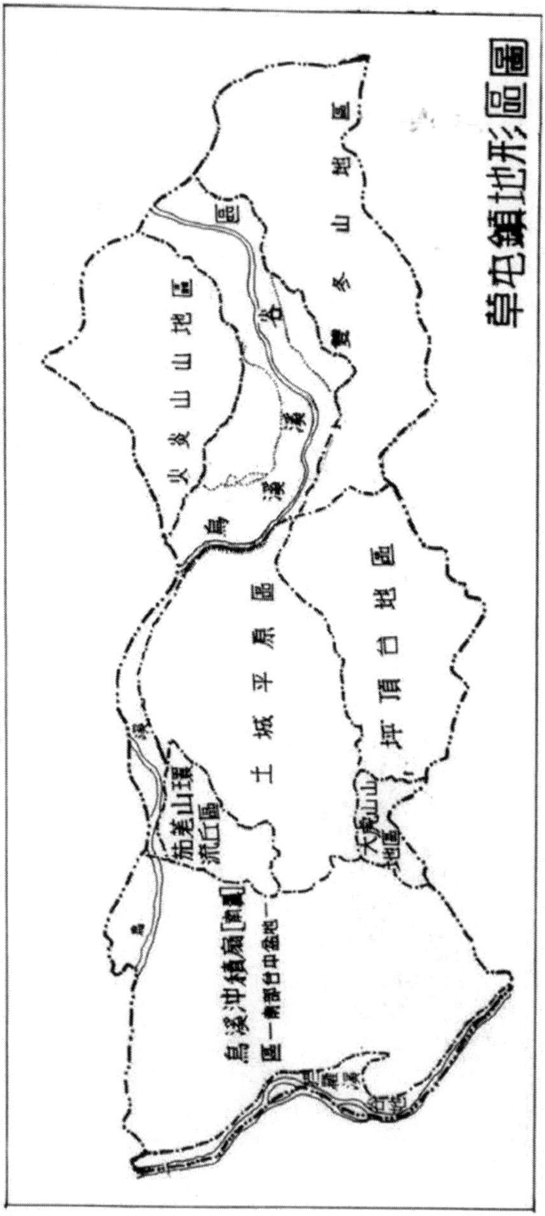
草屯鎮地形區圖
雙冬山地區
火炎山山地區
土城平原區
坪頂台地區
茄荖山環流丘區

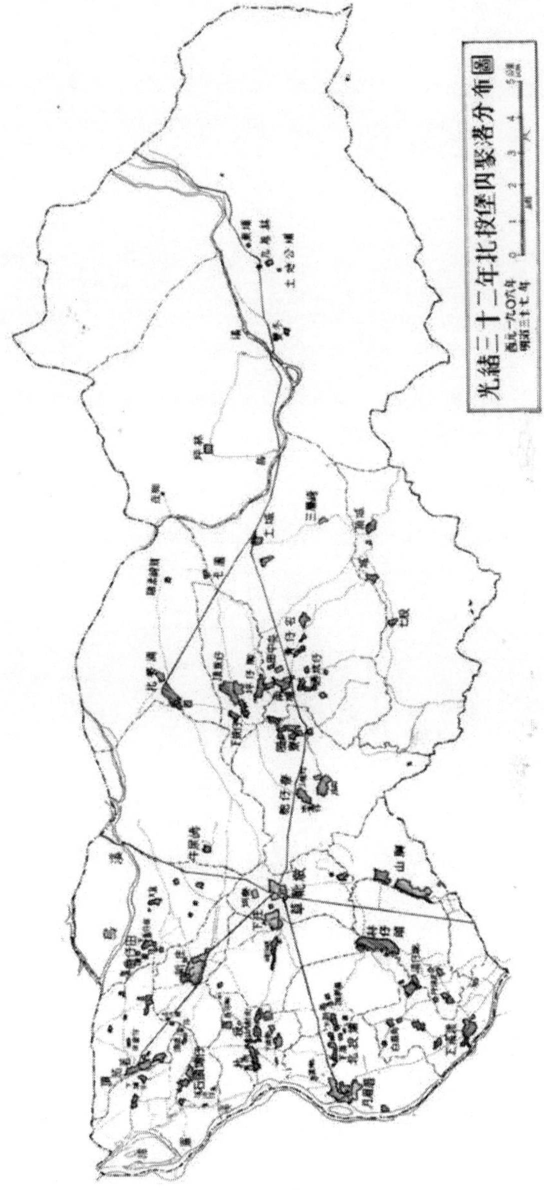
光緒三十二年北投堡內聚落分布圖
西元一九〇六年
明治三十九年

清代草屯地區的水利

壹、前　言

就南投縣言，埔里與草屯是兩個地勢平坦，可耕地面積最大的地區。埔里耕地 74.2560 平方公里，草屯 50.6944 平方公里，水田則埔里 31.3478 平方公里，草屯 28.7490 平方公里[1]。而在清代，草屯以地近彰化，移民入墾時間較早，埔里則因在番界之外，爲移民禁地，要到開山撫番定策方才解禁。因此，草屯地區實爲清代南投縣境最大之農業生產地。草屯地區又因爲水利設施普遍，灌溉水源長流不息，遂成清代南投縣境最富庶之地。在拙作「清代草屯地區的地價及其相關問題」[2]文中，指出水田地價最高，原因即是有水利設施之故。

水利之重要，人盡皆知，有關台灣水利史之研究，論著不少[3]。

1 施添福《台灣地名辭書》卷十南投縣，南投：台灣省文獻委員會，民國 90 年 12 月，頁 151。

2 陳哲三〈清代草屯地區的地價及其相關問題〉載《逢甲人文社會學報》7（2003 年 11 月），頁 89-116。

3 水利論著如：王世慶〈從清代台灣農田水利的開發看農村社會關係〉，王世慶〈談清代台灣蘭陽地區之農田水利開發史料〉，二文均載王世慶《清代台灣社會經濟》聯經出版公司，民國 83 年。陳鴻圖《水利開發與清代嘉南平原的發展》國史館，民國 84 年。廖風德〈清代台灣農村埤圳制度〉《台灣史探索》台北，台灣學生書局，民國 85 年。蔡志展《清代台灣水利開發研究》台中，昇朝出版社，民國 69 年。王崧興〈八堡圳與台灣中部的開發〉台灣省文獻委員會《台灣文獻》二十六卷四期、二十七卷一期，民國 65 年。楊淑玲《桃但有關清代草屯地區的水利則大多輾轉抄襲，缺乏專文之討論，不無遺憾。過去寫草屯水利都以清代方志及日人調查爲依據，所知有限。曾敏怡在《草屯地區清代漢人社會的建立與發展》[4]中有一節討論草屯水利，整理過去研究的成果，但若干問題依舊未能釐清。晚近雖有契約文書之運用，但所用契約數量有限，難見全貌。契約文書實爲歷史研究之新史料，草屯地區總數近四百件[5]，其中水利相關者有八十餘件。本文即據此八十餘件契約重新審視草屯地區之水利，希望對過去說法是者是之，錯者改之，無法證其對錯者，存疑之。論述有當與否，敬祈方家指正。

貳、《彰化縣志》中的草屯水利

在清代方志中，有關南投縣境的水利資料不多，最早記錄的似爲「萬丹坑圳」。余文儀《續修台灣府志》有「萬丹坑圳，在南北投保東[6]」之語。萬丹坑圳在今名間鄉。此條可證乾隆二十七年[7]以前萬丹坑圳業已開鑿。

園台地之水利社會空間組織的演化》國立台灣師範大學地理研究所碩士論文，民國 83 年。

4 曾敏怡《草屯地區清代漢人社會的建立與發展》東海大學歷史研究所碩士論文，民國 87 年 6 月。

5 林美容《草屯鎮鄉土社會史資料》台灣風物，1990 年 10 月，收有八十一件。謝嘉梁《草屯地區古文書專輯》台灣省文獻委員會，民國 88 年，收有二五九件。二書合計三四〇件。其他散藏各處者又有數十件。總數近四百件。

6 余文儀《續修台灣府志》卷二〈規制〉〈水利〉，台北：臺灣銀行經濟研究室，民國 51 年，頁 108。

7 余文儀《續修台灣府志》〈自序〉是乾隆二十五年（1760）任官台灣時，因患前志未備，「乃參覈新舊諸志，於簿書餘晷，撏撦群籍，博訪故老暨身所歷山川夷隘之處，傳聞同異之由，心維手識，薈萃成編。」

余志之後清代再無府志，而有道光周璽之《彰化縣志》。周璽在志中記南投縣境之水利有萬丹坑圳、險圳、南投圳、馬助圳、阿轆治圳及半壁泉[8]。其中屬草屯地區者有險圳、馬助圳、阿轆治圳及半壁泉。玆分別照錄如下：

> 險圳，在南北投保，源從烏溪分脈，至茄荖山，穿山鑿石數十丈，流出灌溉七十餘莊之田。乾隆十六年，池良生開築，里人名為「石圳穿流」。馬助圳，在險圳下，源從烏溪分出，灌上下茄荖田五百餘甲。阿轆治圳，在馬助圳之下，水源亦同，灌石頭埔等莊田五百餘甲。
>
> 半壁泉，在北投保北勢湳莊青牛埔山嵌。半壁泉從石罅湧出，味極甘美，里人乏井，皆往汲焉。雖旱亦湧，灌田十餘甲，名曰「石壁飛泉」。

綜上所見，方志中南投縣境水利只有萬丹坑圳、險圳、南投圳、馬助圳、阿轆治圳及半壁泉等六個。一在名間，一在南投，四在草屯。竹山、集集地區竟未著錄。水沙連保在道光前已開鑿若干水圳，如和溪厝圳、東埔蚋圳、坪仔頂圳、清水溝圳、猴仔寮陂、車店仔陂、隆興陂等[9]。集集也有集集大圳、橫圳、五張埤仔圳、草嶺腳圳等[10]。想是《彰化縣志》修纂時調查不周所致。

《彰化縣志》既有調查不周之弊，可能也有調查錯誤之處，如草屯地區之險圳、馬助圳、半壁泉在後來文獻均可找到對應之記載，獨有阿轆治圳在後來之文獻中無影無踪。是何原因，容後文論述。

8 周璽《彰化縣志》卷二〈規制志〉〈水利〉，台北：臺灣銀行經濟研究室，民國 51 年，頁 56-58。

9 倪贊元《雲林縣采訪冊》〈沙連堡〉〈水利圳坡〉，台北：臺灣銀行經濟研究室，民國 48 年，頁 156-158。

10 陳哲三《集集鎮志》集集鎮公所，民國 87 年，頁 228-230。

參、《台灣土地慣行一斑》中的草屯水利

馬關割台，日人統治，進行大規模調查。此調查資料，固爲日人統治所取資，也成今日歷史研究之寶貴史料。

土地調查局於明治38年（1905）出版《台灣土地慣行一斑》，在其第一編第一章「開墾沿革」記「北投堡」云：此地原北投蕃社所管之荒埔，雍正年間漸有對岸渡來移民耕墾。至乾隆初年，移民益增，與北投蕃社交涉，設立蕃租，給出宅第埔園墓地。就中吳登連及吳學貿開鑿一條險圳灌溉北投地方。其報酬爲取得四十張埔地，招佃開墾成田，一甲繳八石大租以爲開圳諸費[11]。

在《台灣土地慣行一斑》第二編第二章「水租」對北投堡之險圳、媽祖圳、舊圳有所記述[12]。記險圳云：源自北勢湳庄土名爲烏溪溪底，灌溉北投堡內一千四百五十餘甲的大圳。本圳爲乾隆八年北投社番土目葛買奕托漢人吳連倘者所開鑿。後來由田園關係人選定管理人管理圳務。現管理人爲林天龍。水租依田甲數及水量、及圳頭圳尾而有不同，新庄、草鞋墩之一部一甲田二石四斗至三石，牛屎崎庄七斗，北投埔庄水分一分六斗，營盤口庄水份一分一斗三升六合。一年總水租額一千七百餘石。本圳定額水租充修繕管理一切費用，餘額爲管理人所得。如收支不敷，慣例更向灌溉田業主追徵費額。故歷來管理人有莫大之利得，故競

11 臨時台灣土地調查局《台灣土地慣行一斑》第一編開墾沿革，明治38年3月，頁45-46。

12 臨時台灣土地調查局《台灣土地慣行一斑》第二編土地，明治38年3月，頁553-555。

爭者多。但光緒十五年以降，圳道屢屢崩壞，管理人用私費先行修繕，如缺水引起紛擾，便更換管理人。

記媽祖圳云：係乾隆初年洪媽祖所開設，水源來自烏溪松仔潭，灌溉番仔庄外七庄田四百餘甲。茄荖圳、埔仔圳爲支圳。媽祖圳現爲洪家子孫所共有，每年推管理人，由灌溉區內有田園之洪姓協議選任。水租一甲田一石至一石五斗，總收穀六百餘石。修繕及其他諸費在二百石內外，賸谷歸管理人所得。但管理人需負擔大修時之費用。

記舊圳云：水源取自隘寮庄番溪，灌溉草鞋墩庄一部及山腳庄田四十餘甲。本圳爲乾隆二年北投社番開鑿，嘉慶十五年李寢任管理人，之後李氏子孫七人每年輪番任管理人。圳長辛勞穀水份一分穀一斗。修繕諸費年十餘圓，餘歸管理者所得。若大修繕，慣例向業主追徵。

自上述調查，可知日人調查已注意到水圳的開鑿人、開鑿時間、取水水源、灌溉面積、灌溉地區、水圳管理、水租徵收等問題。這是第一次對草屯地區最詳細的水利記述。但文中卻也存在著矛盾。稍述如下。

三條水圳，最早開的是舊圳，在乾隆二年；次險圳，在乾隆八年；媽祖圳則不確知年代，但知乾隆初年。就規模言，舊圳最小，只灌溉四十餘甲。媽祖圳次之，四百餘甲。險圳最大，一千四百餘甲。就開鑿人言，舊圳爲北投社番所開，險圳爲北投社土目葛買奕委托漢人所開，媽祖圳爲漢人所開。就管理人言，舊圳在嘉慶後落入李寢及其家族手中，媽祖圳由洪姓族人推舉，險圳由灌溉業主推舉。三條都收水租，修繕諸費所剩爲管理人（圳長）所得，大修繕時舊圳得向業主追徵。

但日人調查也有可商榷之處。同一報告，對受托開鑿險圳的漢人，在「開墾沿革」說是吳連登及吳學賢，在「水租」中說吳連倘。如果再和上引《彰化縣志》所記是乾隆十六年池良生所開築。則不僅年代不同，姓名出現三組不同的組合。又舊圳開鑿時間定在乾隆二年，也不知其所依據。至於媽祖圳之圳名，《彰化縣志》作「馬助圳」，灌溉面積也不同，《彰化縣志》更大，上下茄荖田五百餘甲，比調查報告多出一百甲。至於《彰化縣志》有阿轆治圳灌溉石頭埔等莊田五百餘甲之記述，調查報告未有此圳名。但調查報告多出媽祖圳的支圳茄荖圳、埔仔圳。

這些矛盾紊亂、缺漏不明，是否有史料可資釐清？

肆、契約文書中的草屯水利

契約文書的大量出土，提供各領域歷史研究的新史料，從而重建史實，糾正過去認知的錯誤致改寫歷史。本節將據契約文書分朝代製表，以觀察各朝代之草屯地區的水利。表分序號、時間、地點、圳名、備註各欄。備註主要書明資料來源，其中「草」爲《草屯地區古文書專輯》之簡稱，「大租」爲《清代台灣大租調查書》之簡稱，「林」爲林美容《草屯鎮鄉土社會史資料》[13]之簡稱，「張家」爲南投張家藏古文書之簡稱，「許藏」爲草屯許錫專先生藏古文書之簡稱，「郭藏」爲霧峰郭双富先生藏古文書之簡稱。

13 《清代台灣大租調查書》臺灣銀行經濟研究室，民國 52 年，本書係以日治臨時台灣土地調查局之《大租取調書附屬參考書》整編而成。共收契約九百三十餘件。

一、乾隆朝的水利

茲將乾隆朝有水圳名稱之契約文書，按其年代作成表一，稱乾隆朝草屯水利表。

表一計九件。最早一件爲乾隆十四年（1749）十月，此爲草屯地區現存最早契約，本件係北投社番猴三甲招佃開墾契[14]，標的是「承祖遺下荒埔一段」，坐落地點是「本社南勢，東至大霞覽埔爲界，西至溪崁爲界，南至素仔埔爲界，北至小何但埔爲界」，未見特定圳名，相關文字爲「業主開大坡圳，有水長流，清丈按甲納租粟八石正。……其開小坡圳係佃人自理，不干業主之事。」可注意的是荒埔地點在北投社南勢，業主猴三甲開大坡（陂或埤）圳，佃人開小坡（陂或埤）圳。契文業主允開大陂圳，定契之時已否有大陂圳？如無，契文中業主只收到埔底銀二十七員，如何去開一條大陂圳？可知當時已存在大陂圳，或至少大陂圳即日可以完工通水。從下一張契約，可知已有大陂圳。

第二張水圳契約爲乾隆三十七年（1772）十月北投社番余啓章等立遵憲再給佃批字[15]，佃人爲李喬基。契文云：「有遺草地萬寶庄，於乾隆八年間，前土目葛（台銀本作萬）買奕議請漢人吳連倘包開水圳，因工資訴控前縣主陸堂斷：犁份四十張付倘招佃給批，收佃底銀作工資。又三十二年，蒙縣主韓臨庄繞埒親丈，佃人李喬基份下原田二十一甲五分，年納大租一百七十二石；溢田四甲四分六厘四毫七絲六忽，……倘有社餉諸事，係番業主抵擋。番庄中作陂修圳等費，佃人支理。本件契約透露重要訊息：乾隆八年，北投社土目葛買奕請漢人吳連倘包開水圳，因工資訴

14 《清代台灣大租調查書》，頁 450。
15 《清代台灣大租調查書》，頁 205-206。

控，經彰化知縣陸廣霖堂斷，由北投社給出萬寶庄草地犁份四十張，由吳連倘招佃給批，收佃底銀作工資。據此，可以確知北投社在乾隆八年已請漢人包開水圳。此包開水圳之漢人名叫吳連倘。此一水圳即險圳。此開圳方式亦可稱之爲「割地換水」。[16]

第三件係乾隆三十七年十一月鎮北庄前水田永杜賣盡根契[17]，約文書名該水田，「并帶舊圳水壹分，又帶新圳水貳甲，永遠長流灌溉。」可知此年之前，今山腳里地方已有舊圳、新圳。舊圳取隘寮溪水，水量小。新圳似爲舊圳外新開之水圳，似亦取水自隘寮溪。

第四件係乾隆四十一年十月李喬基等同立永杜賣斷根田厝契[18]，有「公置萬寶庄吳連登四十張犁內埔地二張……繼又買賴提兄水田一段，上下相連，土名石頭埔，……帶媽耶圳水灌溉。」本契有三點值得注意，一爲北投社包開水圳之人叫吳連登，而非上引第二件的吳連倘。一爲石頭埔有「媽耶圳」今知此圳《彰化縣志》作「馬助圳」，日人調查作「媽祖圳」。一爲媽祖圳到本年第一次出現。

此後乾隆四十八年契約出現大圳[19]，五十年出現車路圳[20]，五十一年出現舊水圳[21]，五十四年出現草鞋墩圳、陳萬公圳、大哮

---

16 張振萬等六館業戶及業戶張承祖，分別於雍正十年、十一年，與台中岸裏，搜揀等社訂約，以水利灌溉設施，換取一大片土地，史稱「割地換水」。見張勝彥〈清代土地所有型態之研究〉見張勝彥《台灣史研究》，台北：華世出版社，民國 70 年，頁 68。

17 謝嘉梁《草屯地區古文書專輯》，南投：台灣省文獻委員會，民國 88 年。

18 《清代台灣大租調查書》，頁 203-205。

19 謝嘉梁《草屯地區古文書專輯》，頁 44。

20 謝嘉梁前揭書，頁 91。

21 謝嘉梁前揭書，頁 7。

圳[22]。大圳在草鞋墩頂庄北，應爲險圳，此後險圳都以大圳稱，因其規模大，水量、灌溉面積都比舊圳大。車路圳在北投大埔洋，應爲險圳之某段，因近車路而得名。舊水圳即舊圳。又已有「第五鬮圳水」字樣，知道當時已是分鬮供水。至於草鞋墩圳，應即舊圳。而陳萬公圳、大哮圳，出現在草鞋墩庄腳，而且與草鞋墩圳同時出現，在同一地段有三條圳，可推知都不是大圳。但另一方面又可推草鞋墩在水利上之方便與地位之重要。契約原文「併帶草鞋墩圳水分陸分，陳萬公水圳內撥出五分。」一段水田要二圳水灌溉。「其旱田參分，甘願將自己大哮圳水分任從擁戽灌溉充足。」知大哮圳水深，旱田地高，水不能流入田中，需要人力擁戽。這是當時的另一種灌溉方式。陳萬公圳、大哮圳顯然是舊圳、新圳、險圳外之水圳。

整體看來，乾隆時草屯地區的水圳有舊圳、新圳、險圳、媽助圳及陳萬公圳、大哮圳。大圳又稱險圳，舊圳又稱草鞋墩圳。新圳則似爲舊圳之孿生兄弟，緊跟舊圳。水圳之分佈地點，北投社南勢、萬寶庄、鎮北庄、石頭埔、草鞋墩、北投大埔洋及內轆庄。都在牛屎崎、大虎山一線以西的南部台中盆地。另外內轆地方乾隆四十六年契約已有北勢圳、橫圳[23]。其水源來自樟平溪，與舊圳之隘寮溪，險圳之烏溪不同。據《南投農田水利會會誌》，知道此即後來之成源圳，乾隆初年由曾烈甲、簡經、曾賜等出資開鑿。總之，草屯烏溪沖積扇在乾隆年間已次第完成水圳開鑿，大部分地區都已水田化。

22 林美容《草屯地區鎮鄉土社會史資料》，頁 25-26。
23 南投張家藏古文書，乾隆四十六年十二月鄒觀龍立典耕契。

二、嘉慶朝的水利

嘉慶朝的水利契約十二件，做成表二。

自圳名看，有大圳、草鞋墩舊圳、草鞋墩新圳、車路圳、南勢圳、溪洲汴、埤仔、中汴圳、埤水、大埤、泉水等。

大圳、草鞋墩舊圳、草鞋墩新圳、車路圳在乾隆朝已有。乾隆朝新舊圳在鎮北莊，嘉慶朝地點不詳。但契文有「併帶大圳水三分，又草鞋墩新舊圳水各捌分，通流灌溉」[24]，可知大圳、草鞋墩新圳、草鞋墩舊圳各不相同。自此推新圳爲舊圳外另開之一條平行圳道，水源似也來自隘寮溪，故稱呼爲草鞋墩新圳。又從埔尾田「配南勢圳十三鬮水貳分」[25]，可推南勢圳水量不小，能分配到十餘鬮。

至於溪洲汴、埤仔出現在嘉慶十二年（1806 年）四月的契約[26]，此與後來的瞭解不同。在《草屯鎮誌》及《南投農田水利會會誌》都說是大正 3 年（1914）才開始構想，大正 7 年開工，次年完工，稱爲溪洲埤，增加月眉厝庄灌溉面積一百八十餘甲[27]。溪洲埤的水主要是將險圳的滲透水及山腳地方山澗流泉和排水溝之散水，利用六汴溝設堰、築埤、水門，成一水利系統。但自本契，溪州汴之築埤灌溉比大正 8 年要早一百一十二年。

中汴圳出現在大好山腳舊廍前下庄仔，「併帶中汴水份三鬮

24 謝嘉梁前揭書，頁 69。

25 林美容前揭書，頁 33。

26 林美容前揭書，頁 34-35。

27 洪敏麟《草屯鎮誌》，南投：草屯鎮公所，民國 75 年，頁 568。《南投農田水利會會誌》草屯。南投：南投農田水利會會誌編輯委員會，民國 85 年，頁 15。

五份，灌漑充足[28]。此中汴圳在前次（乾隆三十六年十二月）換手時未有，該契寫「每甲旱田逐年應納大租粟六石」[29]，可知此水利設施應在該年之後，由此又可知農民不斷增加水利投資、不斷開鑿水圳的情形。

至於埤水、大埤、泉水，都在北勢湳。坡水是埤水之誤，在北勢湳樣仔腳[30]。大埤、泉水在北勢湳東中埔桃仔崙[31]。可見嘉慶年間北勢湳已築有埤圳可資灌漑，並且也利用泉水灌漑。移民追求水田，喜愛種稻之一斑可以概見。

三、道光朝的水利

道光朝水圳契約有二十件，作成表三。

道光朝的水圳有大圳、大橫圳、新圳、舊圳、橫圳、公館圳、隘寮溝埤圳、中圳、小圳、坡（陂）水。陳萬生水圳及草鞋墩舊圳等。

上述圳名中之大圳、新圳、舊圳、橫圳、草鞋墩舊圳都已出現於前，不贅。大橫圳應即橫圳，同在內轆[32]。陳萬生水圳[33]，應即乾隆五十四年八月契約上的陳萬公圳。故此圳之開鑿人是陳萬生、陳萬公？或陳萬，不得而知。今所見非原件，非影本，而是錄文，可能在傳抄過程中出錯。至中圳、小圳應是水圳大小之大中小，也即險圳或媽助圳的支圳。波水即陂水，此即嘉慶二十三年十一月北勢湳樣仔腳之埤水，同一水田。

28 謝嘉梁前揭書，頁 110。
29 謝嘉梁前揭書，頁 108。
30 謝嘉梁前揭書，頁 193。
31 謝嘉梁前揭書，頁 194。
32 南投張家藏古文書，道光三年十月鄒耀官等立杜賣盡根田契。
33 林美容前揭書，頁 64。

道光朝可注意的是新出現的公館圳和隘寮溝埤圳。

隘寮溝埤圳出現在道光七年（1827 年）十月的契約[34]，坐落在草鞋墩嶺腳，契文爲「又帶隘寮溝上季埤圳水第三鬮全鬮作拾貳分應得五分灌溉，又帶隘寮溝下季埤圳水作參分應得壹分，長流灌溉。」可知和舊圳一樣水源來自隘寮溝（溪）再看分上季、下季，顯然是嘉慶十六年三月李寢集眾商議後，決議「所有上季圳流悉與我十四鬮內出銀者輪灌，下季照原，通洋眾分，永無變易。」據此，可以確知隘寮溝埤圳即是舊圳。此契爲本區有關管理修繕之契約，容後討論。

至於公館圳，出現在道光二十六年一月契約[35]，坐落地點不詳。經訪查，知在北投里番社內西南有一地名公館，再查《南投農田水利會會誌》在草屯工作站灌溉系統圖[36]中有公館分線，旁邊即新街分線，屬北投新圳之支圳，也即險圳之支圳。再查《草屯鎮誌》說崎仔頭「位於公館圳與新街圳、六分圳間小集村。」[37]說南勢仔，「公館圳與隘寮溪間。」[38]說崁仔腳，「聚落建於公館圳南岸。」[39]說溪洲仔尾，「村東有公館圳北流。」[40]據此，可知公館圳自崎仔頭向西流，到南勢仔，到崁仔腳，到溪洲尾。故公館圳應是險圳之支流。

34 謝嘉梁前揭書，頁 113。
35 謝嘉梁前揭書，頁 73。
36 《南投農田水利會會誌》，頁 78。
37 洪敏麟《草屯鎮誌》，頁 99。
38 洪敏麟前揭書，頁 100。
39 洪敏麟前揭書，頁 105。
40 洪敏麟前揭書，頁 110。

四、咸豐朝的水利

咸豐朝有關水圳契約十一件，作成表四。

咸豐朝出現的水圳有：舊圳、新圳、北投尾股圳、大圳、小圳、三份仔圳、媽助圳。

舊圳、新圳、大圳、小圳、媽助圳均已見前。可知水圳開鑿後使用期限無止無盡，只有改良擴大增加支圳的問題，而沒有廢棄不用的問題。

咸豐朝可討論的有三份仔圳和北投尾股圳。

三份仔圳出現在咸豐六年（1856）的契約[41]，坐落在草鞋墩洋，四至界址寫南至大哮溝，北至三份子圳「帶三分仔圳水，通流灌溉」。此圳之位置似與陳萬公圳相近，道光後未再見陳萬公圳，有可能爲同一圳之異名。

至北投尾股圳，出現於咸豐三年（1853）三月的契約[42]。地點是大哮中庄，土地面積一甲三厘，「年配納大租粟伍石柒斗叁升伍合正，帶北投尾股圳水壹甲五分，並圳路，通流灌溉。」如是水田，在草屯地區通常一甲地大租八石，此田一甲三厘大租粟應是一石四斗，但實租伍石柒斗餘，只近一半之租，可知此田原非水田，變成水田後也是缺水灌溉，原因是居於水尾，圳名北投尾股圳之「尾」正是水尾之意。故此圳應是險圳之尾。

五、同治朝的水利

同治朝有十件水圳契約，作成表五。

同治朝的水圳及灌溉水有：小險圳、舊圳、新圳、大哮圳、

41 謝嘉梁前揭書，頁 12。

42 謝嘉梁前揭書，頁 294。

三份仔圳、大圳、南勢圳、無尾坑水、泉水等。

小險圳即舊圳。小險圳之名此爲第一次出現，時間爲同治三年（1863）四月[43]。何以此時將舊圳稱小險圳？想必工程上有其「險」之處，可能在本年之前，曾有一次重大之修繕，工程也有「石圳穿流」之險。但苦無史料可以證實。

舊圳、新圳、大圳自乾隆朝以來沿用不變。南勢圳在嘉慶十一年十一月已出現在阿發墓后埔尾田，今則出現在廿五張洋中庄仔、並與舊圳同時出現，可知其灌溉地區在林仔頭到中庄一帶。

大哮圳在乾隆朝出現在草鞋墩庄腳，同治朝出現在牛屎崎洋，光緒朝出現在牛屎崎南勢洋。可知大哮圳灌溉地區在牛屎崎到草鞋墩之斷層下。水源可能也來自隘寮溪。

三分仔圳已在咸豐出現，此次出現係同一水田之另一次買賣。

泉水，出現在北勢湳大埤[44]。無尾坑水出現在內木柵埤仔腳[45]。直到此時，內木柵北勢湳一帶地方仍無大型水利設施，只有泉水、坑水可資灌溉。其灌溉面積十分有限，所以大部分是園，地價最便宜，請參閱拙作〈清代草屯地區的地價及其相關問題〉。

六、光緒朝的水利

光緒朝到割日爲止，有關水利契約有二十件，做成表六。光緒朝出現的圳名有：隘寮溝埤圳、草鞋墩新舊圳、加老圳、三條圳、大圳、小險圳、車路圳、新圳、舊圳、大哮圳、大碑圳、溪仔水、圳頭坑水等。

草鞋墩新舊圳、新圳、舊圳、大圳、車路圳、大哮圳自乾隆

43 謝嘉梁前揭書，頁 305。
44 謝嘉梁前揭書，頁 201。
45 謝嘉梁前揭書，頁 203。

朝沿用不變。

隘寮溝埤圳即舊圳，分上季下季，自嘉慶以來沿用。在道光朝水利已論述如前。舊圳又稱小險圳，已論述在同治朝水圳，不贅。

光緒朝之最可注意者可能是加老圳。加老圳在光緒九年十一月鬮書第一次出現[46]。契文「大堀加老圳上」，可見加老圳流經大堀。同契中也出現「北至三條圳界」。這是在萬寶新庄頭的水田。經查在嘉慶十年十月的契約上有一戮記，印文為「正堂胡給北投保三條圳董事蕭□□」[47]此彰化正堂胡應魁，其任期為嘉慶元年十二月至六年五月[48]。據此可知三條圳之地名應出現在嘉慶之前。三條圳地名自應起於三條水圳之會合，如三條圳為險圳（大圳）媽助圳、加老圳，則可推此三條圳均在乾隆年間業已開鑿。惜加老圳到光緒才在契約中出現，無法上証乾隆朝事。但加老圳之開鑿時間確有乾隆之說。《草屯鎮誌》即指與險圳同時，洪姓族人私開，道光年再有洪關睢及石頭埔媽祖會董事，加以延長，稱媽助圳，及併而為茄荖媽助圳[49]。《南投農田水利會會誌》有二說，一說乾隆元年（1736）洪姓開茄荖圳。其後石頭埔洪媽助開媽助圳。一說乾隆六年（1741）由洪姓族人開茄荖媽助圳，至道光年間，再有洪關睢及石頭埔媽助會董事加以延長，稱媽助圳[50]。此二書部分內容矛盾難解。

在契約中，媽助圳出現於乾隆四十一年（1776）十月，已如前述。咸豐四年六月又出現。而加老圳則到光緒九年（1883）才

46 謝嘉梁前揭書，頁 320。
47 謝嘉梁前揭書，頁 69-70。
48 周璽《彰化縣志》，頁 79。
49 洪敏麟《草屯鎮誌》，頁 562。
50 《南投農田水利會會誌》，頁 29、頁 79。

出現。另外，正如前述《彰化縣志》也只有馬助圳，而無加老圳。所以，應可斷馬助圳先開，加老圳後開。二圳合稱加老媽助圳，可能是光緒以後事。但如「三條圳」是險圳、馬助圳和加老圳，則加老圳最遲在乾隆年間已有，並可反証所見契約之缺乏普遍性。因爲乾隆到光緒八年間未見契約文書之記載加老圳也。

我懷疑《彰化縣志》中阿轆治圳即是加老圳，因爲「阿轆」和「加老」台音近似。而且找不到另一條可與相對應的水圳。《彰化縣志》〈李序〉有言「事經創始，諮訪頗難，且自建邑以來，歷年久遠，聞見不無異辭，遺漏在所難免。」[51]此種錯誤，正是此類。

又大碑圳、圳溝水、圳頭坑水都在內木柵，即匏仔寮台地以東，大碑即大埤，在北勢湳大埤腳[52]，由大埤引水入田的渠道即是大埤圳。圳溝水在北勢湳苦令腳北勢湳洋烏溪底[53]，可見烏溪底已有水圳可供灌溉。圳頭坑水，在圳頭坑崑龍仔內[54]，用的是山坑水。這些都在匏仔寮台地以東。溪仔水是在草鞋墩洋橫山腳[55]，此正在匏仔寮台地下，溪水可能來自豬哥坑仔。從這些沒有大圳灌溉的地方，田地所有人或築埤蓄水，或用溪水，或用坑水去使旱田變水田，好種稻收穀，一方便看到稻禾之重要，一方面看到農民之勤勞，而從水田分布愈廣，也看到水田化的情形，看到開拓從平原到山澗，到溪底，在光緒朝草屯地區已經沒有抛荒之地。

從上述《彰化縣志》、《台灣土地慣行一斑》、《南投農田

51 前任彰化知縣李廷璧爲《彰化縣志》所寫序。
52 謝嘉梁前揭書，頁 328。
53 謝嘉梁前揭書，頁 215。
54 謝嘉梁前揭書，頁 19。
55 謝嘉梁前揭書，頁 114。

水利會會誌》及《草屯鎮志》的記述，至少還有二事紊亂不明。第一，險圳在乾隆八年的開鑿人是吳連倘？是吳登連和吳學賢？或是吳洛？或乾隆十六年池良生？又是否有嘉慶元年許國隆加以延長？第二，是馬助圳？還是媽助圳？或是媽祖圳？開鑿人是洪媽祖或石頭埔媽祖會？馬助圳先開？或茄荖圳先開？何時合併爲茄荖媽助圳？第三，阿轆治圳，是否即爲茄荖圳？又是否爲乾隆中許國樑所開？

這些疑問契約文書可以得到相當解決，契約文書不能解決部分，只能存疑。

從表一知道，北投社土目葛買奕確於乾隆八年托漢人吳連淌包開水圳，而吳連倘又作吳連登。契約中未見吳登連、吳學賢，也不見吳洛及池良生、許國隆等。吳登連與吳連登只是名字二字顛倒。可能是傳抄出錯。至吳洛之說，可能將吳連倘或吳連登認爲即是吳洛。但據《彰化縣志》〈吳洛傳〉說吳洛字懷書。父吳家槐，子名南金、南輝、道東[56]。吳洛亦以吳伯榮墾號開萬斗六圳，灌溉田園千餘甲[57]。在祖孫三代中似無與上開開圳之人相對應之名字。有人以爲許國隆即許國樑。但許國樑在乾隆四十七年漳泉械分類械鬪時已於次年被控正法[58]。

又自表一知乾隆已有媽助圳，而加老圳在表六光緒才出現，

56 周璽《彰化縣志》，頁 242-243。
57 周璽《彰化縣志》頁 56〈萬斗六溪圳〉條，業戶吳伯榮築，灌田千餘甲。黃富三《霧峰林家的興起》自立晚報，民國 76 年，該書頁 46 云：吳洛（吳伯榮墾號）亦開萬斗六圳，灌溉田園千餘甲。
58 周璽《彰化縣志》，頁 363；許國梁係於乾隆四十八年三月十八日「斬梟示眾」「犯妻子女從重緣坐。該犯有子五人：許斗、許斛、許珠、許瑞、許千俱年朱及歲，同幼女三口，連妻陳氏，一併解部，給功臣之家爲奴。又八歲女許配與人，免其緣坐。財產抄封入官。見《台案彙錄乙集》〈兵部爲內閣抄出福建水師提督黃仕簡等奏移會〉，頁 264-267，又見《明清史料戊編第三本》，台北：中央研究院歷史語言研究所，民國 43 年，頁 220。

《彰化縣志》有媽助圳而無加老圳，似不無道理。《草屯鎮誌》將加老圳之開鑿作乾隆時，水利會相同，似都與史實不合。除非「三條圳」有加老圳。但此推論無法証實。媽助圳之書寫，契約文書都作「媽助圳」。應以此爲是。開鑿人中之石頭埔媽祖會的說法，可能不確，如是媽祖會應以「媽祖圳」命名，因爲媽祖爲民間最崇信之神明，不當錯成「媽助圳」。故「媽助」或「馬助」似以人名爲是。《台灣土地慣行一斑》作「洪媽祖所開」，不知何以《草屯鎮誌》作「媽祖會」？但命名媽祖也有疑問，容後討論。

阿轆治圳在契約中未曾出現，疑即加老圳。若然，則加老圳之開鑿時間至少可推到道光之前。因道光《彰化縣志》已有記錄也。

伍、草屯水圳的管理和水租的徵收

從上面的討論可知草屯地區的水圳，有舊圳、險圳、媽助圳、加老圳、北勢圳、橫圳、大哮圳、陳萬生圳等。其中北勢圳、橫圳、在內轆，今日屬南投市，其餘均在草屯鎮內。

舊圳是北投社所開築，險圳是北投社委託漢人開鑿，媽助圳、加老圳是由洪姓所開，北勢圳則由簡姓所開。就事理論之，舊圳、險圳爲北投社所有，水租理應由北投社徵收，經營管理也是北投社的權責。可是文獻上看不到北投社行使此項權責。在契約上，似北投社杜賣土地使用權收取大租，旱田一甲四、五石，水田一甲收八石，此旱田變水田，大租自四、五石變爲八石，便是開築水圳的報酬。所以乾隆十四年北投社猴三甲招漢人蕭陽承佃開墾的條件寫「其荒埔議定逐年願納租粟三石正，在社交收。業主開大坡（陂）圳，有水長流。清丈按甲納租粟八石正，不敢少欠升合，永爲定例。其開小坡（陂）圳係佃人自理，不干業主之事。」[59]此應是當時通例。

可是水圳需要管理修繕，以保「有水長流」，則此經費從何而來？以舊圳言，從乾隆二年開鑿到嘉慶十六年，即 1743 到 1811 的六十八年，無史料可供了解。嘉慶十六年有一件李寢、簡懷等十四人同立合約字[60]，才見到舊圳的管理，水租的徵收規定。這已是水圳的經營管理所有權由舊業主轉入漢佃手中之後的情形。茲就此契約加以分析。合約全文如附圖一。

合約文有「尤須圳長者以專責巡守也。」點出設有圳長，巡守水圳是其專責。

合約文有「緣我等大埔洋東牛屎崎下一派糧田，源由隘寮溝水，通流灌溉，只因泉源淺鮮，流灌不週，每有旱乾之虞。」指出舊圳的水來自隘寮溝（溪），灌溉地區是大埔洋東牛屎崎下一派糧田。因爲溪水不足，每有旱乾之虞。

合約文又言「其中田地高卑不一，圳道壅滯，茲欲重修，聞眾商議，攤銀疏開。」說出重修原因，是高地無法灌溉，而且圳道壅滯，所以集眾商議，分攤銀兩經費以便疏通開鑿。

合約文又說「但該洋眾田有高卑之分，田地在下者，嫌圳源杯水難以資灌上季苗田，伊等得通險圳水流灌溉充溢，無關於該溝水，不願輸費幫築。」指出水尾（在下）田，上季水源不足，無法灌溉，反可通險圳灌溉，因此不願出錢築修舊圳。自此知道險圳水也可灌溉一部份原由舊圳灌溉的田地。

59 同註 13。
60 謝嘉梁前揭書，頁 172。

合約文又言「惟一鬮田至十四鬮水者，田地居上，外無別源，特賴隘寮溝水流灌。爰是即日公同議約，除下季通洋分流外，任我十四鬮內水份之人照分鳩銀壹佰貳拾陸員正，彙交與原圳長李元光收入，資需工食，得使用力疏渠埤圳水道，堤決排補，毋致崩塞。所有上季圳流，悉與我十四鬮內出銀者輪灌，下季照原通洋眾分，永無變易。至該圳水汴原有定處分流外，有後闢埔田，不在本圳水份內之額，雖有分汴，水分須灌汴下額田，不許順便混藉上截決水流私，以及違例濫踏水車，擅用棉樟者，一并禁止，倘有勢豪私墾荒埔，於上流橫截盜決我等本埤圳流水，該圳長即當前阻，不得任意私相授受，如或恃頑，聞眾共阻，止截不遵者，鳴官究治，應需諸費，照水勻開資用，齊心協力，不得臨時推讓。其圳長年應所有工食水粟依照貼納，不得短欠，俾圳長關心埤圳疏流不休，庶毋論抄田、民田、官租、番租糧餉，公私兩宜，均無扁枯，五穀豐登，咸慶大有。」說明一鬮到十四鬮田地不通險圳，只能依靠舊圳灌溉，所以決議十四鬮銀一二六員交圳長李元光疏修渠埤圳水道埤岸。上季水，十四鬮出銀者輪灌，下季照舊例，通洋眾分。但後闢埔田，不許截水流私。如有私截盜決，圳長即當前阻，如有不聽，聞眾共阻，再不遵，鳴官究治。應需諸費，照水勻開。至於圳長年應所有工資水粟依照貼納。約文只及出資重修，以及上季，下季水份之分配，以及圳長之職責，但圳長收入若干，不見確實數字。只在約文之末有「即日批明我等十四鬮份今議爲十四份內抽一分在本汴劃分李寢長爲永遠流灌，餘作十三鬮輪流，毋許混爭，所批是實，再照。」似李寢（元光）任圳長之報酬即一鬮水永遠流灌，不必與人輪流。是此約末行「十四鬮水係眾劃分與李寢長流水分照」。

合約人分住草鞋墩庄、山腳庄，有李寢、陳愷、李土、楊錦、李排、李葉、簡懷、簡策、林傳、錢送、朱萬、何勵。其中陳愷、簡策共用一鬮水，簡愷自有三鬮、四鬮水，又與李玉共有五鬮水，林傳、楊錦、錢送共有六鬮水，李排、朱萬共有七鬮水，李寢自有二鬮、十鬮、十一鬮、十二鬮、十四鬮水外，又與李瞻共有十三鬮水，可知李寢擁有五鬮半水，水份最多，簡懷有兩鬮半，次多。李寢任圳長，有其理由。其後代子孫輪流任圳長，理由相同。

在此合約中稱李寢爲「原圳長」，可知在此約前李寢已是圳長。但據上引日人調查，舊圳爲乾隆二年北投社番所開鑿，則此圳之所有權自應在北投社番手中，何時落入漢人之手？何時爲李寢所取得？均不可知。日人調查謂嘉慶十五年李寢任管理人[61]，自對合約字之分析，李寢占有十四鬮之五鬮半，三分之一強（占 0.3928），任管理人爲理所當然。另據嘉慶十一年（1806）李寢之分家鬮書[62]，李寢將財產分給子孫，有數字可計者田地十九甲七分五厘。其中除三甲餘在內木柵北勢湳外，餘均在草鞋墩之水田，其面積約十六甲餘。至於李寢入草屯開鑿年代，據族譜爲乾隆二十年（1755）[63]，今有乾隆五十一年七月李寢自北投社番婦阿祿買入草鞋墩前水田一甲二分，買價花邊劍銀參百肆拾大員之杜賣斷根田契[64]。此契水田後分家時長房東洲得六分，四房固才得陸分。自此契或可推測在李寢陸續買入草鞋墩水田之時，水圳之控制權便自然落入他的手中。舊圳之總灌溉面積爲四十餘甲，李寢之水田有 16 甲餘，正合 40 餘甲之三分之一，理應二者相對

61 同註 11。
62 林美容《草屯鎮鄉土社會史資料》，頁 31-32。
63 李禎祥《草屯下庄李氏家譜》，民國 64 年，頁 35。林文龍〈草鞋墩的拓墾先驅〉林氏《台灣史蹟叢論》中〈人物篇〉台中：國彰出版社，民國 76 年，頁 241-257。
64 謝嘉梁前揭書，頁 7。

應。而李寢在五十年間能買入 19 甲餘之土地，可能與擁有水權有關。

合約中說如有于上流橫截盜決，阻止不遵，就要鳴官究治。到光緒二十、二十一年，有匏子寮李妙，「雖無水份，亦或布種早冬」「截水灌溉」「有水份者出而擱阻，轉被呈控。」因此，李定邦呈嘉慶十六年合約字控於台灣縣。知縣葉意深堂諭：「今斷令李定邦仍照舊約，秉公辦理圳務；李妙本年水份，只得專種單季，不得利己損人，至干眾怒。至匏仔寮地方之田，李妙等布種晚季，仍應照常完納圳租，毋得藉口違抗，重啓釁端。著各具結完案。」[65]此諭示並經立碑於草屯鎮公園西隅，民國 63 年仍在，今已軼失[66]。李定邦，李元光之曾孫，李昌期之父，李峯竹之祖，《草屯鎮誌》有傳[67]。

碑文中提到「李妙等布種晚季，仍應照常完納圳租」，可見有圳租。圳租多少，則未明言。今只能由日人調查知其概要。日人調查險圳水租，圳頭圳尾各不相同，新庄及草鞋墩一帶一甲二石四斗至三石，牛屎崎庄七斗，北投埔庄水份一份六斗，營盤口庄水份一分一斗三升六合，一年總水租一千七百餘石。媽祖圳之水租一甲田一石至一石五斗，總數六百餘石。舊圳水份一分一斗[68]。此一斗應即是舊圳之水租，一分一斗，一甲即一石。也就是《南投農田水利會會誌》所寫「其營運田每分需繳交水租穀一斗。」[69]

65 〈小險圳水份諭示碑記〉載何培夫《台灣地區現存碑碣圖誌》〈雲林縣・南投縣篇〉，台北：中央圖書館台灣分館，民國 85 年，頁 330-331。

66 碑影見李禎祥《草屯下庄李氏家譜》，錄碑文，頁 38-39。

67 洪敏麟《草屯鎮誌》，頁 928-929，929-930、930-937。

68 同註 11。

69 《南投農田水利會會誌》，頁 19。

陸、問題與討論

各水圳之開鑿人、開鑿時間，人各異辭，書各異文。茲作「草屯地區水圳開鑿時間人物異同表」，如表七。

自表七中看到舊圳乾隆二年北投社番所開鑿係來自日人之調查，契約文書最早出現於乾隆三十七年[70]，但因為大圳（險圳）開於乾隆八年，舊圳顯然比險圳早開，應在八年之前，但何以是二年，未見其依據。在乾隆三十七年契約中同時出現舊圳、新圳，故又可知新圳在三十七年之前已開築。

險圳《彰化縣志》作乾隆十六年池良生所開，日人調查作乾隆八年，北投社番吳連倘或吳登連、吳學賢所開鑿。顯然日人已看到契約文書，但人名抄錯。之後，《草屯鎮誌》、《水利會誌》都為了調和日人調查與《彰化縣志》之不同，將時間在前的乾隆八年定為開鑿，將時間在後的乾隆十六年定為擴充。《水利會誌》將吳連倘作為吳洛，又多出許國隆延長之說。日人石田浩又以為嘉慶年間許國梁與關係人加以延長[71]。諸說均不知其何所依據。契約文書很清楚乾隆八年北投社番土目葛買奕托漢人吳連倘或吳連登開鑿。應以契約為是。而險圳之名從未出現於契約，所以最早出現之處是《彰化縣志》。契約中只以大圳稱之。另外即以某一部分稱公館圳、車路圳、北投尾股圳、南勢圳等等。

馬助圳，《彰化縣志》未言開鑿時間及開鑿人，日人調查為

70 謝嘉梁《草屯地區古文書專輯》，頁 269。
71 石田浩之語轉引自林美容〈草屯鎮之聚落發展與宗族發展〉《台灣人的社會與信仰》，台北：自立晚報出版社，1993 年，頁 65。

乾隆初年洪媽祖所開，即稱媽祖圳。而茄荖圳、埔仔圳係其支圳。管理權爲洪媽祖子孫共有。《草屯鎮誌》引《彰化縣志》之後說道光時洪闖睢及石頭埔媽祖會延長茄荖圳稱媽助圳。《水利會會誌》言先開茄荖圳，之後石頭埔洪媽祖邀請各業主與茄荖圳併行開媽助圳。首先圳名有馬助圳和媽祖圳二種寫法，而契約作媽助，三次出現都相同，似以契約爲是。契約第一次出現在乾隆四十一年，比道光《彰化縣志》早約六十年。再次開鑿時間，有乾隆初，有道光，據第一次契約出現在乾隆四十一年，則道光是太晚，是否早到乾隆初，亦無證據，稱乾隆時則可。開鑿人的問題，有洪媽祖，有石頭埔媽祖會和洪闖睢，又有媽祖會邀各業主合開，第一次出現媽祖會是《草屯鎮誌》，時間甚晚，又無依據，不可置信，應以洪媽祖爲是。而洪媽祖之寫法，《彰化縣志》作「馬助」，契約作「媽助」。契約早出，而且乾隆、咸豐、同治各出一次都作「媽助」，應以此爲是。台音，「馬助」「媽祖」「媽助」相近或相同。想係調查紀錄同音異字遂造成此一現象。但名叫「媽助」，音近「媽祖」，不可能，亦未見有此名。我疑此名來自蕨薯，如姓洪，則是洪蕨薯。但從《彰化縣志》記「源從烏溪分出，灌上下茄荖田五百餘甲。」我疑此圳取水烏溪則必經番子田，而番子田地屬貓羅社，[72]上下茄荖亦不屬北投社，洪敏麟以爲屬茄荖社，[73]恐怕還是屬貓羅社。那麼此圳之開鑿者可能是貓羅社。據洪敏麟研究，洪姓最早入墾草屯地區之一支爲性植派下，於乾

72 下茄荖確屬貓羅社，《清代台灣大租調查書》有二件契約可證，分別見該書頁 654-656，及頁 670-671，前者爲嘉慶九年十二月契約，後者爲道光十一年十月契約。

73 洪敏麟〈草屯茄荖洪姓移殖史〉《台灣風物》十五卷第一期，1965 年，頁 3-22。

隆元年至二十六年之間移來，住下茄荖[74]。是不是洪姓一來就贌耕番地開鑿水圳，無法證實。

阿轆治圳，《彰化縣志》未見開鑿時間、開鑿人。日人調查，《水利會誌》都缺文。《草屯鎮誌》寫乾隆中許國樑所開，銜接茄荖媽助圳。在契約文書上此圳名從未出現，似不存在。而自「阿轆」台音近「茄荖」，且《彰化縣志》所記此圳與茄荖圳之水源、灌溉面積，灌溉地域幾乎雷同。[75]似可斷阿轆治圳即茄荖圳。《彰化縣志》調查時在同音異字下寫成二個圳名，遂以爲是二圳。後人不察，沿其錯誤，竟錯了一百七十年。且爲彌縫其錯誤，而造出許多假歷史。在此可見存疑精神在歷史研究之重要。

茄荖圳，《彰化縣志》無此圳，日人調查只說是媽助圳之支圳，《草屯鎮誌》寫乾隆初洪姓族人開茄荖圳，道光年間，洪闕睢及石頭埔媽祖會董事，加以延長，稱媽助圳，乃併爲茄荖媽助圳。契約文書的茄荖圳遲到光緒朝才出現。但如阿轆治圳就是茄荖圳，則至少可上推到道光初年。

柒、結　論

自上面的論述，可得結論七點。

一、草屯地區自雍正朝有移民入墾，到乾隆朝，大部烏溪沖積平原部分都已有埤圳灌溉，也即北到烏溪、南到樟平溪、西到貓羅溪之地，大都已是水田，只有少部分高地、水尾無水灌溉。終清治時期大致未曾改變。

---

74 同註 70。
75 同註 7。

二、匏仔寮台地及台地以東，只有北勢湳樣仔腳、北勢湳大碑、北勢湳烏溪底、圳頭坑等處有泉水、埤水、坑水、圳溝水可資灌溉，其餘地方在龍泉圳開鑿之前全是園。

三、從水圳出現的時間照契約文書排列，是大坡（陂）圳、舊圳、新圳、媽助圳、北勢圳、大圳、草鞋墩圳、陳萬公圳、大哮圳等。都在乾隆朝出現。溪州汴、埤仔出現在嘉慶朝。隘寮溝、公館圳出現於道光朝。三分仔圳出現於咸豐朝，小險圳出現於同治朝、加老圳出現於光緒朝。險圳之名從未出現過。只出現大圳之名。但從咸豐朝出現小險圳，可推知有大險圳，或險圳，但也只能推是咸豐朝或更早，能上推到什麼時候，無法知道。大圳的灌溉地區是草鞋墩頂庄北、北投大埔洋、大埔洋南勢庄前、圳寮、北投社庄南勢大埔洋內、大埔洋、大埔中心林、萬寶新庄、牛屎崎、新街牛埔頭、崎仔頭庄前大埔洋、草鞋墩庄前、草鞋墩庄北等地。符合險圳的灌溉範圍。

舊圳又稱草鞋墩舊圳、隘寮溝埤圳。其灌溉地區有：鎮北庄前、草鞋墩前、大好山庄廿四張內、草鞋墩洋、草鞋墩嶺下、草鞋墩頂庄前大埔洋、牛屎崎。新圳也稱草鞋墩新圳。其灌溉地區有：鎮北庄前、大好山腳庄廿四張內、草鞋墩洋、草鞋墩庄北、大埔洋。舊圳、新圳的灌溉地區完全重疊，故認定是舊圳外另開之一條平行的水圳，也取水自隘寮溪，新圳在《彰化縣志》未曾出現，此後的文獻，同樣未曾記述。溪圳汴、埤仔出現在嘉慶朝，大正時完工之溪洲埤只是擴大其規模。

四、草屯地區水圳的開鑿模式，舊圳是北投社所開；大圳（險圳）爲北投社土目葛買奕委托漢人吳連淌（或吳連登）所開，以四十張埔地支付開圳工資。池良生是否有其人，尙待證實。媽助圳的開鑿人是貓羅社，或漢人洪媽祖或洪蔴薯，無法確知。阿轆治圳應即茄荖圳，開鑿於道光初年之前，洪姓族人所開。

王世慶利用清代水利古文書四百六十餘件，寫成〈從清代台灣農田水利的開發看農村社會的關係〉[76]一文，對台灣開鑿埤圳之投資模式，開鑿投資模式之若干問題，官府對開鑿水利之措施，水利組織及其功能，水利與廟神，禮祭等均有所討論，因為文內全未提及草屯地區之埤圳，本文擬取之以為印證之基準。

綜觀上文之論述，舊圳由北投社所開，屬王世慶開鑿投資模式八種之平埔族開鑿。險圳由北投社委託漢人吳姓開鑿，因後來北投社以四十張犁土地付開圳工資，屬漢番合夥投資開鑿，是一方提供土地，一方提供資金或勞力，可稱之「割地換水」[77]。至於馬助圳有可能是貓羅社所開，有可能由洪姓族人，或洪媽祖（藊薯）所開鑿，應屬平埔族開鑿或全莊眾田主田甲攤分合築。茄荖圳由洪姓族人所開，也屬眾田主攤分的合築模式。內轆的北勢圳則由曾姓、簡姓出資，屬合夥開鑿。其他大哮圳、陳萬公圳、新圳等的開鑿方式不明。也就是王世慶八個投資開圳模式中，本地區有四種，其他獨資、業佃鳩資、眾佃合築、官民合築則未見。

五、水圳的管理與水租的徵收，舊圳設有圳長，而且李寢佔有水權的三分之一強，所以水圳管理權由下庄李家管理，並徵收一分一斗的水租。大圳（險圳）之管理人由田園關係人推選，水租則自一甲田二石四斗至三石，到一分一斗三升六合不等，視其水量、圳頭圳尾而定。媽助圳由洪姓子孫推管理人，水租一甲一石至一石五斗。其中舊圳的管理模式，水圳由土地面積最大，水權最多之家任圳長，應是最合理可行的模式。圳寮李家在明治三

76 王世慶〈從清代台灣農田水利的開發看農村社會關係〉載王世慶《清代台灣社會經濟》，台北：聯經出版公司，民 83 年，頁 131-215。
77 同註 74。

十二年分家時，水旱田超過五十二甲[78]，可能是草屯地區土地最多之家，日治時李春盛被選爲公共埤圳險圳組合管理人，後來完成北投新圳的興修工程[79]，很可能與其上代已經是險圳之管理人有關。

六、草屯四大姓，簡姓於雍正初年入墾，最早，選擇大虎山腳有泉水的地方；林姓在乾隆年間入墾，住於六汴溝與貓羅溪間的月眉厝；洪姓在乾隆年間先後入墾下茄荖、石頭埔、萬寶新庄，這些地點都在隘寮溪邊，前二地也靠近貓羅溪。李姓在乾隆二十年入墾下庄，另一支李姓於乾隆四十七年漳泉械鬥才從縣庄入墾圳寮。四姓在乾隆年間將烏溪沖積平原墾闢成田，而且水田化是農民最大願望，供水需求大增，雖然乾隆年間水圳都已開鑿，但供水量受氣候影響，雨水充足的年份，水頭水尾都有水可以灌溉；雨水不足的年份，水頭有水，水尾便要缺水。結果，李姓、洪姓的田地在水頭，有水；簡姓、林姓的田地在水尾，缺水。這種情形，直接影響土地的生產力，影響土地的價格，影響農戶的家庭經濟；間接影響生活水平，影響受教育的機會，影響就業，影響社會地位。這是可以再討論的問題。

七、從清代草屯水利之開鑿與管理觀之，官府只站在監督之地位，只在水利有糾紛時，才以公權力加以判決以維護水利之正常運作，如乾隆朝險圳之開鑿工資與光緒朝小險圳水源被截流之糾紛，均經知縣之判決而獲解決。這和日治時期，統治當局積極介入北投新圳與龍泉圳之開鑿，又制定種種水利法規，以管理水利，迥然不同。這是傳統與現代政府的治理方式不同之明證。

78 林美容《草屯鎮鄉土社會史資料》，頁 87-92。
79 洪敏麟《草屯鎮誌》第 14 篇人物，頁 892-894。

表一　乾隆朝草屯水圳表

序號	時間	地點	圳名	備註
1	十四年十月	本社南勢	大坡圳	大租 450
2	三十七年十月	萬寶庄	乾隆八年、吳連倘包開水圳	41.10 契約作吳連登 大租 205-206
3	三十七年十一月	南北投保鎮北庄前	舊圳、新圳	草 268
4	四十一年十月	石頭埔	小水圳、媽助圳	大租 203-205
5	四十六年十二月	內轆庄	北勢圳第二鬮、東至橫圳	張家
6	四十八年五月	草鞋墩頂庄北	大圳	草 44
7	五十年三月	北投大埔洋	車路圳	草 91
8	五十一年七月	草鞋墩前	舊水圳、并帶第伍鬮圳水	草 7
9	五十四年八月	草鞋墩庄腳	草鞋墩圳、陳萬公圳、大哮圳	林 25-6

表二　嘉慶朝水圳表

序號	時間	地點	圳名	備註
1	十年十月		大圳草鞋墩新舊圳	草 69
2	十一年十二月	北投大埔洋	車路圳、大圳、南勢圳	林 33
3	十二年四日	埤仔頭田、溪洲汴田		林 34-5
4	十二年十日	大埔洋、南勢庄前	大圳 12 鬮、14 鬮	林 35-6
5	十四年二月	大好山腳庄二十四張內第八份	舊圳新圳水第 4 鬮	林 37-8
6	十五年八月	大好山腳庄舊廊前下庄仔	中汴圳 3 鬮	草 110
7	十六年三月	圳寮	大圳	草 41
8	十八年八月	大埔洋舊社林南勢	水圳 16 鬮	草 71
9	二十一年九月	北投大埔洋	大圳茅 2 鬮	林 41-2
10	二十三年十一月	北勢湳樣仔腳	埤水	草 193
11	二十三年十二月	北投庄南勢土名大埔洋內	大圳 1 鬮、5 鬮、14 鬮	草 72
12	二十四年十一月	北勢湳中埔桃仔崙	小埤、大埤、泉水	草 194

表三　道光朝草屯水圳表

序號	時間	地點	圳名	備註
1	元年八月	大埔洋	大圳水第 2 鬮	林 42-4
2	三年十月	內轆庄後洋	東至大橫圳、大圳水第 2 鬮	張家
3	四年七月	內轆橫圳頂		林 44-5
4	四年十月	大哮山腳 二十五張洋 第五分	新舊圳水	林 45-6
5	四年十月	內木柵北勢 湳樣仔腳	帶坡水透坑內	草 195
6	六年十二月	大埔洋土名中心林	大圳水第 13 鬮、第 15 鬮	草 92
7	七年七月	埤仔腳北勢湳		草 196
8	七年十月	草鞋墩洋	新舊圳水第 5 鬮 橫圳	草 279
9	七年十月	草鞋墩嶺下	隘寮溝上季埤圳水第 3 鬮全鬮作 12 分應得 5 分、隘寮溝下季埤圳水作 3 分應得 1 分	草 113
10	十五年六月	石頭埔庄後中圳北勢	中圳	草 138
11	十六年十月	萬寶新庄	大圳	林 57-8
12	十七年十月	萬寶新庄土名 番仔田大堀厝前	埤圳灌漑，北至水圳	許藏
13	十九年十二月	草鞋墩頂庄	小圳、大圳	草 49
14	二十三年十一月		大圳	草 289
15	二十三年十二月	牛屎崎	大圳	草 175
16	二十四年十月	大哮庄廿五張洋	小圳東至五鬮圳仔、新舊圳水	郭双富藏
17	二十六年一月	大埔洋	大圳、公館圳	草 73
18	二十六年六月	北勢湳樣仔腳	坡水	草 199
19	二十六年十二月	圳寮	大圳	草 290
20	二十九年十二月	草鞋墩頂庄前大埔洋	大圳、陳萬生水圳 5 分、草鞋墩舊圳水 6 分	林 64

表四　咸豐朝草屯水圳表

序號	時間	地點	圳名	備註
1	元年十二月	大哮山腳庄土名五張洋	新圳水第五鬮、舊圳水第六鬮	草 292
2	三年二月	大哮中庄	北投尾股圳水份併圳路	草 294
3	四年六月	石頭埔媽助圳墘水田		草 140
4	四年十月	北投大埔洋	大圳水第一鬮	草 93
5	六年	草鞋墩洋	三分仔圳	草 12
6	七年一月	北勢湳庄前	坡水	草 200
7	七年二月	牛屎崎腳	大圳、小圳	草 298
8	七年十一月	北投大埔洋	大圳水第二鬮	林 65-6
9	十年十月	新街牛埔頭 萬寶新庄洋土名三條圳	大圳、小圳	草 81
10	十年十二月	崎仔頭庄前大埔洋	大圳	草 74
11	十一年八月	北投保大埔洋	大圳第二鬮	林 68-9

表五　同治朝草屯水圳表

序號	時間	地點	圳名	備註
1	元年二月	牛屎崎大哮圳腳洋	東至大哮圳	許藏
2	元年八月	北勢湳大埤口	泉水	草 201
3	三年四月	過圳 大埔洋挖灣下圳寮	小險圳水四分	草 305
4	九年九月	牛屎崎洋	大哮圳	草 176
5	十年十一月	廿五張東路頂	杜賣水圳路契壹 紙收圳水第九鬮 新圳水第八鬮	林 74-5
6	十年十二月	內木柵埤仔腳	無尾坑水通流灌溉	草 203
7	十一年元月	草鞋墩洋三分仔	南至大哮溝配三分仔圳水	草 310
8	十一年七月	草鞋墩庄前	大圳水第六鬮	林 75-6
9	十一年十月	廿五張洋中庄仔西勢	舊圳水十一鬮、南勢圳 第 9 鬮、第十四鬮	草 312
10	十三年十月	石頭埔媽助圳墘	西至大圳	草 142

表六　光緒朝草屯水圳表

序號	時間	地點	圳名	備註
1	元年十月	牛屎崎	隘寮溝上季埤圳水三鬮作十二分得五分、隘寮溝下季埤圳水作三分得一分	草 314
2	二年九月	草乾墩洋橫山腳	配溪仔水	草 114
3	三年八月	草鞋墩洋	南至大溝墘，配水參分圳水	草 13
4	五年十月	大埔圳	草鞋墩新舊圳水第五鬮	草 316
5	九年十一月	枋橋頭	加老圳上，大圳腳 大堀加老圳上，西至小圳，北至三條圳	草 320
6	十年	草鞋墩庄北	大圳、小險圳	草 16
7	十年	大虎山尾股洋	配三部竹第十四鬮水	林 81
8	十二年二月	東至埤仔北至圳寮公田		草 208
9	十二年十月	舊廍前下庄仔洋	中汴溝中汴水三鬮	草 322
10	十二年十月	大埔洋	南至車路圳帶大圳水	草 94
11	十三年二月	圳頭坑崑龍仔內	圳頭坑水	草 19
12	十三年十月	匏仔寮溪仔底	帶圳水	草 167
13	十三年十月	大哮山腳庄廿五張洋	新圳水第三鬮 舊圳水第三鬮	林 82-3
14	十六年十二月	牛屎崎南勢洋	東至大哮圳	草 180
15	十七年九月	北勢湳庄前大碑腳	大碑圳水	草 328
16	十九年二月	青牛埔苦令腳北勢湳洋烏溪底	帶圳溝水	草 215
17	十九年五月	北勢湳洋	埤水	草 212
18	二十年九月	牛屎崎南勢洋	東至大哮圳	草 182
19	二十年十二月	牛屎崎洋	西至大圳帶圳水	草 181
20	二十年十二月	草鞋墩頂庄過圳仔	南至大圳、北至小圳	草 62

表七　草屯地區水圳開鑿時間、人物異同表

圳名	書名	開鑿時間	開鑿人物	備註
舊圳	彰化縣志			
	台灣土地慣行一斑	乾隆二年	北投社番	
	草屯鎮誌			
	水利會誌	乾隆二年		台灣省南投農田水利會會誌
險圳	彰化縣志	乾隆十六年	池良生	
	台灣土地慣行一斑	乾隆八年	北投社委吳連倘或吳連登、吳學賢	
	草屯鎮誌	乾隆八年	北投社委吳連登、吳學賢	
		乾隆十六年	池良生擴充	
	水利會誌	乾隆八年	吳洛、又吳連登、吳學賢	
		乾隆十六年	許國隆延長	
馬助圳	彰化縣志			圳名馬助圳，灌上下茄荖五百餘甲
	台灣土地慣行一斑	乾隆初年	洪媽祖	圳名媽祖圳，茄荖圳、埔仔圳爲支圳
	草屯鎮誌	道光年間	洪關睢及石頭埔媽祖會延長茄荖圳稱媽助圳	
	水利會誌	道光年間	洪媽祖	
阿轆治圳	彰化縣志			灌石頭埔莊田五百餘甲
	台灣土地慣行一斑			
	草屯鎮誌	乾隆中	許國梁	銜接茄荖媽助圳
	水利會誌			
茄荖圳	彰化縣志			
	台灣土地慣行一斑			
	草屯鎮誌	乾隆時	洪姓	
		道光	洪關睢及石頭埔媽祖會延長稱媽助圳，併爲茄荖媽助圳	
	水利會誌	乾隆元年或六年	洪姓及洪關睢，又石頭埔媽祖會又洪媽助與各業主	

附圖一

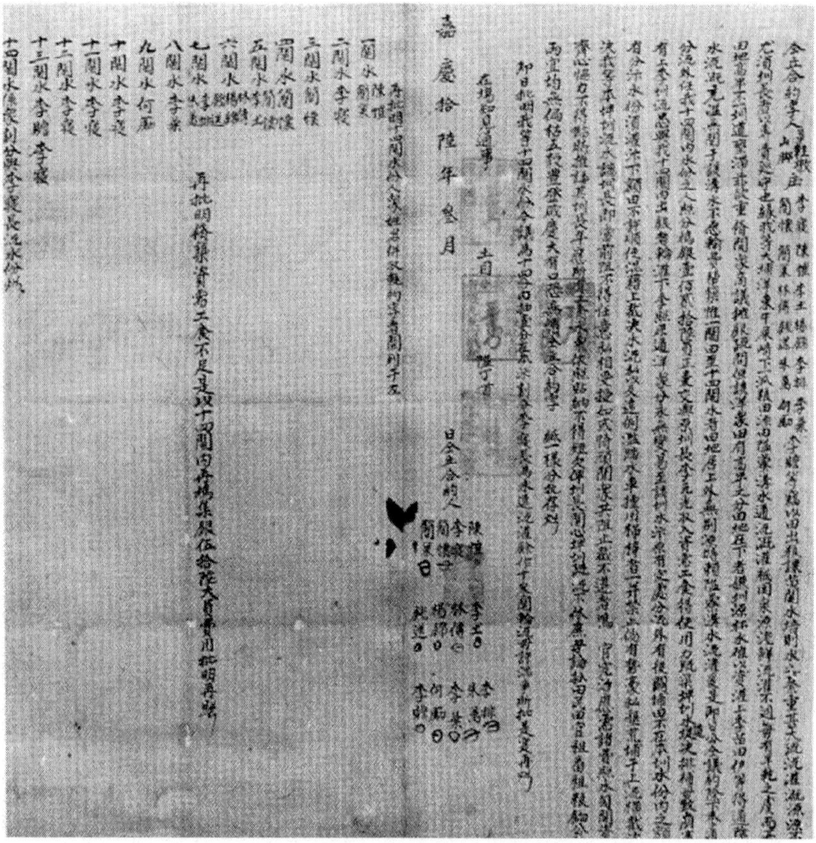

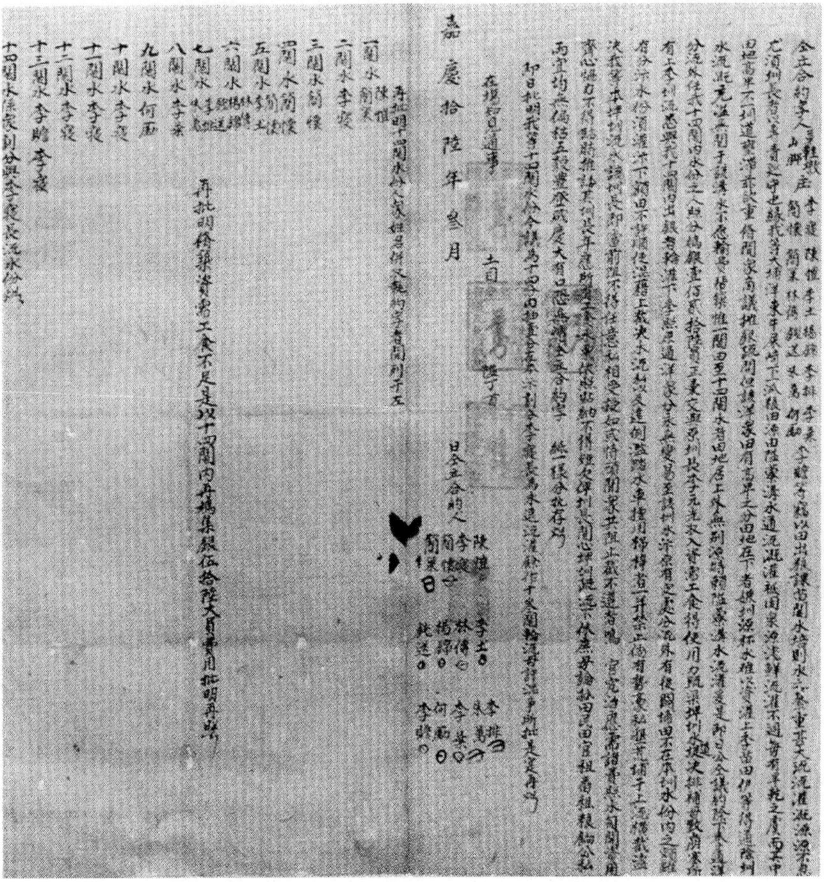
嘉慶拾陸年叁月

一圳水 陳祖 簡天
二圳水 李襄
三圳水 簡懷
四圳水 簡懷
五圳水 李士 簡法
六圳水 林傳 楊綿
七圳水 李士 魏送
八圳水 李乘
九圳水 何西
十圳水 李襄
十一圳水 李襄
十二圳水 李襄
十三圳水 李瞻 李襄
十四圳水係襄割分與李襄長流水份批

附圖二

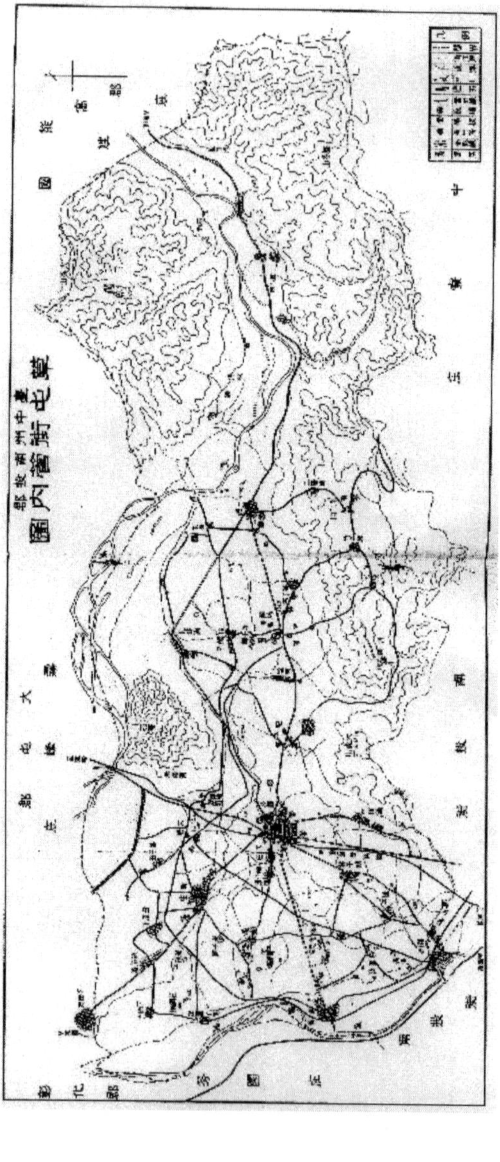

附圖三

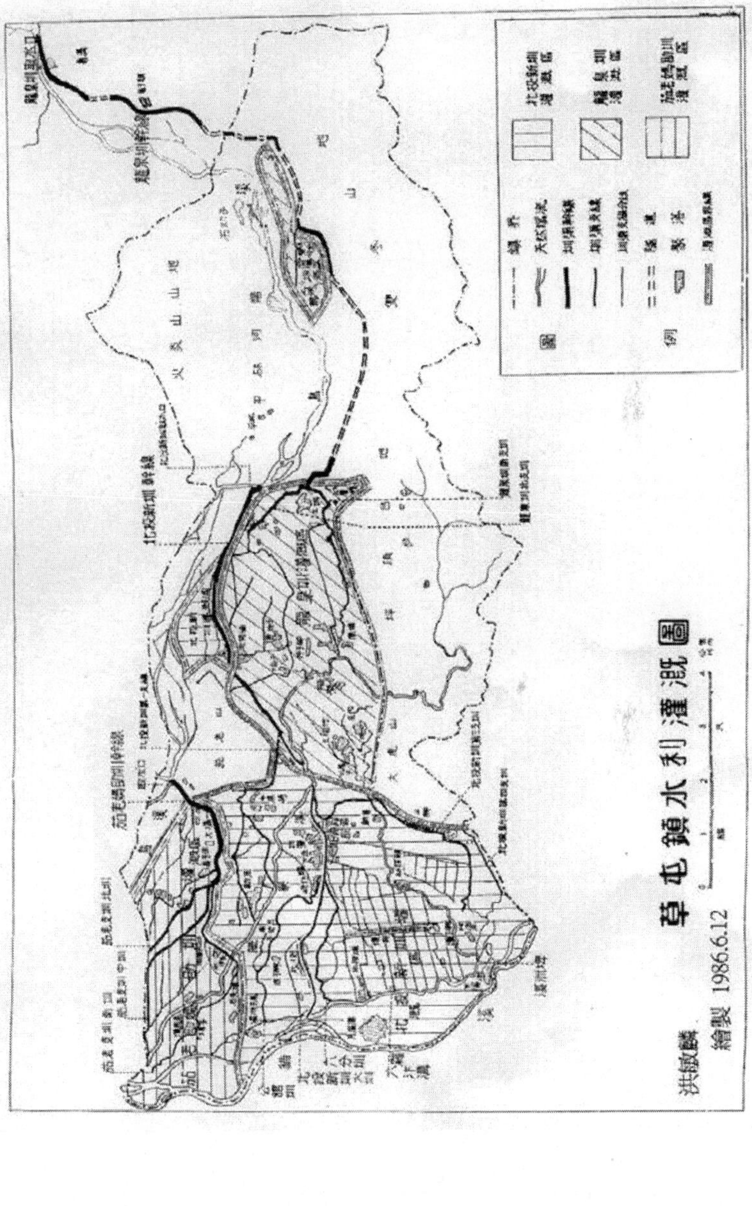
草屯鎮水利灌溉圖
洪敏麟 繪製 1986.6.12

從鬮書看清代草屯的社會經濟

壹、前 言

契約文書是重要史料，在近二十年的台灣史學界得到普遍的認定；利用契約文書作台灣史的研究論文，成果也十分豐碩。筆者也利用契約文書寫過幾篇草屯、竹山的論文[1]，解決了若干相關歷史問題。繼續這一方向的研究，本文擬以草屯之清代的分家鬮書來看當時的社會和經濟。雖然地理上只限草屯，相信可以由小看大，進而對瞭解整個台灣的情況有所幫助。

1 陳哲三〈古文書在台灣史研究的重要性 — 以「竹腳寮」、「阿拔泉」之地望的研究為例〉，載《逢甲人文社會學報》1（2000 年 11 月），頁 135-151，逢甲人文社會學院。
陳哲三〈草屯地區清代的拓墾與漢番互動〉載《台灣歷史與文化（二）》東海大學通識教育中心編印，頁 11-60，稻香出版社，89 年 2 月。
陳哲三〈清代草屯地區開發史 — 從北投社到草鞋墩街，以地名出現庄街形成為中心〉載《逢甲人文社會學報》3（2001 年 1 月），頁 119-141。
陳哲三〈林圯埔（竹山）在清代台灣開發史上的地位〉載《逢甲人文社會學報》4（2002 年 5 月），頁 151-182。
陳哲三〈古文書對草屯地區歷史研究之貢獻〉載《逢甲人文社會學報》5（2002 年 11 月），頁 107-126。
陳哲三〈竹山媽祖宮歷史的研究 — 以僧人住持與地方官對地方公廟的貢獻為中心〉載《逢甲人文社會學報》6（2003 年 5 月），頁 155-182。
陳哲三〈清代草屯地區的地價及其相關問題〉載《逢甲人文社會學報》7（2003 年 11 月），頁 89-116。
陳哲三〈清代草屯地區的水利〉載《逢甲人文社會學報》8（2004 年 5 月），頁 149-181。

鬮書在清代草屯有三類：一類是兄弟叔姪分割父祖遺業，一類是二家合買於前，分割於後；一類是兄弟叔姪分家後，其中之二房或三房合買於前，分割於後。本文只討論分割父祖遺業的第一類。

本文據以分析討論的鬮書計三十件。作成表一。其史料來源有台灣文獻委員會編印的《草屯地區古文書專輯》[2]表中簡稱「草」。林美容《草屯鎮鄉土社會史資料》[3]表中簡稱「林」。郭雙富藏古文書[4]，表中簡稱「郭」。許錫專藏古文書[5]，表中簡稱「許」。梁志忠藏古文書，表中簡稱「梁」[6]。

本文想討論的問題有三個，一是鬮書的格式，一是鬮書所呈現的兄弟伯叔姪分割父祖遺業的情形以及所呈現的社會型態，一是鬮書所呈現出來的經濟型態。

貳、鬮書的名稱和形式

中國的家，最重要的概念就是同居共財，也稱同居、共財、同財、共居、同爨、同居共爨等。中國的分家，學者稱爲家產分割，中國一般說話是分析、分異、分財、析居、分家、分爨。[7]

漢移民從原鄉將傳統的家帶來台灣，也將傳統的分家帶來台

2 謝嘉梁《草屯地區古文書專輯》台灣省文獻委員會，民國 88 年 6 月。
3 林美容《草屯鎮鄉土社會史資料》台灣風物雜誌社，1990 年 10 月。
4 郭双富先生爲收藏家，住霧峰鄉。
5 許錫專先生爲鄉土文史家，住草屯鎮。
6 梁志忠先生爲草屯鄉土史家。
7 參日滋賀秀三著張建國、李力譯《中國家族法原理》，北京：法律出版社，2003 年 1 月，第一版第一次印刷，頁 19-118。

灣。

沒有恆產的家，說分家就分家了；貧窮人家請來公親，或是父母主持，當面說清楚就分家了。戴炎輝民國 38 年的調查，說佃農分家比較早，父母尚存，只要兄弟均結婚，即行分家。[8]

有恆產之家，分家要比較慎重，請公親外，還要寫鬮書。

鬮書即財產分割文書。重在「鬮」字。爲求公平，所以是「拈鬮」。因此家中兄弟叔姪之財產分割文書稱鬮書，異姓二家之財產分割文書，只要經由「拈鬮」形式，也稱鬮書。其拈鬮方式，詳見後述。

本文所討論之三十件鬮書，名稱有十一種。列如下表：

鬮書	合約字	鬮書合同	分業鬮書	分鬮書	鬮書合約字	鬮分合約字	鬮分字	鬮書字	鬮書合同字	再立鬮書
12	1	1	1	1	2	3	1	6	1	1

在三十件中，稱鬮書的十二件，佔百分之四十，如加再立鬮書一件，即達百分之四十三。可見占最大多數。其他十種名稱，只一種「合約字」沒有「鬮」字。查其契約原文，該件並未分割田厝，田先前已分，厝只是約定，如果將來賣出，個人所建瓦厝、茅厝如何貼補工本。

在《台灣私法人事編》[9]第六章「相續」中之文書種類有：遺書、鬮書、遺囑鬮書約字、囑書、囑鬮分字、鬮分願約書、鬮分合約字、鬮分單字、鬮分約字、鬮書字、鬮分田地家業字、托付字、付託鬮約字等，計十三種。

二相比較，草屯所有與《台灣私法》相同的只有鬮書、鬮分合約字、鬮書字三種。如此說來，台灣之地方性差異似乎頗大。

8 戴炎輝〈台中縣草屯鎮調查報告〉載氏著《清代台灣之鄉治》，台北：聯經出版公司，民國 68 年，頁 786-802。
9 台灣銀行經濟研究室《台灣私法人事編》下，台灣省文獻委員會，民國 83 年 7 月，頁 753-851。

當然，占大多數的鬮書一類則並無不同。

草屯各類鬮書出現時間，鬮書最早，第一件是乾隆五十六年十一月。合約字在嘉慶十三年，鬮書合同在道光元年，分業鬮書在道光二十四年，分鬮書在咸豐二年，鬮書合約字在咸豐七年，鬮分合約字在咸豐七年，鬮分字在同治三年，鬮書字在同治四年，鬮書合同字在光緒九年。

可見鬮書是最早的名稱，也是使用最普遍的名稱。也是鬮書中最重要的形式。其他名稱之出現時間及其先後順序，有否契約文書形式變化的意義，似可進一步再研究。

以上談鬮書的名稱，以下談其形式。

鬮書的形式，主要分爲四大部分。[10]

第一部分是立鬮書人，立鬮書的原因，分割家業的原則、宗教儀式，以及對分家後的祝福。

第二部分是分割家業的具體內容，大多數分長房、次房、三房…分房記述。少數在分房記述之前，先將所有家業臚列明白。如有存公、養贍，特別份也一一記錄。存公等或記於分房前或記於分房後。

第三部分是相關人及立書人及年月日。因爲多數是由代書人書寫契約文及名字，當時又沒有印章，所以各名字下都有花押。

第四部分是批明，相當於今日之附註。契約文中錯字、漏字，或漏寫事項，均可在原文之末的空白上寫明。有的在年月之前，有的在年月之後。

以道光二十三年十一月同立鬮分字爲例。鬮書如附件一。

---

10 張研、毛立平將程式化的分家文書只分序言、析產內容、落款三部分。見氏著《19 世紀中期中國家庭的社會經濟透視》，北京：中國人民大學出版社，2003 年 10 月第 1 版第一次印刷，頁 71。

第一部分自「仝立鬮分字人」到「各執壹紙爲照」。

第二部分自「謹將存公鬮分條款逐一開列于左」到「一批其上手林家典契共參紙付四房收存批照」。

第三部分自「執筆人益周」「族長文中」「在堂母親林氏」到年月日「仝立鬮分字人」。

第四部分即「一批四房內添註雙冬二字批明照」。

鬮書的開始就是立書人，本件一開頭即立書的兄弟八人，其名字之排列按長幼爲序，開頭排列順序是 $\begin{matrix}1357\\2468\end{matrix}$。

在本文討論的三十件鬮書中，立書人是兄弟的十六件，佔百分之五十三強，堂兄弟二件，兄弟姪十二件。在三十件中存母養贍的十一件，佔百分之三十七。存父養贍的二件。也就是三十件都是繼承家業的當事人爲立書人，父在也不爲立書人，父亡母存，母也不爲立書人。存父養贍的是父在，立書人是子侄；存母養贍的是母在，立書人也是子侄。這情形和中國的情形不盡相同[11]，值得再研究。

從立書人的身份可以知道分家的世代，兄弟分家，分的是父親或祖父的遺產。如是父親的遺產，那是第二代分家；如是祖父的遺產，則是第三代分家。當兄弟分家，當然是分祖父、父伯叔的遺產，那是第三代分家。兄弟侄分家，那是兄弟分父親的遺產，侄分祖父的遺產，也就是有第二代、有第三代。從上面的統計與討論，知道在台灣，只有第二代、第三代分家產，第四代才分家的看不到。如中國之九世同居共財，台灣沒有。爲什麼這樣，也值得再研究。

鬮書在立書人之下就寫到「九世同居，此風足慕；百口共食，

11 臼井佐知子〈論徽州的家產分割〉載周天游主編《地域社會與傳統中國》，西北大學出版社，1995 年 10 月第一版第一次印刷，頁 48-56。

其則堪效。」歷史中張公藝、田真樹立了典範。可是樹大枝分，源長派別，理所當然，更何況「生齒日繁，家務難以條理；人心不古，眾志未能歸一。」所以只好分家。

分家要公平，所以要公親。最公平的是透過宗教儀式。本件中老母在堂，兄弟相商，「邀請公親族長到家，將先祖父所建置田園產業以及家器農俱什物等件，盡行配搭均平，至公無私。」「當在祖父爐前，各房拈鬮爲憑。」分家之後，「務宜各業各掌，克振家聲，不許爭長競短，致傷怡怡之誼。」

至於分割家產的具體內容，爲鬮書之第二部分，實是鬮書之最重要部分。本件在此又分二部分，先記母親養贍，長孫之田及二叔祀田部分，再是七房拈鬮均分，每房得到旱田二分。

本件最後是公親等關係人及立書人，年月日。關係人中有執筆人、族長、在堂母親。本件族長、母親書寫位置特別，一般都與執筆人並排。立鬮書人兄弟八人，八人排序爲應如下表（此排序按長幼昭穆之序，不可亂）。最末是年月日。

7
5
3
1
2
4
6
8

又本件在年月日後有一批，對契文中添註字加以附註。爲對正契之補充文字。前「一批」後「批照」表示開始與結束，不可少。

參、鬮書所見之社會型態

本節將以表一統計分析，說明鬮書所呈現的家庭、社會型態。

自表一立鬮書時間欄統計：

乾隆	嘉慶	道光	咸豐	同治	光緒	明治	計
1	6	8	4	4	6	1	30

乾隆一件，是乾隆五十六年，是分父親的水田。嘉慶後多了起來，反應乾隆之後入墾人多了，第二代、第三代分家的也多了，所以留下的鬮書也多了。這裡乾隆五十六年的一件並非草屯最早的鬮書，有文件證明的乾隆四十年之前就有了。該年林理祥立杜賣契中有言「願將鬮分應分埔園抽出二坵」，「意欲出賣」[12]。可以爲證。又明治 32 年一件，其實就是光緒廿五年，併入光緒，則光緒爲七件。

自表一立書人爲兄弟的人數加以統計：

兄弟人數	二	三	四	五	六	七	八	九
件　數	6	9	5	3	1	2	3	1

自統計，可知三兄弟的最多有九件。二兄弟的有六件，次之。四兄弟的有五件，第三。因爲鬮分只男性有分割財產權，婦女無繼承財產權，所以看不到女性。也就是只知道兄弟多少人，不知道姊妹多少人。又其中明治三十二年件，兄弟六房，可以看到二位母親。道光十年件，兄弟九房，有庶母、繼母，那就是有三位母親。又嘉慶十一年件，鬮書只見兄弟七房，參閱家譜，實是五兄弟和二位堂兄弟，而五兄弟又是二位母親生的，一位生四個，

12 林美容《草屯鎮鄉土社會史資料》，板橋：台灣風物雜誌社，1900 年 10 月，頁 13-14。

一位生一個。也就是七房，其實是三位母親所生。

綜合起來，那時家庭人口兒子的數目大致以三個最多。如果再加二個女兒，再加父母，就是七口之家。這是有恆產的家庭，有妻有妾，有能力生兒育女。無恆產之家的人口數，可能要少些。民國38年的調查草屯每戶平均人口數是五點六三弱[13]，可以參考。

再自立書的原因[14]統計：

母命	父命	難合	樹大	續分	不詳
7	1	8	8	2	4

最大的立書分家原因是難以合計共八件，和樹大枝分八件，二者已占百分之五十三，奉母命的七件，又占百分之二十三。可見大多數分家在父親亡故後進行。由父親主持分家的極少。奉父命的只一件，父在的只二件。本文中唯一奉父命的就是嘉慶十一年李元光主持五個兒子、二個侄子七房分家。是否李元光意識到分割家產的子侄分由三個母親所生，有兄弟，與堂兄弟，有同父異母的兄弟，情況複雜，要杜絕糾紛，要維繫家族和睦與聲名不墜，只有由他主持分家。而他也不用遺書、囑書的方式，依然用「告祖拈鬮為定」，以求其最公平，可知其苦心。

自上節所述分家在第二代、第三代，上文看到難以合共和樹大枝分的原因分家的占百分之五十三，這都呈現草屯居民之受傳統宗法制度約束的力量不大，居民的獨立自主的意志力強盛。而父親以一己之意志分家的沒有，平等的價值似為家族生存最大的

13 戴炎輝〈台中縣草屯鎮調查報告〉載氏著《清代台灣之鄉治》附錄，台北：聯經出版公司，民國68年7 月，頁787-803。

14 張研、毛立平研究徽州分家，說直接原因有四點，（1）家政難于統理；（2）人口浩繁，日給艱辛；（3）各房無責任感，坐吃山空，共致貧窮；（4）人眾心異，各懷妒忌等。與草屯情形相當類同。見氏著《十九世紀中期中國家庭的社會經濟透視》，頁37，中國人民大學出版社，2003年10月第1版第一次印刷。

維繫力量。此一觀點後面可以看的更清楚。

自分家的宗教儀式看，每張鬮書都為追求最大的公平，除了人為的至公至正外，還要透過宗教儀式。此種精神使此一儀式變成鬮書不可少的一部分，甚至於沒有舉行此一儀式卻也寫在鬮書裡。嘉慶十三年八月件就是如此。本文三十件中，有寫「咸禱父靈」[15]，或寫「憑鬮均分」[16]或「告祖拈鬮」[17]，「當神拈鬮」[18]，「當在祖父爐前各房拈鬮」[19]，「禱神拈鬮」[20]，「祖父爐前，焚香禱告，配搭拈鬮」[21]，「祖前拈鬮」，「同堂拈鬮」[22]。其中有「當神」「禱神」，此「神」應即祖父或父親的神靈，而非神明之神。此一儀式應是要分祖父遺業即告祖靈，要分父親遺業即告父靈，經過宗教儀式獲得他們的同意。

自公親等關係人看，有只公親二人，有代書人及家長，李元光主持子侄分家，有秉筆族親、在場分命父、族叔二人、知見母舅二人、族兄二人，計八人。道光十年件，有知見庶母繼母二人、族長二人、房親二人、宗親二人、秉筆一人，計九人。明治三十二年李春盛兄弟分家，在場公親有母舅一人、族叔一人、親兄二人，知見人母親二人，代書人一人，計七人。比較特別的是同治三年件，有代筆人一人，依口說和母舅一人，在場公親堂叔一人，在場母親一人。這裡的「依口說和」十分特別，而且角色是母舅。又嘉慶十三年件，在場公親堂叔二人，其中之一併代筆。道光四

15 乾隆五十六年十一月件載謝嘉梁前揭書，頁 8。
16 嘉慶九年件，郭双富藏古文書。
17 嘉慶十一年件，林美容前揭書，頁 30-32。
18 道光十年十月件，郭双富藏古文書。
19 道光二十三年十一月件，謝嘉梁前揭書，原件梁志忠收藏，頁 289。
20 道光二十四年十月件，郭双富藏古文書。
21 道光二十九年七月件，許錫專藏古文書。
22 同治三年四月件，謝嘉梁前揭書，原件梁志忠收藏，頁 305。

年件，公見人是外甥一人、堂叔一人、堂兄一人。可見公親等相關人少的只有二人，多到九人。母親、母舅、胞叔、堂叔、族叔、堂兄、族兄，甚至晚一輩的外甥都可做公親、知見、公見。加以統計，母親出現最多，其次是家長、母舅、堂叔、堂兄等。因為鬮書由秉筆人所寫，關係人都要在自己名字下花押，這種情況日本治台以後印章普遍使用，花押逐漸被印章取代。

又上文提到「依口說和」的母舅，嘉慶十一年菊月件也有「在場分命父」，同年十二月件有「主裁母親」。這三個特殊名詞似乎將母舅、父、母在傳統家庭中比較絕對的權力地位突顯出來。但三十件中只有三件，是十分之一，也似乎告訴我們台灣的父權、母權都已不如原鄉。

再從表中看家產內容，將所分割家產按時間列一表。前已出現者不再列入。

時間	乾隆 五十六年	嘉慶九年	嘉慶 十一年菊月	嘉慶 十一年十二月	嘉慶十二年	嘉慶十三年
家產	水田	園	瓦厝	牛欄	書香 公業	瓦屋 茅屋
時間	嘉慶十八年	道光元年	道光四年	道光十年	道光二十四年	道光 二十五年
家產	風水園	大厝 護厝 林木 菜園	公厝 實租穀	油車并家器 蔗并家器 菁仔宅	唐山租	公室 后凌 公廳 瓦店
時間	道光 二十九年	咸豐六年	同治 四年四月	同治 五年五月	光緒十六年	明治32年
家產	土礱間學仔	祀田	水租粟 頂街店稅銀	籤仔店一坎 草鞋墩街茅店 水牛枯（牯）	水牛牯 水牛母 桂竹	旱田、大廳 茅草厝 瓦厝 後護龍厝 書齋一座 草鞋墩瓦店五座 魚池、墳地 公田坵種菜 號廊本銀

從這一表，可知除一般最常見的水田、旱田、園外，還有祀

田、菁仔宅、桂竹、魚池、公田坵種菜。居住的房屋，有瓦厝、茅厝、大厝、護厝、公厝、公室、公廳、大廳、后淩（按即護龍）、土礱間、牛欄、學仔等。還有死後埋葬的墳地、風水園。耕種田地和拉車的水牛牯、水牛母。又有工廠，油車并家器、蔗廍并家器。北投街、草鞋墩皆有店舖，稱頂街店、簸仔店、茅店、瓦店。另外有供子弟讀書的書香公業、書齋。而很特別是唐山租、水租粟、號廍本銀。唐山租在道光二十四年出現，其中一位兄弟留在唐山，所以他把分得的台灣租額和諸弟的唐山租額互換，嘉慶十三年件孀李氏也「欲回唐」[23]。道光末年的這一件鬮書是不能據 以斷言唐山、台灣在此切斷其財產上的糾葛，但據以說明台灣此一本土化的進行到一重要時刻似乎不成問題。水租粟、號廍本銀，容後討論。

家產分割方式有四：一存公，二父母養贍，三長孫份，四上三者外兄弟均分。日本學者臼井佐知子就說：「被詳細調查清楚的全部家產，除去『存留』和臨時保留部分以外，基本按照兄弟人數平等均分。」[24]

存公部分有田園、風水園、公室、公廳、祀田、土礱間、書香公業及桂竹等。最詳細，也最多存公的是李春盛家，有水旱田九段，存作兄弟妹侄嫁作裝奩之費，娶爲聘禮之資。嫁娶完畢，存爲公業。又典盡田園十四段，永存做公業。又胎借之項，二〇八〇元，永存爲公業。又借項，存作公業。存書齋一座，魚池二口，瓦店五座，墳地一所，公田坵以爲公種蔬菜之地，存號廍資

23 謝嘉梁《草屯地區古文書專輯》，南投：台灣省文獻委員會，民國 88 年 6 月，頁 272。

24 日·臼井佐知子〈論徽州的家產分割〉載周天游主編《地域社會與傳統中國》，西北大學出版社，1995 年第一版第一刷，頁 48-56。

本七〇〇元，留存公業。

在三十件中，有存公的十一件，鄭振滿研究《台灣公私藏古文書集成》之六十九件分家鬮書中，有六十四件有存公，占百分之九十三[25]，差異甚大。存公的大多數是祭祀公田，如同治四年件即說「存爲三房公業，逐年輪收，又帶祭掃墳墓。」[26]

在三十件中，有存父養贍的二件，存母養贍的十件，合計十二件，占百分之四十。從此數字，可知父親在世，主持分家、留下鬮書的不多。多數是父親去世，母親在堂，兄弟分家。此前已述及，茲不多贅。

乾隆五十六年件，母親養贍是年四十石，是三甲水田收入的一部份。兄弟只分得田一甲二分。可知母親養贍田是兄弟分得的一倍多。

嘉慶十一年李元光留下的存父養贍水田三甲餘，園若干。兄弟分得的水田二甲餘。養贍田園大於兄弟分得的。

道光元年件，母養贍田一甲一分，兄弟分得田是七分五釐。道光四年件，母養贍十九石二斗，兄弟各二十石。母親少些。道光十年件，庶母繼母養贍有園。道光廿三年，園三段存母養贍。道光廿四年，母親養贍，租稅七十四石四斗四升。道光廿五年件，母養贍全年稅粟六十石。同治三年件，母養贍水田一甲二分半，全年租粟八十石，兄弟分得的自二十三石三斗到四十五石不等。大致父母養贍部分比兒子所分得的多。學者以父親生前進行家產分割，可以隨心所欲的保留自己的養老份。[27]草屯的情形似也不

25 鄭振滿《明清福建家族組織與社會變遷》，湖南：湖南教育出版社，1992年6月第一版第一刷，頁214。

26 林美容《草屯鎮鄉土社會史資料》，頁71。

27 日・滋賀秀三著張建國、李力譯《中國家族法原理》，北京：法律出版社，2003年1月第一版第一刷，頁157。

例外，而且母親似也享有一部份的這種權力。

養贍田園，當父或母死後，其田園大多存公當成祀田。如嘉慶十一年件即言「此贍業每年由父自收爲養老之資，迨享百年後爲子侄七房公業。」[28]明治三十二年件有言「今應將此存作二位母親養贍之資，倘後日二位萱堂百年偕老以後，仍將此田業作六房公業。」[29]

分割的第三類是長孫份，因爲在台灣似乎可以多分的不只長孫，稱特別份也許比較妥當。在三十件鬮書出現可以多分的有：長子二件、長孫十件、大孫三件、長房孫一件，這裡長子是子輩，長孫、大孫、長房孫是孫輩。長房孫就是大房的大兒子，就是宗法制度中的嫡長子。在嘉慶十一年菊月件，長房孫、長孫同時存在，查族譜長房孫是長房的大兒子，長孫是二房的大兒子。顯然二房的大兒子年齡大於長房的大兒子，同時也是孫輩中年齡最大的。除嘉慶十一年件以外的長孫、大孫同義，而用長孫的爲多，占百分之七十七。古來宗法制度之嫡長子爲大宗，百世不遷，負家族中上祀宗廟下繼後世的角色[30]，所以可以特別多一份家產。

嘉慶九年件，長子得園一段，長孫得園七分。嘉慶十一年件，長房孫得田五分，長孫得田二分五釐。嘉慶十二年件，長子得園一甲七分，長孫得園一甲六分。道光一年件，長孫分得之田，年納大租粟一石。道光十年件長孫得田。道光二十二年件，長孫得田園一段。道光二十六年件，長孫之業銀二十大元。同治三年件，長孫魚池一口。同治四年件，水田一段，年配納番屯租粟肆石，

28 林美容前揭書，頁 31。

29 林美容前揭書，頁 89。

30 雷海宗〈中國的家族〉載氏著《中國文化與中國的兵》，台北：里仁書局，民國 73 年，頁 61-82；徐揚杰《宋明家族制度史論》，北京：中華書局，1995 年 11 月第一版第一刷，頁 3-4、頁 57。

爲大孫之業。同治五年件，草鞋墩街茅店一坎，水牛牯一隻爲大孫之額。光緒九年十一月件，大孫之額五十大員。光緒十六年件，長孫水牛牯一隻，價十大員，爲姻娶之資。明治三十二年件，鬮文有一段「在批明上存嫁娶之業，長孫應得妻本貳百元，又應得長孫份額貳百元，倘日後完娶以後，須就妻本開銷，然長孫之份亦當留存不得廢滅。」[31]

在三十件鬮書中，有十三件（百分之四十三）爲長孫分特別一份家產，這是宗法制度還被遵守的證明。長孫又特別自長房孫區隔開來，可視爲唯一特例，因爲嘉慶十一年以後到明治三十二年的九十三年似未再發生。發生此一特例的原因可以再了解。

存公、養膳、長孫份外，兄弟均分。

均分，是兄弟家產分割的唯一形式。[32]

兄弟均分家產，有人認爲商朝的「兄終弟及」制已有諸子平均繼承的因素，商鞅變法推行小家庭，導致家產繼承中的諸子平均析產方式。[33]至於其法律根源，至少在唐代的戶令應分條已如此規定。「諸應分者，田宅及財物，兄弟均分。」明清仍是均分，「其分析家財田產，不問妻妾婢生，止以子數均分。」[34]

兄弟均分家產的過程，如同道光二十三年件所述，「茲當老母在堂，兄弟相商，邀諸公親族長到家，將先祖父所建置田園產業，以及家器農俱什物等件，進行配搭均平，至公無私，即日同

31 林美容前揭書，頁 91。
32 戴炎輝民國 38 年的調查，草屯的分家是「平均爲原則」，但「庶子比嫡子少十分之二或三，螟蛉子少一半。」見氏著《清代台灣之鄉治》附錄「台中縣草屯調查報告書」，台北：聯經出版公司，民國 68 年，頁 787-803。
33 刑鐵《家產繼承史論》，雲南：雲南大學出版社，2000 年 11 月第一版第一次印刷，頁 1-5。
34 滋賀秀三《中國家族法原理》，頁 200-201。

公親族長等秉正踏明定界，照配得宜，當在祖父爐前各房拈鬮爲憑。」這其中還有宗教儀式，即告祖拈鬮。在本件鬮書後有一句「茲將圳下典過林家公田旱田一段議作七房拈鬮均分，鬮分列左」，還是強調拈鬮均分。又如道光二十五年件述其分家過程，「謹遵母命，源遠流長，根深者葉茂，茂而分枝，長而衍派，自古爲然，今因家事浩繁，難以總理，是以邀請房長公議，所有建置田地、屋宇、樹木、財物、器具等件，三房均分，拈鬮爲定。」[35]又如道光二十六年件，兄弟四人，而四弟早逝，家產仍照四房分割，而由長房、次房、參房各一子爲四房子嗣，由三人分別繼承其財產，並負祭祀之責。

但是再如何均分，有時無法均分。那麼多分的人，要拿出錢來彌補少分的人。如道光四年七月件，四房分的田實租二十二石，長房分十九石二斗。另二房、三房都分二十石。四房要抽出二石，補長房八斗，補公抽一石二斗。[36]又如光緒九年十一月件，四房所分田租較多於二房，故要備出銀三十大員交二房收入以補不足。三房配分多出五房，三房備出銀一〇大員交五房以補其短。[37]

至於公存的管理方式有三，一是共管，一是輪流管理，一是由兄弟中一人管理。[38]如乾隆五十六年件，贍田兼祀田公業，母親養贍之外，「若有餘粟付孝和收管生長，不許兄弟混取。」[39]是由兄弟中之一人管理。嘉慶十一年件，父養贍田園，父百年後爲公業，但未言如何管理。推想是共管。嘉慶十八年件說明六年前

35 林美容前揭書，頁 60。
36 林美容前揭書，頁 44-45。
37 謝嘉梁《草屯地區古文書專輯》，頁 320。
38 徽州地方只有共管和輪流管理，見臼井佐知子〈論徽州的家產分割〉。
39 謝嘉梁前揭書，頁 8。

鬮分抽公是「一盡居公輪流料理」[40]，可是發生困難，「難以合共」，所以又將抽公均分。道光四年件「歷年共管，每多侵溢之虞」只好均分[41]。道光十年十月件，存公「議交兄弟一人秉公料理，以分發公事及年節祭費，并前日拖欠之項。」[42]是由一人管理。道光二十五年四月件，稅粟、利息粟年二十五石。「三房逐年輪流應收當年辦費開用」[43]。是輪流管理。同治四年件，租粟二十五石二斗，稅銀七元，利粟六石，水租粟八石，「存爲三房公業，逐年輪收，又帶祭掃墳墓。」[44]是輪流管理。光緒九年十一月件，水田陸分，「留爲蒸嘗開費，就五房輪流耕作，其租粟逐冬收存，不得爭取。」[45]也是輪流管理。明治三十二年件，「永存作公業，各不得再言此均分一事。」「各不得爭取自肥」，「各不得私收競討」，「各不得過作私己份額」[46]，應是共同管理。

在三十件中，存公的十一件，存公由兄弟中一人管理的二件，共管的二件，輪流管理的四件，不明的三件。輪流管理占百分之三十六，似是比較通行的方式。但正如嘉慶十八年、道光四年件所言，居公輪流料理，還是困難重重，只好兄弟再均分。

肆、鬮書所見之經濟形態

40 林美容前揭書，頁 38-39。
41 林美容前揭書，頁 44。
42 郭双富藏古文書。
43 林美容前揭書，頁 61。
44 林美容前揭書，頁 71。
45 謝嘉梁前揭書，頁 320。
46 林美容前揭書，頁 90-91。

本節擬自鬮書之分家內容看當時經濟形態、分家內容之種類、價值，一個家庭有多少資產，當時物價如何，當時租稅如何？

自上節家產內容表中，可知除水田、旱田、園外，還有房屋。房屋又分瓦厝、茅厝、牛欄、茅草厝、大廳、公廳、土壟間、大厝、護龍、后淩、公厝、公室、學仔，又有風水園、墳地、公田坵種蔬菜。生產的農業加工工廠，有油車並家器、有蔗廍并家器、茅店、瓦店、簸仔店。另有書香公業、書齋一座。

最早看到瓦厝是嘉慶十一年菊月件李元光家。書香公業是嘉慶十二年件，這家人已重視讀書受教育。到道光元年出現大厝、護厝，可知至少三合院出現了，才有護厝，護厝即護龍。道光十年的油車、蔗廍、菁仔宅，告訴我們草屯有搾油的工廠，花生油、麻油、還有搾甘蔗的製糖工廠。又有專門種檳榔的。其實種甘蔗製糖，早在乾隆四十年之前已有了，因爲本年林理祥的杜賣契中已經說「逐年帶納番大租糖乙百八十觔」[47]可見下溪洲月眉厝前的埔園已經種甘蔗製糖了。道光二十五年件的後淩，即護龍，即廂房。土壟間，就是舊式碾米的機器，形狀如石磨，大些，材質以竹土打造。學仔就是廁所。同治四年件有頂街店稅銀貳元，道光二十五年件有「杜賣瓦店一座，址在北投新街北門第四間，全年稅銀參拾員」[48]，看起來是道光有北投新街，又有瓦店，同治四年有頂街。其實乾隆四十七年便有北投街，且有店號叫泉利黃記。[49]道光三年草鞋墩頂庄就有茅店。[50]明治 32 年李春盛家有書

47 林美容前揭書，頁 13-14。

48 林美容前揭書，頁 60。

49 陳哲三〈清代草屯地區開發史—從北投社到草鞋墩街，以地名出現庄街形成爲中心〉；謝嘉梁前揭書，頁 236。

50 道光三年二月李胡氏立杜賣盡根厝地基契有「李胡氏丈夫媽台在日有自置店地兩座，址在草鞋墩頂庄，起蓋茅店，坐北向南」，見謝嘉梁前揭書，頁 46。

齋一座，作為「延請嚴師以為教訓之域」[51]，比嘉慶十二年的書香公業要具體積極了。李春盛家有二千多銀元出借，又投資在源興號、秦源號、協和廍本銀七〇〇元，另外金春發號借欠去母銀一千零五十參元餘，又協興廍借欠去母銀貳百九十一元餘。號是經營何種生意，不得而知，協和廍、協典廍則是製糖工廠。清代草屯最大望族李春盛家之財富除田園收入外，這些借銀、投資可能是重要的來源。李春盛家在 21857 元資產中，借出 3424 元，佔資產的 16%，投資生產的號 700 元占 3%。

一個家庭有多少資產，差距很大。清代還是農業時代，工業只有簡單的農產加工工業。資產的主要形式就是田園，所以看田園面積大小可以知道。作鬮分前後田園面積表。如表二。

乾隆五十六年件，兄弟四人各分得水田一甲二分，原來鬮分前是四甲八分。嘉慶十一年菊月件，鬮分前是十九甲七分多，七房分割，每房只分得二甲多。最多的明治 32 年件，未分前水旱田園五十二甲餘，六房分割，每房自三甲餘到七甲餘。另外如道光二十三年件，七房均分，每房只分得旱田二分。分家後土地面積如下表：

面積（分）	1-5	6-10	11-15	16-20	21-30	31-40	41以上
件數	6	4	3		2	1	1
百分比	35%	24%	18%		12%	6%	6%

可知五分地以下 6 件，占 35%；一甲以下 10 件，占 59%；一甲五分以下 13 件，占 76%。二甲以上四件，占 24%。自此可以得到幾點結論。第一、諸子均分的繼承制度，在台灣普遍遵守，對資本的累積大為不利。[52]第二、因為諸子均分的繼承制度，使

51 林美容前揭書，頁 91。

52 日本學者仁井田陞指出中國家產繼承中家產均分是導致貧困化的原因之一。見氏著《中國法制史》，岩波全書，岩波書店，1952 年頁 208-209。

得社會上只能短暫出現大家族，第二代第三代就分割成小家庭。第三、經濟型態上大地主也只能短暫出現，分割後也只能是小農的型態。

從幾個大家庭的鬮書可以看到清代草屯的經濟型態，如嘉慶十一年李元光家的鬮書所呈現的是瓦厝、大廳、護厝都蓋瓦，另外是近二十甲的水旱田園。道光十年八月件有田、園、菁仔宅，最特別的是有油車並家器，蔗廍並家器。道光二十五年四月件，鬮書所分是田稅粟、瓦店稅銀、出典水田稅粟、胎借利息粟、出借利息粟等。同治四年四月件，除水旱田外，有借項番銀、園稅銀、店稅銀、水田園、胎借之項、廍本銀、號廍借項等。可以看到有的家庭純種田，有的種田外又經營油車、糖廍，有的家純放利維生，有的家種田外，也放利，也投資糖廍。

在租稅上，可見的租稅種類不少。按出現時間列一表如下：

乾隆五十六年	道光元年	道光四年	道光二十三年	道光二十四年
大租	大租粟	實租	番大租	租稅、 大租谷
道光二十五年	同治三年	同治四年	光緒九年	光緒十年
稅粟、利息粟、 稅銀	租粟、番租粟、番屯租、 勻補粟、田底銀	利粟、 水租粟	番大租谷	水粟

以上十八個租稅名詞，大租、大租粟、大租谷、番大租、番租粟、番大租谷等六個名詞都只同一個事實，即漢人租贌北投社原住民土地向北投社原住民所繳納的米穀，水田一年一甲八石。通稱大租，因爲是向北投社番繳納，故又通稱番大租。[53]利息粟和利粟兩詞同義，都指向他人借銀員，以米粟計息。稅銀即店租以銀員計算，一般以年租若干銀員故稱稅銀。稅粟即小租，即現

53 參閱台灣銀行經濟研究室《清代台灣大租調查書》上，第三章「番大租」，南投：台灣文獻省委員會，民國 83 年 7 月，頁 319-325；柯志明《番頭家—清代台灣族群政治與熟番地權》，第十二章「熟番地權演化」，台北：中央研究院社會學研究所，民國 90 年 3 月，頁 338-341。

耕佃人向漢小租戶所繳納的米粟，以一年計算。[54]漢小租戶年需向番大租戶繳納大租，其小租收入減去大租支出，所餘即實得部分，稱實租。一般水田一甲每年大租八石，小租三十二石，實租二十四石。[55]旱田、園則比較少。水粟、水租粟二詞相同，灌溉水田的水要向水圳管理人繳納用水費稱水租，以粟納租稱水租粟，或水粟。田底銀是租贌田地人繳給田主的押金，無利息，退租時可以取回。番屯租是林爽文事件後，福康安奏准設番屯，全台分十二屯，挑募番丁四千人，將內山界外丈溢田園，歸屯納租，由地方官徵收，按照二八兩月支放；仍給未墾埔地，以爲自耕養贍。北投社一小屯，屯兵三百名，徵大埔洋莊屯租穀一千六百零四石七斗八升零三勺八抄六撮。此即大埔洋的番屯租。[56]本件同治三年件之水田正在大埔洋挖灣。至於勻補租，起因於乾隆五十四年楊振文混佔北投社口糧墾業，北投社抗爭無效，北投社社主黎朗買奕準備赴省會福州上控，社眾喜諾，在各自口糧墾業中每甲鳩出一石二斗六升，勻補黎朗買奕省控之資。此即勻補租。[57]

清代草屯的大租、小租、水粟多少？是輕是重？

清代草屯的大租都是番大租，因爲所有土地都屬北投社，漢

54 參閱張勝彥〈清代台灣漢人土地所有型態之研究〉載氏著《台灣史研究》，台北：華世出版社，民國 70 年 4 月，頁 53-114；陳金田譯《台灣私法》第一卷，南投：台灣省文獻委員會，民國 79 年 6 月，頁 160-162；松田吉郎《明清時代華南地域史研究》，東京：汲古書院，2002 年 2 月，頁 335-348；楊國楨《明清土地契約文書研究》，北京：人民出版社，1988 年 2 月第一版，第一刷。

55 陳其南〈清代台灣漢人社會的建立及其結構〉台灣大學歷史所碩士論文，民國 68 年。

56 周璽《彰化縣志》卷七「兵防志」「屯改」，台北：台灣銀行經濟研究室，民國 51 年，頁 221-227；戴炎輝《清代台灣之鄉治》卷六編「屯制養贍地及屯田」，台北：聯經出版公司，民國 68 年 7 月，頁 467-530。

57 《清代台灣大租調查書》下，南投：台灣省文獻委員會，民國 83 年 7 月，頁 629-630。

移民都向社或社眾贌租，取得土地之使用權，而向社或社眾納租穀，此租穀水田都是一年 8 石。至於小租一般是水田上田一年 32 石。而草屯的情形，道光四年件田二甲七分，年實租 59 石。田一甲七分，年實租 38 石 4 斗。田 8 分，年實租 22 石。道光二十五年，田一分一年稅粟 10 石。同治三年四月件田一甲二分五厘，年租粟 80 石。田四分，全年租粟 30 石。水田陸分，全年租粟 15 石。水田捌分，全年租粟 18 石 15 斗。水田伍分，全年租粟 31 石。這些數據列一表如下：

時間	道光四年			道光二十五年	同治三年				
面積（甲）	2.7	1.7	0.8	0.1	1.25	0.4	0.6	0.8	0.5
小租（石）	實59 收80.6	實38.4 收52	實22 收28.4	10	80	30	15	18	31
平均甲租額（石）	29.85	30.59	35.5	100	64	75	25	12.125	62

從上表，可見小租最高是一年 100 石，最低是 23 石 1 斗 2 升 5。

但此最高之地似不是從事農業生產之地，其契文說「抽出厝邊田一段，丈一分，全年稅粟拾石。」[58]可能是當厝地用，所以可以接受高額租。因此，不計此件，則最高年一甲小租 75 石，查其地在下圳寮，再查最低租地在大埔洋三分仔。兩地差別在水的灌溉，前者水源豐沛，後者水流不足。因爲水的不同，影響農田的收益，也就決定租額的高低，這個高低之差是 3.24 倍。把高低加起來除以二，是 49 石，[59]比一般的 32 石多。一方面表示草屯

58 林美容前揭書，頁 61。

59 有一件道光十六年十月的立佃批字，址在萬寶新庄頭大圳下，經丈一甲九分，全年大小租穀實 87 石 6 斗，即一甲 46 石一斗餘。與此數字相近。見松

小租比他處高些，一方面也許表示草屯因爲水利設施良好，收成比他處多些。

至於水租的問題，同治四年件，只提水租粟八石，不知土地面積，無法計算。光緒十年件，契文「逐年配納番租粟一石正，併帶納水粟一石正。」[60]因爲是水田，番租粟一石各是一分二厘五毫水田，地在內木柵匏仔寮苦苓腳，是隘寮溪流域，屬舊圳，即小險圳灌溉系統。據日人調查，險圳小租最高一甲三石，此件一甲八石顯然太高。有一可能，即此本是旱田，或是園，則面積可以大四分之一到二分之一。

最後一個問題，也是很多人關心的問題，清代的物價如何？

地價筆者已有專文討論，[61]整個清代的不再贅及。唯明治 32 年件[62]有很豐富的當時地價資料，列成一表，稍加討論。

水旱田	面積（分）	價格（銀元）	平均每分價格（銀元）
水田	4.75	150	31.58
	20.7	450	21.74
	10.2	290	28.43
	3	140	46.67
	25	656	26.24
旱田	5	115	23
旱田	3.75	110	29.33
水田	9	304	33.78
	4	220	55
	3	130	43.33
	7	170	24.29
	3	126	42
	10	310	31

田吉郎《明清時代華南地域史研究》，汲古書院，2002 年 2 月 22 日，頁 342-343。

60 謝嘉梁前揭書，頁 164。

61 陳哲三〈清代草屯地區的地價及其相關問題〉載《逢甲人文社會學》7（2003 年 11 月），頁 89-116。

62 〈明治 32 年李春茂兄弟等同立鬮書〉載林美容《草屯鎮鄉土社會史資料》，頁 87-92。

	10	310	31
	15	526	35.07
	4.75	240	50.53
	5	114	22.8
	50	1200	24
	16	365	22.81
	4.75	150	31.58
	6	160	26.67
	8	249	31.13
	10	297	29.7
	3	115	38.33
	3	110	36.67

上表中水田最高價是一分地五十五員，一甲地五百五十員。最低價是一分地二十一員七角四分，即一甲二百一十七員四角。價差是二點五三倍。把水田的二十三件平均價格是每分三十三點二三員。在筆者〈清代草屯地區的地價及其相關問題〉一文中整個清代的每分地平均是三五・七二員，明治的平均是三十四・八三員。這三個數據相近。和明治的尤其接近。

嘉慶十三年件提供當時建瓦屋茅屋的幾個價錢，瓦屋四間，工本大銀二十八元。瓦屋一間，工本五元。瓦屋一間，工本四元。茅屋一間，工本大銀十六元。這裡可見瓦屋一間工本四到七元，茅屋一間工本四元。

道光四年件提到「內轆公厝，開用佛銀壹佰大元」[63]，可見要建公厝，即公廳，要佛銀一百大元。

道光二十五年件提供借貸利息（分胎借和信貨），和瓦店稅租的數據。[64]契文中指出：胎借佛銀 75 大員，全年利息粟 15 石。胎借佛銀 211 大員，全年利息 25 石 3 斗。胎借 100 大員，全年利息粟 22 石。出借 50 大員，全年利息粟 10 石。出借佛銀 50 員，

63 林美容前揭書，頁 45。

64 〈道光二十五年賴糧德兄弟等同立鬮書〉載林美容《草屯鎮鄉土社會史資料》，頁 60-61。

利息粟 15 員。新街北門瓦店一座，全年稅銀 30 員。借銀的部分列成一表。

借銀（員）	年利息粟（石）	平均息粟（石）
75	15	5
211	25.3	8.34
100	22	4.55
50	10	5
50	15（員）	3.33（員）

表中五員一年是利息粟一石，相當於三點三三員一年利息一員。

同治四年件欠番銀 80 元，年利息粟 16 石，也是五員一年利息粟一石。

這樣利息是高是低？王世慶研究北台灣的農村金融，指出道光末年胎借每年百元貼利息穀年十三石，每百元貼利息佛銀年十三元五角。信貸則每元月利二分，每百元利息穀年十六石。[65]如此比較，北部一百元只要十三石，草屯要二十二石。是草屯高。但二百十一員，北部要二七‧四三石，草屯是二五‧三石，草屯較輕。但此一胎借人是侄兒，是否因此少算，不無可能。若然，則草屯的利息高於北台灣。

同治四年件另有頂街店稅貳元，此較道光二十五年北投新街瓦店全年稅銀三〇員，似乎表示，道光時北投新街之興盛，所以店租銀高。同治年間剛萌芽的草鞋墩頂街，店租一年只有貳元。

另外，當時還沒有電力，動力最大的來源是獸力和人力。獸力主要靠牛。所以牛很重要，牛價很貴，偷牛是一件嚴重的罪案。[66]光緒十六年件，提供牛的價錢。水牛牯時價銀一〇大員，水牛

65 王世慶〈十九世紀中葉台灣北部農村金融之研究〉載氏著《清代台灣社會經濟》，台北：聯經出版公司，民國 83 年 8 月，頁 1-71。

66 清代 458 次搶住家案，有 123 次牽走牛。在其他盜案中，又有 59 件也搶牛，搶牛次數計 182 次。牛在十八世紀每隻可賣四～二〇元，十九世紀前半葉，

母時價銀 7 大員。李春盛家長孫妻本二百元，而光緒十六年件長孫娶妻之資是水牛牯一隻，時價銀一〇大員，兩相比較，差了二十倍。

當時打官司也很費錢，道光四年件，留下「四房被控，費用銀伍拾陸大元」[67]，此一數目當時大約可買水田一分。[68]

伍、結　論

總結上面的論述，可得結論十二點。

一、鬮書是分家文書中最通用的名稱。而分家文書之名稱在草屯就有十一種。和《台灣私法》所列台灣其他名稱只有三種相同。可見地方的差異很大。

二、鬮書的格式主要分爲四大部分，先是立書人、立書原因、分割家產的原則、宗教儀式、以及對分家後的祝福。次爲分割家產之具體內容，分房記述。三是關係人及立書人、年月日。末是補充條款。

三、立書人以兄弟最多，超過半數。兄弟和死去兄弟的兒子居多，堂兄弟很少。大多數分家是在父親去世之後。也就是第二代分家最多，第三代就少了。

四、嘉慶以後分家的鬮書多起來，這和草屯的漢人入墾歷史

可賣五～十八元。見許達然〈清朝台灣社會動亂〉載東海大學通識教育中心《台灣歷史與文化（一）》，板橋：稻鄉出版社，民國 88 年，頁 27-80。

67 〈道光四年厥忠兄弟四人同立鬮書〉載林美容《草屯鎮鄉土社會史資料》，頁 44-45。

68 戴炎輝研究淡新檔，指出新竹一個大案子光堂禮就要花一百元乃至更高的費用。見氏著《清代台灣之鄉治》，頁 706-708。

頗爲吻合。雍正時少數人入墾，乾隆時入墾人多了。到嘉慶正好是第二代。李元光正是乾隆二十年渡台，[69]嘉慶十一年分家。一七五五到一八〇六，五十一年的努力奮鬥。李家到嘉慶的世系[70]如下：

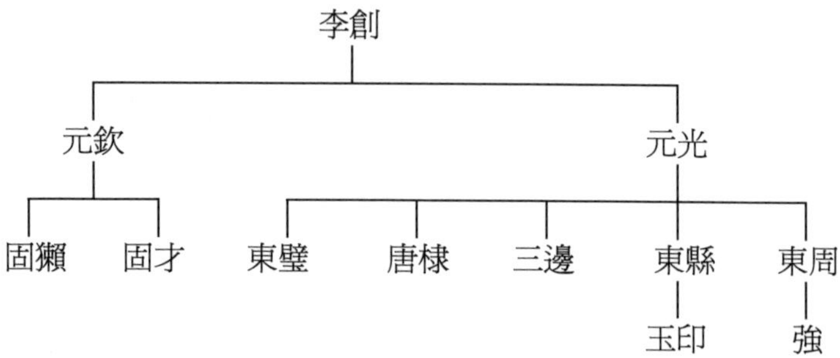

五、分家的原因，「難以合共」和「樹大分枝」二者超過半數。可見移民到開墾第一線者獨立性強，都求自由發展，不要受彼此的制約。這可能是移墾社會共有的現象。

六、分家的過程一定是「告祖拈鬮」、「當神拈鬮」。除了公親來配搭均分以盡人力外，還要透過對亡靈的祭禱的宗教儀式，使分家做到最公平的境界。父親在世的分家，父親並不絕對支配，一樣請來公親，一樣「告祖拈鬮」、「神前拈鬮」，讓分家的子侄覺得公平。

七、從分家產內容看，住的是茅厝、瓦厝，北投有舊街、新街，草鞋墩有頂街、草鞋墩街、街有茅店、瓦店。住屋外是水田、旱田、園、埔、竹木果樹。農產加工有搾油的油車、搾甘蔗的糖廍。田園中除水稻外，也種花生、芝麻、甘蔗。一個家庭的人口

69 李禎祥《渡台始祖創公派下族譜書》鉛印本，民國 64 年；林文龍〈草鞋墩的拓墾先驅—李創、李元光喬梓史蹟淺探〉載氏著《台灣史蹟著論》中冊「人物篇」，台中：國彰出版社，民國 76 年，頁 241-257。

70 李禎祥《渡台始祖創公派下族譜書》鉛印本，民國 64 年。

在五個上下，有恆產之家兄弟以三個最多，七口之家比較普遍。李春盛家是草屯最富有的，在明治 32 年，即光緒二十五年，日本人治台已四年，住的有瓦厝、有茅草厝、有大廳、有書齋。一般人家正是竹籬茅舍、開門見山。

八、家產分割方式有四：一存公、二父母養贍、三長孫份、四兄弟均分。存公主要爲祖先祭祀，父母養贍即父母養老份，有恆產之家才會有可能，一般人家是食火頭（吃伙鬮）。[71]長孫份是宗法制度的遺緒，嫡長子在宗族中的特殊身份享有特殊的財產分配權。臼井佐知子說是因爲嫡長子「較其他兄弟更多地分得家產以使用於祭祀祖先」[72]。最重要的是兄弟均分。請來公親，向祖靈祭祀，經過拈鬮，追求至公至正。父母養贍留下的田園似都比兒子所分得的多，家產本來就是父親的，父親要留多少都可以。母親則一方面是父權的延伸，一方面是兒子的孝順。養贍田在父母百年之後，一部份留爲祭祀公業，大部分可能由兒子們進行第二次均分。

九、草屯最富有的李春盛家，水旱田五十餘甲，資產二萬一千八百餘元。其次的李元光家，水旱田園近二十甲。但諸子侄均分後，李春盛兄弟每房三甲餘到七甲餘，李元光子侄七房分得二甲餘。仁井田陞指出「家產均分是導致貧困化的原因之一」。這和日本的由嫡長子單獨繼承的制度不同。台灣俗諺說「富不過三代」，形成這一歷史定律的原因很多，但諸子均分的制度無疑是其中關鍵的一個。而台灣之小農經濟的型態也是基因於家產的均

71 戴炎輝民國 38 年 9 月在草屯的調查，兒子分家後父母的奉養有種不同的方法，一爲食火頭，一爲共湊火食，一爲倚食。見氏著《清代台灣之鄉治》，台北：聯經出版公司，民國 68 年，頁 787-803。

72 同註 20。

分制。

十、草屯的大租一甲八石，和台灣他處相同。小租戶負擔輕。但現耕佃人的小租平均為四十九石，比他處的三十二石高出十七石，即高百分之五十三。草屯的借貸利息也比較高，北台灣每百元佛銀利息十三石，草屯要二十二石，多出九石，即多70%。這可能是清代草屯資產之家累積財富的重要方法之一。

十一、滋賀秀三認為「在父親能夠隨心所欲的保留為自己養老份這一點上，歷來的見解完全正確。另一方面，歷來的見解在有一點上應該訂正，就是解釋說父親能夠決定與兄弟均分的原則相反的分割方式。」[73]本文也證實此一論點。但鄭振滿指出鬮書中存公的比重占93%，所以認定「這種分家習俗普及于不同的社會階層」[74]本文存公的比重只占 37%，三分之一強，並不普及，何況立鬮書的都是有恆產之家，占人口一半以上更多數的無產之家分什麼？[75]存什麼公？他們不立鬮書，所以真相也不詳。另外，臼井佐知子研究徽州的家產分割，說父親在世，父親是文書的立書人；父亡母存，立書人幾乎都是母親。[76]草屯，父在父不為立書人，父亡母在，母也不為立書人。

十二、鬮書可以相當程度的呈現資產之家的社會型態、經濟型態，但對大多數的無產之家因無產可分而不立鬮書，便少有資料了解其家庭、社會與經濟型態。這是鬮書當史料的一個限度。譬如本文引論史料中，完全看不到佃戶的收入有多少？根據陳其

73 同註 23。

74 同註 21。

75 1899 年台灣大小租之統計，台中有大租戶 8395，小租戶 59593，佃戶 72702，合計 140690；也即大租戶占 6%，小租戶占 42%，佃戶占 52%。見陳其南《台灣的傳統中國社會》，台北：允晨文化公司，民國 67 年，頁 87。

76 同註 20。

南的推估當水田一年收 100 石時，政府收 2-4 石，大租戶收 8-11 石，小租戶收 30-45 石，佃人得 40-60 石，佃人所得只有總收成的一半左右。[77]

表一　清代草屯鬮書

序號	時間	文書名稱	立書人	立書原因	家產內容	分割方法	備註
1	乾隆五十六年十一月（1791）	鬮書	兄弟4人	遵母命	屋宇 田園	1.母養贍 2.四房均分	草頁8
2	嘉慶九年（1804）	鬮書	兄弟5人	從俗	田園	1.抽長子、長孫、公業 2.餘均分五股	郭藏
3	嘉慶十一年菊月（1806）	鬮書	兄弟5人 堂兄弟2人	奉父命	田園 厝地	1.存父養贍 2.抽長房孫、長孫份 3.餘七房均分	林頁30-32
4	嘉慶十一年十二月（1807）	鬮書	兄弟2人	奉母命	田園、屋宇、家器	兄弟均分	林頁33
5	嘉慶十二年四月（1807）	鬮書	兄弟3人	奉母命	田園、 風水園	1.抽公、存書香公業 2.抽長子、長孫份 3.餘均分	林頁34
6	嘉慶十三年八月（1808）	合約字	祖父派下三房		田厝	變賣扣工本外， 作三股均分	草頁272
7	嘉慶十八年二月（1813）	再立鬮書	兄弟3人	難以合共	園	1.抽公 2.均分	林頁38-39
8	道光元年十二月（1822）	鬮書合同	四房（長房侄）	聽母令	田、厝、菜園、竹木	1.母養贍 2.抽長孫份、抽公業 3.四房均分	草頁174
9	道光四年七月（1824）	鬮書	兄弟4人	歷年共掌每多侵溢	公田實租	1.母養贍 2.抽建公厝佛銀 3.四房被控費用銀 4.餘均分	林頁44-45

77 陳其南《台灣的傳統中國社會》，頁 78。

10	道光十年八月（1830）	鬮書	兄弟9房	人各有志	園、油車、蔗駛	1.存公 2.庶母、繼母養贍 3.抽娶媳之資 4.兄弟九房并長孫，十份均分	郭藏
11	道光二十三年十一月（1843）	鬮書	兄弟8房	樹大枝分	田園、家器、農具、什物	1.母養贍 2.長孫份 3.二叔祀田，二叔份由第五房繼承 4.餘七房均分	草頁289
12	道光二十四年十月（1844）	分業鬮書	兄弟3人	奉母命	田	1.母養贍 2.均分	郭藏
13	道光二十五年四月（1845）	鬮書	兄弟3人	遵母命	田地、屋宇、樹木、財物、器具	1.母養贍 2.存公 3.餘三房均分	林頁60-61
14	道光二十六年一月（1846）	鬮書	二叔二侄	免啓爭端	公業公欠	1.抽長孫份 2.均分 3.四房早逝，長、次、參房各撥一子爲嗣，均分其份	草頁73
15	道光二十九年七月（1849）	鬮書	8房（7伯叔1侄）	住屋未分	住屋	1.抽母親臥房 2.土壟間存公 3.餘八房均分	許藏
16	咸豐二年一月（1852）	分鬮書	8房（兄弟3人侄5人）	樹大枝分	田園、屋宇、物業	1.存公蒸祀費 2.餘均分	許藏
17	咸豐六年（1856）	鬮書	叔侄4人		祀田	作二節，每節5分	草頁12
18	咸豐七年一月（1857）	鬮書合約字	1叔2侄		旱田	出典贖田，三份均分	草頁200
19	咸豐七年二月（1857）	鬮分合約字	1伯2侄	不無鼠牙雀角之嫌	瓦厝、地基、旱園、果子	三份均分	許藏
20	同治三年四月（1864）	鬮分字	兄弟3人侄2人	樹大枝分	田產、屋宇	1.母養贍、長孫份 2.餘五股均分	草頁305

21	同治四年四月（1865）	鬮書字	兄弟3房			1.存公、長孫份 2.三房均分	林頁69-71
22	同治五年一月（1866）	鬮書字	伯兄弟2人	防異日之爭	伯父祀業	對半均分	草頁250
23	同治五年十一月（1866）	鬮書字	7兄弟	同母親相商	水田、旱田、茅店、箣仔店	1.母親養贍 2.大孫份 3.七房均分	草頁308
24	光緒二年九月（1876）	鬮書合約字	兄弟2人	思欲分掌	旱田	對半均分	草頁114
25	光緒九年二月（1883）	鬮書合同字	兄弟2人		水田	1.父養贍 2.均分	草頁162
26	光緒九年十一月（1883）	鬮書字	五房(長房孫)	樹大枝分	水田	1.大孫份 2.留蒸嘗開費 3.均分	草頁320
27	光緒十年十月（1884）	鬮書字	叔侄2人	樹大枝分	水田	對半均分	草頁164
28	光緒十六年一月（1890）	鬮書合約字	叔侄2人	思欲分掌	旱田	做對半分	草頁120
29	光緒十六年十二月（1891）	鬮書字	兄弟2人	木大分枝	埔園	1.存公 2.長孫份 3.均分	林頁84-85
30	明治32（光緒二十五年）（1899）	鬮書合約字	六房（長房侄）	奢儉不一	田園、屋地	1.母親養贍 2.嫁娶之資 3.存公 4.長孫份 5.拈鬮均分	林頁87-92

表二　鬮分前後田園面積表

序號	時間	原有田園（分）	存公養贍長孫（有✓單位分）	分割人數	分得田園（分）
1	乾隆五十六年	78	30✓	4	12
2	嘉慶九年	田 36 園 29	✓	5	田 9.5
3	嘉慶十一年菊月	197.5	30 以上✓	7	20 以上
4	嘉慶十一年十二月	28	✓	2	14
5	嘉慶十二年	田 74.3 園 127.5	✓	3	16-38.8
6	嘉慶十八年	園 130.5	60✓	3	23.5
7	道光元年	41	11 母養贍✓	4	7.5
8	道光二十三年	旱 14	✓	7	2
9	道光二十四年	田 12.79	✓	3	2.13

10	咸豐二年	田 24	✓	8	3
11	咸豐六年	祀田 10		叔侄 2	5
12	咸豐七年二月	12		伯侄 3	4
13	同治三年	50	✓	5	5-10
14	光緒二年	15		2	7.5
15	光緒九年	60.5	✓	5	9.5-12
16	光緒十六年	7.5		叔侄 2	3.75
17	明治 32 年	水旱 526 餘	✓	6	38.5-79.41

附件一　道光二十三年任、奕兄弟八房仝立鬮分字

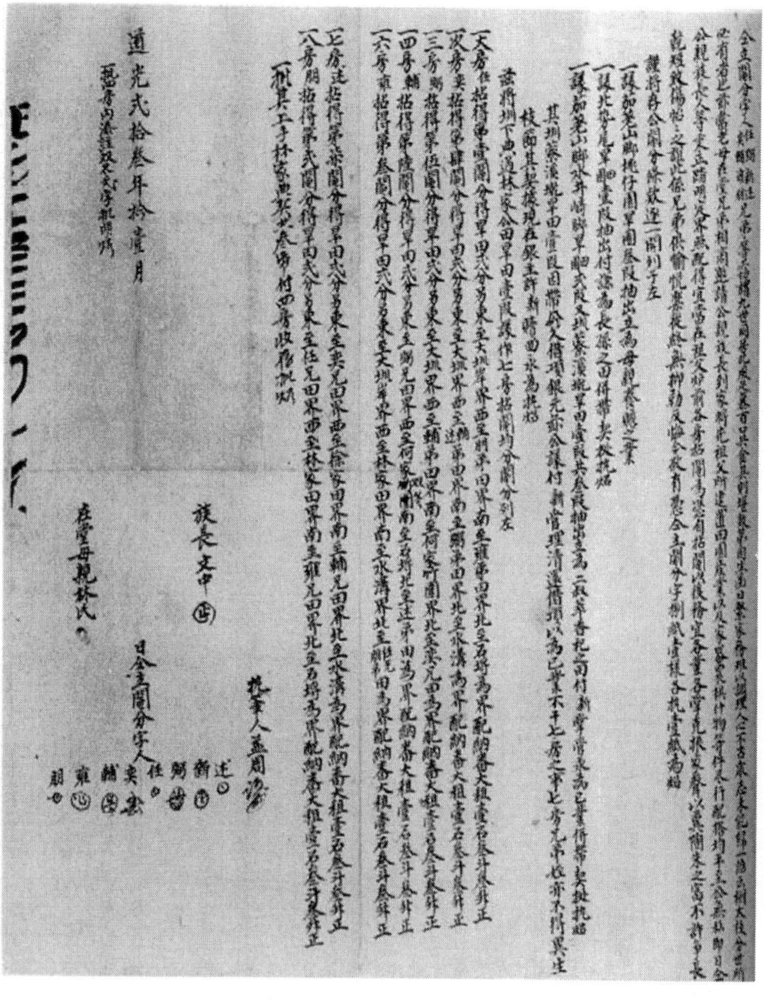

草屯地區清代的拓墾與漢番互動

壹、前　言

在台灣談族群，就讓人想到漢番、閩粵、漳泉、本省外省。但是如果把它界定爲清代草屯地區，就單純許多，漢番爲主、漳泉居次。漳泉除了乾隆四十七年的分類械鬥波及到武舉人許國樑一家外，[1]也是平靜無波，無可論述。原住民中的泰雅族與本地區相接，應有密切關係，此自土牛紅線及隘寮、土城、內木柵之地名，及隘租、屯租等名目之存在於本地區可以推知；但有史可據的是乾隆十六年內凹庄「番殺兵民事件」，[2]其他則未見記載。所以本文即以草屯地區清代的漢番關係及其與拓墾之關係爲主軸，來看草屯地區的開發歷史。

因爲尙無專文論述，可資依據的論點不多，可以依據的史料也以清代的地契最重要，再輔以方志及家譜等。清代地契大半是台灣省文獻委員會的典藏品，也有部分是林美容、梁志忠、許錫專等人的收藏品。對此協助，謹表示謝意。

北投社番是草屯地區最早的住民草屯境內，有十一處的考古

1 許國樑事見劉枝萬《南投縣人物志稿》南投縣文獻委員會（民國 51 年 6 月），頁 91-93。

2 湯熙勇〈清乾隆十六年台灣彰化之番殺兵民事件〉，載《台灣史研究學術研討會論文集》台北，台灣史蹟研究中心（1989），頁 35-71。

遺址，分別是：草鞋墩（大墩）、草溪路、隘寮、中原（頂崁仔）、三層崎、土城、茄荖山、平林、雙冬、下雙冬、石灼仔等，[3]或屬牛罵頭文化，或屬營埔文化。牛罵頭文化約在西元前三千年至二千年前，營埔文化約在西元前二千年至公元後。[4]

這些史前遺址的發現，說明草屯地區在距今五千年前就已有人類居住，而且從遺址分佈廣濶，可以證明草屯的每一個地方都曾經有人類居住。草屯正是一個適合人類居住的地方。這些遺址的主人和後來的北投社有什麼關係，這是需要繼續研究的一個問題。以上是考古學研究的成果。

如果從歷史記錄來看，最早住在草屯地區的人是平埔族中的洪雅族（Hoanya）阿里坤支族（Arikun）的北投社。北投社之最早見諸記載，係在十七世紀荷蘭人「台灣番社戶口表」，表內有 Tausabato，其 bato，音近北投，故學者認爲即爲北投社。[5]入清以後，文獻記載較多，而且較爲明確。

康熙二十五年（1686）蔣毓英《台灣府志》記蕭壠社至大武郡牛社凡三十四社，中有南北投社，並註明離府治三百七十里。[6]康熙三十三年高拱乾《台灣府志》也記南北投社，註明離府治五百六十里。[7]離府治（台南）的里數自以高志爲近是。另外高志在〈賦役志〉中說：舊對土番社三十四社，共徵銀七七〇九兩五錢

3 洪敏麟《草屯鎮志》草屯鎮志編纂委員會（民國 75 年 12 月），頁 147-163。
4 宋文薰〈史前時期的台灣〉《歷史月刊》第 21 期，（78 年 10 月），頁 68-80。
5 張耀錡〈平埔族社名對照表〉《文獻專刊》二卷一期二期（台灣省文獻會，民國 40 年 5 月）；曾敏怡《草屯地區清代漢人社會的建立與發展》東海大學歷史研究所碩士論文，（87 年 6 月），頁 26。
6 蔣毓英撰，陳碧笙校注《台灣府志》廈門大學出版社（1985 年 11 月第一版），頁 10-11。
7 高拱乾《台灣府志》台灣省文獻委員會《台灣歷史文獻叢刊》（民國 82 年 6 月）卷二（規制志），頁 38。

三分六釐八毫，其中南北投社徵銀五〇一兩三錢二分八釐八毫。[8] 除大武壟社、南社比較多之外，其餘都比南北投社少。可見南北投社在當時是一個大社。

康熙五十六年周鍾瑄《諸羅縣志》有更多草屯地區的記錄。在〈封域志〉中有云：「東望可指者，虎尾之北，濃遮密蔭，望若翠屏，曰大武郡山，東爲南投山（內社二，溪南爲南投、北爲北投）阿拔泉山、竹腳寮山，爲九十九尖，玉筍瑤參，排空無際。其下爲大哮山、茭荖山，又東北爲水沙連內山，山南與玉山接，大不可極」。[9] 在「大肚溪」條云：「發源於南投山，過北投，貓羅、柴坑仔，北合水沙連九十九尖之流，出阿東之北，爲草港，入於海」。[10] 又在〈規制志〉中記有南投社、貓羅社、北投社。[11] 在〈賦役志〉中有南北投社額徵銀五〇一兩三錢二分八釐八毫。括弧註明「內貓羅社餉銀附入合徵」。[12] 可見前面高志所徵銀也是含貓羅社在內的。

貓羅社可以和南北投社合徵，證明他應是同族，而且關係密切。另在〈兵防志〉「斗六門」條說：「扼南北投，水沙連諸番出入之路」。[13]「半線」條說：「此爲居中扼要之地，貓霧、岸裏社、南北投、水沙連諸番上下往來必由之路」。[14] 可知南北投社當時南可出入斗六門，西可出入半線（彰化）。

首位巡台御史黃叔璥，於康熙六十一年就任，留到雍正二年，

8 高拱乾《台灣府志》卷五〈賦役志〉，頁 134-135。
9 周鍾瑄《諸羅縣志》台灣省文獻委員會《台灣歷史文獻叢刊》（民國 82 年 6 月）卷一〈封域志〉〈山川〉，頁 9。
10 同上，頁 13。
11 同上書，卷二〈規制志〉〈社〉，頁 31。
12 同上書。
13 同上書，卷七〈兵防役〉〈水陸防汛〉，頁 117。
14 同註 12。

著有《台海使槎錄》，其〈番俗六考〉[15]記南投、北投、貓羅、半線、柴仔坑、水裏等六社之居處、飲食、衣飾、婚嫁、喪葬、器用。並附南北投社賀新婚歌。這是清代對本地區原住民最詳細的記敘，照錄如下：

居處

屋曰夏堵混。以草為蓋，或木或竹為柱；厝蓋葺茅編成，邀眾番合於脊上。大小同居一室；惟未嫁者另居一舍，曰貓鄰。

飲食

食米二種：一占米，一糯米。每晨淘淨入籃筐內，置釜蒸食。外出裹腰間，手取食之。為酒亦如內優等社。魚蝦鹿肉等物，先炙熟，再於釜內煎煮。半線以北，取海泥鹵曝為鹽，色黑味苦，名幾魯；以醃魚蝦。

衣飾

衣用達戈紋或皁布、白布，俱短至臍。每年二月間力田之候，名換年；男女俱衣雜色綢紵紅襖，曰包練；或妝蟒錦繡為之。番婦頭帶紗頭箍，名荅荅悠；用白獅犬毛作線織如帶，寬二寸餘，嵌以米珠。飲酒嫁娶時戴之。番最重此犬，發縱指示，百不失一；或以牛易之，尚有難色。項掛衣堵（瑪瑙珠名）、眉打喇（螺錢名）。數十人挽手而唱，歌呼蹋啼，音頗哀怨。麻達兩耳如環，實以木板螺殼。已娶者曰老織，則去塞耳以分別長幼。『半線以上，多揉樹皮為裙，白如苧；曉行以禦湛露，唏則褪之』（諸羅志）。

婚嫁

15 黃叔璥《台海使槎錄》台灣省文獻委員會《台灣歷史文獻叢刊》（民國 85 年 9 月）卷五〈番俗六考〉，頁 115-117。

婚姻曰綿堵混。未娶婦曰打貓堵。男家父母先以犬毛紗頭箍為定；或送糯飯。長則倩媒。娶時宰割牛豕，會眾敘飲。男贅女家亦如之。如有兩女，一女招男生子，則家業悉歸之；一女即移出。如無子，仍同居社寮。夫婦反目，男離婦，必婦嫁而後再娶；婦離男，必男娶而後再嫁。違則罰牛一隻、車一輛。通姦被獲，男女各罰牛車；未嫁娶者不禁。半線社多與漢人結為逼遯。副遯者，盟弟兄也。漢人利其所有，託番婦為媒，先與本婦議明以布數匹送婦父母，與其夫結為副遯，出入無忌。貓兒干、東西螺、大武郡等社，亦踵此惡習，但不似半線太甚耳。

喪葬

番死，老幼裹以草席，瘞本厝內；平生衣物為殉。親屬葬畢，必浴身始入厝。喪家不為喪服，十日不出戶；眾番呼為馬鄰。夫亡婦改適，必逾兩月，告知父母姑舅，許諾乃擇配。

器用

耕種捕鹿具，與眾番同；惟採魚兼用篾簄。炊以三石塊靈灶，螺蛤殼為□，竹筒為汲桶。附番歌南北投社賀新婚歌引老綸堵混（爾新娶妻），其衣堵打喇（我裝珠飾貝）；巒乙丹綸堵混（厭賀新婚）。引老覺夫麻熙巒乙丹（爾須留我飲賀酒）。

乾隆六年（1741）劉良璧修的《重修福建台灣府志》在〈城池〉〈番社〉中有些柴坑仔社、貓羅社、南投社、北投社、貓霧捒社，註明「以上五社，東附內山」，[16] 意即屬歸化生番。又在

16 劉良璧，《重修福建台灣府志》臺灣省文獻委員會《台灣歷史文獻叢酣》（民國 82 年 6 月）卷五〈城池〉，頁 82。

〈戶役〉下有「南北投社並附貓羅社合徵銀五百零一兩三錢二分八釐八毫」。[17]又有「南北投社並附貓羅社番丁共一百七十三」。[18]這些史料告訴我們到乾隆初年，南投社、北投社、貓羅社有番丁一百七十三，人數不到二百，但這個數目在彰化縣十七番社中是最多的。當時十七番社，共番丁二三一八，每丁徵銀二錢，共徵社餉銀四百六十三兩六錢。可見番人生計不易，人口衰微之一斑。

乾隆二十五年（1760）余文儀《續修台灣府志》，在〈規制〉中有「北投社（距城四十里）、南投社（距城五十里）」，[19]除外，並無新史料。要到道光七年（1827）周璽修《彰化縣志》才有更多史料。《彰化縣志》在〈規制志〉〈社〉記錄了柴坑仔社、南投社、北投社、貓羅社等二十三社。末云：「皆歸化熟番所居。然或漢人雜處，或遷徙而墟其地，姑就原名記載耳」。[20]可見得道光初年，彰化縣境之平埔族番社不是漢番雜處，番化於漢，就是番人棄社遠徙，東入埔里了。

另外在《彰化縣志》〈兵防志〉在〈屯政〉條敘林爽文之變後，台灣倣照四川屯練之例，挑募番丁四千名，南北二路，分爲十二屯，設立屯弁十八員管轄。而將內山界外丈溢田園，歸屯納租，由地方官徵收，按照二八兩月支放；仍給未墾埔地，以爲自耕養贍。[21]在〈屯租〉條云：徵大埔洋莊屯租穀一千六百零四石

17 同上書，卷八〈戶役〉，頁 198。

18 同註 16，頁 201。

19 余文儀《續修台灣府志》台灣省文獻委員會《台灣歷史文獻叢刊》（民國 82 年 6 月）卷二〈規制〉，頁 81-82。

20 周璽《彰化縣志》台灣省文獻委員會《台灣歷史文獻叢刊》（民國 82 年 6 月）卷二〈規制志〉，頁 51-52。

21 同上書，卷七〈兵防志〉，頁 221。

七斗八升零二勺八抄六撮，徵內木柵莊屯租穀六百五十三石五斗九升八合五勺四抄四撮，[22] 每石折番銀一員。在「屯餉」條說明北投屯外委一員，年給餉銀六十員。北投小屯兵三百名，每名年給餉銀八員。[23] 在〈屯弁兵分給埔地〉條云：北投社屯外委一員，屯丁一百二十八名，分給內木柵埔地一百三十三甲。[24] 外委三甲，屯丁一甲。這些屯兵、屯租、屯餉、屯埔地者和草屯地區開發史關係密切，屯埔地在內木柵，嘉慶道光以降都陸續杜賣畑給漢人墾耕。此制到道光初年已經有名無實。正如《彰化縣志》所言：「埔分一甲，終無尺地可耕；餉定八圓，無過數百可領。」又云番民：「既不能不自食其力，又不得仰食於官，無怪其飢迫切，而輕去其鄉也」。[25] 進入埔里社眾平埔族道光八年立合約字承管埔地也說：「我等各社番黎，生長台疆，自我社歸化修入版圖以來，深沐皇仁恩恤，賜給埔地，豁免陞科，以爲社番仰事俯畜衣食充足之需。不料慘遭漢人逼迫，番社雜處，貿易交關，被其侵佔削剝，以致栖身無地，餬口無資，大慘難言」。[26] 這是西部平埔族的普遍情狀。至於北投社的情形，光緒二十九年北投社通事謝潘元的報告十分清楚，照錄如下：

一、北投社屯丁一百二十八名，每名分給口糧埔地一甲。此北投社埔地屯田園，在本社內木柵北勢湳牛埔，丈明一百二十八甲。目前咸豐年間，被清國反首及虎佃覆收，顆粒不完。

22 同註 19，頁 223。
23 同註 20，頁 223-224。
24 同註 20，頁 224。
25 同上註，頁 226。
26 劉枝萬《南投縣沿革志開發篇稿》南投縣文獻委員會（民國 47 年 1 月），頁 49。

二、北投社通事管收抄封口糧大租，逐年該納二百二十四石。又一段通事管收抄封口糧大租，逐年該納一百〇八石。此抄封大租二段，首段田址北投堡南勢公館，又次段田址在北投街舊公館。二段合丈明四十一甲五分，共納大租穀三百三十二石，扣六成折實收穀一百九十九石二斗。此大租係前二抄封反首三姓陳、林、許之田業，逐年徵收者向於彰化城東門街抄封館吳昌記徵收，現今無完。

三、北投社通事謝潘元，有承祖父潘烏目自己之大租店地七坎，址南投堡南投街，逐年所收七坎大租銀七員，現付大人起蓋衙門，元係不敢云大租之事[27]。

這一百二十八甲的屯埔地，都畑給漢人開墾納租，但自咸豐年間，便「顆粒不完」。這裡所謂「清國反首」，想係響應戴萬生的洪欉、洪璠。

以上是北投社平埔族在漢人入墾後的遭遇，不僅田園被占，連管理山場，「北自茄荖山，南盡大哮山」，「內大柵，圳斗坑、匏仔寮，以及大哮山等處山場」，都被流棍鱷惡（張媽喜、簡微）所勒派混爭。還勞北路理番同知王蘭諭示嚴禁。此事竟發生於嘉慶二十三年到二十五年之間，[28] 可知漢移民之混占番業，爲時甚早，如楊振文案早到乾隆五十四年，而且不斷發生。

貳、雍正乾隆年間漢人入墾草屯地區

27 台灣銀行經濟研究室《清代台灣大租調查書》台灣省文獻委員會（民國 83 年 7 月），頁 810-811。

28 劉枝萬前揭書，頁 125-126。

漢人何時進入草屯地區？很多人都說雍正（1723～1735）時期，但雍正的直接證據還沒有，乾隆以後則證據很多。所以純依證據立論，只能說漢人在乾隆年間才進入草屯地區。至少，應該說漢人在乾隆年間才大量進入草屯地區開墾。

漢人開墾的速度很快。周鍾瑄《諸羅縣志》就說：當設縣之始，縣治草萊，文武各官僑居佳里興；流移開墾之眾，極遠不過斗六門。北路防汛至半線牛罵而止，皆在縣治二百里之內。……

自康熙三十五年吳球謀亂……五年之間，數見騷動，皆在北路。於是四十三年秩官、營汛，悉移歸治；而當是時，流移開墾之眾已漸過斗六門以北矣。自四十九年洋盜陳明隆…蓋數年間而流移開墾之眾，又漸過半線大肚溪以北矣。此後流移日多，……以去縣日遠，聚眾行兇，拒捕奪犯，巧借色目以墾番之地，廬番之居，妻番之婦，收番之子。[29]

又如縣境集集的開墾是乾隆三十六年（1771）於林尾開始的，到乾隆四十年已到柴橋頭，到乾隆五十九年（1794）建公館莊，創天上宮，開墾就緒，前後不過二十四年。[30]

大到整個台灣的情形，小到集集的情形，可以幫助了解草屯地區開墾的迅速一定也十分驚人。

清政府的政策是保護番民，禁漢人渡台入山的。康熙時「戶部則例」即規定：「台灣奸民私畑熟番埔地者，依盜耕本律問擬；於生番界內私墾者，依越渡關塞問擬，田仍歸番」。[31]

治台官員執行政策，康熙末閩浙總督覺羅滿保，福建巡撫楊景泰都下令以土牛紅線爲界，越界者以盜賊論。此後在乾隆三年、

29 周鍾瑄《諸羅縣志》卷七〈兵防志〉，頁 110。
30 陳哲三〈集集水里開拓史〉《美哉南投》（1996 年春季號），頁 65-72。
31 轉引自《清代台灣大租調查表》上冊，頁 331。

十一年、二十三年、二十五年均曾一再釐清番界。中部地區最早之番界在牛相觸山、大武郡山、投溪墘、張鎭庄一線，草屯地區此線東方，自爲界外禁地。到雍正二年，《福建通志》載「覆准福建台灣各番鹿場閒曠地可以墾種者，令地方官曉諭，聽各番租與人民耕種」。[32] 自此番地可以租畑耕種，漢人才能合法進入本地區開墾。

草屯地區在雍正七年設隘，乾隆五十三年設番屯，設隘出現隘丁、隘丁首、隘租；設番屯出現屯外委、屯丁、屯埔地、屯租。設隘寮使番界東移，設番屯則促成屯埔之開墾。彰化縣有一十六處隘寮，其中牛屎崎、隘寮都在草屯地區。清政府爲了北投社番「捍衛邊圉，勞守二隘」，自雍正七年起給他們「北投界內大埔洋草鞋墩熟墾水田一所，東至牛屎崎，西至六汴溝，南至大哮溝，北至草鞋墩大車路爲界；一帶口糧租共數千餘石」。[33] 而且免陞科，「以資眾番口糧」。這一大片土地在乾隆五十四年勘丈不明，被混佔界內，因而被討伐林爽文有功的楊振文混佔，經北投社社主黎朗買奕赴福州控訴才得以討回。從此一史實，可知草屯乾隆中葉以前原是界外番地，乾隆末則因漢人太多已經弄不明白了，所以才會發生勘丈不明的事。

番屯的屯埔地一百餘甲都配在內木柵。雖然早在乾隆四十四年，北投社番就因「乏銀應用」而將在內木柵中埔的「承父物業」杜賣給漢人。但大多數的贌耕買賣都在嘉慶之後。此後道光三十年，咸豐十一年，同治十三年，漢人不僅開發內木柵，而且進入坪林、雙冬、龜仔頭，當然也有冒險家進入界外番地的埔里社。郭百年事件後政府於龜仔坪豎立禁碑，上刻「原作生番厲、不造

32 同註 30。
33 同上書，下冊，頁 630〈嘉慶元年北投社屯外委余仕成等同立請約字〉。

漢民巢」，[34]在集集洞角刻「嚴禁不容奸入，再入者斬」。

牡丹社事件之後，光緒元年，開山撫番，一切渡台入山禁令悉數解除，於是東方山區的國姓、埔里成爲冒險家的樂園。草屯則成爲開拓的前哨站。後來「鹿港擔埔社」，也是草屯繁榮的因素之一。

參、漢地名、漢庄街之現

以下從方志、清代契約來看草屯地區聚落庄街之形成的過程。

一、方志上的聚落庄街

草屯地區在方志上，乾隆以前只有北投社，即番社。漢人的庄街要乾隆年代才出現。乾隆六年劉良璧《重修福建台灣府志》才出現「南北投莊」。[35]當時南北投莊是彰化縣十保管下一一〇莊中半線保管下十一莊之一。而當時平埔族的南投社、北投社依然存在。不可思議的是南投、北投以今天的了解兩地相距十公里，即二十里，如何能成爲一個莊？是否如同南投社、北投社，合稱南北投社；南投庄，北投庄合稱南北投庄？因資料不足，不能判斷。

其次，是修於乾隆二十五年余文儀《續修台灣府志》在卷首彰化縣圖中，北投山在南，南投山在北，一開始就錯。可見對南投地方之陌生。但余志在內容上還比二十年前的劉志多一些。在〈封域〉「形勝」條記云：「彰化縣，東至南北投大山二十里」

34 劉枝萬前揭書，頁 125-126。
35 劉良璧《重修福建台灣府志》卷五〈城池〉，頁 79。

下註「按內山深處難以里計，此据近縣山麓而言」[37]。可見當時只知八卦山西麓，八卦山東麓之地都在化外。本地即在化外。在〈規制〉「縣丞」條云：「在貓羅保南投街，乾隆二十四年發帑新建」。[38] 當時南投縣境另有林既埔街在水沙連保。可見此時還沒有南北投保。本地已經由劉志時屬於半線保，劃歸新成的貓羅保。但其所記里程不確，南投社距城（即彰化城）五十里，南投街距縣治二十五里，前者近是而後者錯誤，本地曾屬半線保，再屬貓羅保，方志記載甚明，但近代學者無人提及，本文爲第一次指出，也許是一個發現。

余志之後六十七年才有周璽《彰化縣志》，此六十七年經乾隆、嘉慶、道光三朝，今日草屯轄境地區的開闢已經完成，平原土地已全數被漢人所有，北投社番再無生存之依靠，如前引「栖身無地，餬口無資」，不得不陸續遷徙入埔里社。《彰化縣志》，所記本地區已經是漢人活動範圍，北投社、南投社已經很少出現。其相關各條照錄如下：

1.〈規制志〉「縣丞署」條云：在南北投保，南投街外。[39]
2.〈規制志〉〈街市〉「北投街」條：屬南北投保，分為新舊街，距邑治 30 里。[40]
3.〈規制志〉〈保〉「南北投保」條：（下轄六十五莊，記其在今草屯地區二十八莊各如下）新街、舊街、下南勢、牛埔頭、石頭埔、頂茄著、過溪仔、田厝仔、溪洲仔、牛屎崎、番仔田、內木柵、頂崁仔、草鞋墩、崎仔頭、圳寮

37 余文儀《續修台灣府志》卷一〈封域〉，頁 46。
38 同上書，卷二〈規制〉，頁 67。
39 周璽《彰化縣志》卷二〈規制志〉，頁 37。
40 同上書，頁 40。

莊、匏仔寮、新店仔、隘寮莊、南埔仔、溪洲莊、溝仔乾、山腳庄、林仔頭、大坪林、月眉厝、萬寶新莊、南勢仔。[41]

4.〈規制志〉〈水利〉「險圳」條：在南北投保，源為烏溪分脈，至茄荖山，穿山鑿溉七十餘莊之田。乾隆十六年，池良生開築，里人名為：石圳穿流。又「馬助圳」條：在險圳下，源從烏溪分出，灌上下茄荖田五百餘甲。又「阿轆治圳」條：在馬助圳之下，水源亦同，灌石頭埔等莊田五百餘甲。又「半壁泉」條：在北投保北勢湳莊青牛埔山嵌。半壁泉從石罅湧出，味極甘美，里人乏井，皆往汲焉。雖旱亦湧，灌田十餘甲。名曰：石壁飛泉。[42]

5.〈祀典志〉〈祠廟〉「天后聖母廟」條云：一在南投街，一在北投新街。[43]

6.〈兵防志〉〈陸路兵制〉「汛塘」條云：南北投汛（兵防二十五間），把總一員，戰守兵八十九名。內木柵汛（兵房三間，此汛歸南北投汛撥守）：外委一員，戰守兵五十名。[44]

這些史料，可以討論的很多，第一，南北投保出現了。但是南北投保什麼時候出現？方志上看不到，契約上最早是嘉慶五年出現「北投保南埔庄」，嘉慶十四年出現「南北投保草鞋墩庄」「南北投保大好山腳庄」，而《欽定平定台灣紀略》，五二年十二月二十七日記云：「臣等即一面向大里杙進殺，沿途焚剿虎仔

41 同上書，頁 46。
42 同上書，頁 57-58。
43 同上書，卷 5（祀典志），頁 154。
44 同上書，卷 7（兵防志），頁 193。

坑、萬丹莊、南投、北投等處賊莊甚多，不能悉數」。[45] 該書也遍查不到有南北投保之字眼，故可以推測南北投保是林爽文亂後，清政府為加強南投、北投一帶之治安所新立（從貓羅社分出）之一地方自治單位，時間當在乾隆末年或嘉慶初年。

又當時南投縣境之街有四：林圮埔街、集集街、南投街、北投街。由此可知道光年間最熱鬧發達的四個地方在竹山、集集、南投、草屯。而當時的竹山、南投、北投新街都已有媽祖廟。集集已有卻未記載，不知何故。

又從莊街名稱看，今日的地名大多數由道光以前的地名延續而來，可見其生命力之強盛，但有些已經消失不見了。其中改變最大的是北投新街、舊街的消失，以及草鞋墩由庄變街，再變為一鎮之總名。二者之消長原因，實值得吾人之深思。粗略看來是交通問題，彰化入埔里的東西公路，不經過北投；台中到南投的南北公路也不經過北投，而此東西南北之幹道卻在草鞋墩庄交會。

二、契約上的聚落庄街

清代以前的契約，日本人稱為古文書。草屯地區今存清代契約近二百件，[46] 最早的是乾隆十四年（1749）北投社番猴三甲招漢人蕭陽承佃開墾契，「坐落本社南勢，東至大霞㑩埔為界，西至溪崁溝為界，北至小河但埔為界」。[47] 除「本社南勢」、「溪崁溝」可知外，其餘地望均不明，檢索今存契約，已出現地名列之如下：

---

45 《欽定平定台灣紀略（下）》台灣省文獻委員會（民國 86 年）頁 785。

46 林美容《草屯鎮鄉土社會史資料》台灣風物（1990 年 10 月）頁 1-100，收 81 件。另台灣省文獻委員會藏百餘件，草屯梁志忠先生藏數十件。

47 台灣銀行經濟研究室《清代台灣大租調查書》台灣省文獻委員會（民國 83 年）頁 450。

大好庄山腳（乾隆十六年）
圳寮（乾隆十七年）
草鞋墩（乾隆二十三年）
草鞋墩庄（乾隆三十二年）
下溪洲（乾隆三十五年）
大哮下庄（乾隆三十六年）
草鞋墩嶺下（乾隆三十七年）
萬寶庄（乾隆七年）
下溪洲月眉厝（乾隆四十年）
溪洲尾舊廓後（乾隆四十一年）
萬寶莊（乾隆四十一年）
舊社前溪洲（乾隆四十一年）
南勢舊社林（乾隆四十二年）
草鞋墩莊（乾隆四十三年）
內木柵中埔（乾隆四十四年）
草鞋墩庄（乾隆四十五年）
下溪洲月眉厝（乾隆四十五年）
北投街泉利黃記（乾隆四十七年）
草鞋墩頂庄（乾隆四十八年）
草鞋墩庄（乾隆五十一年）
圳寮庄（乾隆五十四年）
草鞋墩庄腳（乾隆五十四年）
月眉厝庄（乾隆五十六年）
北投大埔、北投牛埔頭（乾隆五十六年）
草鞋墩圳（乾隆五十七年）
北投界內大埔洋草鞋墩、牛屎崎、六汴溝、大哮溝、草鞋墩

大車路（嘉慶元年）

草鞋墩洋（嘉慶二年）

內木柵、北投庄（嘉慶三年）

北投保南埔庄（嘉慶五年）

內木柵界外屯埔（嘉慶七年）

萬寶新莊瓦屋（嘉慶九年）

內木柵南埔（嘉慶十年）

內木柵北勢湳、他里罵（嘉慶十一年）

舊社前、溪洲汴（嘉慶十二年）

大埔洋土名南勢庄前（嘉慶十二年）

草鞋墩庄（嘉慶十三年）

萬寶新庄（嘉慶十三年）

內木柵阿法墓（嘉慶十三年）

北投保大好山腳庄（嘉慶十四年）

南北投保草鞋墩莊厝地（嘉慶十四年）

圳寮（嘉慶十六年）

北投街（嘉慶十八年）

岩前園（嘉慶十八年）

內木柵中埔（嘉慶十九年）

大埔洋、土名名舊社林（嘉慶二十年）

北投保北投庄（嘉慶二十年）

內木柵中埔（嘉慶二一年）

北投大埔洋（嘉慶二一年）

內木柵中埔（嘉慶二一年）

以上是將乾隆嘉慶之契約逐一列出，至於道光以後契約所見，只列其重要及第一次出現地名，而不一一列出：

內木柵隘寮腳北勢溝墘（道光十四年）

萬寶新庄（道光十六年）

大好山腳庄厝地（道光二十一年）

內木柵崁仔頂，內木柵滴西（道光二十三年）

北投新街北門第四間瓦店（道光二十五年）

草鞋墩頂庄前大埔洋（道光十九年）

草鞋墩庄（咸豐四年）

溪洲庄生員許家駒（咸豐八年）

內木柵匏仔寮（咸豐十年）

牛屎崎庄（咸豐十一年）

頂街店稅銀貳元（同治四年）

北投保牛屎崎庄（同治四年）

草鞋墩庄前（同治四年）

山腳下庄（光緒九年）

大哮山腳庄（光緒十年）

草鞋墩街貳落連地基（光緒十年）

山腳下庄（光緒十年）

大哮山腳庄二十五張洋（光緒十三年）

北投保坪頂庄（光緒十六年）

北投堡北投埔庄（光緒二十五年）

草鞋墩街瓦店五座（明治 32 年）

台中縣北投堡草鞋墩庄（明治 33 年）

台中縣北投堡頂崁庄（明治 33 年）

南投郡草屯庄南埔（昭和 4 年）

從以上地名出現之早晚、次數、種類、及名稱之變化，可以看出漢人入墾、聚落形成，由庄變街的過程。可以提出新的歷史見解，並且可以解決許多歷史的爭議，茲略說明之。

第一，漢移民最早落腳的地方在那裡？答案是在最早出現契約上的地名。那些大體是漢人佃耕、買斷田園，也即北投社番杜賣，招佃漢人田園坐落地點。最早出現的大哮庄（即大好庄，也就是後來的山腳庄），之後是圳寮、草鞋墩、萬寶庄（即後之萬寶新庄，後來之新庄），下溪洲、月眉厝、內木柵、北投街、頂庄。這些聚落大體在今日草屯鎮公所、大虎山腳一線即沿貓羅溪東岸，前者在盆地的邊緣瓠仔寮台地之西緣及大虎山邊，後者是在河邊，想來是因爲富有山泉水可以飲用與灌溉。後者在溪邊也是爲用水之便。比較特殊的是萬寶庄、北投街、內木柵、萬寶庄顯然是平原中漢人最早因爲開發水圳獲得而建立的聚落，即吳連倘在乾隆八年包開水圳，北投社番以四十張（二百甲）土地爲工資。至於北投街，因爲漢人進入本地最早應是到北投社與之交易，之後再佃耕土地，再買賣土地，所以先在社西形成聚落，到乾隆中葉以後發展成街，又在社東發展出新街。新街之出現應在嘉慶以後了。內木柵的開發可以推到乾隆年間，而且在設番屯之前，令人臆想不到。乾隆四十四年的北投社番杜賣盡根契，杜賣對象是漢人。乾隆四十七年的北投社番立佃永耕字，對象也是漢人。另外，內木柵過去學者都以爲就是今日土城，從契約看來，匏仔寮台地以東地區都是內木柵，範圍大很多，有內木柵中埔、內木柵南埔、內木柵湳西、內木柵隘寮腳、內木柵崁頂、內木柵匏仔寮庄、內木柵北勢湳。

第二，以庄名出現之最早年代，其排列順序如下：

大好庄（乾隆十六年）

草鞋墩庄（乾隆三十二年）

萬寶庄（乾隆三十七年）

草鞋墩頂（乾隆五十一年）
圳寮庄（乾隆五十四年）
月眉庄（乾隆五十六年）
南埔庄（嘉慶五年）
南勢庄（嘉慶十二年）
北投保北投庄（嘉慶二十年）
溪州庄（咸豐八年）
牛屎崎庄（咸豐十一年）
山腳下庄草屯庄（昭和 4 年）

這一部分，可以看出聚落形成的先後。另外如果以道光以前的庄與《彰化縣志》南北投保下庄之對照，也可以發現契約有其侷限性，它有如抽樣調查，似乎缺乏其全面性，因爲《彰化縣志》中所提的庄名並未能全數出現在契約中。然而草鞋墩的發展卻是很清楚的，最早出現在乾隆二十三年，只是一個地名，到乾隆三十二年就已經是一個人口聚居的庄了。發展之快，其他地方不可相比。

第三，房屋地基買賣出現的情形，只出現在四個地方，一個草鞋墩庄、一個北投街、一個大好山腳庄、一個萬寶新庄。分別是草鞋墩茅屋（乾隆二十四年）草鞋墩庄草厝（乾隆四十三年）草鞋墩庄草厝地（嘉慶十四年）大好山腳庄厝地（道光二十一年）北投新街北門第四間瓦店（道光二十五年）草鞋墩街貳落連地基（光緒四年）。可見草鞋墩的買賣最早最多，這表示什麼？應該是房屋很多。爲什麼草鞋墩會住很多人？在那裡有大車路，那裏是從北投進入內木柵的要道，在那裡也是險圳，大圳流入盆地的圳頭。也可見草鞋墩一開始就是一個人口很多、商業活動很頻繁的地方，而不是忽然才變重要的。

第四，以街出現的最早是乾隆四十七年的北投街，再來是道光二十五年的北投新街，同治四年的頂街，最晚的是光緒十年的草鞋墩街。街、庄、社的區分，《彰化縣志》，說得很明白。「凡是有市肆者曰街：闤闠囂塵，居處叢雜，人煙稠密，屋宇縱橫，街旁衚衕曰巷。郊野之民，群居萃處者，曰村莊，又曰草地。番民所居曰社」。[48]可見街庄最大之不同，在一有市肆，人煙稠密，屋宇縱橫，一個只是郊野之民，群居萃處。乾隆四十七年北投街，即舊街，爲草屯地區當時最繁榮之地。過去學者據慶安宮、朝陽宮史建於嘉慶初年，推測北投舊街應出現於乾隆末，今得契約證明乾隆四十七年已有舊街，可見舊街之出現又在本年之前。又草鞋墩街出現在光緒十年，應該和光緒元年開山撫番政策，山地全部開放有密切關係，至於有人指出「下溪州街」[49]在文獻契約上未曾出現。

總之，草鞋墩出現很早，草鞋墩地名和林爽文之關係可以不必討論。從乾隆三十七年出現的「草鞋墩嶺下」，我懷疑草鞋墩是根據今草屯鎮公所、草屯公園一帶地形而命名。當然也許有人可以認爲從此進入內木柵，在此地穿換草鞋，新草鞋成墩、舊草鞋成墩，都成草鞋墩，但內木柵出現最早是乾隆四十四年，比草鞋墩出現又晚了二十一年，而且漢人在乾隆初年進入草屯盆地的都很少，更不可能有大量人口從草屯盆地進入匏仔寮台地，更東入內木柵地區。所以地形說應該可以成立。

48 周璽《彰化縣志》卷二〈規制志〉，頁 39。
49 洪敏麟《草屯鎮志》，頁 194。

肆、從地契看番漢互動

以上將草屯地區原住民的洪雅族阿里坤支族，以及漢移民入墾的大概情形，並漢地名、漢庄街之出現做了敘述。以下從草屯地區出土的清代地契，來考查漢番互動及其與拓墾之關係。

漢人何時進入草屯？這是一個無法回答的歷史問題。雖然北投舊街慶安宮在「宗教台帳」調查中作創於「康熙三十年(1691)」，[50] 是草屯地區最早的福德祠。最早沒有問題，但要早到康熙三十年，則從整個台灣開發史來看，及前引《諸羅縣志》所指陳到康熙四十九年漢人才過半線大肚溪，也即大約上年漢人才有可能溯大肚溪而上越過貓羅溪到達北投社。早過此一年，似不可能。如下移到雍正年間，則可與地契印證，可以接受。因爲北投社西側的貓羅溪東岸一帶，應該是漢人從今芬園縣庄（古稱本縣庄）溪頭越過貓羅溪與北投社番交易，最早落腳的地方。

文件上最早的是乾隆十四年（1749）十月北投社番猴三甲招漢人蕭陽爲佃戶開墾北投社南勢地方所立的招佃開墾契。[51] 招佃原因是「無力不能自墾，又乏銀費用」契約中有「大坡（陂）圳佃人自理」字句，知道當時已有水圳灌溉。

這類番漢契約，自乾隆十四年開始出現第一張，道光七年出現最後一張，約一百八十年間全數有三十九張。茲製草屯地區清

50 草屯街役場《宗教台帳》日本大正 13 年（1924）調查資料。林美容前揭書頁 19 有書影，全書約 160 張，320 頁。

51 台灣銀行經濟研究室《清代台灣大租調查書》台灣省文獻委員會（民國八十三年），頁 450。

代番漢契約表附後：

序號	年月	契約性質	契約關係人	標的物坐址	契約發生原因	契約成立條件	備註
1	乾隆十四年十月	立招佃開墾契	北投社番猴三甲－漢人蕭陽	北投社南勢	無力自墾，又乏銀費用	埔底銀27員，荒埔年納租粟三石，清丈按甲納租粟8石，業主開坡圳，小坡圳佃人自理。開開大坡圳開	台銀版(清代台灣大租調查書)頁450
2	乾隆十六年八月	立賣契	北投社番扶生－張宅	大好庄山腳	乏銀費用	劍銀五員，年納番租粟5斗	台灣省文獻委員會藏86-0001
3	乾隆十七年十月	立招批帖	北投社番大耳三甲、漁子－漢人周昌祿	圳寮背溪北	未言	犁頭銀24員，三年後年納租穀6斗	台銀版(清代臺灣大租調查書)頁452
4	乾隆二十三年一月	立杜賣契	北投社番巫汝八－漢人曾宅讓叔	南投土名果品洋	乏銀別置	7分5釐正，年納租粟6石，劍銀83大員	台銀版(清代臺灣大租調查書)頁707-708
5	乾隆二十三年九月	立杜賣園契	北投社番大眉－漢人簡福生	草鞋墩	乏銀使用	時價銀33員年納租粟2斗	台銀版(清代臺灣大租調查書)頁457
6	乾隆二十七年九月	立給永耕佃批	北投社番業主－余啓章黃土彩劉明黃慶福	內轆庄	原買主簡汝懷之後簡觀宗兄弟欠番租不能永管遂招原佃耕作	7甲7分，每甲8石，年納租粟61石6斗	林美容(草屯鎮鄉土社會史資料)頁10
7	乾隆三十四年二月	立墾佃給批	北投番業主買奕－漢人陳仕官	草鞋墩	因築守隘口自己不耕作	開闢埔底辛勞銀30大員年納大租粟2斗	台銀版(清代臺灣大租調查書)頁546-547
8	乾隆三十六年十二月	立給墾成歸管契	北投社番業主葛宗保－許奇遠	大哮下庄仔洋	乾隆18年許朝宗承墾，累欠番餉銀兩又闇吞甲數無維隘糧多載呈官明斷由佃人許奇遠承佃	5甲每甲旱田大租粟6石	台灣省文獻委員會藏81-0003
9	乾隆三十七年十月	立遵憲再給佃批字	北投社番業戶余啓章、通事郎斗六、土目總三甲李喬基	萬寶庄	前土目請漢人包開水圳	佃人李喬基份下原田21甲5分、溢田4甲4分6釐原溢共25甲9分6釐共納租粟207石7斗	台銀版(清代台灣大租調查書)頁205

10	乾隆四十二年二月	立盡找洗契	北投社番盧文懷	南勢舊社林	再丈8分憑公議再找洗	乾隆二十二年招漢人林觀察墾耕乾龍二十八年林寮林光明買水田一段乾隆四十二年再明丈實田八	林美容(草屯鎮鄉土社會史資料)頁23-4
11	乾隆四十三年八月	批明	北投社番業主－洪員國、洪萍祖	石頭埔	番業主會同公議	13甲番大租粟104石時價佛銀416大員	台銀版(清代台灣大租調查書)頁203
12	乾隆四十四年十一月	立杜賣盡根契	北投社番新烏眉－漢人鄭板龍	內木柵中埔	乏銀應用	8大員	台灣省文獻委員會藏86-0006
13	乾隆四十七年十月	仝立畑永耕字	北投社番余思成連仔－北投街泉利黃記	內木柵中埔	乏銀費用	佛銀12大員	台灣省文獻委員會藏86-000
14	乾隆四十八年五月	立重給永賣契	北投社番皆貓六－漢人蔡郡	草鞋墩頂庄北厝地基	前年（46）乏銀費用	地基大租年納9斗7升乾隆四十七年漳泉分類家業厝宅併地基地契劵盡被焚	台灣省文獻委員會藏86-0009
15	乾隆五十年三月	立永杜賣盡根契	北投社番素仔－漢人賴賜	北投大埔洋	乏銀使用	158大員，年納大租6石4斗	台灣省文獻委員會藏83-041
16	乾隆五十一年七月	立杜賣斷根田契	北投社番婦阿祿同男斗六、自仔－草鞋墩庄李寢	草鞋墩前	乏銀別置	水田1甲2分340銀大員年租粟9石6斗	許錫專先生收藏
17	乾隆五十四年一月	立典契	北投社番余口德－漢人黃媽喜	圳寮莊	未言	1分5厘典銀50大員三年外付丈按甲納租	台灣省文獻委員會藏86-0011
18	乾隆五十四年八月	立永杜賣盡契	北投社番巫尾八－漢人謝盛田	草鞋墩莊腳	乏銀費用	8分年大租6石，銀168大員	林美容(草屯鎮鄉土社會史資料）頁25-26
19	乾隆十七年十一月	立杜賣盡根契	北投社番貓六－劉杏	草鞋墩圳北地基園	乏銀別置	年大租9斗7升，30大員	台灣文獻委員會藏86-0017
20	乾隆五十九年九月	立典園契	北投社番婦傀儡－漢人徐喜	牛屎崎頂	乏銀費用	銀1大員 乾隆五十九年至六十年	許錫專先生收藏

21	嘉慶元年十月	同立請約字	北投社番外委余仕成、通事吳仕元、土目皆貓六、業戶貓六心、隘丁首洪保、蟾爲老番大頭斗六、老三甲子、斗六加令余元悌	北投界內大埔洋草鞋墩		雍正七年爲眾番口糧 乾隆五十四年勘丈不明混佔界內楊振文混佔口糧墾業 社主黎朗買奕赴省上控眾番收口糧墾業，每甲鳩出1石2斗6升均補省控之資	台銀版(清代台灣大租調查書)頁630
22	嘉慶二十年十二月	立典大租字	北投社番葛貓六－本佃人簡紅	草鞋墩洋	乏銀費用	1甲5分大租穀12石除屯息勻補外剩實額7石1斗，銀12員8年爲限	台灣文獻委員會藏86-0014
23	嘉慶三年十月	立永杜賣盡根契	北投社番母歐甲子羅三元－北投社漢人楊媽球	內木柵三欉竹北勢莿蔥溝	乏銀費用	1甲1分2厘，銀80大員，年納大租粟6石7斗2升	林美容(草屯鎮鄉土社會史資料)頁29
24	嘉慶十年五月	立典契字	內木柵番淡八、淡貓六－漢人林媽壽	青牛埔楮苓埔	欠銀費用	典銀55大員，8年爲限	台灣文獻委員會藏86-0448
25	嘉慶十年八月	立賣契字	北投社番巫打里－漢人李石養	內木柵中埔	乏銀應用	銀16大員，大租穀4斗	台灣文獻委員會藏86-0016
26	嘉慶十年十月	立杜賣斷根契	北投社番素阿旦－漢人張桃	內木柵大埔	批明出賣	佛銀22元，年納大租粟1石	台灣文獻委員會藏86-0017
27	嘉慶十年十一月	立典園契	北投社番金明－漢人楊宅	內木柵大埔	乏銀別用	典10年，20大員，年園租5斗	台灣文獻委員會藏84-0412
28	嘉慶十三年十月	立杜賣契	北投社業戶黃新山－草鞋墩庄李培	大租粟60石址在苦苓腳庄前營盤口、溪底	乏銀費用	銀380大員	台銀版(清代台灣大租調查書)頁658
29	嘉慶十六年三月	立杜賣盡根找洗旱田契	北投社番余目－漢人楊錦	圳寮	乾54典與黃媽喜50大員每甲納口糧租4石，嘉16年再經丈明3分楊錦出首備銀贖回典字再立杜賣盡根找洗出佛銀66大員	年納實額租穀1石4斗又配納屯租	台灣文獻委員會藏86-0019

30	嘉慶十六年三月	立永耕佃字	北投社屯弁乃貓詩	北勢湳1甲8分		嘉慶十五年薛分憲清釐勘丈歸屯上手總買奕將田經賣過林少府500員，田租10石8斗配納屯租	台灣文獻委員會藏83-0444
31	嘉慶十九年九月	立永耕埔園契	北投社內木柵番潘八－漢人蕭光夜	內木柵崙仔頂	乏銀別置	銀4大員，年納大租粟3斗	台灣文獻委員會藏86-0085
32	嘉慶二十年十二月	立胎借銀字	北投社番潘福生－王建興	大埔洋(土名舊社林)	父在日借欠他人債項無以措還情願收租粟10石9斗4升8合胎借	借出佛面銀40大員	林美容(草屯鎮鄉土社會史資料）頁
33	嘉慶二十一年元月	立開墾永耕埔園契	北投社番歐袖仔－漢人李送	內木柵中埔南北坪	乏銀費用	年納租粟1斗，銀12大員	台銀版(清代台灣大租調查書）頁489-490
34	嘉慶二十一年十月	立招佃永耕埔園契	北投社番巫美八－漢人李聰	內木柵中埔	乏銀費用	埔底佛銀12大員，大租粟2斗	台灣文獻委員會藏86-0022
35	嘉慶二十三年十月	立杜賣埔園契	北投社番劉崑山－漢人李獺	內木柵中埔	乏銀費用	銀14大員，年配納大租粟2斗	台灣文獻委員會藏86-0087
36	嘉慶二十三年十二月	立杜賣絕盡根園契	北投社番柔斗六－蔡俊	內木柵中埔	乏銀費用	銀18大員，年納大租粟3斗	台灣文獻委員會藏86-0088
37	嘉慶二十四年十一月	立給墾永耕杜賣局根契	北投社番子斗六－漢人李成	北勢湳東中埔桃子崙	乏銀費用	年配納番業主大租3斗，價銀80大員	台灣文獻委員會藏83-0445
38	道光三年二月	立借約字	北投社番亟之助－本佃人林文巧		乏銀費用		台灣文獻委員會藏86-0090
39	道光七年七月	仝立永耕契	北投社番潘阿祿胞弟潘良－漢人李長	內木柵埤仔腳、北勢湳	乏銀別置	銀180大員，年納大租3斗	台灣文獻委員會藏83-0446

據上表之契約發時間，從乾隆十四年（1749）到道光七年（1827）的一七八年間，北投社番已將祖業賣光、典完。茲以十年爲單位列表如下：

草屯地區清代番漢契約分期統計表

時間	番漢契約		全部買賣契約		番漢契約占全部契約百分比
	件數	百分比	件數	百分比	
乾隆十四年至二十年	3	8%	4	4%	75%
乾隆二十一年至三十年	3	8%	6	6%	50%
三十一年至四十年	3	8%	7	7%	43%
四十五年至五十年	6	15%	13	14%	46%
五十一年至六十年	5	13%	7	7%	71%
嘉慶元年至十年	7	18%	12	13%	58%
十一年至二十年	5	13%	24	25%	21%
二十一年至二十五年	6	15%	10	11%	60%
道光五年至七年	1	2%	12	13	8%

以買賣件數言，以乾隆五十一年到嘉慶十年的十九年間最多，占百分之三十一，如延長到嘉慶二十年計二十九年，則占百分之四十四，此與乾隆五十五年（1790）開攜眷入台禁令有關。就整個賣買行為來看，乾隆五十一年到嘉慶十年則占百分之二十，延長到嘉慶二十年，則為百分之四十五。與禁令之解除確有正面相關。番漢契約占全部契約之百分比，道光五年後最低為百分之八，以後也沒有了，與平埔族集體遷埔里社時間契合，也就祖產賣光之日，便是告別故鄉之時。依契約性質分：

草屯地區清代番漢契約性質統計表

招佃開墾	4
杜賣	20
永耕佃	5
典	5
賣番大租	1
找洗	1
請約	1
胎借	2

招佃開墾含招批帖，招佃永耕埔園，與杜賣結果並無不同，只是多犁頭銀、埔底銀而已。

杜賣，含永耕、永賣盡根、永耕契、杜賣斷根、開墾以耕埔園、給墾永耕杜賣盡根、重給永賣等。永耕佃，永耕埔園，實即賣。表中嘉慶二十四年十一月「立給永耕杜賣盡根契」是最好的佐證。

典，含典園。典大租，有年限可贖回；不能贖回，等於賣，而大約都無力贖回。賣番大租，即賣。找洗，賣後若干年月賣方以經濟困難或賣價太低爲由要求再給銀兩若干。胎借，與典類似，即質押貸款。請約，即立約，立約人有共守義務。

招佃開墾、賣、永耕佃、賣番大租合計三十件，爲總數之百分之七十七。故可說主要是賣斷。但草屯地區的任何形式的典賣租　都仍然要年納番大租粟。

買入漢人的姓氏：李，9 件；黃，4 件；林，4 件；楊，3 件；蕭、張、簡、劉、蔡都 2 件；其餘一件者有周、曾、陳、許、洪、鄭、賴、徐、謝、王。

今日草屯的十大姓氏依序爲李、林、洪、陳、簡、黃、張、吳、許、王，只有李，林是契合，黃他則不明顯。但李、林、洪、陳、簡、黃、張各姓都已登上歷史舞台。就北投社番的姓氏考察，乾隆二十三年（1758）以前看不到，乾隆二十三年有巫汝八。二十七年有余思成。五十四年有余德、巫尾八。嘉慶元年有余仕成、吳仕元、洪保、余元悌。三年有羅三元。十年有巫打里、余明。十三年有黃新山、余目。二十年有潘福生。二十一年有歐春。二十三年有崑山。道光七年有潘阿祿、潘良。其中余啓章、盧文懷、吳仕元、洪保、羅三元、黃新山、劉崑山這樣的漢式嘉名，誰會懷疑擁有者是原住民，可見其漢化之深。

就地契買賣地點分析，北投社南勢 4 件，大好庄山腳 2 件，圳寮 3 件，南投（果品洋）1 件，草鞋墩 8 件，內木柵 13 件，北勢二 2 件，其他內轆庄、萬寶庄、石頭埔、牛屎崎、苦苓腳庄前營盤口溪底各 1 件，另 1 件不明。其中南投、內轆庄、苦苓腳庄今均屬南投市。由此可知北投社勢力向外擴張之情形。在乾隆末年設屯兵時，北投社有一百二十八名，外加一名屯外委；南投社屯兵只有二十三名。[52] 很明顯的，北投社是一個大社，南投社則是一個小社。在草屯地區的三十五件中，草鞋墩有 8 件，占百分之二十三。北勢加入內木柵，內木柵計 15 件，占百分之四十三。二地加起來已達百分之六十六。可見買賣集中此二處。內木柵是一個新開發地區，草鞋墩則可能是以其交通地位之重要，水圳灌溉之樞紐之重要。

以草屯地區而言，除溪洲、月眉厝外，各地都有。何以溪洲、月眉厝沒有出現在番漢契約中？而卻出現在同時期漢人買賣契約中？如乾隆十八年王三貴賣給王錦林仔庄土名牛埔仔菁埔。[53] 乾隆二十二年林觀富妻程氏賣給夫弟中心林埔園。[54] 乾隆三十五年何世榮賣給林霸下溪州埔園。[55] 乾隆四十年林理祥賣給林月三，下溪州月眉厝前埔園。[56] 乾隆四十一年蕭情賣給林霸溪洲尾舊後園。[57] 同年，陳添妻施氏賣給林霸等舊社前溪洲熟園。[58] 以上這些都要納番大租粟，或番租餉糖，番大租糖。而且每件地契中都

52 周璽《彰化縣志》〈兵防志〉台灣省文獻委員會（民國 82 年），頁 224。
53 林美容前揭書，頁 7-8。
54 台灣省文獻委員會藏，編號 84-1028。
55 林美容《草屯鎮鄉土社會史資料》，頁 11-12。
56 林美容《草屯鎮鄉土社會史資料》，頁 13-14。
57 林美容《草屯鎮鄉土社會史資料》，頁 14-15。
58 林美容《草屯鎮鄉土社會史資料》，頁 17-18。

有上手契。表示上手買賣都在該契之前完成。由此可推知此番漢買賣較他處爲早。此二處爲漢人較早落腳之地，應無可疑。也即沿貓羅溪東岸一帶是漢人進入本區最早耕種住居之處。而其地原來都是北投社所有，故需納番大租粟，或番大租糖。

再就賣買發生原因分析：1.乏銀使用 26 件，2.無力自墾兼乏銀費用 2 件，3.呈控 5 件，4.公議 2 件，5.批明出賣 1 件，6.先典後賣 1 件，7.未明 2 件。其中 2 又可併入 1。也就是乏銀費用 28 件，占總數之百分七十二。在乏銀費用中有 1 件說的比較明白，原契云：「今因福父在日借欠他人債項，迫討難堪，無從措還，情願將此租粟胎借」。[59] 其他公議、批明出賣、先典後賣的真正原因，想來也是乏銀費用，所以可以說是原住民之出賣土地，最大原因是沒有銀錢過日，不得不出賣土地，而土地賣光，生活更苦。最後飢寒交迫，不得不「輕去其鄉」，遷入埔里。

至於買賣土地之面積，最大的是大租粟二〇七石七斗的二十五甲餘，另有十三甲，七甲餘，一甲多，幾分，甚至於幾厘的。因爲當時水田每甲納租粟八石，旱田每甲納租粟六石，而契約中租粟有一斗、二斗、三斗、五斗、六斗、一石……。

契約中最大的是呈控案中嘉慶元年，北投社番自楊振文手中取回之土地，自其東至牛屎崎，西至六汴溝，南至大哮溝，北至草鞋墩大車路而言，面積恐在一千甲以上。乾隆三十七年北投社給吳連倘包開水圳工資的犁份四十張二百甲爲次多。

59 林美容《草屯鎭鄉土社會史資料》，頁 40。

伍、漢番糾紛的分析

清代草屯地區漢番之間的糾紛在三十九件契約中有五件，占比率爲百分之十三弱。這個比率是高或低，要和其他地區比較才知道。相對的，和平的關係是百分之八十七強，也可說十件中，大約有一件有糾紛。雖有糾紛，卻能得到合理的解決，一般的情形在彰化縣或北路理番同知即可得到公正的判決；只有一件，因爲對手是捐四品知府銜，又有軍功賞戴花翎的豪紳，所以在台灣無法伸張正義，到福州省控才取回被混占之土地。

總的來說，清政府官方是能維持正義，執行保護原住民的政策。以下將五件糾紛案再做分析。在三十件中有五件呈控件。這五件可以證明漢番土地關係中有糾紛的情形，所以在此做一步的觀察分析。

第一件是乾隆二十七年（1762）九月立給永耕佃批，立契人是北投社番業主余啓章。原契有云：

因先年有簡汝懷向前番目買去草地一處，坐土（名）內轆庄，既招得佃人黃土彩，劉明及黃慶福，自費工本墾築成田，並帶水分灌漑。今簡觀宗兄弟因欠番租，不能承管，本年閏五月內，赴縣主胡呈稟將庄交還社番自行管業完課，蒙准推收過割。茲章等前來，仍招得原佃黃土彩、劉明及黃慶福，耕作庄前原田一段，其國課番丁什費等項，一儘在內，俱係業主自理，與佃人無干。每甲納租八石，遞年共納租粟六十一石六斗正，永爲定例。其租至十月冬公眾滿斗在庄風精量交，付番車運，不得少欠升合。倘佃人回唐，其田底任憑佃人頂退，業主不得阻擋刁難，止照原佃收租。

自此約所言，可知簡汝懷向前番目買去草地，招佃人黃、劉、黃自費工本墾築成田，並帶水分灌溉。今簡汝懷之繼承人（可能是兒子）簡觀宗兄弟因欠番租，不能承管，乾隆二十七年（1762）閏五月，赴彰化縣向知縣胡邦翰呈稟，經判將庄交還社番自行管業完課，蒙准推收過割。余啓章等仍招原佃黃、劉、黃耕作，共七甲七分，全年照例供租。即每甲納租八石，計六十一石六斗正。

所以此約內容，也就是漢人違約欠番租，即欠每年六十一石六斗番大租。原來佃人向簡汝懷交租，簡汝懷向番業主交（番）大租。也即是佃人→小租戶→大租戶的關係。現因爲小租戶違約知縣判還，成爲佃人→（番）業主的關係。

此約甚爲寬大，如「其國課番丁什費等項，一儘在內，俱係業主自理，與佃人無干」，「倘佃人回唐，其田底任憑佃人項退，業主不得阻擋刁難，止照原佃收租。」

第二件是乾隆三十六年（1771）十二月，立給墾成歸管契，立契人是北投社番業主葛宗保。契中有云：

今因奉憲斷歸墾成田佃人許奇遠名下，自乾隆十八年間有承墾許朝宗草地一所，坐落大哮下庄仔洋，……開墾成田，因朝宗欠番餉銀兩，又闇吞甲數，無納隘糧，久載難容，保呈官明斷，蒙本府憲（官）親到各佃堪（勘）明，改納番戶，奇自墾成田丈明五甲實例照每甲旱田逐年應納大租粟六石正。不得濕冇塞抵，務要經風乾淨，給單爲憑，日後業佃子孫不得爭多減少，永遠照甲數認納粟大租粟，亦不得再丈生端，付佃永爲己業。

自此約可見漢人許朝宗向番業主葛宗保畑得荒埔一段，乾隆十八年招許奇遠爲佃開墾成田，但許朝宗多年欠番餉銀兩，又闇吞甲數，無納隘糧，所以葛宗保呈官明斷，官方堪明，斷歸番業主。也就是原來許奇遠（佃人）→許朝宗（小租）→葛宗保（大租）的關係，現變成許奇遠（佃人）→葛宗保（大租）的關係。

此契中之地係旱地，故每甲大租粟六石。水田爲八石。此契對雙方也甚合理，一方要「永遠照甲數認納粟大租粟」，一方「亦不得再丈生端」。

第三件是乾隆三十七年十月北投社番業戶余啓章，通事郎斗六，土目總三甲等立遵憲再給佃批字。原契有云：

有遺草地萬寶莊，於乾隆八年間，前土目葛買奕議請漢人吳連倘包開水圳，因工資訴控，前縣主陸堂斷：犁份四十張付倘招佃給批，收佃底銀作工資。又三十二年，蒙縣主韓臨莊遶埒親丈，佃人李喬基份下原田二十一甲五分，年納大租一百七十二石，溢田四甲四分六釐四毫七絲六忽，溢租三十五石七斗一升八合零八撮；原溢共田二十五甲九分六釐四毫七絲六忽，共納原溢租粟二百零七石七斗一升八合八撮，在莊交納清楚，不得少欠分合，亦不得虛濕抵寒；如有少欠，任業主呈追。倘有社餉諸事，係番業主抵擋。番莊中作陂修圳等費，佃人支理。

據此契可知北投社番在乾隆八年（1743）就請漢人吳連倘包開水圳，因工資糾紛訴控，經彰化知縣陸廣霖[60]的堂斷，北投社應撥犁份四十張，一張五甲，即二百甲付倘招佃給批，收佃底銀作工資。到乾隆三十二年（1767）彰化知縣韓琮[61]臨莊親丈佃人李喬基份下溢田四甲餘，原溢共二十五甲五分五分餘，共納租粟二百零七石七斗餘。

---

60 陸廣霖，江南武進人，已未進士，乾隆九年四月任。見周璽《彰化縣志》，頁 76。

61 韓琮，直隸通州人，舉人，乾隆二十九年十一月任。見周璽《彰化縣志》，頁 77。

可知此契之糾紛有二，一即漢人包開水圳工資的糾紛，但孰是孰非，不能確知。但從知縣判北投社需撥四十張犁萬寶莊草地給吳連倘，才能決此一糾紛。似可推知可能是北投社番無力履約才引起糾紛。第二糾紛是隱匿田畝的糾紛，原來二十一甲餘，溢出四甲餘，溢出爲原田之五分之一強，可見溢出不少。前項糾紛約在乾隆十年解決，後項糾紛在乾隆三十二年解決。

此契條件也很合理。「社餉諸事，係番業主抵擋。」「番莊中作陂修圳等費，佃人支理。」

第四件是嘉慶元年北投社屯外余仕成，通事吳仕元，土目皆貓六，業戶貓六心，隘丁首蟾爲、洪保，老番大頭斗六，老三甲子，斗六加令，余元悌等同立請約字。原契有云：

眾番因社中祖遺北投界內大埔洋草鞋墩熟墾水田一所，東至牛屎奇，西至六汴溝，南至大哮溝，北至草鞋墩大車路爲界：一帶口糧租共數千餘石，深沐皇仁憐番悍衛邊圍，勞守二隘，思恤免陞之例。自雍正七年，將此水田以資眾番口糧。因乾隆五十四年勘丈不明，混佔界內。至嘉慶元年，眾番議舉呈首本社社主黎朗買奕，以前請約甚鉅，因控楊振文混佔口糧墾業一案，歷較莫何。今議赴省上控，眾番嘉諾，俱各即將伊應份口糧墾業，每甲鳩出一石二斗六升，補黎朗買奕省控之資；倘如過洋破費，家業罄盡，以及風水不虞，成敗俱是奕之造化，後日爭回，不敢異言。今就口糧租爲匀，抽補奕爲勞苦破費之需。茲眾番咸皆嘉悅，聽約匀納，各無反悔等弊；若有一、二社番背負眾等，公罰或聞官究治。

此契中之土地面積甚大，口糧租（番大租）到數千餘石，一千石即一百二十五甲水田，四千石就五百甲。自其四至之地望推算，已包括今日烏溪以南，貓羅溪以東，匏仔寮台地以西的大部份土地。

此片土地的大半自雍正七年（1729）清政府因北投社守二個

隘，恩恤免陞，爲眾番口糧。上面番漢契約表中，有十二件即在此範圍之內。然乾隆五十四年勘丈，竟將此片土地給楊振文。楊氏以監生援例捐四品知府職銜。爲楊志申長子。林爽文之亂，「隨軍剿撫，擒獲賊眷」有功，賞戴花翎。[62] 此一事件，應即楊振文將草屯地區已墾熟水田，當做荒地，向政府申請墾照，獲准。如原業去不抗告，楊振文即取得此片土地的業主權。原佃人就必須由向北投社納番大租，改向楊振文納大租。這是交通官府之豪紳常有的行爲。劉銘傳清賦要取消大租權，也就看到此不合理的現象。[63] 但北投社番從乾隆五十四年到嘉慶元年的六七年間「因控楊振文混佔口糧墾業一案，歷較莫何」，也就是縣府或北路理番同知都沒有處理，眾番要每甲鳩出一石二斗六升。這件省控案得勝利，所以土地又判歸北投社番，眾番也在口糧墾業中每甲鳩出一石二斗六升付給黎朗買奕。

第五件是嘉慶十六年（1811）三月北投社屯弁乃貓詩所立永耕佃字。原契云：

因嘉慶十五年蒙薛分憲清釐勘丈北勢　旱田一甲八分歸屯，各配坑水，茲因上手璁買奕將田經賣過林少府觀銀五員正，加契驗明，將契存案歸屯，爰是業佃言約議定將田租拾石捌斗，配納屯租，逐年給納，完單付照，將田付與銀主林少府觀永耕，聽其主裁，不敢異言生端諸（滋）事。

此契中之「屯弁」、「歸屯」、「屯租」稍做說明。緣福康安平林爽文之亂，熟番（平埔族）隨軍打仗，出力有功，倣照四川屯練之例，挑募番丁四千名，南北二路，分爲十二屯，設立屯弁十八員管轄。將內山界外丈溢田園，歸屯納租，由地方官徵收，

62 周璽《彰化縣志》，頁 255-256。
63 張勝彥《台灣史研究》華世出版社（民國 70 年），頁 71-73。

按照二八兩月支放；仍給未墾埔地，以爲自耕養贍。彰化縣設屯把總一員，年給餉八十員，配給埔地五甲。屯外委三員，每員年給餉六十員，各給埔地三甲。屯兵一千名，每名年給餉銀八員，各給埔地一甲至一甲二、三分不等。計彰化縣年額應給屯餉銀八千二百六十員。共徵屯租穀八千六百二十九石一斗二升一合二勺，每石折徵番銀一員。自乾隆五十七年，改令屯弁自收散給。迨至嘉慶十九年，始再歸官，設立佃首三名半，每名年給辛勞銀六十員，給串徵租發餉。草屯地區爲北投社一小屯，屯兵三百名。設一外委管轄。草屯地區徵屯租有二處：徵大埔洋屯租穀一千六百零四石七斗八升零三勺八抄六撮。徵內木柵莊屯租穀六百五十三石五斗九升八合五勺四抄四撮。北投社外委一員，屯丁一百二十八名，分給內木柵埔地一百三十三甲。

明瞭屯政之情形，可知北投社屯弁乃貓詩。即屯外委統北投小屯屯兵三百名，北勢湳旱田一甲八分在嘉慶十五年由北路理番同知薛志亮[64]清釐勘丈歸屯，則此一土地原是歸屯納租之地，可能在乾隆五十七年改令屯弁自收散給之後，「上手總買奕將田經賣過林少府觀銀五百員」，此「上手總買奕」疑即彰化縣之屯把總，名叫買奕者，將田賣給漢人林少府，林因此不再納屯租，到嘉慶十五年北路理番同知薛志亮清釐勘丈才又歸屯。薛志亮爲什麼清丈？想係北投社屯弁乃貓詩的請求。

張勝彥指出漢人來台取得土地之型態有：先占、買賣、詐欺、繼承、讓受、索債、僞造文書、交換、申請墾照、添附。[65]黃富三指漢人取得耕地方式有：強力的武力攻取、個別占墾及和平的交換土地、結婚、同化、騙取、偷墾、交易、利用土著習俗、買

64 周璽《彰化縣志》，頁 74。
65 張勝彥前揭書，頁 53-114。

賣與租業。[66] 從前文看來，草屯地區的方式有買賣與租畑、交換（即割地換水）及申請墾照，圖謀混占。似也有詐欺騙取，如漢人蕭光夜在嘉慶十九年九月自北投內木柵番潘八買得內木柵崙仔頂、埔園價銀四大員，[67] 而同年十二月，蕭光夜就以佛面銀十二大員賣給沈大吉等人。[68] 三個月轉手竟是原價的三倍，不能不讓人感到有詐欺嫌疑；至於武力的攻取似未曾發生。

陸、結　論

從整個草屯地區的歷史而言，因爲有一個北投社，而且是一個大社，原住民的權益得到政府的承認與保障。在北投社周邊一定範圍內土地最先得到所有權的認定。之後，因爲北投社番防守兩個隘寮，雍正七年，又獲得今日匏仔寮台地以東的大部分土地。乾隆五十三年林爽文之亂平定，實行屯兵制，又獲得大埔洋，內木柵丈溢田收屯租，及內木柵一百三十餘甲之屯埔地。從今日所見近二百張地契看來，除北勢湳烏溪河的河埔地不交納番大租外，草屯地區的任何一塊土地都得納番大租，也就是其土地的主人是北投社的原住民。包括火焰山前北自茄荖山南到大哮山一帶山場。

漢人從雍正年間進入草屯地區，到乾隆年間大量進入。此似與官方的番地政策有關，如雍正二年之各番鹿場閒曠地方可墾種者，聽各番租予民人耕作。如乾隆三十三年台郡番地內有該番不

66 黃富三〈清代台灣漢人之耕地取得問題〉，黃富三曹永和主編《台灣論叢》第一輯，眾文圖書公司（民國 69 年），頁 193-220。

67 嘉慶十九年九月潘八立永耕埔園契，台灣省文獻委員會藏，編號 86-0085。

68 嘉慶十九年十二月蕭光夜立杜賣盡根埔園契，草屯梁志忠先生藏。

能自耕，許令民人承佃按甲納租，勻給眾番口糧。[69] 漢人進入草屯地區紛向社番𤰛耕埔地，北投社番也很進步，在乾隆初年就請漢人包開水圳，一方面使荒埔變田園，再使旱田變水田。使草屯地區水利十分發達。

乾隆八年北投社請漢人吳連倘包開水圳，後經官方判定以犁份四十張即二百甲地當開水圳工資。此吳連倘出現在乾隆三十七年的地契，而乾隆四十一年的地契作吳連登，[70] 疑是同一人，或是兄弟關係，《彰化縣志》〈險圳〉條說是乾隆十六年，池良生開築。[71] 此池良生不見於地契。疑池良生即吳連登之音訛。此後，水圳開鑿興盛，乾隆五十四年的地契中更出現「草鞋墩圳」「陳葛公水圳」「大哮圳」，[72] 嘉慶十年的地契出現「大圳」「草鞋墩新舊圳」，[73] 道光初年《彰化縣志》有「險圳」「馬助圳」、「阿轆治圳」[74] 其中險圳灌溉七十餘莊之田，馬助圳、阿轆治圳各灌溉五百餘甲，規模很大。這是草屯地區物產豐饒，經濟富裕的基礎。

漢人進入草屯地區的開墾很順利，很成功，租稅負擔也很輕，每甲水田大租粟八石。但失敗的漢人也很多，賣去土地回唐山或遷移到他處的人也很多，在上面的統計中，嘉慶十一年到二十年的土地買賣有二十四件，番漢間的買賣是五件，漢人間的買賣是

69 臨時台灣台灣舊慣調查會第一部調查第三回報告書《台灣私法》第一卷，台灣省文獻委會（民國 79 年），頁 203-204。

70 乾隆四十一年十月李喬基立永杜賣斷根契。見台灣銀行經濟研究室《清代台灣大租調查書》，頁 203-204。

71 周璽《彰化縣志》卷二〈規制志〉〈水利〉，頁 57。

72 林美容《草屯鎮鄉土社會史資料》，頁 25-26。

73 嘉慶十年十月北投保南勢庄族叔老立永杜賣盡根契，台灣省文獻委員會藏，編號 86-0080。

74 同註 71，頁 57-58。

十九件，也即賣土地的番人只佔百分之二十一，其餘的百分之七十九是漢人。漢人人數多，來者源源不絕，失敗者離開，成功者留下來。什麼人成功？也許是資金較充裕，也許是比較聰明，最大可能是人丁多更刻苦耐勞，更勤儉，也更健康，更幸運，能度過艱難。如乾隆年間度台來月眉厝的林富「忠厚待人，勤儉律己。少時艱難辛苦，至渡來台，始得其資其口體而置室家，後雖足以自立亦特謹慎崇簡，不貪分外之財」。[75] 如嘉慶年間渡台來林仔頭的簡旋亨、士圓兄弟。士圓因「四子和順，同心合力，克勤克儉，助力助福，生活安定，父子同享康樂太平年」。[76]

漢人來草屯開拓的地點，據地契依序是大哮莊、圳寮、草鞋墩、萬寶庄、下溪洲、月眉厝、內木柵、頂庄。漢人建立聚落，依序是大好庄、草鞋墩庄、草鞋墩頂庄、圳寮庄、月眉厝庄、南埔庄、南勢庄、北投保北投庄、溪洲庄、牛屎崎庄、山腳下庄、坪頂庄、北投埔庄、頂崁庄、草屯庄。漢人建立的街依序是北投街、北投新街、頂街、草鞋墩街。

上述地名、庄名、街名，只有內木柵、南埔庄、坪頂庄、頂崁庄，是在匏仔寮台地以東，其他都在匏仔寮台地以西，也只有匏仔寮台地以西成街。匏仔寮台地以東開發較晚的事實十分明顯。

漢番關係在本地大致平和，土地權利買賣行爲有糾紛的五件，最後都是原住民獲勝，四件在彰化縣或北路理番同知就判定，只有與楊振文有關的一件，要到福州省控才獲勝。所以一方面可以確定清政府對原住民的保護政策是得到執行的，一方面也可見原住民也和漢人一樣對漢式行政系統十分稔悉。另外從北投社番已接受漢姓巫、佘、萬、盧、吳、洪、羅、金、黃、潘、歐、劉

75 林美容前揭書，頁 181。
76 林美容前揭書，頁 185-187。

等，可見漢化已深。而北投社番竟名余啓章、葛宗保、盧文懷、金思成、余仕成、吳仕元、洪保、余元悌、羅三元、金明、黃新山、歐春、劉崑山，都是漢式嘉名，已分不清番漢了。

在細讀地契之後，深覺漢人確是巧取豪奪；相反的，原住民十分寬厚，顯得更有情義。乾隆四十八年北投社番皆貓六立重給永賣契即其一例。該契說明皆貓六有厝地基一段，乾隆四十六年出賣給漢人蔡郎。接下去原契云：

> 緣因乾隆四十七年漳泉分類，蔡郎觀家業厝宅併地基契券被焚，空身走山逃命，至平治回家之時，托原中向六言明厝宅契券被焚，六哀憐慘遭此禍，念業佃情誼，隨即重給契券，指明兩畔地基、踏明界址，依舊交付與蔡郎觀永遠掌管為業，任從起蓋居住，關築成業，六不敢阻當（擋）異言生端滋事。此係二比甘願，仁義交關，各無抑勒反悔，恐口無憑，立重給永賣厝地基契一紙，付執為照。[77]

北投社的洪雅族，在道光三年以後陸續遷入埔里社，除了本文契約所見的原因之外，可能另有其他令原住民陷入悲慘境域的原因，進入埔里社的平埔族指出，「番性愚昧，易瞞易騙，而漢佃乘機將銀餌借，所以各社番田園俱歸漢人買畑殆盡，其大租又被漢佃侵佔短折，隘糧屯餉，有名無實，隘番屯番，枵腹赴公，飢寒交迫，逃難四方」。[78] 所以他們共同約定在埔里社地方「毋許引誘漢人在彼開墾，毋許傭雇漢人在地經營，若有不遵，鳴眾逐革」；[79] 對他們而言，漢人的傷害更甚於洪水猛獸。

77 台灣省文獻委員會藏，編號 86-009。
78 劉枝萬《南投縣沿革志開發篇稿》南投縣文獻委員會（民國 47 年），頁 39-41。
79 同註 78。

清代草屯的找洗契及其相關問題

壹、前　言

在清代台灣，契字種類可分賣契、給字、贌稅字、典契、胎典與雜契。在雜契中又分鬮分約字、囑書、定界分管合約字、甘愿字、摹結字、找洗字、越行找洗字、憑準字、甘愿窨堆字、給風水山批字、合約字等。[1]

其中《台灣私法》對找洗字的說明：「即增收代價的契字，用以買賣或出典，宜蘭地區有一賣必有一找的習俗」。[2]楊國楨對此有更詳細的說明，他說：「因爲土地的活賣，既可回贖，又可補價進一步賣出，中間還有加價的中間環節，因此勢必產生一些補充性的契約。這就是『找貼契』、『找斷契』。」[3]另據《大清律例》之規定：「賣產立有絕賣文契，并未注有找貼字樣者，概不准貼贖。如契未載絕賣字樣，或注定年限回贖者，并聽回贖。若賣主無力回贖，許憑中公估找貼一次，另立絕賣契紙。若買主不願找貼，聽其別賣，歸還原價。」[4]《大清律例》對找洗年限又

1 陳金田譯《臨時台灣舊慣調查會第一部調查第三回報告書台灣私法》第 1 卷，南投：台灣省文獻委員會，民國 79 年 6 月，頁 104-113。
2 同上書，頁 113。
3 楊國楨《明清土地契約文書研究》北京：人民出版社，1988 年 2 月，頁 35。
4 上海大學法學院、上海市政法管理幹部學院張榮錚、劉勇強、金懋初點校《大清律例》卷 9，天津：天津古籍出版社，1995 年，頁 212。

有規定。「其自乾隆十八年定例以前典賣契載不明之產，如在三十年以內，契無絕賣字樣者，聽其照例分別找贖；若遠在三十年以外，契內雖無絕賣字樣，但未注明回贖者，即以絕產論，概不許找贖。」[5]

陳秋坤認爲：按清朝民間習慣，在土地田業杜賣之後允許買主以「賣價和市價不勻」等理由要求在賣價之外，另行贈找若干田價，俗稱「找洗」。[6]「爲何傳統農村社會的田業買賣，允許這種一找再找的現象，學界目前仍然尚無定論。」[7]又說：「一般而言，要求找價的原田主都是以貧困或乏銀埋葬族親爲重要理由。值得注意的是，添找田價的要求可以延續到買賣雙方的第二代。這些現象，說明土地所有權的買賣，經常是賣而不斷，斷而不絕，在絕賣之前，需經過幾次找價，方能割斷瓜葛。」[8]

有關找洗契的研究比較少，可見的有中國學者陳鏗〈中國不動產交易的找價問題〉[9]、唐文基〈關於明清時期福建土地典賣中的找價問題〉[10]，日本學者岸本美緒〈明清時代的「找價回贖」問題〉[11]，及張富美〈清代典賣田宅律令之演變及台灣不動產交

---

5 《大清律例》卷 9，頁 213。

6 陳秋坤〈大崗山地區古契約文書的歷史意義〉載陳秋坤、蔡承維《大崗山地區古契約文書匯編》導言一，中央研究院台灣史研究所，民國 93 年 12 月，頁 14。

7 陳秋坤《台灣古書契》，立虹出版社，民國 86 年 6 月，頁 156。

8 同註 7。

9 陳鏗〈中國不動產交易的找價問題〉《福建論壇》文史哲雙月刊第 42 期（1987 年 10 月 20 日），頁 29-35。

10 唐文基〈關於明清時期福建土地典賣中的找價問題〉鄭州《史學月刊》第 3 期，河南：河南人民出版社，1992 年 3 月，頁 26-31。

11 岸本美緒〈明清時代的「找價回贖」問題〉載寺田浩明主編鄭民欽譯《中國法制史考證》丙編第 4 卷，中國社會科學出版社，2003 年，頁 423-459。

易的找價問題〉[12]。上述論文的論述對本文有許多啓發之處，也對本文有許多相互印證之處。

自陳秋坤之論，可知找洗契的研究尚有不足，所以許多和找洗契有關問題尚無定論。本文試圖以草屯地區的找洗契爲主，輔以陳秋坤書中找洗契，以及大陸的幾件找洗契來進行研究，希望可以增加對找洗契約的了解。

貳、找洗契的格式

找洗的原因有若干不同，但找洗契的格式，似有一定。茲先舉嘉慶貳拾年一件找洗契爲例，[13]再加以分析其格式，原件影本見附件一。

立找洗契字人北投保北投庄黃光彩、黃光明有承祖父旱田壹段坐落土名圳篙庄賣過與楊錦觀因母親去世無銀費用無奈托原中向求楊遠觀出田價銀參大員正其銀即日仝中交收足訖日後子孫世代永不敢言找之理此係二比甘愿各無反悔口恐無憑再立找洗契字壹紙付執為炤。

代書人唐榮德●

原中人張深●

嘉慶貳拾年十二月　日立找洗契字人黃光彩、黃光明

自本件找洗契，可見其格式，先寫立找洗契字人某，次寫前

12 張富美〈清代典賣田宅律全之演變及台灣不動產交易的找價問題〉載陳秋坤、許雪姬《台灣歷史上的土地問題》，中央研究院台灣史田野研究室，民國 81 年，頁 17-28。

13 原件典藏於國史館台灣文獻館。影件見謝嘉梁《草屯地區古文書專輯》，南投：台灣省文獻委員會，民國 88 年 6 月，頁 42。

次之賣買行爲，三寫找洗之原因，四寫經過原中人向買主找出若干銀兩並交收足訖，五寫日後子孫永不敢言找，六寫再立找洗契字付執存照。契後有代書人、原中人、年月日立找洗契字人，相關人並在各人名下花押。

依上格式，再看金包里一件嘉慶陸年的找洗契。[14]原件影本見附件二。

立找洗契金社番礼勿氏司馬邦因先父有水田壹段曾給墾批付與漢人黃抵觀墾耕坐落金包里蔴里阿突庄四至界址登載墾單內明今因積欠丁銀社費屢被迫討無奈懇托本社番甲頭向黃抵觀再求洗找出佛面銀參員以還丁銀社費俾邦免被炒索之苦恩莫厚焉後日以及子孫再不敢言及洗找滋事此係貳比甘愿今欲有憑立找洗契壹紙送執為炤。

即日仝甲頭三面收過契內佛面銀參員完足再炤。

代筆人蔡亦仲

為中人本社甲頭

嘉慶陸年拾壹月　日立找洗契金社番礼勿氏司馬邦

可見一開頭是寫立找洗契字人，次寫上次賣買行爲，三寫找洗原因是因積欠丁銀社費屢被迫討，四寫托本社番甲頭爲中人向漢佃找出佛銀三員，五寫日後子孫再不敢言及找洗，六寫立找洗契爲憑照。末加註同中收過佛銀完足。因四未漏寫，只好補敘。原契約在代筆人、爲中人、年月日立契人，相關人下有花押，中人下有戳記，立契人並打左手模並於掌心寫「礼勿手摹」字樣。兩契相較，可見同一時期之找洗契，格式大致一般無二。故歸納找洗契主體由六個部分構成，再加代書（筆）人、中人、年月日、

14 影件見陳秋坤《台灣古書契》，頁 237。

立契人即告完成。

參、找洗的理由

正如上引陳秋坤氏說找洗都是「以貧困或乏銀埋葬族親爲主要理由。」這裡的貧困和乏銀是一樣的，就是沒錢。找洗的原因似乎是以沒錢爲主，可是似也還有其他原因。陳鏗即指出找價發生的原因有四：第一，明清兩代人口迅速增加，土地開發有限，促使土地價格上漲，爲找價提供了前提條件。第二，匿稅問題，在民間自行以白契交易與赴官投稅貼契尾之過程中，產生了空檔，業主有意少報契價以逃稅。第三，以血緣爲基礎的宗法倫理關係，使銀主迫於道德力量而接受索找。第四，政府在某種程度上容許找價行爲，不管是否惜貧抑富的心態，對社會存在一定的調節能力。[15]唐文基歸納的理由有五，第一、田價不敷，第二、原賣主要求盡價，第三、拖欠田賦，第四、欠賦稅，第五、艱難困苦[16]。岸本美緒也指出田價上漲是找價的原因。[17]草屯的情形，茲按年列成表一：清代草屯找洗契表，再進行分析。

從表一中，可見找洗原因不一，而貧困確是重要因素。乾隆年間八號，以「思鄉例」爲由的有六號，另一號爲「思未曾找洗」，另一號爲「再丈」。從第七號之「思鄉例未曾找洗」，可知「未曾找洗」就是「思鄉例」的具體內容。因此可說，除「再丈」的第六號外，其餘七號都是思鄉例。此在楊國楨書中說的很清楚，

15 陳鏗前揭文。
16 唐文基前揭文。
17 岸本美緒前揭文。

中國明清土地買賣「很多都不只加找一次，有二找，三找而未斷的。」[18]又舉松江一帶爲例，「一次絕賣的地產，同時要預備四份地契，即活賣契、加找契、加絕契，以及嘆氣據或情借據，將地價總額分攤於于四份地契上，并填上不同的日期。」[19]可見找洗是來台灣移民原鄉的慣例。再以福建實例爲證。如福建南平縣有「九盡十八借」之說，就是賣主得請求找價而盡賣，由盡賣而再盡賣，由再盡賣而再借款。又如福建霞浦縣，寫明永斷葛藤不敢言貼之業，尚得立字找貼一二三次。[20]思鄉例的使用爲找洗原因，最後的年份是乾隆五十六年二月，此後在草屯地區便不再出現。這是否意味著在移居地已漸漸形成新的規則，原鄉的習慣不再適用？這一點值得再研究。

嘉慶之後一號「再丈」；親人逝世二號，死去者一爲胞叔，一爲母親；「家事清淡」的四號，其中第十三號再加「老母日食難度」；「乏銀費用」的五號，其中第十九號先加「要修祖墓」。其餘第十四號不詳，第十五號是爲「贖歸老契」，第十七號是因「出官控告在案」。這裡「家事清淡」和「乏銀費用」都是貧困，只是寫法不同，合併就是九號。因此整個二十三號中，貧困最多有九號，思鄉例其次有七號，二個合計十六號，已占總數百分之七十。如只計貧困也占百分之三十九。說貧困是最主要原因，確是不差。此統計未計二洗、三洗，如果一併計入，更爲明顯。試看那些三洗、四洗的契字。

第四號五次找洗，其第二次有言「計出無奈」「日后子孫永不敢再添言洗之理」。第三次有言「思出無奈」「日后子孫永不

18 楊國楨《明清土地契約文書研究》，頁 35-36。
19 楊國楨《明清土地契約文書研究》，頁 36。
20 岸本美緒前揭文引仁井田陞之說。

敢言洗之事」。第四次有言「自祖媽施氏已洗數次，又胞叔傳祖再洗乙次，玆因日食無奈」「日后萬世子孫永不敢言洗之理」。第五次有言「自思歷洗四次，實可耻之極，爲因祖媽墳墓崩壞，困苦無奈」「日后萬世子孫永不敢言洗之事」。[21]

第五號四次找洗，其第三次有「思已洗二次，爲因淡水回溪洲修理祖墳，欠少資費，無奈…」第四次有「因祖陳麟分爨，郡城所有承祖物業俱皆藉端冒名，百般詐騙，捐索不絕，歡訪知與林泉觀公同立約，以杜將來藉索之弊」。[22]

第八號三次找洗，其第二次有「因舍弟病危急，別無處討借」。第三次有「歷思找洗二次，可恥之甚，爲因祖媽墳墓崩壞，家貧困苦，無處討借」。[23]

從上面三號之找洗契字，先是「計出無奈」「可恥之甚」。而且以修祖墳爲由，孝道是當時社會倫理觀的最高道德，所以爲了實踐孝道，三找四找五找之恥也要忍受。正是陳秋坤所謂「利用道德倫理力量」要求添找田價。[24]陳鏗的第三個理由也接近。

嘉慶之後的情形，找洗是以貧困爲主因。乾隆朝則以鄉例如此，視找洗是一種權利。此在第二號乾隆四十年件看得明白，第一次說「思鄉例未曾找洗」，第二次洗「思未曾添洗」。[25]嘉慶後用家鄉慣例似乎已不能達到目的，只有訴諸感情和孝道。這顯然是一個重大的變化。

另一點極可注意之處是，在中國居於最重要原因的「原價輕

21 林美容《草屯鎮鄉土社會史資料》台灣風物雜誌社，1990 年 10 月，頁 18-19。
22 林美容前揭書，頁 22。
23 林美容前揭書，頁 27。
24 陳秋坤《台灣古書契》，頁 160。
25 林美容前揭書，頁 14。

淺」[26]「契價不足」[27]「原價不敷」[28]「尙虧原價」[29]的理由，在草屯除再丈找洗有點此種意思外，未曾出現此種文字或類似文字。草屯的這種情形有沒有代表性？是否台灣也如此？以陳秋坤《台灣古書契》一書所收十四件找洗契爲證，確然如是。陳氏書自乾隆五十六年到明治三十一年。玆列成表二：《台灣古書契》找洗契表如附表二：十四件中，只有第五號，「心猶未足」不是貧困，其他十三件都是貧困。陳秋坤對「心猶未足」解釋爲「心有未甘」，[30]但如解爲「原價不敷」可能更貼切。可是再看契文在「心猶未足」之後寫「以濟燃眉之急，倘或日後至窮至苦亦不敢言及再找再洗」似乎又透出真正原因依然是貧困。至少，中國的「原價不敷」沒在台灣出現。張富美在這一點的觀察更爲深刻，他說：「有關找洗的台灣契字中，幾乎千篇一律都表現出原業主自認理屈，請求業主體念到本處境的困難，加恩贈金。尤其是採用『贈』字取代「增」字以接受贈金的心情去懇求找價，比『增』字更能傳神。」[31]

肆、找洗的次數、時間、名稱與金額

自表一中找洗契凡二十三號，有原買賣契者九號，其餘十四

---

26 張傳璽《中國歷代契約會編考譯》，北京：北京大學出版社，1995 年 8 月，頁 1213。
27 張傳璽前揭書，頁 1269。
28 張傳璽前揭書，頁 1225-1227。
29 張傳璽前揭書，頁 1232-1233。
30 陳秋坤《台灣古書契》，頁 134。
31 陳富美前揭文。

號只有找洗契。又在二十三號中，有再洗者六號，最多者爲四號曾經五次找洗。有原買賣契之九號，全屬杜賣契，第十四號還是杜賣盡根契。在引言中提到《大清律例》規定「絕賣文契」「概不准貼贖」，其「貼」就是找價，「贖」就是贖回。可是草屯的全是「杜賣契」「杜賣盡根契」，又都找洗，是俗例超出法律之外，和中國大多數地方相同。

再看賣出到找洗的時間，列出表三：

清代草屯找洗契找洗時間表

序號	第一次找洗時間	第二次的找洗時間
1	10月	
2	9月	9年4月
3	6月	
4	2月	（2）7年11月　（3）8年10月　（4）23年10月　（5）39年 4月
5	2月	（2） 8年3月　（3） 26年10月（4） 28年1月
6	20年	
7	2月	
8	11月	（2） 10年9月　（3） 25年1月
9	22年	
10	5月	
11		2洗1洗差14年
12	4年4月	
13	17年11月	
14	10年	
15		
16	7年	
17	2年	
18		
19		
20	7年	
21	23年	
22		
23		

在二十三號中，有五號不明，第十一號之第一次找洗因原賣

時間不詳無法得知。其餘十七號中，第一次找洗時間，最短的是二月，最長的是二十三年。一年內找洗七件，十年內找洗五件，超過十年的四件。再看第二次、第三次找洗時間，從七年十一月到三十九年四月。上引《大清律例》規定找洗不能超過三十年，可見民間習俗超越法律之上。草屯的三十九年在台灣並非時間最長，大崗山地區有一件自道光二十年間始立添找洗典契，到光緒九年又立添找典契，前後三代，歷時近五十年。[32]又有一件乾隆三十九年（1774）的典契，到咸豐八年（1858）又立添找契。時間已經過了八十四年。[33]這些長時間的找洗最多數已經不是原先賣買雙方的當事人，而是其後代，或是轉手賣出後的第二手、第三手了。如第十六號咸豐十年莊姓將地基賣與李登科，後李登科轉賣李安睢，七年後的光緒六年莊姓從李安睢找洗佛銀六大員。再過六年，莊姓又向李安睢找五大員。[34]又如第二十一號明治三十年件，李金娘於光緒元年將地基賣與李睢，二十三年後之明治三十年李金娘向李睢之子李詠找出七秤銀若干。再如光緒十二年件，莊闊嘴、莊五美向李安睢找洗佛銀五大員。其原買賣時間是咸豐十年，祖父輩賣地基給李登科，後李登科賣給李安睢。賣方已是第三代，買方已是第二手。時間已經二十六年。照找不誤。

陳秋坤說：「添找田價的要求，可以延續到買賣雙方的第二代。」[35]上舉莊闊嘴、莊五美的案子已經是第三代。另外第四號原買賣時間在乾隆四十一年，到嘉慶五年第四次找洗，已經是第三代。找洗契文明白說：「自祖媽施氏已洗數次，又胞叔傳祖再

32 陳秋坤、蔡承維《大崗山地區古契約文書匯編》，頁 4。
33 陳秋坤、蔡承裝前揭書，頁 440-458。
34 謝嘉梁前揭書，頁 56-61。
35 陳秋坤《台灣古書契》，頁 156。

洗乙次，茲因日食無奈，再托中…」[36]草屯情形如此，中國的情形如何？在福建閩侯有四十六年之後再找價，閩清有祖孫四代歷六十年五次找價。[37]在張傳璽《中國歷代契約會編考釋》中有二例可資比較。有劉文龍在康熙六十年（1721）賣田得銀七兩，雍正七年，以「原價輕淺」找銀一兩。乾隆十四年（1749）又以「原價輕淺找過一次，仍未敷足」，再找七兩。[38]第一次找洗爲原價七分之一，第二次爲原價七分之七，兩次合計是原價的七分之八。找洗時間第一次是八年，第二次是二十八年。時間和草屯差不多，找價則比草屯多出許多。草屯洗四次也才分百之三十五。另一例，殷門顧氏同叔殷足，在雍正十二年（1734）向潘氏甲以「原價不敷」找絕銀七兩，次年再以「原價不敷」貼絕銀四兩。更奇的是這塊田地原是康熙四十七年（1708）潘氏甲賣給殷氏，後殷氏轉賣潘氏乙，到乾隆二年（1737）潘氏甲之妻薛氏同男鳳觀向潘氏乙以「尙虧原價」找絕田價銀二十四兩。時間已經三十年，賣方已是妻子及第二代，買方已是第二手，真是物是人非。從蘇州《世楷置產簿》看到 1659-1823 年找價多的有四次才杜絕，一般是一兩次，從時間看，第一次買賣到杜絕大體從幾年到十幾年，但也有長達七十多年的。[39]

找洗契的名稱，在二十三號中，不明一，找洗十二，洗找一，找盡二，盡找洗一，增洗一，找絕洗一，找絕找洗一，杜賣盡根找洗一，找洗盡根一，盡根找洗一。可見找洗最通行。因爲從有二洗三洗到五洗的契名，並無明顯差異，如五洗的原買賣契是杜

36 林美容前揭書，頁 17-19。
37 唐文基前揭文。
38 張傳璽前揭書，頁 1196、1213、1250。
39 岸本美緒前揭文。

賣契，第一次洗是找盡契，第二次洗是再找洗契，第三次洗是再杜盡絕洗契，第四次洗是杜盡添找洗契，第五次洗是再杜絕洗找洗盡根契。如果有差別是第一次洗契三字，第二次四字，第三次六字，第四次六字，第五次九字。但字數多，也即寫的更絕，如果需要，照樣找洗。在草屯看到的最多是五洗，楊國楨說在江西雩都有「九找十不敷」的情形。中國有洗、盡、撮、湊、繳、休、杜、嘆氣等名目。[40]草屯有十種名目，也不算少了。《台灣古書契》中有洗找、增找、盡根找洗、盡根湊洗等，[41]同樣以找洗最多。可見草屯有其代表性。

找洗的金額多少，是否有一定的比例，陳秋坤認為原買賣價的百分之十，就是「比一般市場行情稍高」。[42]又說「是否百分之十即為找價的上限，不得其詳。」[43]安徽全省的習慣也是「找價之總額以不逾正價十分之一為限。」[44]在《台灣古書契》中，有百分之五，[45]百分之六，[46]百分之九，[47]百分之十，[48]卻未見有超過百分之十的。可是草屯情形似乎不同。茲列表四清代草屯找洗契找價百分表如後：

40 張傳璽前揭書，頁 1225、1227、1232-1233。
41 楊國楨前揭書，頁 36。
42 陳秋坤《台灣古書契》，頁 135、142、155、161、169、174、175、186、202、208、227、237、251。
43 陳秋坤《台灣古書契》，頁 134。
44 岸本美緒引仁井田陞之語，見岸本美緒前揭文。
45 陳秋坤《台灣古書契》，頁 156。
46 陳秋坤《台灣古書契》，頁 172。
47 陳秋坤《台灣古書契》，頁 155、168。
48 陳秋坤《台灣古書契》，頁 156。

序號	找價是原賣價百分比	第二次找洗百分比	合計
1	0.28	0.05	0.33
2	0.125		0.125
3	0.27		0.27
4	0.18	0.03 0.01 0.05 0.01	0.28
5	0.18	0.05 0.05 0.07	0.35
6			
7	0.18		0.18
8	0.18		0.18
9			
10			
11			
12	0.025		0.025
13			
14	0.14		0.14
15	4		4
16			
17			
18			
19			
20			
21			
22			
23			

在可以計算的十號中，第十二號原賣價六七〇大員，找十七大員，是百分之二點五，百分比最小。第十五號原賣價八〇員，找價三二〇員，爲百分之四百，最大。第一號百分之二十八，第三號百分之二十七，第五號因爲四次找洗，合計到百分之三十五。最高。但從十號中第一次洗除第十二號最低外，其餘最少還有百分之十二點五，可見得在草屯不是以百分之十爲上限。高低之間差距很大，可是再大也不如上舉中國劉文龍二次找洗竟到七分之八，即百分之一一四。草屯最特別的是第十五件，原主原田在祖父時因爲「老契前因遺失，彼時授受致受賤價」「迨茲老契查出，

始憶此業當時苟有盡價，何無執帶上手，致茲互控，蒙提質訊」，結果官方「依時酌斷」買方備出七秤番銀三二〇員，「找洗贖歸老契」。[49]此件可見祖父的買賣，到孫子還可找洗。因爲老契未見，所以無法知道其原來買賣時間，以及土地面積等。另一件呈控案。因爲語焉不詳無法討論。

有二件因「再丈」而要求找洗，正好此二件的立契人都是「北投社番」，一件在乾隆四十二年，一件在嘉慶十六年。契文有「在明丈實田八分，水分灌漑長流」[50]「再經丈明田參分，併帶溪水一寸長流灌漑」[51]想來是田地面積比原來大，土地比原先好，田價上漲有找洗的條件。乾隆嘉慶時的原住民已經能運用漢移民的土地買賣制度，在族群融合上值得注意。另一方面可能也反映原先的給墾條件對原住民不利。

找洗行爲在清代持續不斷，乾隆四十一年的杜賣契，契文就寫「其園出賣以后，氏子孫人等不敢異言生端增添洗贖，此是二比甘願各無反悔。」[52]可是到嘉慶二十一年找洗五次。就是到清朝統治結束，日人治台，找洗契在草屯有三件，在《台灣古書契》中有二件。可知日治時期仍然沿襲舊慣，草屯的最晚一件是明治35 年 4 月，也即光緒二十八年，1902 年。所以陳秋坤說「田園買賣找價的習慣，仍照散見於日治初期的農村社會」。[53]至於何時不再有找洗行爲，有待進一步研究。

49 陳秋坤《台灣古書契》，頁 142。
50 謝嘉梁前揭書，頁 160。
51 林美容《草屯鎭鄉土社會史資料》頁 23。
52 謝嘉梁前揭書，頁 41。
53 林美容前揭書，頁 17。

伍、結　論

草屯的找洗契的格式名稱、理由等等全沿襲自中國，可是乾隆朝還沿用中國慣例，嘉慶後便逐漸改變。最明顯的便是找洗的理由，乾隆以「思鄉例」爲最多，但嘉慶後便以「家事清淡」「乏銀費用」爲最多。中國的「原價不敷」，台灣看不到。《大清律例》雖然規定杜賣契不能找洗，雖然規定三十年外不可找洗，可是在草屯、在台灣杜賣契一樣找洗，三十九年也照洗。大崗山有八十四還找洗的。

找洗價若干，似比原價百分之十更高，草屯一般情形在百分之十幾，數次找洗合計最高到百分之三十五。「找價贖回老契」百分之四百，那是特例不能算入常態。上舉中國的劉文龍案例，第一次七分之一，第二次七分之七，合計爲七分八。這是雍正乾隆間的事，只是一個比較的例子。當然也不是百分之十。

至於找洗人及找洗對象，法律似乎沒有規定，而草屯地區，到第三代仍可找洗，原買主已經轉賣，現田主也成爲找洗的對象。上舉中國殷門潘氏在賣田三十年後向接手的現田主找洗。正可知道海峽兩岸是一致的。

一洗再洗，「九找十不敷」，乾隆朝的草屯可以四洗、五洗，但道光後似乎已經絕迹，只有光緒十二年再找洗五大員一例。[54]這可能也是一個重大改變。

岸本美緒把找價和回贖放在一起討論，因爲他認爲「回贖與

54 謝嘉梁前揭書，頁 61。

找價是互爲表裡的關係」[55]，並引仁井田陞之論說「這說明權力關係不確定。」但台灣的找價情況似乎單純多了，所有實例都不存在回贖問題。只是向買主再要一點錢救窮而已。正是張富美所謂：原業主自認理屈，請求現業主體念困難加恩贈金。

找洗理由，陳鏗所歸納的四點，第一點田價上漲，草屯勉強有「再丈」二例；但表一中咸豐同治朝沒有找價案例，深層原因似是因爲咸同二朝乃有清一代台灣地價最低時期。[56]此情形正可做本點之反證。第二點匿稅問題，理由合理，但現存找洗契上看不出來；第三點道德力量，草屯救窮的例子全是此類。可是又有不同，因草屯非血緣的宗法倫理關係，而只是買主賣主的關係。第四點官方容許找價行爲，似乎如此。因爲陳鏗沒看到台灣的情形，所以不知道台灣有「思鄉例」之一理由。他也想不到台灣更直截了當，以「家事清淡」「乏銀費用」「日食難度」當理由。唐文基指出的艱難困苦，正是台灣最大多數找洗的理由。

找洗理由的改變，「九找十不敷」情形的不再出現，正說明台灣社會已經和原鄉中國不同了。台灣似乎走向一個更公平、契約更有法律效力的社會。

---

55 同註 11。

56 陳哲三〈清代草屯地區的地價及其相關問題〉載《逢甲人文社會學報》7（2003 年 11 月），頁 89-116。

表一 清代草屯找洗契表

序號	1	2	3	4			
原買賣時間	乾隆三十五年二月	乾隆四十年三月	乾隆四十一年六月	乾隆四十一年十一月			
原契種類	杜賣	杜賣	杜賣	杜賣			
賣價	100大員	160大元	100大員	300 大員			
找洗時間	乾隆三十五年十二月	乾隆四十年十二月	乾隆四十一年十二月	乾隆四十二年一月			
找洗契名	洗找	找洗	找洗	找盡			
找洗理由	思鄉例	思鄉例	思未曾找洗	思鄉例			
找洗價	28 大員	20 大元	27 大員	55 大員			
再洗情形		乾隆四十九年七月再盡洗（添洗)5大員		乾隆四十九年十月 再找洗 8 大元	乾隆五十年九月 三再杜盡絕洗 4 大元	嘉慶五年九月四杜盡添找洗14 大員	嘉慶二十一年三月 五再杜絕找洗盡根洗 4 大員
資料出處	林11-12	林 13-14	林 14-15	林 1-17			

序號	5	6	7	8	9	10	11
原買賣時間	乾隆四十一年十一月	乾隆二十二年	乾隆四十五年三月	乾隆五十六年二月		嘉慶十九年十二月	
原契種類	杜賣	招墾	杜賣	杜賣		賣	
賣價	300 大員		110 大元	85 大元	乾隆五十四年典 50 大員		
找洗時間	乾隆四十二年一月	乾隆四十二年二月	乾隆四十五年五月	乾隆五十七年一月	嘉慶十六年	嘉慶二十年五月	嘉慶二十年十二月

找洗契名	找盡	盡找洗	增洗	杜絕找洗	杜賣盡根找洗	找洗	找洗
找洗理由	思鄉例	再丈	思鄉例未曾找洗	思鄉例	再丈	胞叔身死	母親去逝無銀費用
找洗價	55 大元	花劍銀10大員	20 大元	15 大元	66 大元	3 大員	3 大員
再洗情形	乾隆五十年二月再找盡 16 大元	嘉慶八年九月　三再添杜絕找洗 14 大元	嘉慶十九年十二月四杜絕找洗 20 大元	嘉慶六年十一月再杜絕找洗 10 大元			道光九年二月再找洗 2 大員
資料出處	林 20-23	林 23	林 24-25	林 26-28	草 41	草 242	草 42-43

序號	12	13	14	15	16	17	18
原買賣時間	道光元年八月	嘉慶十七年十月	光緒元年六月		咸豐十年	光緒八年	
原契種類	杜賣	賣	杜賣盡根		杜賣	賣	
賣價	670 大員		14 大員				
找洗時間	道光五年十二月	道光十年九月	光緒十一年	光緒四年四月	光緒六年十一月	光緒十年十一月	光緒十年十二月
找洗契名	找洗	洗找絕		找洗盡根	找洗	找洗	找洗
找洗理由	家事清淡	家事清淡老母日食難度		找洗贖歸老契	乏銀費用措借無門	取贖出官控告在案	家事清淡月食無資
找洗價	17 大員	15 大員	2 大員	320 員	6 大員	85 大員	10 大員
再洗情形					光緒十二年十一月再找洗 5 大員		
資料出處	林 42-43	林 54-55	草 78	草 160	草 56.草 61	草 115	草 165

序號	19	20	21	22	23
原買賣時間		光緒十一年四月	光緒元年		
原契種類		盡根出賣			
賣價					

找洗時間	光緒十二年十二月	光緒十八年	明治30年3月	明治34年2月	明治35年4月
找洗契名	找洗	找洗	找洗	找洗	盡根找洗
找洗理由	要修祖墓乏銀費用措借無門	缺銀費用托借無門	家事清淡	乏銀費用	乏銀費用
找洗價	2 大元	12 大員	20 大元	8 大員	60 大員
再洗情形					
資料出處	草 60	草 211	草 31	草 224	草 188

說明：1.林11-12指林美容《草屯鎮鄉土社會史資料》，頁11-12。
　　　2.草41指謝嘉梁《草屯地區古文書專輯》，頁41。

表二　陳秋坤《台灣古書契》找洗契表

序號	1	2	3	4	5
找洗時間	乾隆五十六年三月	嘉慶六年十一月	嘉慶十八年九月	道光二十八年二月	同治十二年十二月
找洗契名	洗找	找洗	洗清田骨心願字	找洗	找洗
找洗理由	日食難度	積欠丁銀社費，屢被迫討	因急乏費，措借無門	家事清淡，日食維艱，修理祖墳，無處措借	心猶有未足
找洗價	20 大員	3 員	15 員	16 大員	35 員
備註	原買賣在乾隆五十一年十一月，價佛銀 100 大元	契後左手模	上年出賣	道光二十四年出賣	前年杜賣佛銀 350 大員
資料出處	陳秋坤《台灣古書契》，以下簡稱陳 p.175	陳 p.237	陳 p.245	陳 p.186	陳 p.135

序號	6	7	8	9	10
找洗時間	光緒三年二月	光緒五年十一月	光緒十年七月	光緒十一年十一月	光緒十一年十一月
找洗契名	增找字	找洗	找洗盡根田園山場樹木絕契	增找	找洗

找洗理由	家事清淡，因夫辭世，囊中告匱，措借無門	命內多舛，以致缺乏，難以措借	社番丁口甚多，租糧不足	家資缺乏，措借無門	家資缺乏，其猶立正牆面
找洗價	35 大員 7 大員	16 大元	16 大員	8 大員	72 大元
備註	先找 35 大員再增找 7 大員	茲年歸就杜賣盡根 266 大元	嘉慶年間給墾，墾成杜賣於佃戶邱姓	先洗找，再增找	本只 20 餘員，立嗣年資加 40 餘員
資料出處	陳 p.202	陳 p.155	陳 p.251	陳 p.157	陳 p.161

序號	11	12	13	14	15
找洗時間	光緒十七年十月	光緒十八年六月	光緒十九年十一月	明治 31 年 11 月	日治
找洗契名	找洗	盡根找洗	找洗	盡根湊洗	找洗
找洗理由	天年不順，家計清淡，乏銀應用	天年不順，乏銀應用	天年不順，乏銀用	乏費孔急	銀項未濟，移借難言
找洗價	38 大元	60 大元	21 大員	90 元	龍銀 360 大員
備註	光緒十二年十一月杜典 402 員	實爲添典	同年同月杜賣盡根 400 大員	光緒十五年度賣 900 大元	明治 37 年 11 月渡賣盡根價金 1 千大圓 一爲絕賣之資 二爲憐恤之費
資料出處	陳 p.208	陳 p.169	陳 p.174	陳 p.142	陳 p.227

附件一

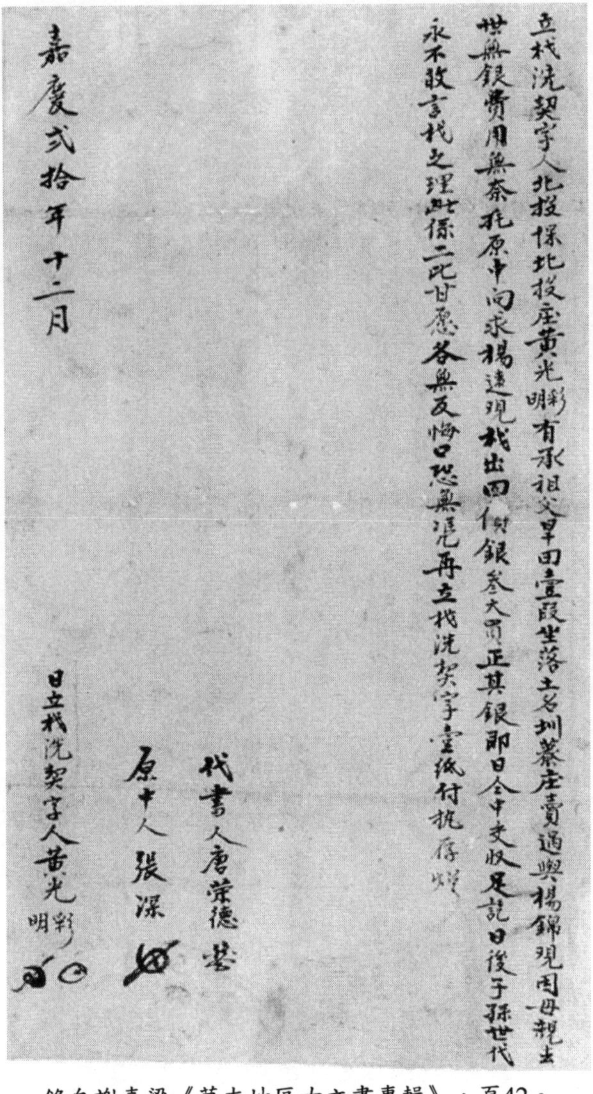
立找洗契字人北投保北投庄黃光明彩有承祖父旱田壹段坐落土名圳寮庄賣過與楊錦現因母親去世無銀費用無奈托原中向求楊達現找出田價銀叁大員正其銀即日仝中交收足訖日後子孫世代永不敢言找之理此係二比甘愿各無反悔口恐無憑再立找洗契字壹紙付執存炤

代書人唐榮德

原中人張深

嘉慶貳拾年十二月　日立找洗契字人黃光明彩

錄自謝嘉梁《草屯地區古文書專輯》，頁42。

附件二

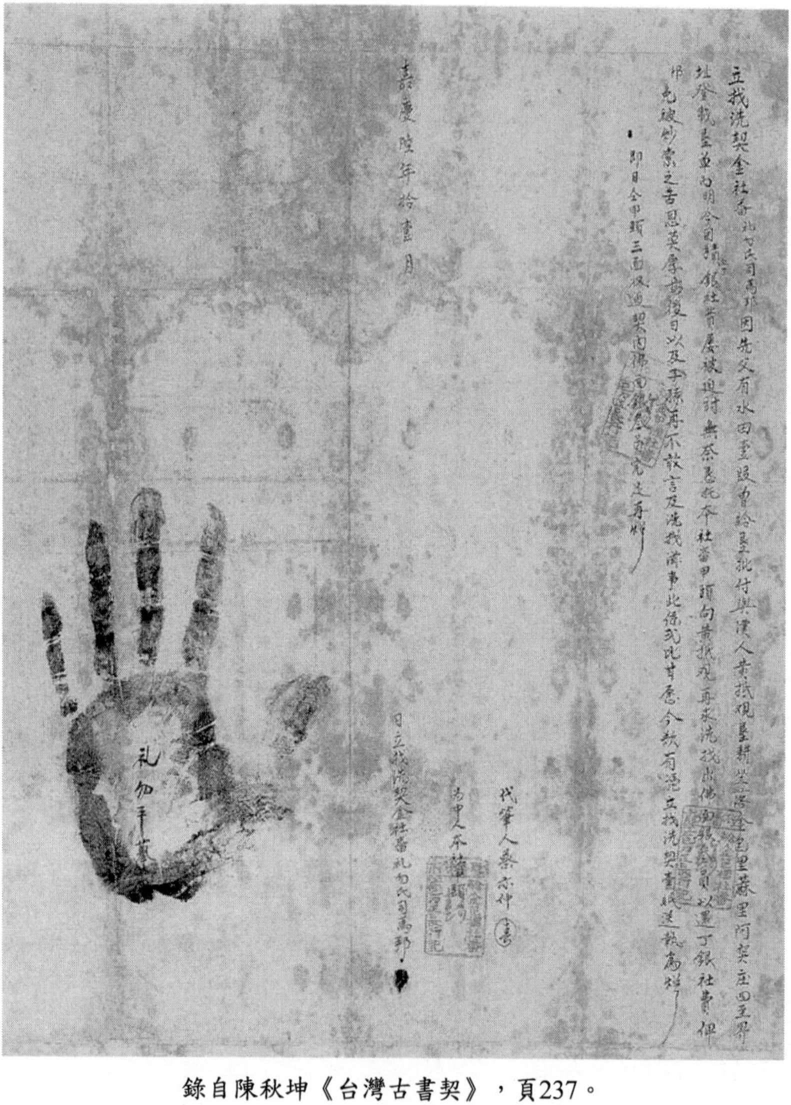
立找洗契全社番礼勿氏司馬邦因先父有水田壹段[illegible]批付與漢人黃抵觀墾耕坐落[illegible]里蔡里阿奕庄四至界
址登載墾單內明今因[illegible]銀社番屢被追討無奈邀托本社番甲頭向黃抵觀再求洗找出佛[illegible]銀[illegible]員以還丁銀社費伊
[illegible]免被[illegible]索之苦恩莫厚焉從今以及子孫再不敢言及洗找滋事此係我比甘愿今欲有憑立找洗契壹紙送執為炤
即日全甲頭三面收過契內佛面銀[illegible]完足再炤
嘉慶陸年拾壹月
日立找洗契全社番礼勿氏司馬邦
為中人本社番[illegible]
代筆人蔡亦坤
礼勿手[illegible]

錄自陳秋坤《台灣古書契》，頁237。

清季清丈與日初土地調查對臺灣民間契字演變之影響

—— 以草屯地區為例

壹、引　言

去年撰寫〈臺灣建省之際的清賦事業及其與南投縣之關係〉[1]一文，曾略提及清丈對臺灣民間土地買賣契約之影響，但語焉不詳，言有未盡。其實，此一影響十分明顯，而且影響深遠。雖然清丈後不數年清朝即將臺灣割讓給日本，其影響則未因割讓而停止；反而為日人所接受繼承，而在日治初期成為一普遍制度，直到日人完成土地調查，才有所改變。

為此，將劉銘傳清丈及日人土地調查對臺灣民間土地買賣契字演變之影響說清楚，實有其必要。契字即契約、憑據、合同，有人稱為老字據、舊文書、古字據，臺灣民間稱為古契，日人稱為古文書。

臺灣地區有關契字之研究，以及運用契字於歷史研究，起自日治時期。在日治時期已有相當成績，如《清代大租調查書》、《臺灣私法附錄書》、《臺灣土地慣行一斑》、《臺灣文化志》、

1 陳哲三〈臺灣建省之際的清賦事業及其與南投縣之關係〉載《臺灣文獻》第四十九卷第四期（民國 87 年 12 月），頁 33-67。

《新港文書》等。戰後，注意、蒐集、研究者絡繹於途，成果更爲豐碩，集結出版者有中研院台史室《臺灣平埔族文獻資料選輯—竹塹社》、王世慶《臺灣公私藏古文書影本》、張炎憲《臺灣古文書集》、邱水金《宜蘭古文書》、洪麗完《臺灣古文書專輯》、陳秋坤《臺灣古書契》、台北縣《凱達格蘭族古文書彙編》、南投縣《永濟義渡古文契書選》、新竹市《竹塹古文書》等[2]。

契字被認爲是研究開發史、拓墾史、土地制度史、社會經濟史、土地經濟、財稅、金融、物價、法制史、財產分配、宗教祭祀、公業、民族學的資料[3]。而大多數臺灣地區的研究者都用爲開發史研究的資料。

其實，契字用之研究的範疇更廣，首先是要研究契字自身發展的歷史及其規律；進而要研究與之直接有關的社會史、民法史、商業史、財政賦稅史、土地制度史、階級關係史、宗法制度史等；此外，契字在政治史、民族關係史、宗教史、民俗史、語言學史、文學史，文字學史上的史料價值及其反映的重要問題，也要研究[4]。本文就是對臺灣契字本身發展的歷史的一次嘗試性的研究。有當與否，還請專家指正。

---

2 尹章義〈老字據與臺灣開發史的研究〉載尹章義《臺灣開發史研究》，台北：聯經出版公司（民國 78 年 12 月），頁 441-467；謝嘉梁《草屯地區古文書專輯》〈序〉，南投：臺灣省文獻會（民國八十八年六月）；陳秋坤〈古文書契的相關研究〉載陳秋坤《臺灣古書契》，立虹出版社（民國 86 年 6 月），頁 20-21。

3 王世慶〈臺灣地區族譜和古文書之蒐集與應用〉轉引自尹章義〈老字據與臺灣開發史研究〉。

4 張傳璽《中國歷代契約會編考釋》〈導言〉，北京：北京大學出版社（1995 年 8 月第一版，第一次印刷）。

貳、清丈前之契字形式

臺灣的契字形式，顯然帶自原鄉，但來臺灣後也隨著地方之特殊起了變化。最明顯的變化如土地面積自畝變爲甲分；如貨幣單位自中國銀兩，變爲佛銀；又如畑稅字在中國也沒有。

臺灣的契字種類有：賣契、畑稅契、典契、胎典及雜契。茲依《臺灣私法》[5]細分列表如下：

契字
- 賣契：杜賣斷根字、交換字、杜賣斷根歸就字、退股歸管字、退戶字、永退耕字、讓地字、遜讓字、付管字
- 給字：給墾批、給佃批、給地基字、招佃字、招墾字
- 贌稅字：贌字：招耕字、招畑字、認耕字、畑出地基字、永佃批
- 稅字：永稅地基約字、招稅地基字、稅地基合約字、稅店字
- 典契：典字、當字、起耕典契、添典字、轉典字、繳典字、典贌字
- 胎典：胎借銀字、質借字、起耕胎借字、對佃胎借字、按田生銀字

雜契：鬮分約字、囑字、定界分管合約字、甘愿字、摹結字、找洗字、越行找洗字、合約字

其中賣契的方式及術語，舉例說明如下：

5 陳金田《臨時臺灣舊慣調查會第一部調查第三回報告書臺灣私法第一卷》（以下簡稱臺灣私法），南投：臺灣文獻委員會，民國 79 年，頁 104-114。

道光廿九年沈三奇等同立杜賣盡根田契字[6]

仝立杜賣盡根田契字人萬寶新庄沈三奇、三及、拱照、宗廟，胞侄幸義等，有承父明買過謝家水田併旱田共壹假，坐落土名在草鞋墩項庄前大埔洋，東至大圳岸界、西至李家田界、南至大圳界，北至大車路界，四至界址明白，官丈寔田捌分，自配陳萬生水圳水五分，又帶草鞋墩舊圳水六分，長流灌溉，逐年配納大小番租陸石正，今因乏銀別置，兄弟侄同堂相商，愿將此水田出賣，先盡問房親人等不能承受，外托中引就向賣與莊日新官出首承買，三面議定時值田價佛銀肆佰貳拾大元正，其銀即日同中交收足訖，其田隨即踏明界址，交付買主前去掌管起耕，招佃耕作、收租納租，永為己業，一賣千休，後日價值千金奇等子孫永不敢言及找贖茲事，保此田係是奇等承父明買之業，與房親人等無干，亦無重張典掛他人財物為礙，以及來歷不明等情，如有此等情奇等出首一力抵當，不干買主之事，此係二比甘愿，各無反悔，恐口無憑，仝立杜賣盡根田契字壹紙，又帶上手買紙一紙，番契一紙，合共參紙，付執為炤。即日仝中見收過賣田契字內出佛銀四佰貳拾大元正，完足再炤。

代書人　堂弟錫類

為　中　李沛

知　見　母親林氏

道光貳拾玖年拾二月　日

三奇　拱照

6 林美容《草屯鎮鄉土社會史資料》，臺灣風物雜誌社（1990），頁 64。

全立杜賣盡根田契字人沈　胞侄幸義

三及　宗廟

其第一節「仝立杜賣盡根田契字人萬寶新庄沈三奇、三及、拱照、宗廟，胞侄幸義等」，表示契字的性質及當事人。第二節「有承父明買過謝家水田併旱田共壹段」，表示目的物的由來。

第三節「坐落土名在草鞋墩庄前大埔洋，東至大圳岸界、西至李家田界、南至大圳界，北至大車路界，四至界址明白，官丈寔田捌分。」表示目的物的地點、境界及面積。

第四節「自配陳萬生水圳水五分，又帶草鞋墩舊圳水六分，長流灌溉，逐年配納大小番租陸石正。」表示目的地的灌溉及納租情形。

第五節「今因乏銀別置，兄弟侄同堂相商，愿將此水田出賣，先盡問房親人等不能承受，外托中引就向賣與」表示發生法律關係的原因，親族間的商議及議定介紹人。

第六節「莊日新官出首承買」表示對方姓名及法律行爲的性質。

第七節「三面議定時值田價佛銀肆佰貳拾大元正，其銀即日同中交收足訖，其田隨即踏明界址，交付買主前去掌管起耕，招佃耕作、收租納租，永爲己業，一賣千休，後日價値千金奇等子孫永不敢言及找贖茲事。」表示目的物及代價，並誓言日後對目的物不得主張任何權利。

第八節「保此田係是奇等承父明買之業，與房親人等無干，亦無重張典掛他人財物爲礙，以及來歷不明等情，如有此等情奇等出首一力抵當，不干買主之事。」保證目的物無瑕疵。

第九節「此係二比甘愿，各無反悔，恐口無憑，仝立杜賣盡根田契字壹紙，又帶上手買紙一紙，番契一紙，合共參紙，付執爲炤。」表示立字及將契字交與承買人。

第十節「即日仝中見收過賣田契字內出佛銀四佰貳拾大元正，完足再炤。」表示銀貨兩訖，完成交易行爲。

最後是「代書人，爲中，知見，同立杜賣盡根田契字人及年月日」這些人在將來一旦買賣發生糾紛時，都負有某種程度的法律責任。

在以上合約中，清丈後起變化的是第三節的坐落及面積，第四節的納租對象，數額及貨幣種類，以及第九節交與承買人的文件。

參、清丈後的契字形式

光緒九年（1883）中法戰爭爆發，次年劉銘傳以巡撫名銜督辦臺灣軍務，光緒十一年臺灣建省，命劉銘傳爲首任福建臺灣巡撫，劉氏爲求臺灣財政自足，乃於光緒十二年至十五年全面清丈臺灣田園。

丈後之買賣土地契字舉〈洪其昌等仝立杜賣盡根田契〉[7]（圖一）爲例如下：

> 仝立杜賣盡根田契字人北投保萬寶新庄洪其昌其隆等，有承祖父遺下水田壹段，址在牛屎崎洋，清丈之8仟號田壹甲伍分，東至買主旱田界、西至大圳界、南至水溝界、北至大路界、四至界址明白，全年配納糧銀四兩參錢壹分四厘陸毫，又帶大租谷扣實納石貳斗正，並帶圳水通

7 《草屯地區古文書專輯》，南投：臺灣省文獻委員會（民國 88 年），頁 184。

流灌溉充足，今因乏銀費用愿將此田出賣，先盡問房親人等各不欲承受，外托中引就向與草鞋墩庄李振昌堂出首承買，當日三面議定，時值盡根價銀伍佰貳拾陸大元正，其銀字即日仝中交收足訖，其田隨即起耕踏明界址，交付買主前去掌管，收租納課，永為己業，此賣千休，葛籐永斷，日后價雖千金，昌等以及子孫不得言贖言找。保此田係昌等承祖父遺下物業與別房人無干，亦無重張典掛他人財物與及上手來歷交加不明等弊，如有等弊昌等出首一力抵當不干買主之事，此係兩愿各無抑勒反悔，口恐無憑仝立杜賣盡根字壹紙併帶林發杜賣契壹紙，併繳上手杜賣契壹紙，鬮書貳式，上下手典契貳紙，又丈單壹紙共捌紙付執為炤。

即日仝中實收過杜賣契字佛銀伍佰拾陸大元平重參佰陸拾捌兩貳錢正，完足再炤。

批明此契內舊甲數壹甲五分至光緒拾四年七月初八日報丈之字壹千壹百陸拾五陸，壹千壹百陸拾七八號，下則田貳甲零池厘參毫捌絲合應批炤。

代筆人何彩生

為中人蕭清選

知見　母親謝氏

明治參拾年丁酉拾壹月日　仝立杜賣盡根田契字人

洪其昌　其隆

上契有「清丈之字δ仟號田壹甲伍分⋯ ⋯全年配納糧銀四兩參錢壹分四厘陸毫，又帶大租谷扣實納石貳斗正。⋯ ⋯口恐無憑仝立杜賣盡根字壹紙併帶林發杜賣契壹紙，併繳上手杜賣契壹紙，鬮書貳式，上下手典契貳紙，又丈單壹紙共捌紙付執為炤。… …即日仝中實收過杜賣契字佛銀伍佰拾陸大元平重參佰陸拾捌兩貳錢正，完足再炤。… …批明此契內舊甲數壹甲五分至光緒拾四年七月初八日報丈之字壹千壹百陸拾伍，壹千壹百陸拾柒捌號，下則田貳甲零池厘參毫捌絲，合應批炤。」

上錄契文，清丈之字號，即劉銘傳清丈之字號，此字號即魚鱗冊中之字號，爲清丈前所無。本契之目的物在草鞋墩屯牛屎崎洋，即今草屯鎮御史里，自本契知道其清丈時間爲光緒十四年七月初八日。

全年配納糧銀，清丈前無此項，因爲草屯地區只納番大租。大租谷扣實，此大租谷即番大租；扣實，因減四留六，原來一甲五分要納十二石，扣去四成的四石八斗，只餘下柒石二斗。即配納糧銀，大租谷扣實都爲清丈前所無。

杜賣盡根契、上手契、鬮書、典契都是清丈前舊有，只有丈單一項爲清丈前所無。

平重，即庫平銀，佛銀打七折是爲庫平，因爲政府收租以庫平銀計算，民間契字也由佛銀爲主，轉爲佛銀、庫平銀並書方式。

舊甲數壹甲五分，報丈爲下則田貳甲零柒厘參毫捌絲。清丈後多出原來面積五分柒厘參毫捌絲。可見隱田確實存在。至於下則田，則清丈時將田園等則分爲上則田、中則田、下則田、下下則田、上園、中園、下園、下下園。「以長流灌溉爲上，資坡塘水者爲中，其田爲靠天雨者爲下。」[8]其納賦之情形「上園視中田，

8 《臨時臺灣舊慣調查會第一部調查第三回報告書》附錄參考書（神戶、明治43年）第一卷上，頁51；羅剛《劉公銘傳年譜初稿》下冊，台北：正中書局（民國72年），頁792。

中園視下田，其下園及下下之田，土至瘠薄，照下田核減二成，下下園照下下田遞減。」[9]

這些改變，在草屯地區普遍存在。(詳見表一)茲再說明如后。

表一 清丈後契字表

序號	年 月	立契人及契約性質	清丈相關文字	備註
1	光緒十六年十二月	李有立杜賣盡根埔園契	1.逐年番大租粟壹斗正 2.丈報之字第四仟貳佰壹拾捌號瘠則園壹甲貳分壹毫九絲 3.全年配納地租銀陸錢陸分壹厘正 4.價銀伍拾大員，秤足重正 5.又帶丈單壹紙	〈草屯地區古文書專輯〉頁259
2	光緒十七年九月	洪漏乞主典旱田契	1.經丈參分肆厘伍毫正 2.年配納大租尾粟壹斗正 3.時價銀伍拾伍大員，秤重參拾捌兩伍拾錢正	同上書頁328
3	光緒十八年	李連立杜賣盡根埔園契	1.經丈又瘠園柒甲伍分玖厘九毫柒絲正 2.逐年配納錢銀貳兩零玖分零貳毫正 3.配丈單貳張 4.年配納番業主大租粟共玖斗正扣四成完納錢糧 5.時價銀貳佰參拾大員，秤足重正	同上書頁260
4	光緒十六年二月	盧金水等仝立杜賣盡根田契	1.價銀壹佰參拾參大員正，庫平足重正 2.批明此三段水田經丈壹甲壹分伍厘參毫頒作瘠則田園，其丈單黏帶別業，難以分析交與洪秀忠收存再照	同上書頁215
5	光緒十九年五月	李石居立典田契	1.丈報之字第四仟參佰柒拾玖號瘠則田對半參分貳厘 2.全年配納錢糧銀貳錢陸分四厘正 3.價銀壹佰參拾大元平重玖拾壹兩正	同上書頁212

9 劉銘傳〈台畝清丈將竣批仿同安下沙定賦摺（十三年九月二十四日）〉載《劉壯肅公奏議》，南投：臺灣省文獻委員會，（民國 86 年），頁 307-311。

6	光緒十九年十月	洪昌立添典契	1.新丈過柒分壹厘陸毫正 2.添典出佛銀柒拾大元，庫平肆拾玖兩正 3.丈單壹紙 4.又帶丈單壹紙	同上書頁141
7	光緒十九年十一月	洪憨成等仝立繳典盡根田契	1.經丈之乂川〥亖千號實田肆分壹厘陸毫陸絲正 2.併帶前年間當過番通事大租谷壹石陸斗肆升正扣伸逐年應納大租谷參斗正 3.價銀壹佰肆拾伍元又當番大租谷銀貳拾大元，計共洋銀壹佰陸拾伍大元，庫平壹佰壹拾伍兩伍錢正 4.丈單壹紙	同上書頁217
8	光緒二十年九月	洪水里立杜賣盡根契	1.經丈伍分正 2.價銀壹佰柒拾伍大員，庫平壹佰貳拾兩伍錢正 3.並繳丈單付執爲照	同上書頁182
9	光緒二十年十二月	林發等仝立杜賣盡根田契	1.清丈壹甲伍分正 2.扣完糧外逐年配納通事大租谷柒石貳斗正 3.佛銀參拾大員，庫平貳拾貳兩正	同上書頁181
10	明治30年11月	洪其昌等仝立杜賣盡根田契	1.清丈之字一一二〥仟號田壹甲伍分 2.全年配納糧錢銀四兩參錢壹分四厘陸毫又帶大租谷扣實納石貳斗正 3.價銀伍佰貳拾陸大元正，平重參佰陸拾八兩貳錢正 4.又丈單壹紙 5.批明此契內舊甲數壹甲五分至光緒拾四年七月初八日報丈之字壹千壹佰陸拾五/陸、壹千壹百陸拾七/八號下則田貳甲零七厘參毫捌絲合應批照	同上書頁184
11	明治31年11月	洪憨成等仝立典旱田契	1.經丈之字乂川〦〥千號實田肆分壹厘陸毫陸絲正 2.併帶前年間當過番通事大租粟壹石陸斗肆升扣肆成伸玖斗捌升正扣伸逐年應納大租粟陸升正，併帶錢糧壹員陸厘陸毫正 3.價銀壹佰伍拾伍員又當過番大租粟銀壹拾大員，計共佛銀壹佰陸拾伍大員，庫秤壹佰拾伍兩伍錢 4.丈單壹紙	同上書頁220

12	明治32年11月	簡大本立杜賣盡根田契	1.經丈參分七厘五毫正 2.價銀壹佰五拾大元，平重壹佰零五兩正	同上書頁122
13	明治32年11月20日	李逑親立典田契	1.丈報之字第貳仟捌佰壹拾柒號下下則田壹分捌厘捌毫伍絲正 2.年納大租谷貳斗，錢糧銀全年伍角捌厘正 3.典價銀柒兌銀陸拾捌大員正 4.丈單壹紙 5.本契字面士地在北投堡草鞋墩庄貳拾壹番田貳分貳厘四毫相當	同上書頁66
14	明治33年3月	洪成家立杜賣盡根田契	1.丈報之字第〡〡〥〨千號 2.瘠則田柒分玖厘 3.價銀壹佰柒拾伍大元，庫平壹佰貳拾貳兩伍錢正 4.丈單壹紙	同上書頁186
15	明治33年7月	林火立繳典田契	1.清丈之字第〦〢〤百十號至第〦〣文百十號中 則田壹甲壹分柒毫壹絲正 2.全年帶納錢糧平貳兩柒錢玖分參厘柒毫陸絲，併帶納大租谷扣四六尙伸谷參石捌斗肆升正 3.典價銀柒兌平佛銀伍佰大元正 4.丈單一紙	同上書頁98
16	明治33年8月	洪萬足等仝立杜賣盡根田契	1.經丈參分零壹毫貳絲 2.全年地租金九拾陸錢四厘，又配納大租谷壹石壹斗四升正 3.價銀七兌銀壹百貳拾圓正 4.批明丈單連在洪七之田難以分析繳連批照	同上書頁152
17	明治33年8月	簡濟英等仝立典田契	1.丈報之字第〣0〢〡千號下下則田肆分捌厘伍毫肆絲肆忽 2.又一段丈報之字第〣0〢0千號、〣0〢〢千字下則田參分柒厘零玖絲陸忽 3.全年帶納大租谷折實參石捌斗肆升 4.典價銀柒兌平銀參佰壹拾大元正 5.丈單壹紙	同上書頁130
18	明治33年	簡順立儘典田契	1.上下節田參分柒厘伍毫 2.逐年配納大租粟六成扣實貳石壹斗 3.典價銀捌拾大員七兌正	同上書頁124

19	明治32年11月	洪憨成等仝立杜賣盡根旱田契	1.丈報之字四千參百六拾五號四分壹厘陸毫陸絲 2.逐年告知一八五三應納錢糧壹圓陸錢陸厘正 3.杜賣盡根旱田價光銀貳拾伍大員 4.丈單壹紙	同上書頁226
20	明治34年2月	洪闇娘仝立找洗旱田契	1.丈報之字四千參佰七拾六號下下則田壹甲四分參厘參毫四絲貳忽 2.全年應納錢糧參圓陸拾四錢四厘 3.逐年配納番大租尾粟壹斗正 4.找出七兌銀捌大員	同上書頁224
21	明治34年8月	李文傑立杜賣盡根田契	1.經丈之字第四千參佰捌拾壹號下則田壹分玖厘柒毫貳絲正 2.全年配納地租金陸拾參錢壹厘 3.又帶納番業主大租粟玖升正 4.價銀肆拾大員，每員銀柒兌重正 5.丈單壹紙	同上書頁229
22	明治34年10月	李龍等仝立典田契	1.原丈四分之字貳仟八佰十五號下下則田四分玖厘貳毫伍絲正 2.全年配納錢糧捌錢壹分九厘六毫 3.價銀壹佰參拾大員平重玖拾壹兩正 4.帶丈單乙紙 5.本契字面土地在北投堡草鞋墩庄貳拾番田五厘九毫五絲，同堡同庄貳拾參番田零分五厘四毫五絲，同堡同庄四拾四番田貳分九厘四毫	同上書頁34
23	明治34年12月	蕭結仝立杜賣田契	1.清丈之字二千九佰三十七號下下則田貳分捌厘四毫七絲 2.全年地租金七十貳錢九厘 3.價銀壹佰大員，平重柒拾兩正 4.批明丈單在廿九年間失落，日后倘尋出，仍交付買主收存批照	同上書頁126
24	明治34年12月	李賊立杜賣盡根旱田契	1.經丈四仟參佰玖拾四號，瘠則田壹甲捌分六厘捌毫捌絲正 2.全年配納地租金壹圓伍拾捌錢壹厘，又帶納番業主余養巡大租實粟陸升正 3.價銀貳佰大員，每員銀柒錢重正 4.併帶丈單壹紙	同上書頁228

25	明治34年12月	李阿旺立杜賣盡根田契	1.經丈壹甲陸分正，抽出之字第四仟九佰零七號瘠則田捌分正 2.全年配納地租金壹圓壹錢五厘，年配納番大租粟貳斗正 3.時價銀壹佰伍拾的大員，每員銀秤柒錢重正 4.批明其上手小買奕招耕字壹紙、潘目嘓買契壹紙…丈單壹紙共四紙，交付洪水官兄弟收存批照	同上書頁222
26	明治34年12月	簡耀宗立出歸管字	1.清丈之字二千九佰九十五號下下則田伍分陸厘玖毫參絲 2.價銀七兌壹佰貳拾貳大員正	同上書頁121
27	明治34年	李鼻立杜賣盡根田契	1.清丈之字參千柒佰參拾壹號下下則田壹甲貳分貳厘正 2.全年配納錢糧壹兩零壹分貳厘 3.時價銀盡根田契銀貳佰五拾大圓（七兌銀）	同上書頁170
28	明治35年1月	李石居立杜賣盡根田契	1.丈報之字第四仟參佰柒拾玖號瘠則田參分貳厘正 2.全年配納地租金四拾錢陸厘正 3.價銀貳拾大員，每員銀庫秤柒錢重正 4.丈單壹紙	同上書頁232
29	明治35年1月	簡坤成仝立杜賣盡根田契	1.清丈之字二仟九佰九十五號下下則田壹甲柒分零捌毫正 2.逐年配納錢糧金貳圓三十二錢四厘，帶納大租谷肆石零捌升正 3.價銀陸拾大元，前父親典字參佰玖拾貳元合共銀肆佰五拾貳大元，計共秤重參佰壹拾陸兩肆正 4.丈單乙紙	同上書頁128
30	明治35年	林祈和立永杜賣盡根契	1.經丈壹甲五分 2.價銀肆佰大圓正 3.丈單壹紙	同上書頁100
31	明治35年2月	李阿來立杜賣盡根田契	1.丈報之字第參千六百拾九號瘠則田捌分貳厘參毫四絲正，此田四份之中來鬮分應得壹份貳分五厘捌絲五忽正 2.全年配納地租金貳拾六錢貳厘，並配番業主大租穀陸升正 3.價銀伍拾大員，每員銀柒錢重正 4.一批明其上手契卷，丈單以及自己鬮書難以分析交在胞兄石居收存批明又照	同上書頁169

32	明治35年2月	謝豬母等仝杜賣盡根田契	1.經丈之字一五九/一六〇/一六四號下下則田壹甲六分壹厘九毫 2.年配納地租金一九二八號四圓拾四錢四厘，大租谷尾六成實六斗正 3.價銀五百壹拾大圓正 4.丈單壹紙	同上書頁84
33	明治35年2月	謝火成等立杜賣盡根田契	內容同三二號	同上書頁87
34	明治35年4月	李存等立杜賣盡根埔園契	1.年納番業主大租粟扣四成外實壹斗捌升正 2.價銀貳拾參員秤足重正	同上書頁230
35	明治35年12月	李新旺立典田契	內容同三二號	同上書頁286
36	明治35年12月	李新旺立典田契	1.經丈之字二六七七號中則田四分六厘六毫四絲 2.年納地租金一四六〇大租粟六成實貳石四斗 3.價銀七兌參佰大元正 4.丈單壹紙	同上書頁10

有關坐落及面積之變化，清丈前坐落地點只有東西南北四至，土地面積甚至不寫，只寫租額；有土地面積的也只寫到甲分，到厘的很少了。但清丈之後的四至還保，又多了丈報字號，如表一中一、五、七、一〇、一一、一三、一四、一五、一七、一九、二〇、二一、二二、二三、二四、二五、二六、二七、二八、二九、三一、三二、三六，計二三件都有丈報字號，占全契之百分六十七，其字號有用民間的數目書寫的如七號、一一號、一五號、一七號，明治後甚至於用阿拉伯數字的如三二、三六號。

至於面積，清丈後甲分厘毫絲都很普遍的寫在契字中，這一方面反映測量愈後愈精準，一方面也反映土地愈來愈值錢；更重要的是反映「就戶問糧」[10]「就田問賦」[11]「地無隱匿之糧，民無

10 劉銘傳〈量田清賦申明賞罰〉載《劉壯肅公奏議》，頁 303-305。

虛完之累」[12]，稅負不可逃漏。

除面積外，又多田園的等則，如瘠則園、瘠則田、下則田、下下則田。

納租稅對象，草屯地區在清丈前都只有番大租，也寫成大租、大租粟、大租穀、大租谷，或租。但清丈後除了番大租粟外，又多了向政府納的地租銀。

契字會將減四留六使番大租減少的事實反映出來。如三號，「年配納番業主大租粟共玖斗正，扣四成完納錢糧。」扣四成正是給現耕佃人向政府納錢糧之用的。七號「扣伸逐年應納大租谷參斗正」。扣伸為台語，即扣四成後所剩餘。九號「扣完糧外」，一〇號「扣實」，一一號「扣四成伸」，一五號「扣四六尚伸」，一七號「折實」，一〇號「六成扣實」，二〇號「番大租尾粟」，二四號「大租實粟」，三二號「大租谷尾六成實」，三四號「大租粟扣四成外實」，三六號「大租粟六成實」，種種不同寫法，都指同一事實。

清丈後，劉銘傳本有意消滅大租戶，後來折衷採用減四留六法，而將業主權給現耕佃人，所以由現耕佃人向政府完糧納課，因此，現耕佃人除了照原額之六成納大租外，又得向政府納糧銀。其名稱有地租銀、錢銀、錢糧銀、糧錢銀，地租金等等，就中以稱「錢糧」及「地租金」為多。

錢糧或地租是以庫平銀為貨幣單位，因為土地面積計算到絲，甚至到忽，所以銀兩也從兩、錢、分、厘、毫、到絲。如表一之一五號「全民帶納錢糧貳兩柒錢玖分參厘柒毫陸絲」，而其扣稅之稅率即劉銘傳所定之每甲上田徵銀二兩四錢六分，中田二

11 見《清代臺灣大租調查書》下，臺灣省文獻委員會（民國 83 年），頁 639。
12 劉銘傳〈全台清丈給單完竣覆定額徵〉載《劉壯肅公奏議》，頁 318-320。

兩，下田一兩六錢六分；上園視中田，中田視下田。只是到日治時貨幣由清圓換成日圓，其詳如表二。

表一中一號「價銀伍拾大員，秤足重正」，其「秤足重正」即庫平銀之意，此由四號「價銀壹佰參拾參大員正，庫平足重正」之「庫平足重正」可以印證。而庫平銀之要求，也可以如五號、九號寫成「平重」，或一一號之「庫秤」，或一三號之「柒兌銀」，所以稱「柒兌銀」，是因爲佛銀打七折才是庫平銀。雖有六點九折的，但草屯地區都是七折。又如一六號稱「柒兌平銀」，一七號「柒兌平銀」，二一號「柒兌重正」，二五號「每員銀秤七錢重正」，二八號「每足銀褲秤柒錢重正」，或簡化爲二九號之「秤重」。這些都可通行無阻，草屯地區在同治年間的契字就佛銀，庫平都平重同寫的現象，但光緒後更爲普遍，清丈後則幾乎張張都二者並寫。這是否意味著官方的力量愈來愈深入民間，值得再進一步探討。

表二 新租率表[13]

地方別	安平、鳳山、嘉義、新竹、彰化、淡水、基隆、宜蘭							恒春		
	對一畝之正耗	對一畝之補水	對一畝之平餘	計	對一甲之正耗、補水、平餘	換算額	換算額	對一甲之正耗、補水、平餘	換算額	換算額
	兩	兩	兩	兩	兩	圓	圓	兩	圓	圓
上則田	0.2244080	0.02244080	0.03366120	0.280510	3.085610	4.266	4.745	0.424780	1.066	1.066
中則田	0.1835280	0.01835280	0.02752920	0.029410	2.523510	3.505	3.881	0.633050	0.931	0.931
下則田	0.1513200	0.01513200	0.02263680	0.189140	2.080540	2.890	3.199	0.506440	0.745	0.745
下下則田	0.1210496	0.01210496	0.01815744	0.151312	1.664432	2.316	2.599	0.405152	0.596	0.596
上園	0.1835280	0.01835280	0.02752920	0.229941	2.523510	3.505	3.881	0.633050	0.931	0.931
中園	0.1513200	0.01513200	0.02269680	0.189140	2.080540	2.890	3.199	0.506440	0.745	0.745
下園	0.1210496	0.01210496	0.01815744	0.151312	1.664432	2.316	3.559	0.405152	0.596	0.596
下下園	0.0968396	0.00968396	0.01452595	0.121049	1.331539	1.894	2.047	0.321216	0.477	0.477

13 江丙坤《臺灣田賦改革事業之研究》臺灣銀行經濟研究室（民國 61 年）頁 32。表中換算額之 A 欄爲清時之換算額，B 欄爲日本據台初期，換算爲日本國之圓，金額換算基準爲一兩＝一圓五角三分八厘。

交與承買人的文件，除舊有的兩造買賣契字、上手契、鬮書外、多出丈單因爲丈單相當於今日之所有權狀。日人治台就是承認丈單爲所有權證，而且劉銘傳清丈時在所發丈單上有「其四至並賦則由縣編造圖冊外合行掣給丈單，永遠管業。嗣後倘有典賣，應將丈單隨契流交，推收遇過割須單。」這裡說的很明白，丈單確是所有權狀，而且有典賣行爲，丈單要和契字交由承買人，並且在產權移轉登記的「推收過割」時都須要丈單。丈單成爲重要的法律文件。所以三十六號中，除九、一二、一八、二〇、二三、二六、二七、三三、三四計十件未有丈單外，都帶丈單。而上述十件中，二〇號爲找洗，當然無丈單。二三號則批明丈單前失落，三一號批明上手契券、丈單、鬮書都在胞兄收存難以分析。所以真正未帶丈單的只有七件。占百分之十九強。也即百分之八十一都帶丈單。

肆、日治初期土地調查後之契字形式

日人治台，於明治 31 年（1895）設臨時臺灣土地調查局，進行臺灣土地調查，實行全島三角測量及土地丈量，並確定坐落、面積及業主登記於土地底冊。明治 37 年調查土地及確定業主完成後，頒布地租規則改革地租及廢止大租權。翌年頒布土地登記規則確保業主權[14]。日人此一土地調查，也影響到臺灣民間的契字內容。茲舉明治 37 年 2 月 1 日〈洪得生、洪朝成仝立盡根田契〉

14 有關臨時臺灣土地調查局可閱徐國章編譯《臺灣總督府公文類纂官制類史料彙編》南投：臺灣省文獻委員會，（民國 88），頁 829-853。

爲例，[15]如下：

仝立盡根田契字人頂茄荖庄洪得生、番仔田庄洪朝成有承祖父應份鬮分水田壹段，坐落北投堡石頭埔洋，東至自己公田，西至大圳，南至石埒，北至朝成公田，四至明白。土地調查謄本五八番田壹分參厘六毫，又六〇番田壹分壹厘四毫，年配納番租谷折實八斗四升，並帶圳水通流漑足。今因乏銀別用，托中引就向與族親洪玖出首承買，三面議定時值盡根田價金八拾五圓參拾錢，其銀字即日仝中交收足訖，其田隨即踏明界址，起耕交付買主掌管收租納稅永為己業，保此田係得生、朝成仝承先人遺業與別房人等無干，亦無重張典掛他人財物，以及上手來歷交加不明等情，自此一賣終休，日后雖價值千金，生等及子孫永不敢再言找贖之理，此係二比甘願，各無反悔，口恐無憑，合立盡根田契字壹紙，並帶鬮書壹紙、丈單壹紙，計共參紙，付執為炤。

即日仝中實收過契字內金字八拾五圓參拾錢，完足再炤

代書並中人洪成材

知見人胞弟洪得

陳

明治參拾七年二月一日

仝立盡根契字人洪得生　洪朝成

本契字與以前契字不同的地方在，第三行到第四行「土地調查謄本五八番田壹分參厘六毫，又六〇番田壹分壹厘四毫」。第

15 《草屯地區古文書專輯》，頁 146。

五行「價金八拾五圓參拾錢」。也就是將清丈後之「丈報之字第〇號〇則田」，變成「〇番田」。而本契將「土地調查謄本」也寫在契字中，更反映日人土地調查後製成土地底冊。另外買賣貨幣已由佛銀、庫平銀，變成日圓，其換算比率見表二，至於「番租谷折實」仍如上述劉銘傳清丈後的情形。日人土地調查後的變與不變不止於此，見表三可知。

表三　土地調查後契字表

序號	年　月	立契人及契約性質	清丈相關文字	備註
1	明治37年2月1日	洪得生仝立盡根田契	1.土地調查謄本五八番田壹分參厘六毫，又六〇番田壹分壹厘四毫 2.年配納番租谷折實八斗四升 3.價金八拾五圓參拾錢 4.丈單壹紙	〈草屯地區古文書專輯〉頁145
2	明治37年2月13日	李新旺等仝立杜賣盡根田契	1.坐落草鞋墩七七六番田五分六厘壹毫五絲 2.年納地租金壹圓九拾貳錢六厘，番租折實粟貳石四斗 3.價銀參佰貳拾柒員 4.丈單壹紙	同上書頁38
3	明治37年2月13日	李新旺等仝立杜賣盡根田契	1.坐落新庄八九五番田壹甲四分四毫 2.年納地租金四圓拾四錢四厘，番租尾折實粟陸斗正 3.價銀捌佰柒拾參員 4.丈單壹紙	同上書頁88
4	明治37年12月	林江河立杜賣盡根契	1.坐落北投埔六七八番地壹甲參分陸厘壹毫五絲 2.價銀伍佰陸拾伍大員 3.丈單乙紙 4.謄本乙紙	同上書頁102
5	明治39年1月30日	李逑親立杜賣盡根田契	1.址在草鞋墩庄第貳拾壹番田貳分貳毫四絲 2.田價壹佰捌拾員 3.丈單壹紙	同上書頁332

表三之二有「草鞋墩七七六番田五分六厘壹毫五絲」，「年納地租金壹圓九拾貳錢六厘」，「番租折實粟貳石四斗」。三號有「坐落草鞋墩八九五番田壹甲四分四毫」、「年納地租金四圓拾四錢四厘」、「番租尾折實粟陸斗正」。四號有「坐落北投埔六七八番田壹甲參分陸厘壹毫五絲」、「丈單乙紙」、「謄本乙紙」。五號有「址在草鞋墩庄第貳拾壹番田貳分貳毫四絲」、「丈單壹紙」。

從這四件契字來看，丈報號變成土地調查謄本番號。土地面積的單位甲分厘絲毫，未變；地租現金已由清圓變日圓。番租還在減四留六法影響之下納折實或租尾，清季丈單仍然流交。日人土地丈量後未發丈單，但日人另有所有權狀內容的契尾。四號有「謄本乙紙」交給承買人尤為珍貴，是一個改變。

到土地調查完成，明治 37 年下半年使用新租率表；將田、畑（以前的園）區分為十等則，養魚池區分為七等則。租率則先調查土地的買賣價格、借貸利息，再計算土地的利潤，然後按其等則分別決定，其租率計算表如下：

表四　租率計算表[16]

等則		一則	二則	三則	四則	五則	六則	七則	八則	九則	十則
田	各則收穫（圓）	自240至206	自205至186	自185至156	自155至136	自135至111	自110至91	自90至71	自70至56	自55至41	自40至11
	租率	8%	8%	7.5%	7.5%	7%	7%	7%	6.5%	6.5%	6%
	田賦(圓)	17.8	15.6	12.8	10.9	8.6	7.0	7.0	4.0	3.1	1.5

16 江丙坤，前揭書，頁 134。

𤖲	各則收穫（圓）	自200至171	自170至146	自120至106	自120至106	自105至86	自85至71	自70至56	自55至41	自40至26	自25至1
	租率	7%	7%	6.5%	6.5%	6%	6%	5.5%	5.5%	5%	5%
	田賦(圓)	13.0	11.0	8.6	7.3	5.7	4.6	3.4	2.6	1.6	0.6
養魚池	各則收穫（圓）	自170至141	自140至111	自110至86	自85至56	自55至36	自35至21	自20至1			
	租率	6%	6%	6%	5%	5%	4%	4%			
	田賦(圓)	9.3	7.5	5.8	3.5	2.3	1.1	0.4			

也就是從日本明治 28 年到 37 年上半年之近十年間，租率仍用清朝清丈後之舊租率，也即劉銘傳所訂之租率，只是不用清圓，改用日圓。37 年下半後，則租率也改了，貨幣單位也改了。

伍、臺灣其他地方的契字在清丈及土地調查後的改變情形

草屯地區的契字在清丈及土地調查之後的改變已如上述。臺灣其他地方的情形是不是與草屯地區發生同樣變化，這是值得進一步探究的事。

首先，看南投縣境的其他地方。

竹山鎮光緒十七年二月〈林家修稟〉[17]文中有「第查沙連保香員腳仔寮庄大租，係在昔業戶莊群等一十七人，樂善捐充，歷

17 《清代臺灣大租調查書》下冊，南投：臺灣省文獻委員會，民國 83 年，頁 956-957。

收百餘歲，現有碑記可證。迨清丈奉改新章，按定大租戶實收六成，留四成貼小租戶承糧，憲示煌煌。該處佃戶計有三十多名均屬碎戶，修遵造六成收繳，無如虎佃葉智仁，即現佃林安，計欠大租銀三元六角…。」可知竹山鎮減四留六法確實施行。

埔里地區，光緒二十年正月〈烏牛欄社番潘搭肉后答立杜賣盡根找洗田契〉[18]，有「魚鱗冊坐編黃字第八百九拾七號，官丈乙分零八毛八絲」，「田價銀貳拾貳大員，平重拾伍兩四錢正」，「並帶聯單、丈單各壹紙」。又光緒貳拾年三月〈埔西保阿里史社番潘四老水雞立杜賣盡根契字〉[19]，有「官丈貳分四厘，坐編元第字七百貳拾七號」，「年配正供亢照例完納」、「價銀壹佰大元，平重柒拾兩正」、「并帶聯單壹紙」。又光緒二十年十二月〈潘斗肉立杜賣盡根田契〉[20]，有「經丈一分九厘九毫五絲二忽，魚鱗冊坐編信字一百三十二號。又一段… …經丈一分零六毫八絲，魚鱗冊坐、編信字一百三十三號，年配正供亢五照例完納。」、「價銀三十三大元，庫平二十三兩一錢正。」、「并三聯單二紙、丈單二紙」。從這三件契字，可知埔里地區清丈後之契字改變更多，更能反映清丈之史實。除草屯地區有的外，埔里更多「魚鱗冊坐編信字第○號」。除丈單外，又多三聯單（聯單）。此聯單即光緒十二年六月初八日劉銘傳所曉諭之「清丈章程」第二條之「清丈後須發三聯票單，一歸清丈總局，一歸本縣，一歸業主收執」。中之三聯票單，三聯單全稱應爲業戶過戶印單執照，其形制較爲罕見，茲舉〈潘復興之聯單〉[21]（圖二）如下：

---

18 埔里愛蘭黃家典藏古文書。
19 同註 13。
20 同註 13。
21 同註 13。

業戶過戶印單執照

府　　縣正堂　　今將業戶潘復興於　　　年　　月間向過下下則田一坵坐落埔社所縣西關保庄，土名烏牛欄，四方東至潘大必里為界，西至潘大必里阿為為界，南至潘大必里為界，北至崁腳為界，計丈貳分四厘，魚鱗冊坐編元字第七佰廿七號年應配完。合給印單付執嗣後該業戶之典賣，應將此單隨契繳至庄書處摧收過戶，另換新印單付執如無此單雖自立契據，不作為憑此照。右照付業戶　潘復興　隨契收執

光緒十二年十二月　　日

給埔字第　　　號

自其左側、右側之情形判斷，業主所執爲中間一聯。

台中縣境之情形，光緒十九年十二月〈林振芳等立杜賣盡根水田收銀字〉[22]，有「經丈上則田伍分肆厘零捌絲，錢糧壹兩陸錢陸分玖厘，原帶大坡圳水灌漑足用，及帶六成番租谷。」「帶丈單壹紙」，又如光緒二十一年三月〈魏孔昭等立杜退盡根番田租收銀字〉[23]，有「官丈下則壹甲壹分貳厘零，年贌小租谷肆拾伍石正」、「又丈單壹紙」。又如明治 33 年 8 月〈岸裡社番主阿清等立杜賣盡根番田契〉[24]，有「此田年贌小租谷貳拾伍石，配磧地銀伍拾大元正，前經官係與魏孔昭在內報昌字五千肆佰壹拾玖號，外彰字貳千壹佰肆拾壹號下則田壹甲壹分貳厘陸毫肆絲正，全年納地租稅銀貳兩參錢肆分參厘五絲正」、「價銀參佰陸拾大元七兌正」、「今欲有憑，立杜賣盡根番田字乙紙，並帶明丈單，番約字粘連

22 洪麗完，《臺灣古文書》下冊，台中縣立文化中心，民國 85 年，頁 413。
23 洪麗完，前揭書，頁 410。
24 洪麗完，前揭書，頁 431。

在內為執照」。以上三件契字，可見「經丈」、「官丈」、「上則田」、「下則田」、「六成番租谷」、「昌字〇號」、「彰字〇號」、「錢糧」、「地租稅銀」、「七兌正」、「帶丈單」、「帶明丈單」。與草屯地區契字無異，全是清丈的影響。

新竹地區的情形，明治 30 年 12 月，竹北二堡圳股頭庄〈陳石步等仝立出歸就田厝埔園字〉[25]，有「並帶清國丈單」、明治 32 年 12 月竹北二堡〈陳進壽立出歸就田厝埔園契字〉[26]，也有「並帶清國丈單」。

苗栗苑裡光緒二十年十月〈郭求仝立歸管水田契〉[27]，有「奉憲丈下則田柒分零肆毫正」、「紅單壹紙」。此紅單疑即丈單，「奉憲丈下則田」，是清丈的結果。

光緒十九年十一月，桃園中壢芝葩里〈郭龍江等立杜賣盡根水田埔園契〉[28]，有「年配納業主大租因光緒拾參年劉爵帥清丈下下則田壹甲貳分四厘陸毫貳絲正，將大租內抽出四成壹石貳斗柒升參合零，貫以落田底配納錢糧，留下陸成壹石柒斗五升四合零，應納本源給出完單」、「丈單壹紙」。此契很明白指出劉銘傳清丈，並行減四留六法，丈單也隨契流交。

宜蘭縣境的情形，光緒十八年十一月〈西勢抵美福社番阿蚊立胎借銀字〉[29]，有「經丈壹分肆厘壹毫零」、「並帶新給丈單」。又如光緒十六年十一月〈林阿崇立杜賣盡根田契〉[30]，有「憲丈壹

25 陳秋坤，《臺灣古書契》，立虹出版社，民國 86 年，頁 221。
26 陳秋坤，前揭書，頁 219。
27 陳秋坤，前揭書，頁 204。
28 陳秋坤，前揭書，頁 173。
29 《宜蘭古文書》第貳輯，宜蘭縣立文化中心、臺灣大學人類學系，民國 84 年，頁 115-116。
30 《宜蘭古文書》第參輯，頁 51-52。

甲參分零」、「又帶舊丈單貳紙又新丈單貳紙」。宜蘭的契字比較簡單，未將清丈字號寫入，但仍寫出「經丈」、「憲丈」，又帶新舊丈單，其新丈單即劉銘傳清丈之單；舊丈單應是嘉慶十六年（1811）設噶瑪蘭，收入版圖時丈量所給的丈單，距光緒清丈已有七十餘年。

以上說明劉銘傳清丈所產生的影響是普遍存在的，尤其在中北部的臺灣，以下看日治初土地調查在其他地區影響的情形。

台中縣地方，明治 36 年〈潘馬可立盡根賣渡額租收銀字〉[31]，有「現地番四〇二號」、「憑公議定扣四成賣渡」。同年，〈陳七元等立杜賣盡根園山原野收銀字〉[32]，有「地番一三〇號園壹甲壹分壹厘八毫，又地番一三一號原八厘貳毫五絲」、「龍銀六十六大圓正」、「丈單壹張」。明治 36 年〈潘孝希阿沐等仝立合約字〉[33]，（圖三）有「新丈地番貳拾五番，素是贌耕關係之地，經台中地方土地調查委員會查定鴻章外二人爲業主，後潘孝希、阿沐有對高等土地調查委員會不服申立在案」。明治 45 年，〈張娘春立付約據字〉[34]，有「在上校栗埔第一四二番，仝二一〇番、仝二一一番，計此參筆」。可見土地調查用番號，用日本龍銀、帶丈單，地方土地調查委員會查定不服，可以向高等土地調查委員會申訴。確乎如此，對於地方土地調查委員會提出不服之聲明，並接受其裁決。在調查期間中提出不服之聲明者計一四六四件。[35]

新竹竹北地方，明治 37 年 11 月，〈王長敬立渡賣盡根田贌原

31 洪麗完，前揭書，頁 436。
32 洪麗完，前揭書，頁 437。
33 洪麗完，前揭書，頁 466。
34 洪麗完，前揭書，頁 467。
35 江丙坤，前揭書，頁 117。

野池沼契〉[36]，有「因奉政府土地調查其第一八六番原野一分三厘五毫，第一八七番田貳甲九分六厘貳毫五絲，第一八九番原野七厘九毫…計八番，以上甲數逐年地租金照告知書完納」、「又帶謄本八紙，又帶印契連司單壹紙，又帶丈單壹紙」。明治 39 年 4 月〈郭石生立部分杜賣盡根賤契〉[37]，有「其土地奉土地調查地番第壹四參番…以上計拾貳筆」、「價格金五百圓正」。很清楚說出土地調查、番號、也帶丈單、貨幣已是日圓，謄本也逐漸重要了。

從以上所舉各地契字，可以確定清丈及土地調查之影響於契字內容者十分普遍，尤其是中北部臺灣。

陸、結　論

從以上的論述，可以清楚看到清季劉銘傳的清丈對契字演變影響很大，如目的物坐落除原有的四至外，又多了清丈之丈報號；土地面積比以前更精細，由甲到絲，甚至於到忽；過去只納番大租，清丈後多了糧銀。番大租則在減四留六法下少去四成，糧銀是庫平銀爲單位，民間買賣依舊寫佛銀，但大多一起寫七兌庫平銀若干。土地也多了上則田、中則田、下則田、瘠則田、瘠則園等等；交與承買人的文件，除過去的買賣契字、鬮書、上手契外，多了丈單；宜蘭地區則在舊丈單外，多了新丈單；埔里的還寫魚鱗冊；中壢的寫劉爵帥清丈。

至於日治初期土地調查後的契字，丈報號變成番號，價金或

36 陳秋坤，前揭書，頁 224。
37 陳秋坤，前揭書，頁 141。

地租金由清圓變成日圓，大的金額也寫龍銀。土地面積單位不變，番租減四留六不變，丈單不變，但新竹地區變成「清國丈單」，除丈單外，多了「謄本」；而「土地調查」在新竹地區寫在契字中，台中縣的一件甚至寫出「地方土地調查委員會」、「高等土地調查委員會」。

兩次土地變革、都對契字發生影響，但可見其影響是漸進的，改變的方式是在舊形式中加上新元素。如在舊的四至後加上丈報號，在舊的交付文件外又加上新的文件。又如貨幣也是由佛銀到佛銀與庫平銀並列，再到日圓。所以也可見土地變革的延續性，劉銘傳的清丈被日本人繼承，在契字中也可以明顯看到。清代的契尾（圖四）[38]、丈單（圖五）[39]是二個文件，到劉銘傳清丈後，丈單有取代契尾的情況，到日本人治台初期，其契尾（圖六）[40]其實就是劉銘傳之單，而非清代的契尾，這正是江丙坤將丈單認爲「土地權利書狀」[41]的原因。

另外，值得注意的是，契字內容的改變，也意味著法律行爲的改變，甚至於社會行爲的改變。如貨幣的改變，不只說明交易行爲的改變，價值觀念的改變，甚至也是國家認同的改變。這是可以繼續研究的課題。

38 《宜蘭古文書》第四輯，頁 87-88。
39 《草屯地區古文書專輯》，頁 179。
40 《草屯地區古文書專輯》，頁 187 及 77。
41 江丙坤，前揭書，頁 22。

圖一

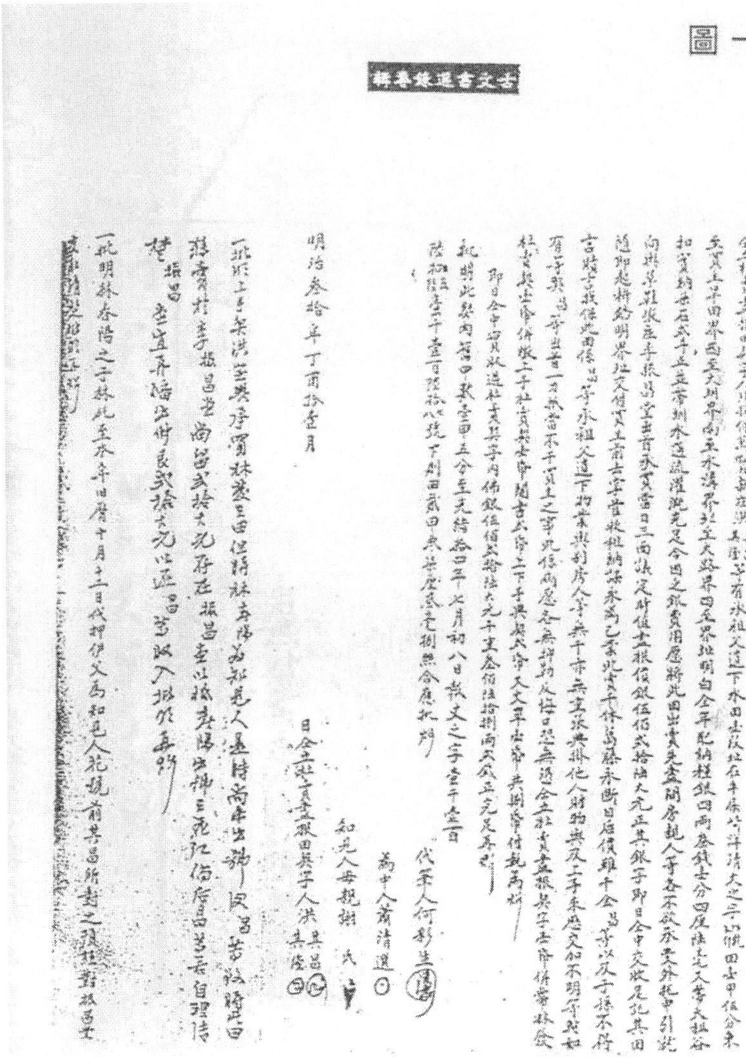

粘仔蔡、牛屎崎

聚落：牛屎崎洋
時間：明治 30
文書名：全二紙買盡根田契字
出賣業人：洪其昌、洪其陞
承受人：李振昌
館藏序號：950061
尺寸：42（高）× 70 公分

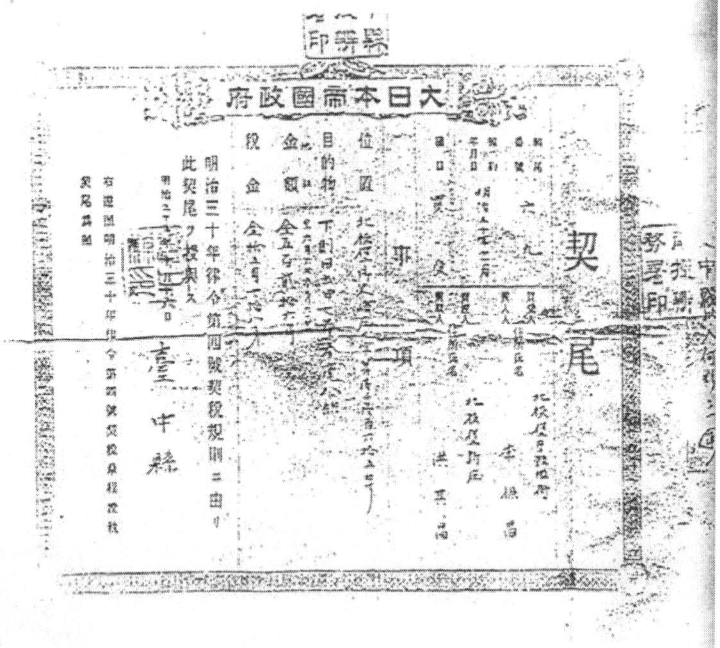
大日本帝國政府

契尾

明治三十年律令第四號契稅規則ニ由リ
此契尾ヲ授與ス

臺中縣

圖二

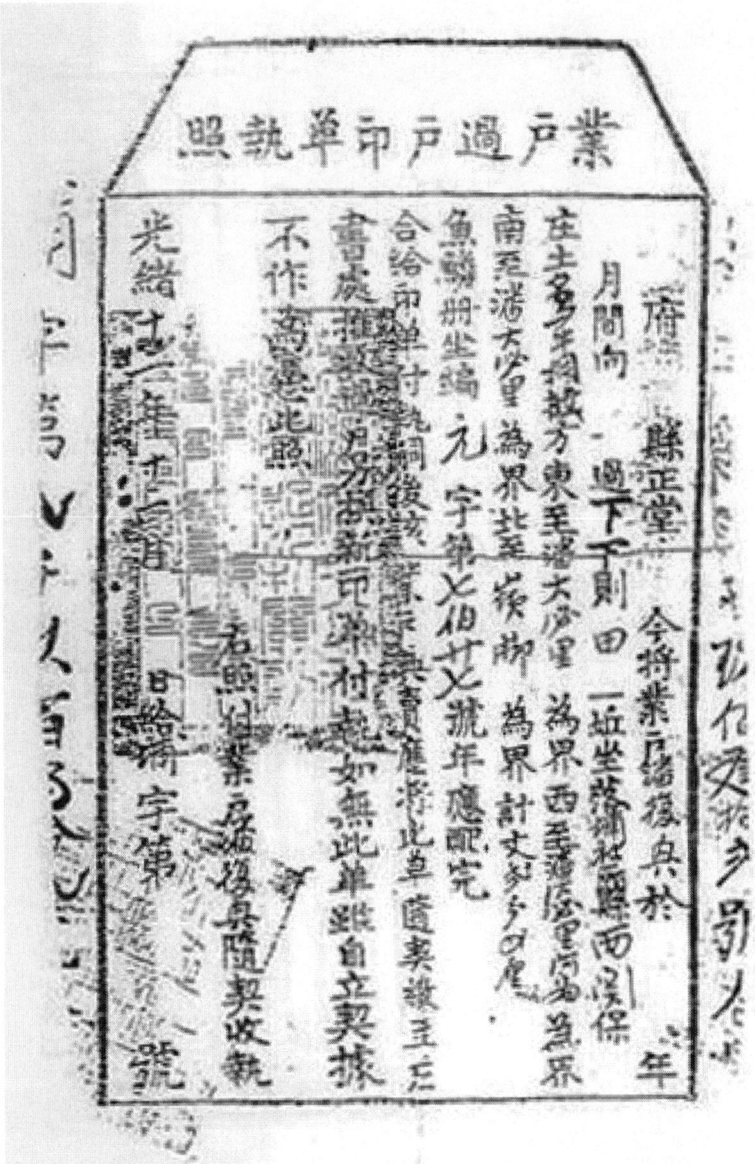
業戶過戶印單執照

光緒　年　月　日給　字第　號

圖三

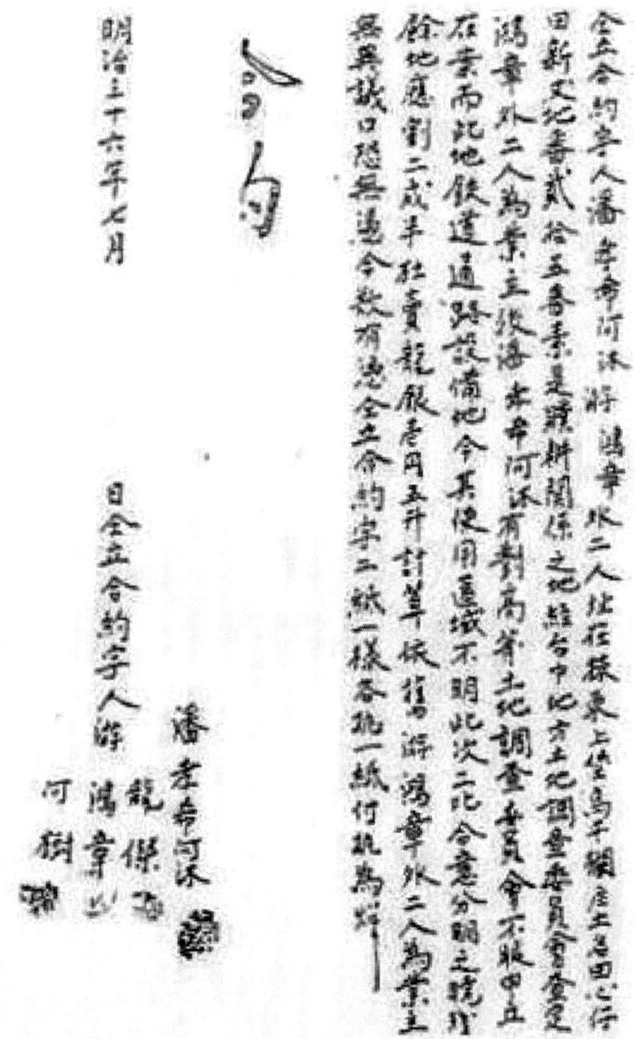

仝立合約字人潘李希河沐 游鴻章外二人址在揀東上堡烏牛欄庄土名田心仔
田新定地番貳拾五番素是耕作關係之地維台中地方土地調查委員會查定
鴻章外二人為業主張潘李希河沐有對高等土地調查委員會不服申立
在案而此地係鐵道通路設備地令其使用區域不明此次二比合意分關之就將
餘地應劃二成半杜賣龍銀壹円五升計算依舊游鴻章外二人為業主
無異議口恐無憑今欲有憑仝立合約字二紙一樣各執一紙付執為炤

合同

明治三十六年七月

日仝立合約字人游龍傑
潘李希河沐
游鴻章
何樹

318.明治三十六年(1903)七月
潘李河沐等全立合約字
(28×40.2cm)

圖四之一

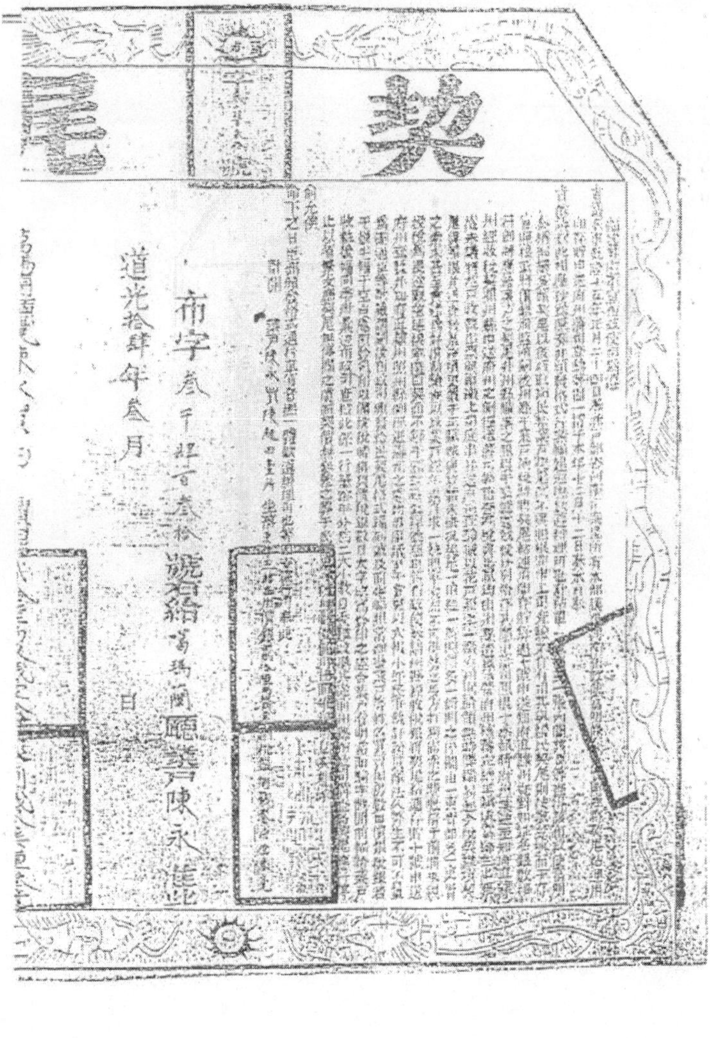
契尾

布字叁千肆百叁拾 號

道光拾肆年叁月 日

圖四之二

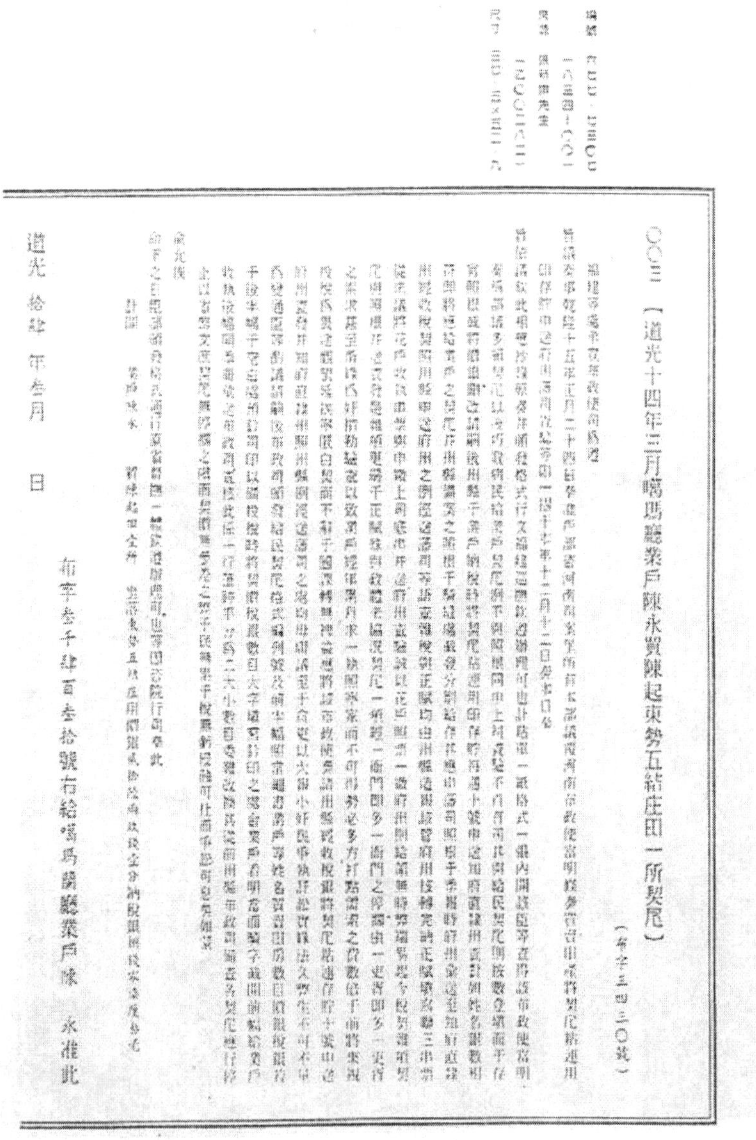

〇〇三【道光十四年三月噶瑪蘭業戶陳永買陳起東勢五結庄田一所契尾】

布字叁千肆百叁拾號右給噶瑪蘭業戶陳 永准此

道光 拾肆 年叁月 日

圖五

鮑仔蔘、牛屎崎

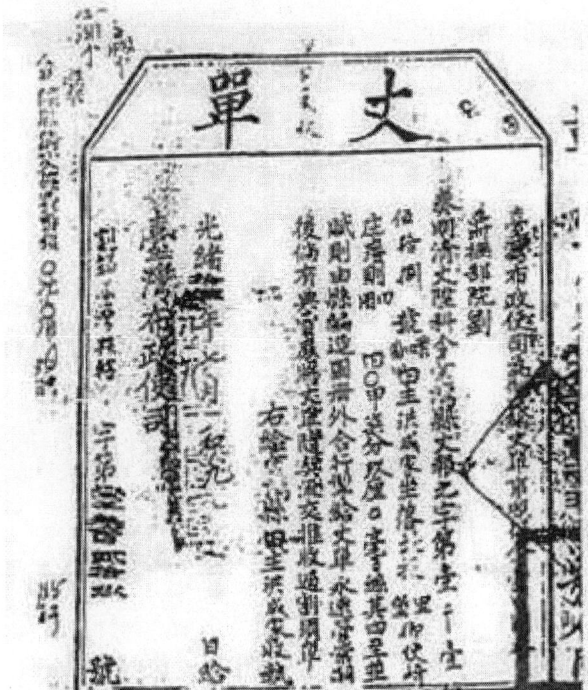

聚落：北投僑柳使崎
時間：光緒15
文書名：丈單
立據書人：洪成家
承受人：
館藏序號：880366
尺寸：29（高）×24公分

圖六之一

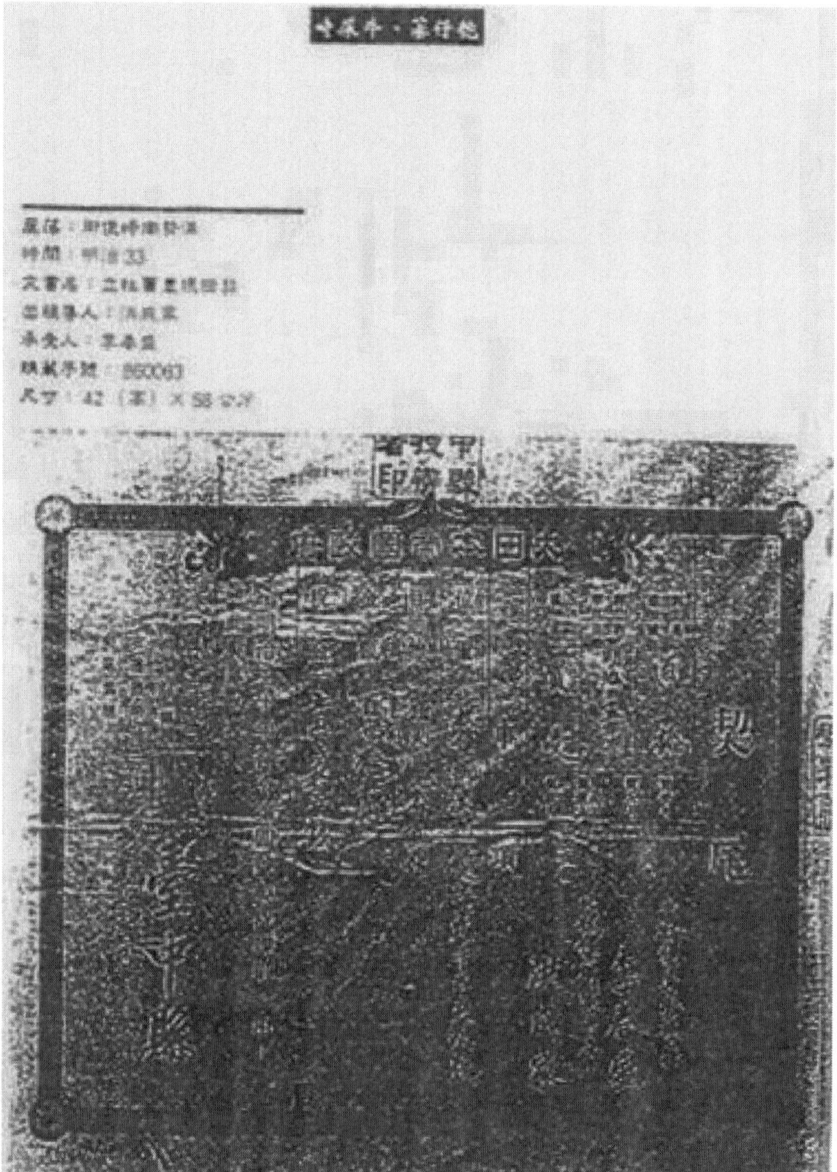

圖六之二

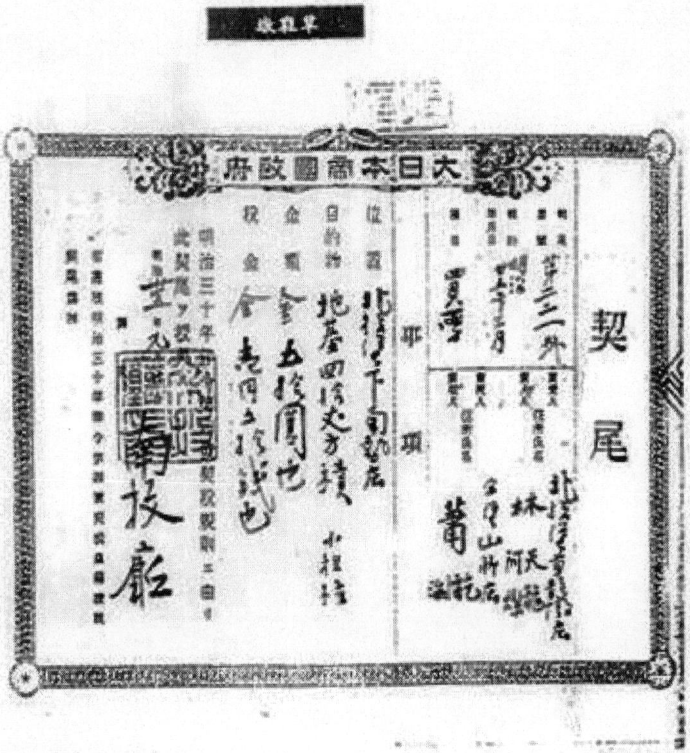

座落：擺接庄
時間：明治35年
文書名：仝立杜賣盡根地基契字
出杜賣人：黃乞、黃添、黃[illegible]
承受人：林天龍、林阿[illegible]
編號序號：860125
尺寸：40（高）×59公分

後　記

逢甲大學歷史與文物管理研究所陳哲三教授將於 98 年 1 月 31 日屆齡退休，諸位同仁深感陳教授勤於著述，思在其退休前夕，蒐集其部分台灣史論文，編纂成書，爲學界後進留下一些值得學習效法的範式。

陳教授現年 65 歲，南投竹山人，出身於農村，在父母重視教育下，克苦勤學，考上台中師範學校。畢業後，返鄉任教於竹山鎮桶頭國小、雲林國小，在黃志善校長鼓勵下關心鄉土，開始執筆寫作。有感於學有不足，發憤圖強，利用課餘時間充實學問，先後就讀東海大學歷史學系、歷史研究所，受教於藍孟博、祁樂同諸教授，曾依藍孟博教授口述，撰寫「陳寅恪先生軼事及其著作」一文。民國 62 年取得東海大學歷史研究所碩士學位。此後陳教授任職於中國國民黨黨史會，在民國 63 年起到逢甲大學兼課，68 年 8 月改專任迄今。

陳教授早年的研究以中國現代史爲主，著作等身，尤其以鄒魯相關研究，蜚聲國際。在研究之餘關懷鄉土歷史，撰成《竹山鹿谷發達史》、《台灣史論初集》，奠定了日後台灣史研究厚實的基礎。日後在臺灣史研究日興的氛圍下，陳教授秉持對於鄉土的熱情，進而全心投入臺灣史的研究之中。民國 83 年間，陳教授主持「《集集鎮志》編纂計畫」、民國 86 年間續接「《竹山鎮志》編纂計畫案」、94 年參與後又接任總纂《南投縣志》、95 年主持

《南投農田水利會會志》編纂，累積了相當的研究資料，並於 94 年獲得國史館台灣文獻館第二屆傑出文獻推廣獎。

民國 87 年陳教授發表〈水沙連及其相關問題之研究〉，此後有關臺灣史的論述大量出現，尤其在南投縣地區的研究，展現了傳統史學家掌握史料及地方史問題的優異能力，備受歷史學界推崇，而有「南投史專家」的美譽。近幾年來，隨著古文書日受重視，陳教授在過去地方志的研究基礎上，積累了不少的古文書，並進而利用這些古文書從事研究，先後發表了〈清季清丈與日初土地調查對臺灣民間契字演變之影響 — 以草屯地區爲例〉、〈古文書在臺灣史研究的重要性 — 以「竹腳寮」、「阿拔泉」之地望的研究爲例〉、〈清代草屯地區開發史 — 以地名出現庄街形成爲中心〉、〈古文書對草屯地區歷史研究之貢獻〉、〈竹山媽祖宮歷史的研究 — 以僧人住持與地方官對地方公廟的貢獻爲中心〉、〈清代草屯地區的地價及其相關問題〉、〈從鬮書看清代草屯的社會經濟〉等多篇有關古文書研究的文章。

由於這些論文以新出爐的古文書參證舊史材料，往往帶來研究上的新發現，其近年論述中，細微的如利用新發現的古文書，對竹腳寮地望的重新確認；又如以鬮書重新印證台灣傳統家產析分的原則以及變異性；大者如透過民間契字，顯示出清代與日治初期的兩次土地變革對民間契字型式與實質內容所帶來的影響做出評估，並且提醒後進，土地變革在法律或社會等面向仍值得做進一步研究，這些成果對台灣區域史研究都有很大的啓發性，這樣的研究途徑應傳承自藍孟博於清華國學研究所受教於王靜安二重論證之方法。

在陳教授的影響之下，尤其是逢甲大學歷史與文物研究所，以及曾兼課的東海大學歷史研究所，許多研究生投入臺灣的區域史研究，在陳教授的指導下，這些研究生得以應用相關資料與古文書，撰寫出多篇的優秀論文，隱然成爲區域史研究的巨擘。

回首陳教授的治學之路，由中國現代史轉入臺灣史研究，更在臺灣史研究裡，透過在地鄉土問題的發掘，進而開創出南投區域史研究發展。陳教授經由範圍廣泛的現代中國史研究，在時間及空間深思與冶煉下，將其經驗投注到南投區域史的研究上。堅毅刻苦、勤學慎思是陳教授治史經驗的寫照，透過其文章，呈現出思慮精審，治學嚴謹的特質，足可爲青年學子所效法。

陳教授是逢甲大學第一位專任歷史教師，來校後即擔任歷史科教學研究會召集人；71 年主持《逢甲大學校史》之修纂；72 年任出版組主任，任期 5 年，任內將逢甲學報分三類成冊出版，並改直排爲橫排印刷。又出版《逢甲二十五年》、《廖英鳴校長訪美紀要》、《逢甲大學中英對照簡介》等書。74 年歷史教學組成立，出任第一任主任，前後七年，期間組織全組教師先後編成《中國通史論文選集》、《中國現代史論文暨史料選集》。現任歷史與文物管理研究所所長，推動古文書之研究，不遺餘力，爭取經費在本所購買古文書，開設古文書相關課程，召開「古文書與歷史研究研討會」，向國科會申請經費將古文書數位化，既建立本所特色，也將古文書研究資料、方法與成果和學術界分享。退休前，領導全所同仁接受系所評鑑，順利圓滿。陳教授在逢甲任職的三十餘年間，對逢甲大學歷史教學奉獻心力，貢獻良多。適値陳教授退休前夕，全所同仁爲表達對這位史學界碩彥的尊敬，特將陳教授這些年來利用古文書撰成的論文，編爲一冊，付梓出版，嘉惠後學，更表達同仁對陳教授的敬意。

本書編纂期間，除全體編輯委員共同協力完成，也得到研究生吳憶雯、鍾旻融、余鈞惠的協助，致上由衷的感謝。

陳哲三教授榮退紀念論文集編輯委員會謹誌

編輯委員：周樑楷 胡志佳 劉靜敏 李玉瑛

郭錫陽 莊義芳 張志相 謝夏瑩

廖盈宣 王志宇 劉常山